企画展図録

山陰の戦乱

月山富田城の時代

Medieval
Wars
in San'in

［会　期］令和六年（二〇二四）十月十一日（金）～十二月八日（日）
［会　場］島根県立古代出雲歴史博物館特別展示室
［主　催］島根県立古代出雲歴史博物館・島根県古代文化センター
［後　援］朝日新聞松江総局、産経新聞社、日本経済新聞社松江支局、
毎日新聞松江支局、読売新聞松江支局、中国新聞社、山陰中央新報社、
島根日日新聞社、新日本海新聞社、共同通信社松江支局、
時事通信社松江支局、NHK松江放送局、TSKさんいん中央テレビ、
テレビ朝日 松江支局、日本海テレビ、BSS山陰放送、エフエム山陰、
出雲ケーブルビジョン、山陰ケーブルビジョン、
ひらたCATV株式会社

ごあいさつ

山陰屈指の名城、月山富田城。この城が出雲国の中心であった十六世紀は、日本列島全体を覆う戦乱の時代でした。富田城の主が尼子氏から毛利氏へと移り変わる中で、山陰地域は熾烈な戦いの舞台となります。尼子氏・大内氏・毛利氏は富田城をめぐる攻防戦を繰り広げ、山陰東部では毛利氏と織田信長の軍勢が激突します。激しい戦いは地域の領主や社寺、民衆をも巻き込みました。吉川氏が富田城主となった時代には、山陰を舞台とした戦いはなくなりますが、豊臣秀吉による大規模な戦争に山陰の人びとも駆り出されていくこととなります。徳川家康の政権が誕生した十七世紀の初め、堀尾氏が富田城に入城すると、出雲国の中心地が松江城へと移されていきますが、これはちょうど列島社会が平和な時代へと向かっていく時期にあたります。山陰における戦乱の激化と終焉のすべてを、富田城が見届けたといえるでしょう。

本展覧会は、令和三年度から五年度までの三年間、島根県古代文化センターが実施したテーマ研究「中世山陰の戦争と地域社会」の研究成果の一部を展示公開するものです。戦いのあり方を物語る武具や武器、戦乱の痕跡を土地にとどめる城、当時の人びとが残した城下町遺跡の出土品、戦いの様相を記す古文書など、多様な品々を通して、戦乱の実像に迫ります。

本展覧会が、戦乱の時代に向き合った山陰の人びとや地域のあり様について、深く知っていただく機会となれば幸いです。

最後になりましたが、本展覧会の開催にあたり、貴重な品々を快くご出品いただきました所蔵者の皆さま、島根県古代文化センターでのテーマ研究にご尽力いただきました客員研究員、調査協力者の皆さま、ご後援・ご協力を賜りました関係者・関係機関の皆さまに厚く御礼申し上げます。

令和六年十月

島根県立古代出雲歴史博物館
館長　錦織　秀

凡　例

●本書は、島根県立古代出雲歴史博物館　令和六年度企画展「山陰の戦乱―月山富田城の時代―」の展示解説図録である。
●図版番号は展覧会会場での列品番号と共通するが、図録構成と展示構成は必ずしも一致しない。また、会期中に一部展示替を行うため、掲載作品が展示されていない場合がある。
●図版キャプションは原則として、列品番号、作品名（考古資料は遺跡名と資料名）、文化財指定、制作年代（推定年代については［ ］で表記する）、所有者所在地（県名あるいは島根県の場合は市町村名、国・地方自治体の機関については省略）、所蔵者（寄託先）の順に記した。
●巻末列品解説は原則として、列品番号、作品名（考古資料は遺跡名と資料名）、員数、文化財指定、材質技法（古文書については形態）、制作年代（推定年代については［ ］で表記する）、法量（一括資料については法量を省略し資料の内訳を記す）、所有者所在地（県名あるいは島根県の場合は市町村名、国・地方自治体の機関については省略）、所蔵者（寄託先）の順に記した。
●本書に掲載する作品・資料写真の提供元については巻末に明記した。当館撮影資料については特に記載していない。
●本書本文の執筆と編集は田村が行った。
●本書本文中のコラムについては、中井均氏（滋賀県立大学名誉教授）、山本浩樹氏（龍谷大学文学部教授）、長谷川博史氏（島根大学教育学部教授）と目次・濱田、廣江耕史（島根県古代文化センター特任研究員）が執筆した。
●巻末の列品解説については、守岡・深田・久保田・目次・濱田・田村、廣江、倉恒康一（島根県教育委員会文化財課世界遺産室専門研究員）が分担して執筆した。執筆者は各解説の末尾に苗字を記してある。
●本企画展の開催ならびに本書の作成にあたっては、所蔵者はじめ多くの機関、個人のご協力を賜った。巻末に記し、厚く御礼申し上げる。

●本企画展の実施体制は次のとおりである。

［総務担当］　高橋　直之（総務部長）
　　　　　　三成　陽子（調整監）
　　　　　　土屋　寿子（主幹）
［学芸担当］　守岡　正司（学芸部長）
　　　　　　松尾　充晶（学芸企画課長）
　　　　　　久保田一郎（専門学芸員）
　　　　　　濱田　恒志（専門学芸員）
　　　　　　田村　　亨（主任学芸員／主担当）
　　　　　　田中　昇一（学芸員）
　　　　　　目次　謙一（〈兼〉専門学芸員）
　　　　　　濱田沙矢佳（学芸企画課）
［関連行事担当］
　　　　　　深田　　浩（調整監）
　　　　　　中川　　寧（専門学芸員）
　　　　　　藤原　宏夫（専門学芸員）
　　　　　　今岡　仁美（交流普及スタッフ）
［展示企画］　有限会社ササキ企画
［美術輸送・展示作業補助］
　　　　　　日本通運株式会社山陰支店
［図録制作］　今井印刷株式会社
［広　　報］　ミュージアムいちばた

山陰の戦乱 ―月山富田城の時代―

目次

月山富田城（島根県安来市広瀬町）
（画像提供：（公社）島根県観光連盟）

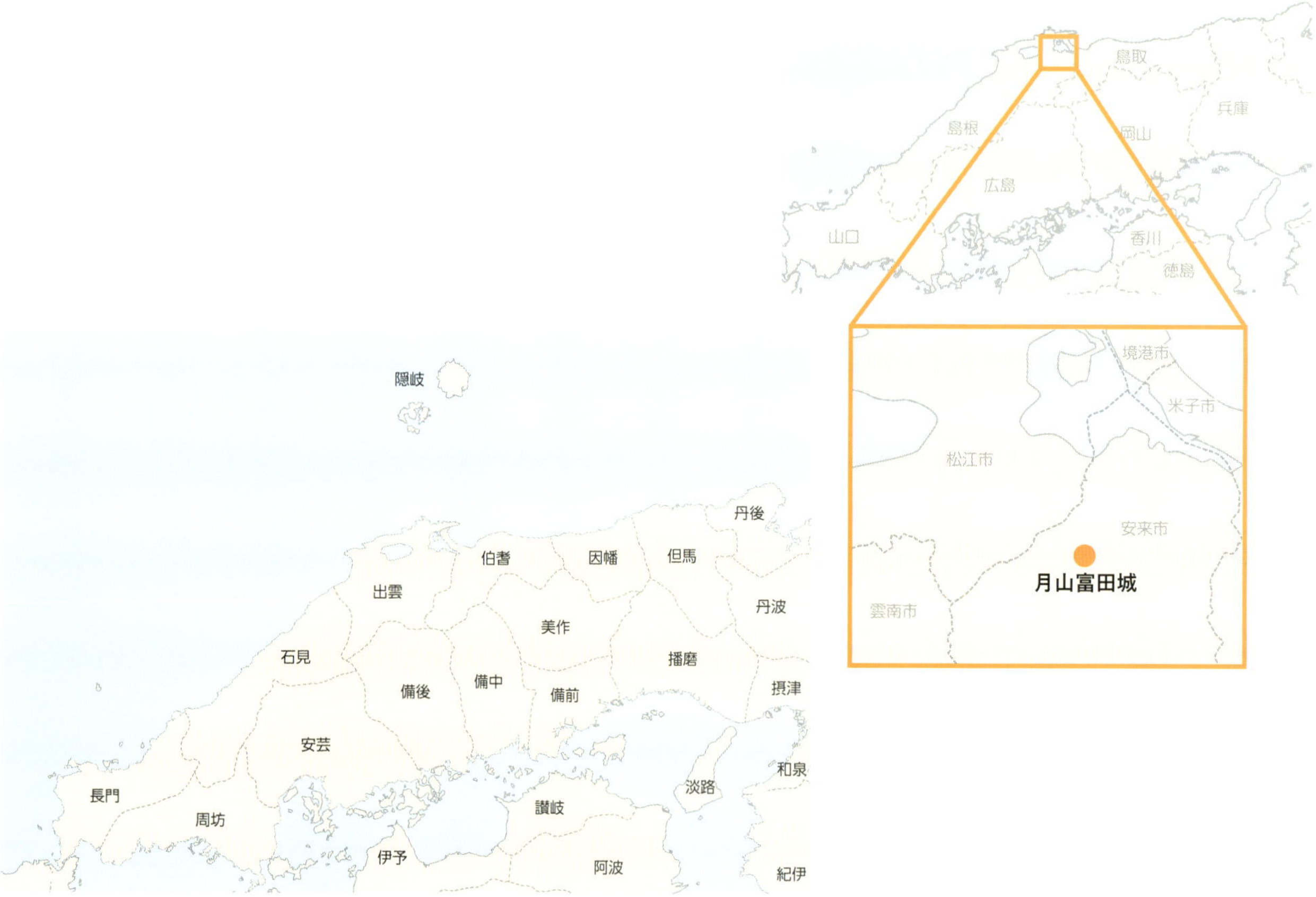

【参考】中国地方の旧国名地図
（本文中の旧国名については現在地表記を省略する）

月山富田城――
山陰を代表する名城であり、
戦乱の時代を象徴する存在でもある。
やがて戦いが終わり、
社会に平和が訪れた江戸時代になっても、
人びとは富田城を記憶し、
時に憧れを持って語り継いだ。

PROLOGUE

プロローグ

戦乱の記憶
―月山富田城をめぐって―

（上）富田城図　上巻（部分）　安来市・城安寺
（下）鉄錆地三十一枚張三十二間筋兜鉢　当館

［1］
富田城図《とだじょうず》
江戸時代・文久三年（一八六三）
安来市・城安寺

（上巻）尼子十勇士と富田城

江戸時代末、広瀬藩主松平直諒《まつだいらなおあき》の命を受けた御用絵師・堀江友聲《ほりえゆうせい》は、想像と考証を織り交ぜながら、尼子《あまご》氏最盛期の富田城と城下町を描いた。

富田城図の上巻の冒頭には、尼子氏の最盛期とイメージされた当主経久《つねひさ》と、経久の孫・晴久《はるひさ》に付き従ったとされる「十勇士《じゅうゆうし》」が描かれる。

続けて荘厳なたたずまいの富田城と北側の町並みが、水運の玄関口・安来《やすぎ》や美保関《みほのせき》まで長大に描かれている。

（部分拡大、以下同様）

富田城と麓の町並みを描く

富田城は江戸時代の城郭のように石垣と瓦葺建物で囲まれた壮観なたたずまいで描かれる。実際の戦国時代の富田城は、地山を削り、あるいは土砂を突き固めてつくられた〝土の城〟をベースとし、徐々に石垣などが整備された〝石の城〟へと変化していった。

◆第四章　戦乱と城　一一六〜一二一頁参照

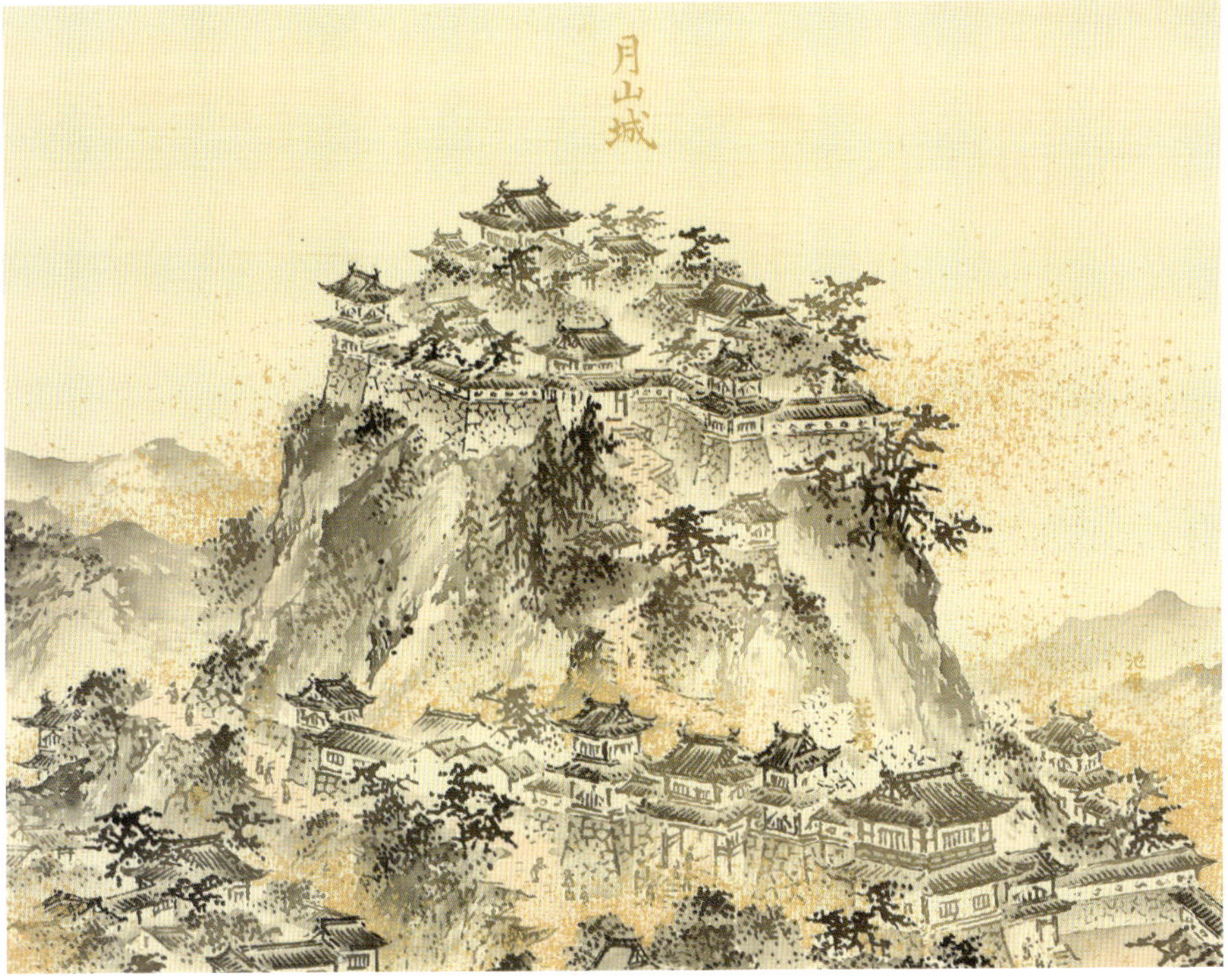

▶山頂の本丸〜三の丸から山腹部にかけて

▲富田城の北側
新宮谷《しんぐうだに》

▲北東側の登城路
菅谷口《すがたにぐち》

▲富田城の登城路
御子守口《おこもりぐち》とその周辺

◀安来《やすぎ》・弓ケ浜《ゆみがはま》・美保関《みほのせき》
富田城下は海の玄関口へとつながる。

（下巻）富田城向かいの山々と城下町

富田城図下巻には、富田城麓の城下町と富《と》田川《だがわ》（飯梨川《いいなしがわ》）、月山に対峙する山々が描かれる。

江戸時代のはじめ、富田城下は大規模な洪水に見舞われてその姿を大きく変貌させる。富田城図では洪水以前の川の流路と町並みをイメージして描かれていることがわかる。

流路を変えた現在の川の中からは、戦国時代の遺構と遺物が発見されている。

◆第五章　戦乱と城下町　一二七〜一三八頁参照

川の対岸の山々

富田川を挟んだ富田城の対岸には、「京蘭木《きょうらぎ》」（京羅木山）や「滝山《たきやま》」（勝山《かつやま》城《じょう》、「毛利勝利後俗ニ勝山ト云」と記されている）などが描かれる。かつて尼子氏を攻めた大内《おおうち》氏・毛利《もうり》氏の軍勢が布陣した山々である。

◆第四章　戦乱と城　一〇九～一一一頁参照

▼京蘭木《きょうらぎ》（京羅木山）

▼滝山《たきやま》（勝山《かつやま》）

富田城下の寺院

▲富田城のすぐ麓には、月照寺《げっしょうじ》・蓮教寺《れんきょうじ》・寿仙寺《じゅせんじ》・誓《せい》願寺《がんじ》・慈雲寺《じうんじ》（本成寺《ほんじょうじ》）などの寺院が描かれる。後世の認識であるため実態とは異なる情報も含むが、戦国時代の富田城下に多くの寺院が立ち並んでいたことは確かであり、松江城下へと移された寺院も多い。

◀富田城図が奉納された城安寺《じょうあんじ》（成安寺）は、現在は富田城の北側に所在しているが、かつては川を挟んで富田城の対岸にあった。

［2］鉄《てつ》錆《さび》地《じ》三十一《さんじゅういち》枚《まい》張《ばり》三十二《さんじゅうに》間《けん》筋《すじ》兜《かぶと》鉢《ばち》
銘《めい》 雲州《うんしゅう》住《じゅう》明珍《みょうちん》紀《きの》宗弘《むねひろ》真《しんに》鍛之《これをきたう》

江戸時代（十七世紀）
当館

◀［2］背面裏側X線撮影画像
「雲州住明珍紀宗弘真鍛之」

富田城と甲冑

富田城が所在する安来《やすぎ》市広瀬《ひろせ》町の川の中からは、江戸時代のはじめ頃のものと考えられる兜《かぶと》が発見された。

戦乱が終焉していく時代の中で、出雲国へと移り住んだ甲冑師《かっちゅうし》の作品であろう。

富田城下の遺跡からは、戦国時代から安土桃山時代にかけての武具や武器のパーツが数多く発見されている。

◆第一章　戦乱の装い　二四〜二七頁、三一頁、三三頁参照

［3］懐橘談《かいきつだん》　乾

江戸時代（十八世紀）
当館

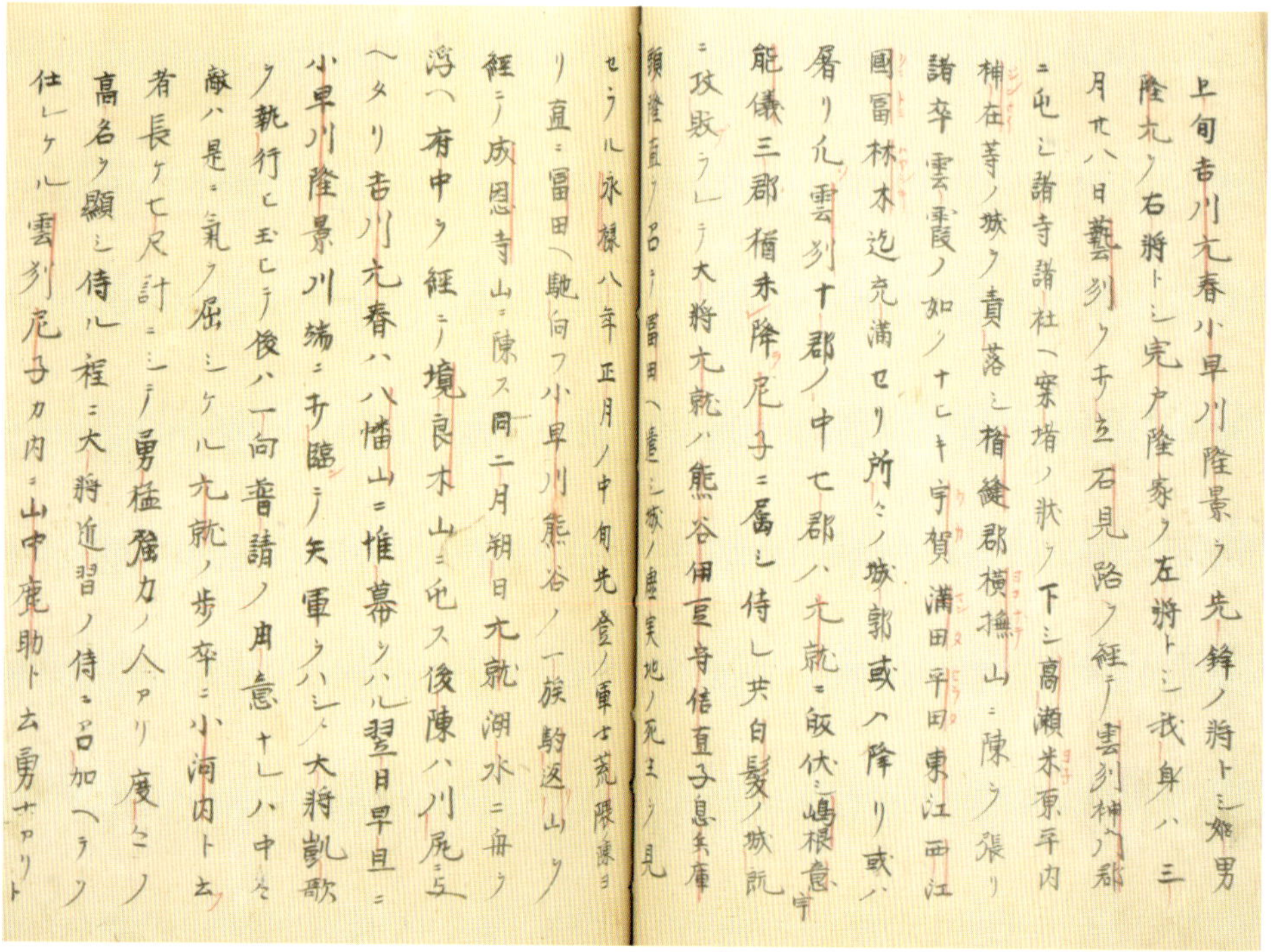
上旬吉川元春小早川隆景ヲ先鋒ノ将トシ嫡男
隆元ヲ右将トシ元戸隆家ヲ左将トシ我身ハ三
月廿八日藝州ヲ打立石見路ヲ経テ雲州神門郡
ニ屯シ諸寺諸社ヘ案堵ノ状ヲ下シ高瀬米原平内
神在寺ノ城ヲ責落シ楯縫郡横撫山ニ陣ヲ張リ
諸卒雲霞ノ如クナレキ宇賀満田平田東江西江
國冨林木迄充満セリ所々ノ城郭或ハ降リ或ハ
屠リ凡雲州十郡ノ中七郡ハ元就ニ仰伏シ嶋根意宇
能儀三郡楯未降尼子ニ屬シ侍レ共白髪ノ城既
ニ攻取ラレテ大将元就ハ熊谷伊豆守信直子息兵庫
頭隆直ヲ召テ冨田ヘ近シ城ノ虚実地ノ死生ヲ見
セラル永禄八年正月ノ中旬先登ノ軍士荒隈ヨ
リ直ニ冨田ヘ馳向フ小早川熊谷ノ一族駒返山ヲ
経テ成恩寺山ニ陣ス同二月朔日元就湖水ニ舟ヲ
浮ヘ府中ヲ経テ境良木山ニ屯ス後陣ハ川尻ニ立
ヘタリ吉川元春ハ八幡山ニ帷幕ヲハル翌日早旦ニ
小早川隆景川端ニ手臨テ矢軍ヲハシメ大将凱歌
ヲ執行ヒ玉ヒテ後ハ一向普請ノ用意ナレハ中々
敵ハ是ニ氣ヲ屈シケル元就ノ歩卒ニ小河内ト云
者長ケ七尺計ニシテ勇猛強力ノ人アリ度々ノ
高名ヲ顕シ侍ル程ニ大将近習ノ侍ニ召加ヘラレ
仕レケル雲州尼子カ内ニ山中鹿助ト云勇士アリ
ト

富田城と戦いの歴史

江戸時代の地誌には富田城をめぐる戦いについての解説が記されている。

富田城をめぐる攻防戦は、山陰の戦乱のターニングポイントとなった。

◆第二章　戦乱の群像　三八〜五三頁

戦いの精神と美を宿した甲冑、
戦いの中で
姿を研ぎ澄ませていった刀剣、
戦い方に変革をもたらした火器。
これらの武具・武器は、
中世における戦いの様相と
その変化を映し出す存在であった。

CHAPTER 1

戦乱の装い
―武具と武器―

（上）刀　銘　雲州住冬廣作　当館
（中）色々威胴丸　兜・大袖付　松江市・佐太神社（当館寄託）
（下）フランキ砲（仏郎機砲）　津和野町教育委員会

1

武具―甲冑とその細部―

胴体を守る鎧《よろい》（甲）と頭部を守る兜《かぶと》（冑）、これらの武具を総称して「甲冑《かっちゅう》」と呼ぶ。甲冑は、各時代の戦いのあり方に対応してその姿を変化させる。また、細部に高い工芸技術を駆使した美しさをも兼ね備え、武芸を象徴する存在として人びとに長く重んじられた。神社などに奉納され守り伝えられた甲冑はその機能美を今に伝え、遺跡から発掘された部品は甲冑の構造をより深く知る手がかりとなる。

［4］色々威胴丸《いろいろおどしどうまる》　兜《かぶと》・大袖付《おおそでつき》
重要文化財
室町時代（十五世紀）
松江市・佐太神社（当館寄託）

鎧―時代とともに変化する武具―

中世の武士が身にまとった武具のうち、胴体を守る防具を特に「鎧《よろい》」と呼ぶ。鎧は、各時代の戦闘様式に対応してその姿を大きく変貌させていった。

【①大鎧《おおよろい》】 平安時代後期に登場した鎧。騎射《きしゃ》《うまゆみ》戦（騎馬した状態で弓矢を使って戦うこと）を主たる戦闘様式とした時代に適応した形状が特徴。

◆二一頁「大鎧」参照

【②胴丸《どうまる》】 大鎧と同じく平安時代後期に登場した鎧で、騎馬の上級武士（大鎧を着用）に付き従った徒《かち》（徒歩）の下級武士が用いた。右側面を開閉して着脱する「右引合《みぎひきあわせ》」である点が最大の特徴。

◆下記「胴丸」参照

【③腹巻《はらまき》】 鎌倉時代末期から徒歩の下級武士のために新しく登場した甲冑で、胴丸よりさらに軽便である。背面を開閉して着脱する「背《せ》引合《ひきあわせ》」である点が最大の特徴。

◆一七頁「腹巻」参照

【④当世具足《とうせいぐそく》】 戦国時代から安土桃山時代にかけて登場した甲冑。胴丸を原型としつつ、槍や鉄砲が主力となった戦闘様式に対応して、より防御性や生産性などを高めたもので、多様な種類・デザインが特徴。

◆二七頁「当世具足」参照

胴丸

胴丸《どうまる》は、着脱のための開閉を右側面で行う「右引合《みぎひきあわせ》」を大きな特徴とする甲冑である。平安時代後期に登場するが、同時期に騎馬の上級武士が用いた大鎧と比較すると、徒歩の戦闘に適した軽く動きやすい構造となっている。南北朝時代以降、打物《うちもの》戦（斬撃戦）が盛んに行われるようになると、胴丸は実戦でより重宝され、次第に上級武士も着用するようになった。

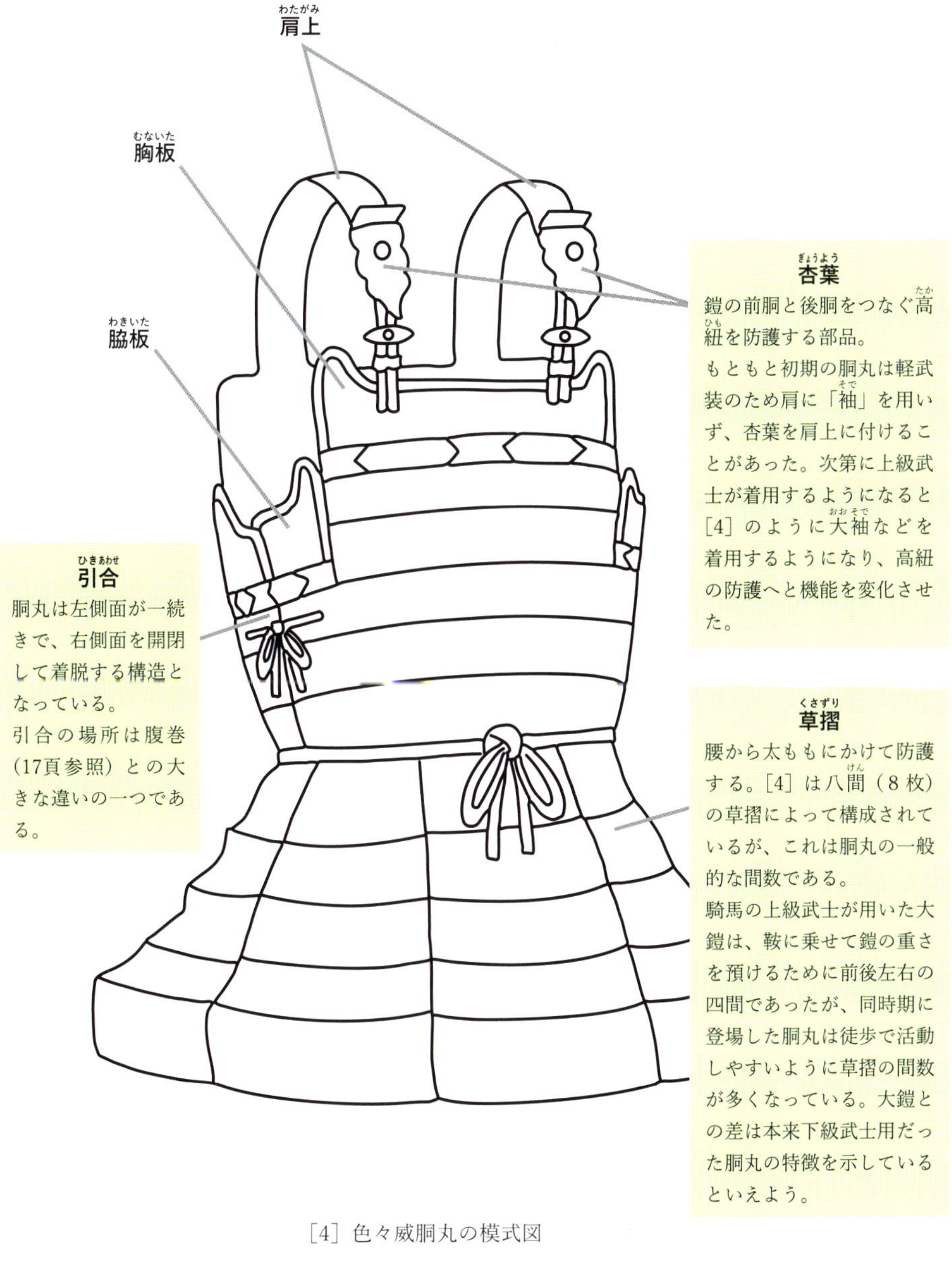
肩上《わたがみ》
胸板《むないた》
脇板《わきいた》
杏葉《ぎょうよう》
鎧の前胴と後胴をつなぐ高《たか》紐《ひも》を防護する部品。
もともと初期の胴丸は軽武装のため肩に「袖《そで》」を用いず、杏葉を肩上に付けることがあった。次第に上級武士が着用するようになると［4］のように大袖《おおそで》などを着用するようになり、高紐の防護へと機能を変化させた。
引合《ひきあわせ》
胴丸は左側面が一続きで、右側面を開閉して着脱する構造となっている。
引合の場所は腹巻（17頁参照）との大きな違いの一つである。
草摺《くさずり》
腰から太ももにかけて防護する。［4］は八間《けん》（8枚）の草摺によって構成されているが、これは胴丸の一般的な間数である。
騎馬の上級武士が用いた大鎧は、鞍に乗せて鎧の重さを預けるために前後左右の四間であったが、同時期に登場した胴丸は徒歩で活動しやすいように草摺の間数が多くなっている。大鎧との差は本来下級武士用だった胴丸の特徴を示しているといえよう。

［4］色々威胴丸の模式図

［5］

色々威腹巻《いろいろおどしはらまき》　兜《かぶと》・大袖付《おおそでつき》

重要文化財

室町〜戦国時代（十五〜十六世紀）

松江市・佐太神社（当館寄託）

腹巻

腹巻《はらまき》は、着脱のための開閉を背面で行う「背《せ》引合《ひきあわせ》」を大きな特徴とする甲冑である。平安時代後期から用いられた大鎧《おおよろい》や胴丸《どうまる》に比べて新しく、鎌倉時代末期頃に登場したとされる。もともとは胴丸よりもさらに軽便な徒歩の下級武士用の甲冑として使用されていた。室町時代以降には胴丸と同様、上級武士も着用するようになり、重武装化されていく。

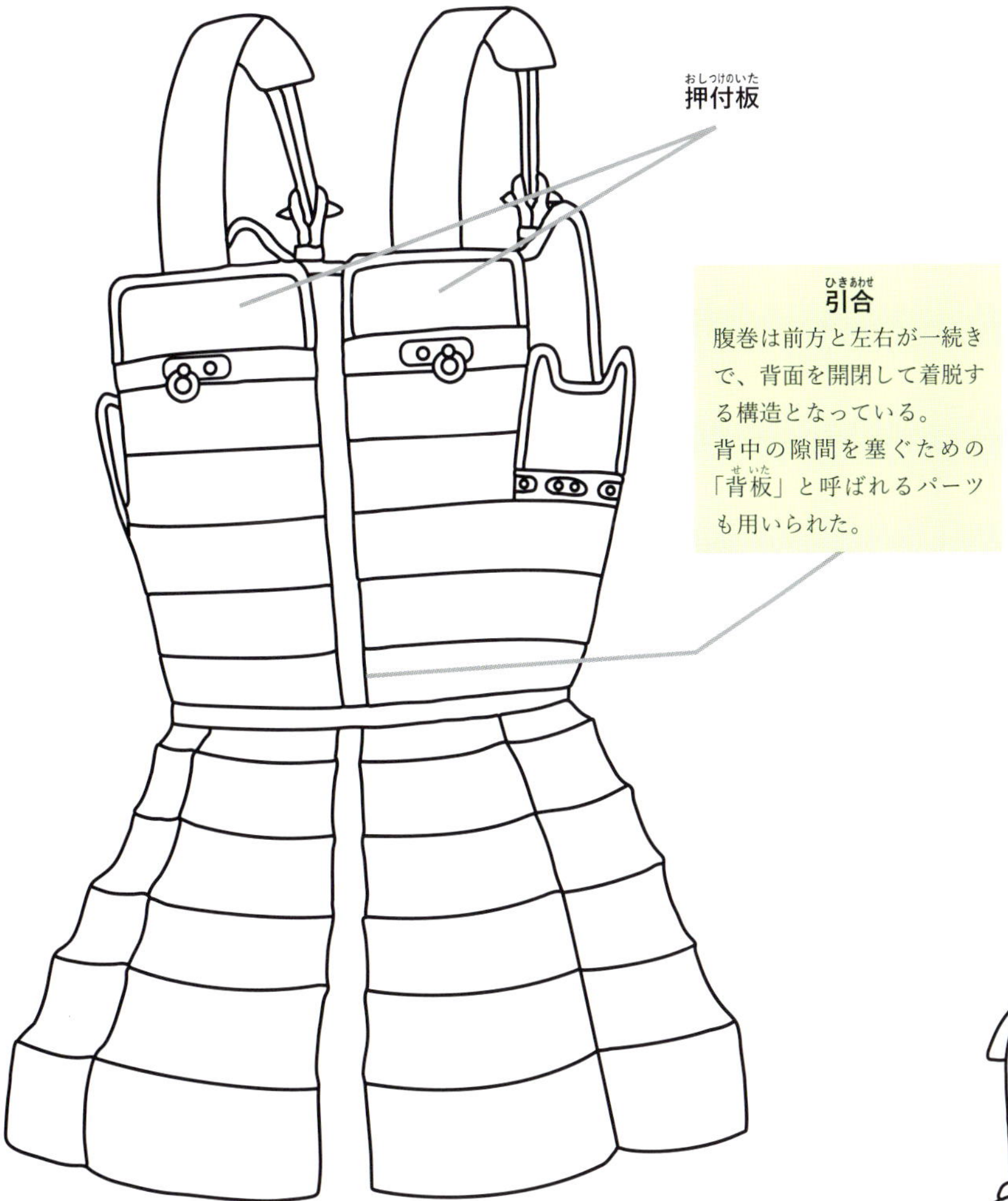
押付板《おしつけのいた》
引合《ひきあわせ》
腹巻は前方と左右が一続きで、背面を開閉して着脱する構造となっている。
背中の隙間を塞ぐための「背板《せいた》」と呼ばれるパーツも用いられた。

［5］色々威腹巻の模式図〈背面〉

胴丸？腹巻？入れ替わった名称

胴丸と腹巻はよく似た甲冑であるが、着脱のための開閉部分が右側面にあるものを胴丸、背面にあるものを腹巻と呼んでいる。

しかし、軍記物語や絵巻物の研究によって、本来は右引合の形式を「腹巻」、背引合の形式を「胴丸」と呼んでいたことが明らかにされている。形式と名称の逆転は、室町時代以降に起こった現象であるらしい。

※本書では現在の一般的な呼称にしたがって、右引合の形式を「胴丸」、背引合の形式を「腹巻」とする。

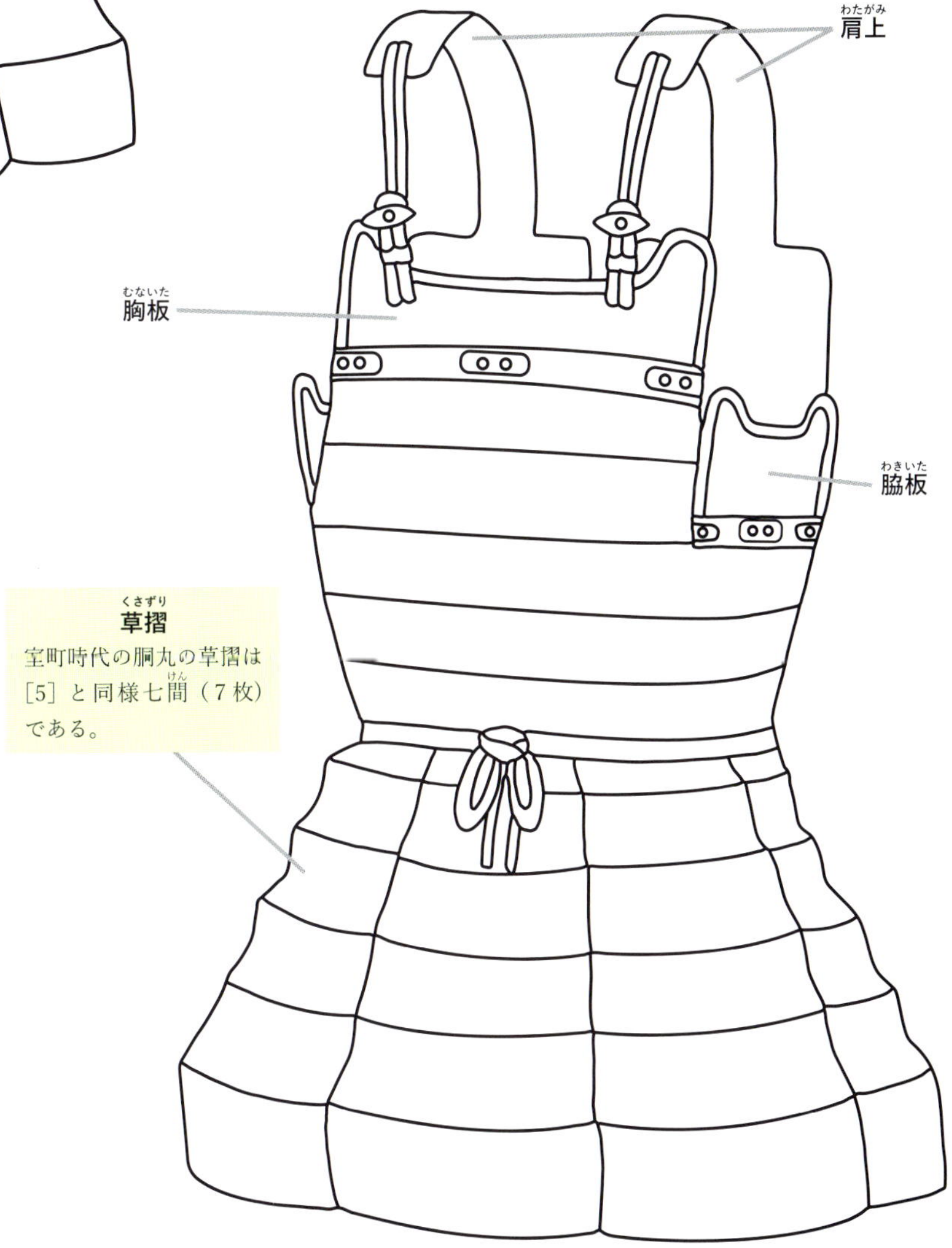
肩上《わたがみ》
胸板《むないた》
脇板《わきいた》
草摺《くさずり》
室町時代の胴丸の草摺は［5］と同様七間《けん》（7枚）である。

［5］色々威腹巻の模式図〈正面〉

筋兜

頭部を守る武具である兜《かぶと》は、胴体部分の鎧《よろい》と同様、時代とともにその姿を変化させてきた。中世の兜は、基本的に長細い板金を重ね合わせて鋲留することで形づくられるが、この鋲の突起（星）を強調する「星兜《ほしかぶと》」に対し、鋲頭を平たくし板金の側縁を立てて「筋」を強調する兜を「筋兜《すじかぶと》」と呼ぶ。この筋兜は、星兜より軽量で高い強度を持つとともに、覆輪《ふくりん》などをほどこして装飾性に富むという特徴を持つ。筋兜は南北朝時代以降主流となり、戦国時代にも上級武士たちに重宝された。

▲［6］斜め左上から

［6］黒漆三十八間筋兜《こくしつさんじゅうはっけんすじかぶと》
戦国時代（十六世紀）
山口県・吉川史料館

▲［6］正面

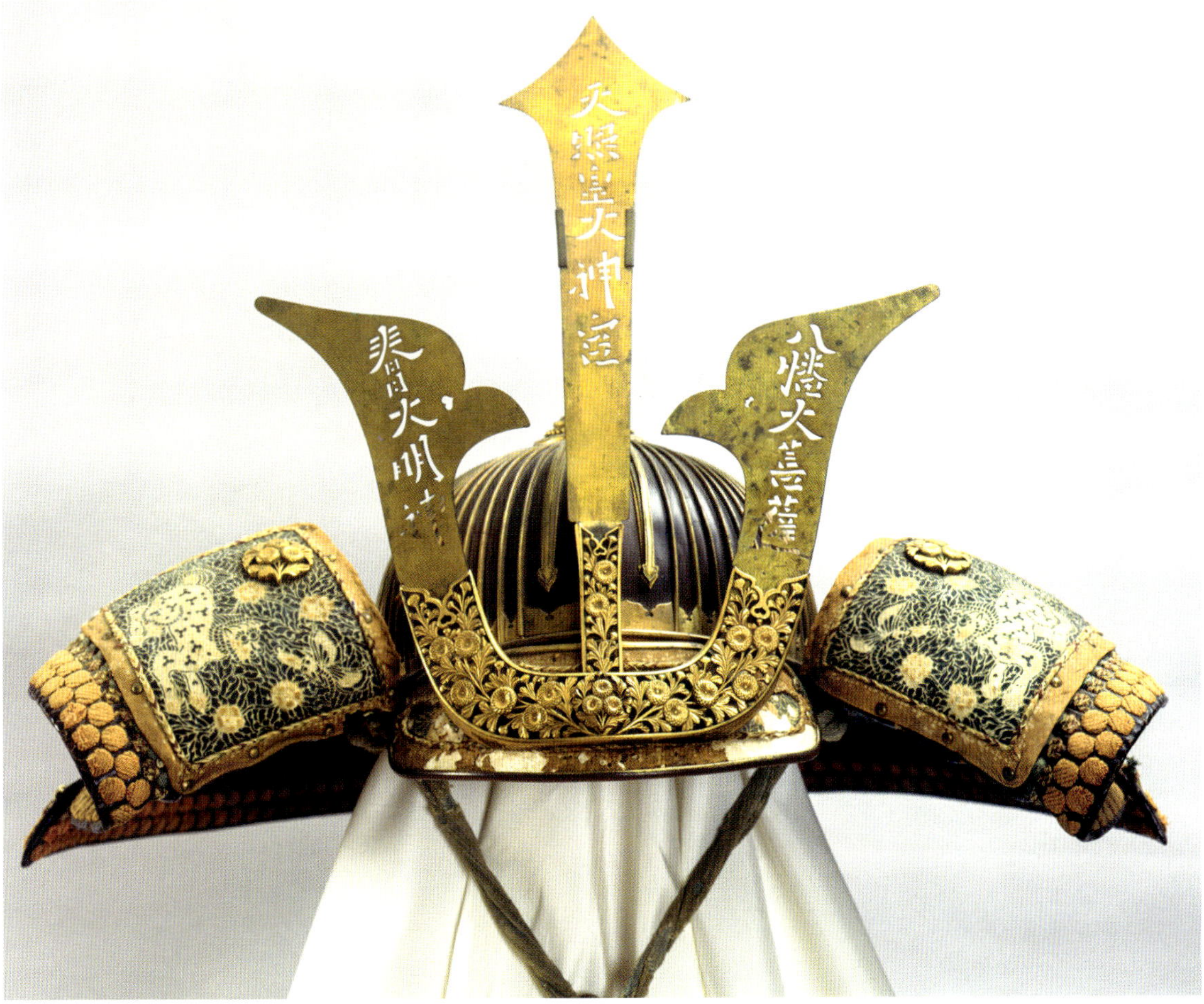

［7］

色々《いろいろ》威《おどし》五《ご》十八《じゅうはっ》間《けん》筋《すじ》兜《かぶと》

重要文化財
室町～戦国時代（十五～十六世紀）
松江市・佐太神社（当館寄託）

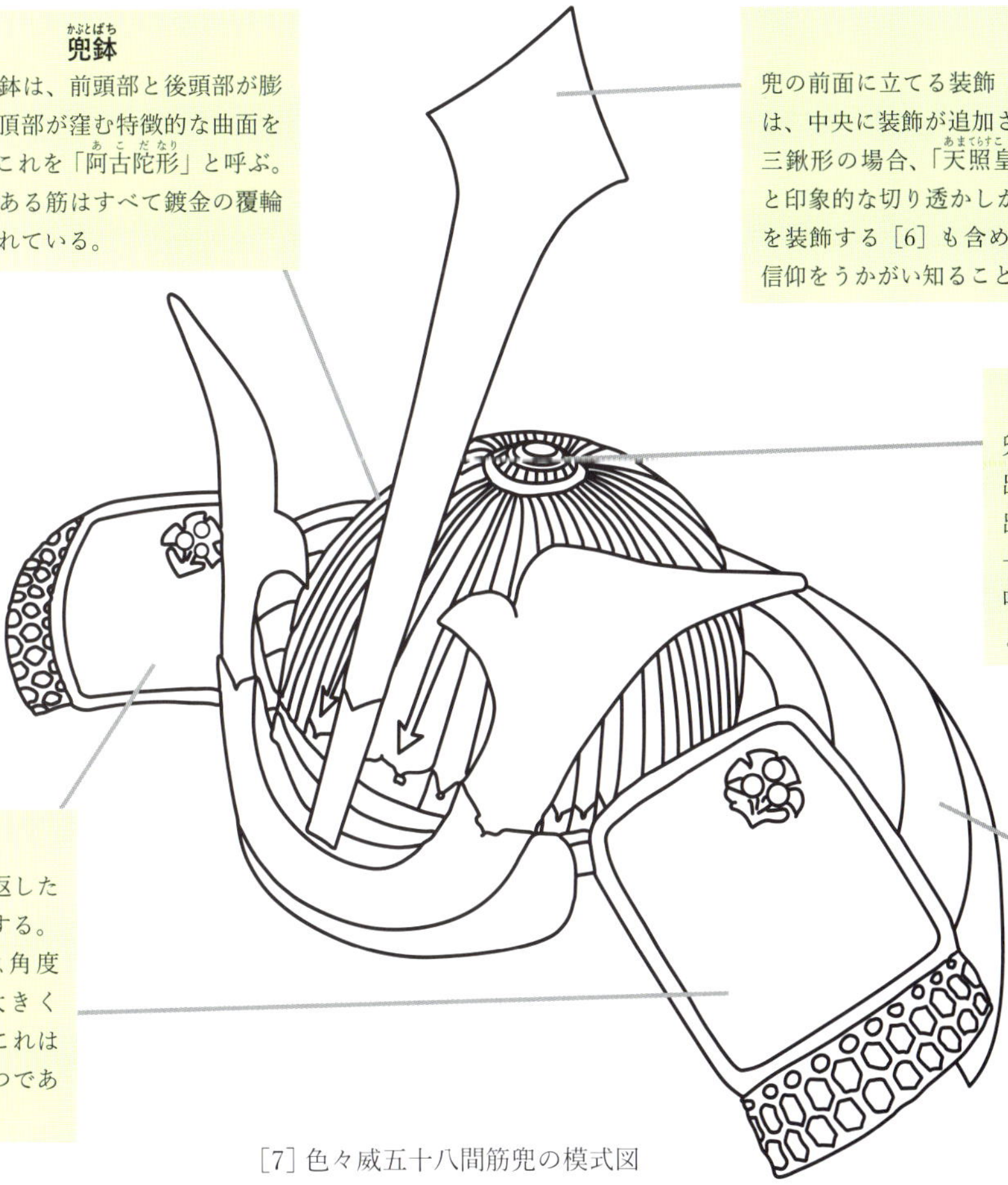

兜鉢《かぶとばち》

［7］の兜鉢は、前頭部と後頭部が膨らみ、頭頂部が窪む特徴的な曲面を持つが、これを「阿古陀形《あこだなり》」と呼ぶ。五十八間ある筋はすべて鍍金の覆輪で装飾されている。

三鍬形《みつくわがた》

兜の前面に立てる装飾（立物《たてもの》）の一つ。特に南北朝時代以降には、中央に装飾が追加された三鍬形が多く採用される。［7］の三鍬形の場合、「天照皇大神宮《あまてらすこうたいじんぐう》」「八幡大菩薩《はちまんだいぼさつ》」「春日大明神《かすがだいみょうじん》」と印象的な切り透かしがある。仏具の「三鈷剣《さんこけん》」に模して剣形を装飾する［6］も含めて、甲冑からは、神仏に対する武士の信仰をうかがい知ることもできるのである。

天辺《てへん》の穴《あな》／八幡座《はちまんざ》

兜の天辺にある穴はもともと武士が髻《もとどり》を出す場所であったが、時代とともに髻を出さなくなり穴は小さくなる。
一方で天辺の穴のまわりは「八幡座」と呼ばれ、精緻な金物装飾がほどこされるようになる。

吹返《ふきかえし》

𩊱《しころ》の両端を折り返した部分。顔を防護する。
［7］の吹返は急角度に強く返して大きく作っているが、これは笠𩊱の特徴の一つである。

𩊱《しころ》

兜も、胴部分と同様に小札《こざね》を威《おど》す（緒通す）ことによって首回りを保護している。
［7］のように、比較的傾斜が少ない形状の𩊱を「笠𩊱《かさじころ》」と呼ぶ。

［7］色々威五十八間筋兜の模式図

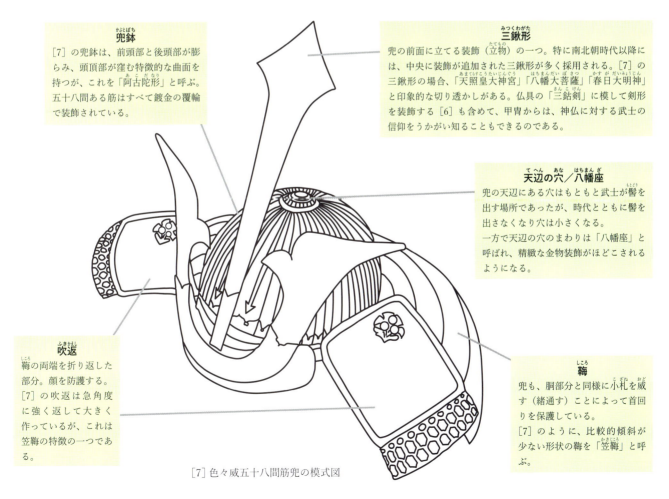

〔8〕

櫨《はじ》匂《におい》威《おどし》鎧《よろい》残闕《ざんけつ》

重要文化財
平安時代（十二世紀）
江津市・甘南備寺（当館寄託）

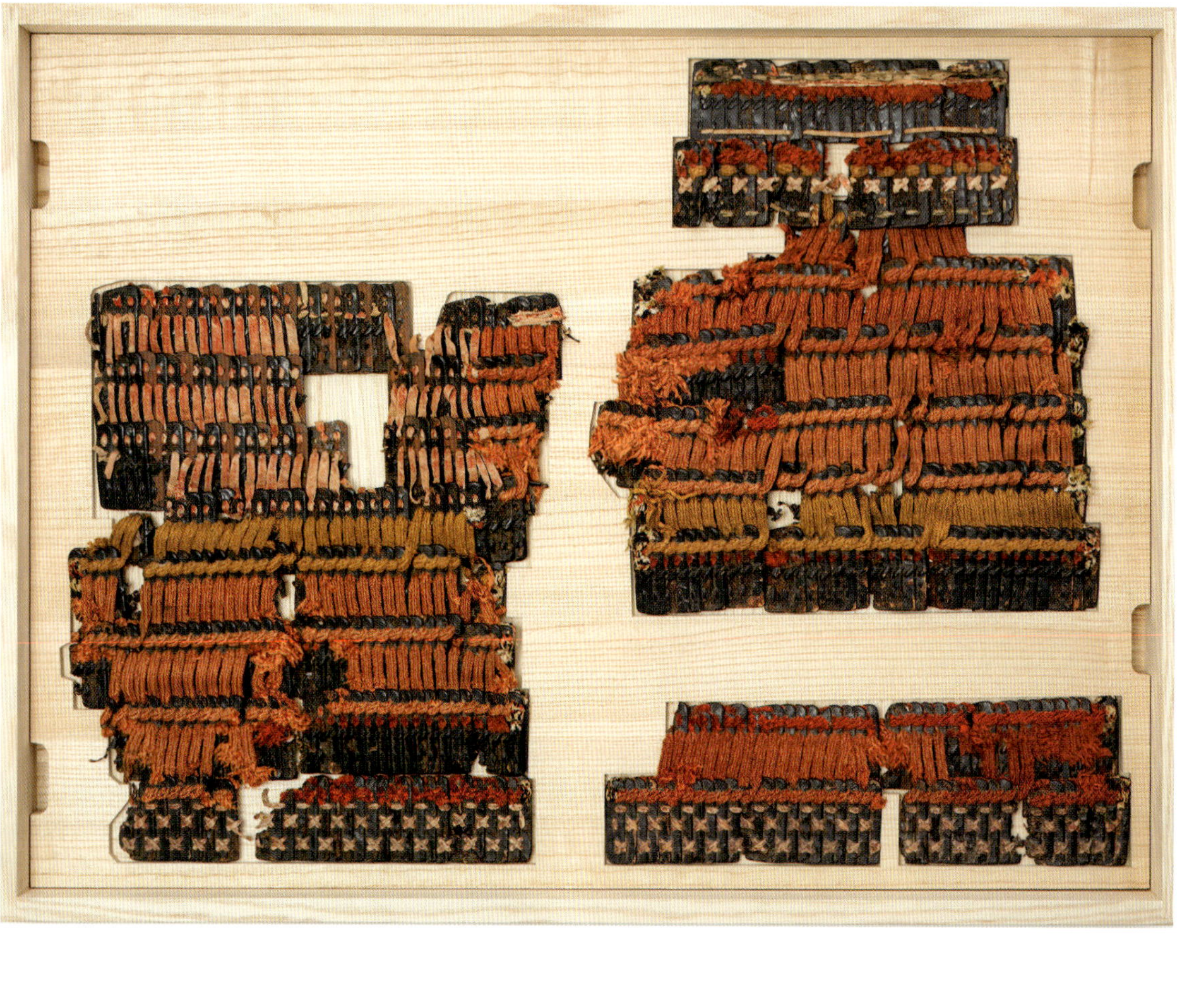

大鎧

中世の甲冑の中で、最も古く格式高い鎧が大鎧《おおよろい》である。平安時代後期に登場した大鎧は、上級の武士が着用した甲冑であるが、当時主流であった騎射《きしゃ》《うまゆみ》（馬に乗って弓矢で戦う戦闘様式）に適応した構造である点が大きな特徴である。

腰から太ももにかけて防護する草摺《くさずり》は、前後左右の四間《けん》（四枚）に分かれているが、これは馬にまたがって鎧の重量を鞍に預けることを想定しており、徒歩戦闘用に草摺が細かく分かれるようになった胴丸《どうまる》・腹巻《はらまき》の形状と対照的である。［8］では、胴部分から連続して草摺の一部が残っている。

大鎧特有のパーツとしては、両脇の空隙を保護するために着用された栴檀板《せんだんのいた》（右脇）と鳩尾板《きゅうびのいた》（左脇）があるが、左右で名称も形状も異なる点がポイントである。左脇の鳩尾板が細長い板状であるのに対して、右脇の栴檀板は小札板を威すことで伸縮性のある形状となっている。これは、弓矢で戦う際、矢を引き絞る右手の動きを妨げないようにするためであり、弓矢での戦いを想定したパーツであったことがわかる。［8］では、栴檀板の下半分（小札板を威して伸縮性を持たせた部分）が残っている。

【参考画像１】櫨匂威鎧　復元作品
（江津市・今井美術館）

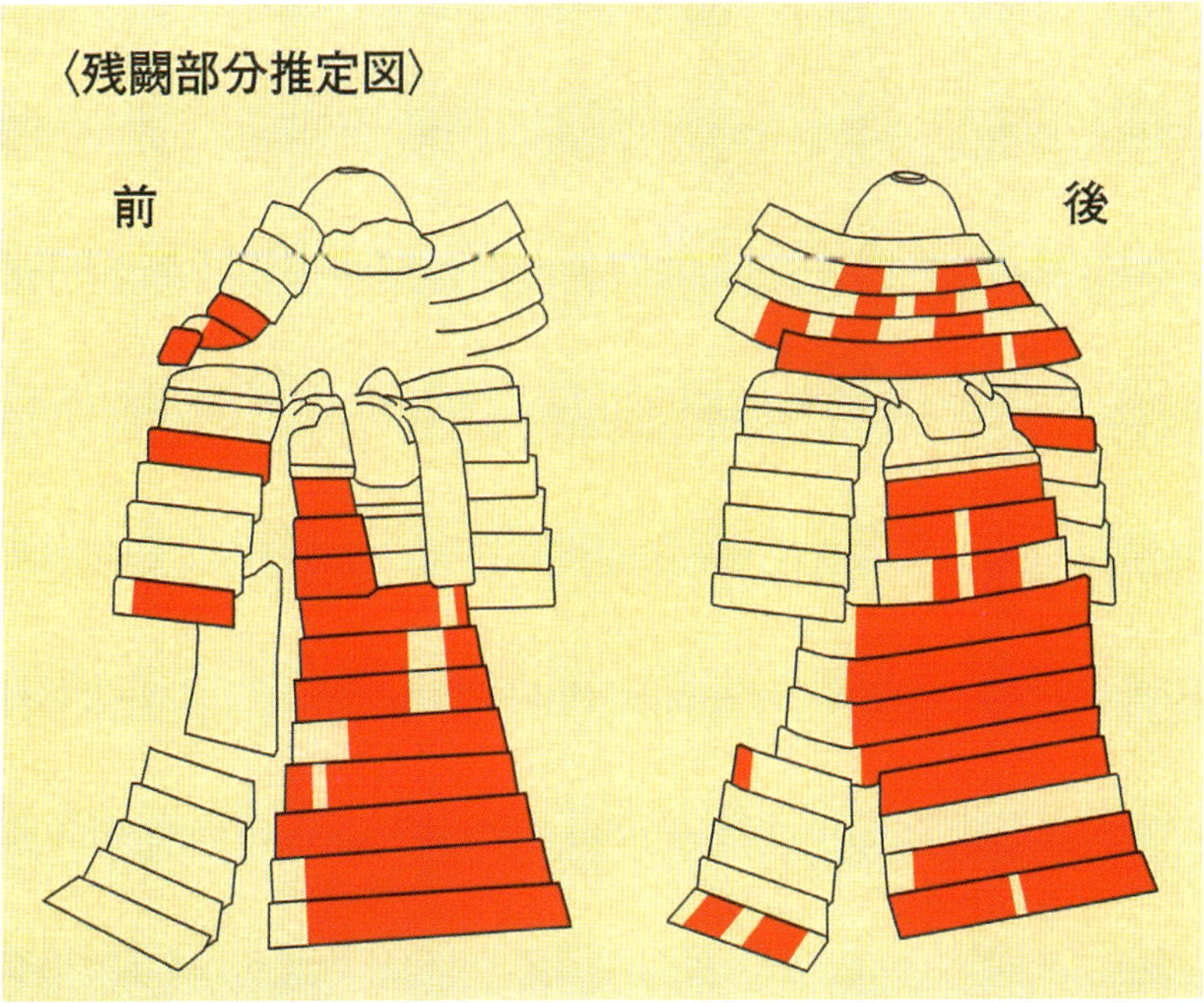

江津市教育委員会編『重要文化財　櫨匂威鎧残闕』
パンフレット（甘南備寺、2022年）より引用

［9］

紺糸威腹巻《こんいとおどしはらまき》　色々威広袖《いろいろおどしひろそで》

出雲市指定文化財

戦国時代（十六世紀）

出雲市・比布智神社（当館寄託）

伝来する甲冑　武家と社寺

甲斐武田《かいたけだ》家の「楯無《たてなし》」や足利《あしかが》将軍家の「御小袖《おこそで》」のように、甲冑は武家の権威と伝統を最も象徴する存在であった。一方で、中世の甲冑が武家の伝来品として現代まで伝えられることは極めて稀であり、多くの中世甲冑が社寺への奉納品として残されている。

出雲国において、古くは十二世紀の初め（平安時代末期）に起きた源義親《みなもとのよしちか》の反乱に際し、その鎮圧に向かった平正盛《たいらのまさもり》は「火威《ひおどし》の鎧《よろい》」を神前に奉納したとされる（大山寺縁起絵巻《だいせんじえんぎえまき》）。社寺への甲冑奉納はしばしば武運長久や戦勝祈願の意味を込めて行われた。

尼子《あまご》氏の所用と伝わる佐太神社《さだじんじゃ》の甲冑［4］［5］［7］や、石見小笠原《おがさわら》氏が甘南備寺《かんなみじ》に寄進したとされる大鎧《おおよろい》［8］、出雲古志《こし》氏が奉納したとされる比布智《ひふち》神社の腹巻《はらまき》・広袖《ひろそで》［9］は、いずれも島根県内屈指の古い伝来品である。武家と社寺の関係は、貴重な甲冑が現在にまで伝わる歴史を考える上でも、極めて重要な要素であったといえる。

［11］
大内義興像《おおうちよしおきぞう》（模写）
大正時代（二十世紀）
山口県立山口博物館

［10］
益田元祥像《ますだもとよしぞう》
重要文化財
安土桃山時代（十六世紀）
島根県立石見美術館
（展示は複製品〈当館蔵〉）

描かれた甲冑姿

絵巻物や肖像画などの絵画資料もまた、中世武士の装いを詳細に伝えてくれる。石見の人びとを含む軍勢を率いて京都にのぼった西国大名・大内義興《おおうちよしおき》の肖像［11］は、紺と白のコントラストが印象的な胴丸《どうまる》（右引合《みぎひきあわせ》）を着用しており、石見西部の有力者・益田元祥《ますだもとよし》の肖像［10］は銀の小札と萌葱《もえぎ》色の威が鮮やかな腹巻《はらまき》（背引合《せひきあわせ》）を身にまとう。両者とも、兜《かぶと》（義興は筋兜《すじかぶと》、元祥は星兜《ほしかぶと》）と大袖《おおそで》を着用しており、佐太神社《さだじんじゃ》の甲冑［4］［5］と同様の三《み》つ物皆具《ものかいぐ》（胴丸・腹巻に兜と袖を組み合わせたもの）が戦国時代の有力武将にふさわしい装いとして重宝されたことがよくわかる。

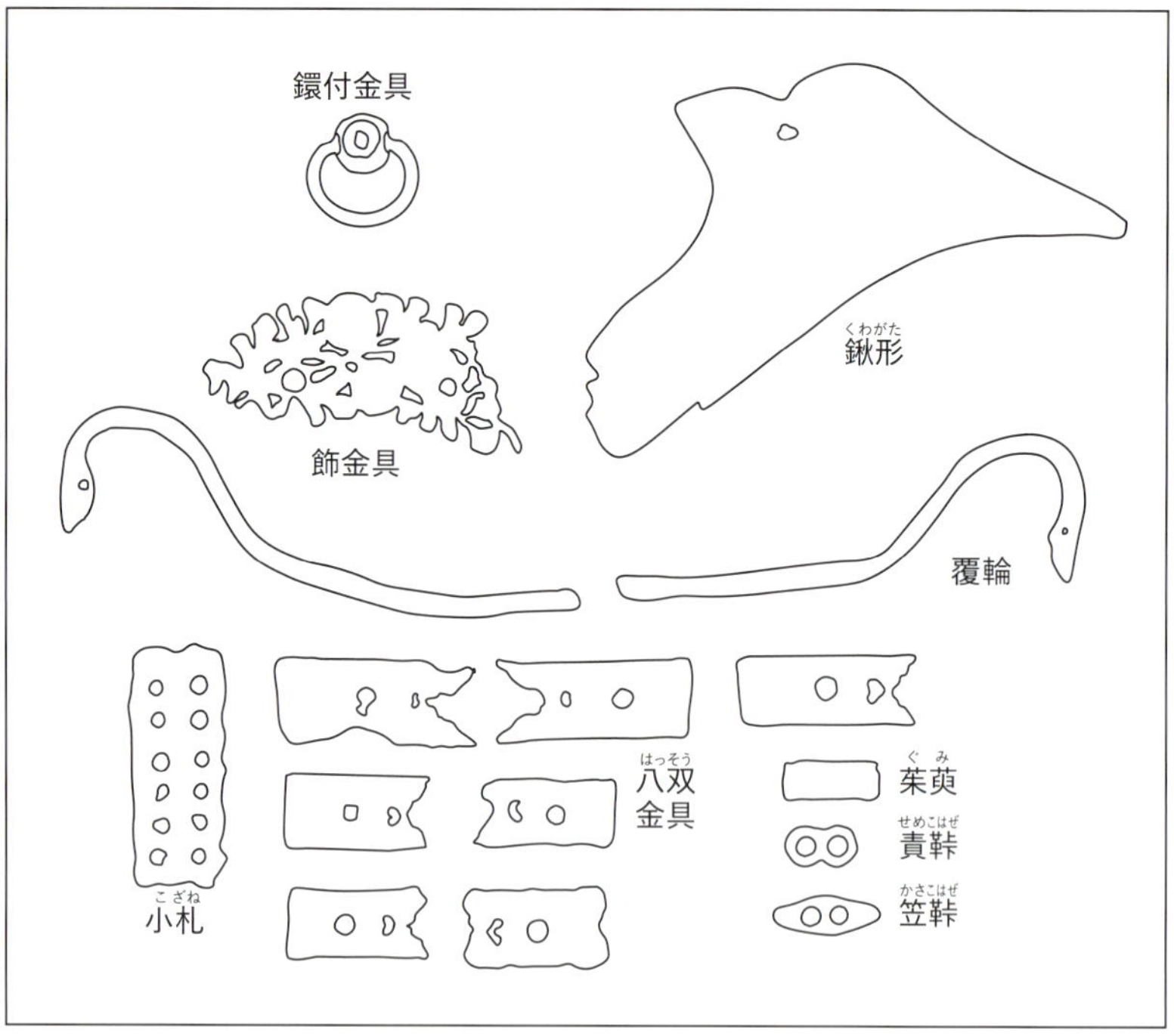

［12］

富田川《とだがわ》河床遺跡　甲冑《かっちゅう》部品《ぶひん》

戦国～江戸時代（十六～十七世紀）

島根県埋蔵文化財調査センター

出土品からみる甲冑の細部

富田城下の遺跡をはじめとして、中世の遺跡からは多くの甲冑の部品が見つかっている。考古資料は、さまざまな工芸技術が駆使された甲冑の細部を知る重要な手がかりとなるのである。

②鐶付金具

甲冑にはリング状の金具が各所で使用される。例えば兜の鉢の背面にある金具は「笠印付鐶《かさじるしつけのかん》」といい、装飾の総角《あげまき》をつける。

①鍬形《くわがた》

兜を印象づける前面の装飾を「前立《まえだて》」と呼ぶが、特によく知られているのが鍬形である。中世後期以降、中央に祓立《はらいたて》を追加した三鍬形が流行する。

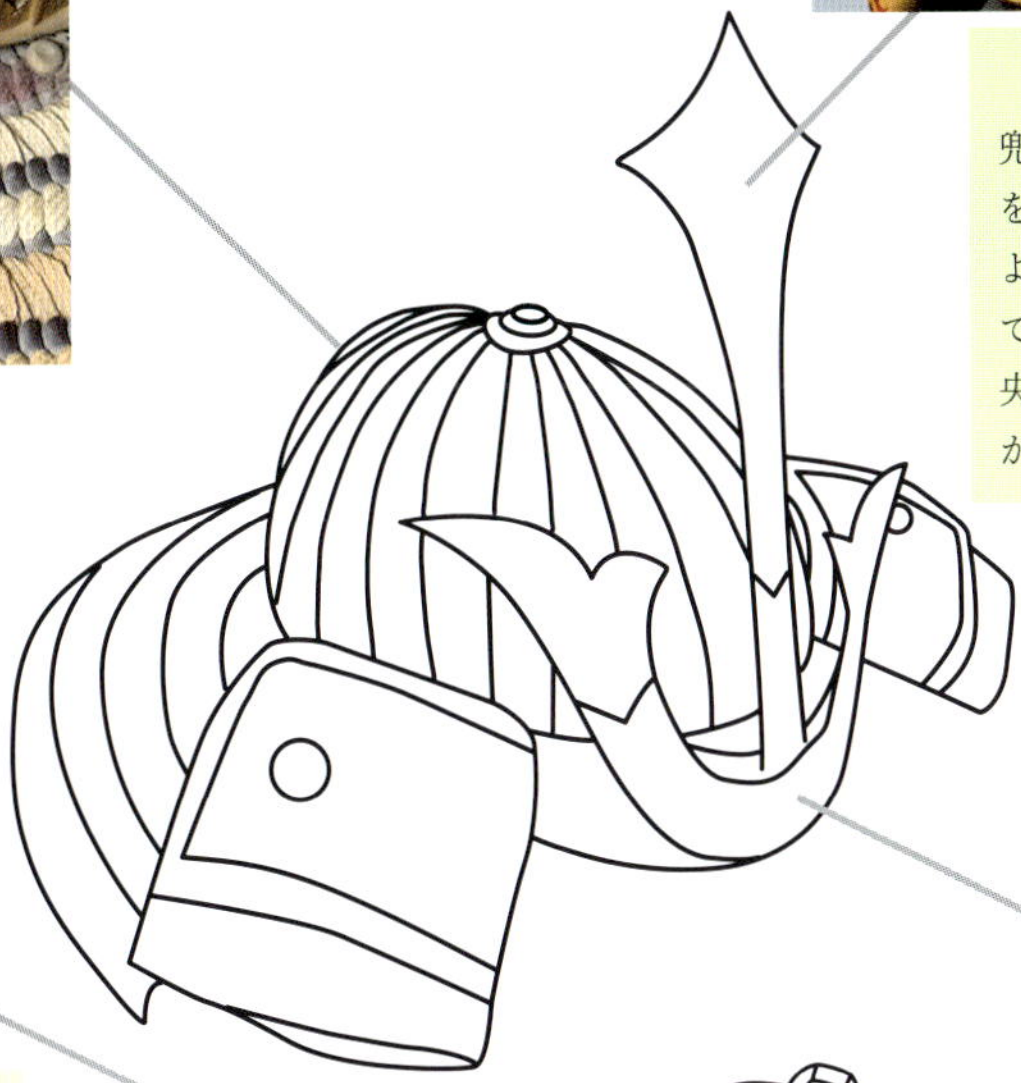

⑥茱萸《ぐみ》

肩にかける「肩上《わたがみ》」には、袖をくくりつけるための袖付の緒があるが、この紐には茱萸という金物が通されている。

③飾金具

甲冑の各所には細部に精巧な装飾がみえる。兜の鍬形台《くわがただい》・祓立《はらいたて》にも、しばしば枝菊の透かし彫りがほどこされた。

④覆輪《ふくりん》

金・銀・錫などで各所を縁取りする部品を覆輪と呼び、甲冑のいたるところを華やかに飾っている。下の画像は胸板の覆輪。

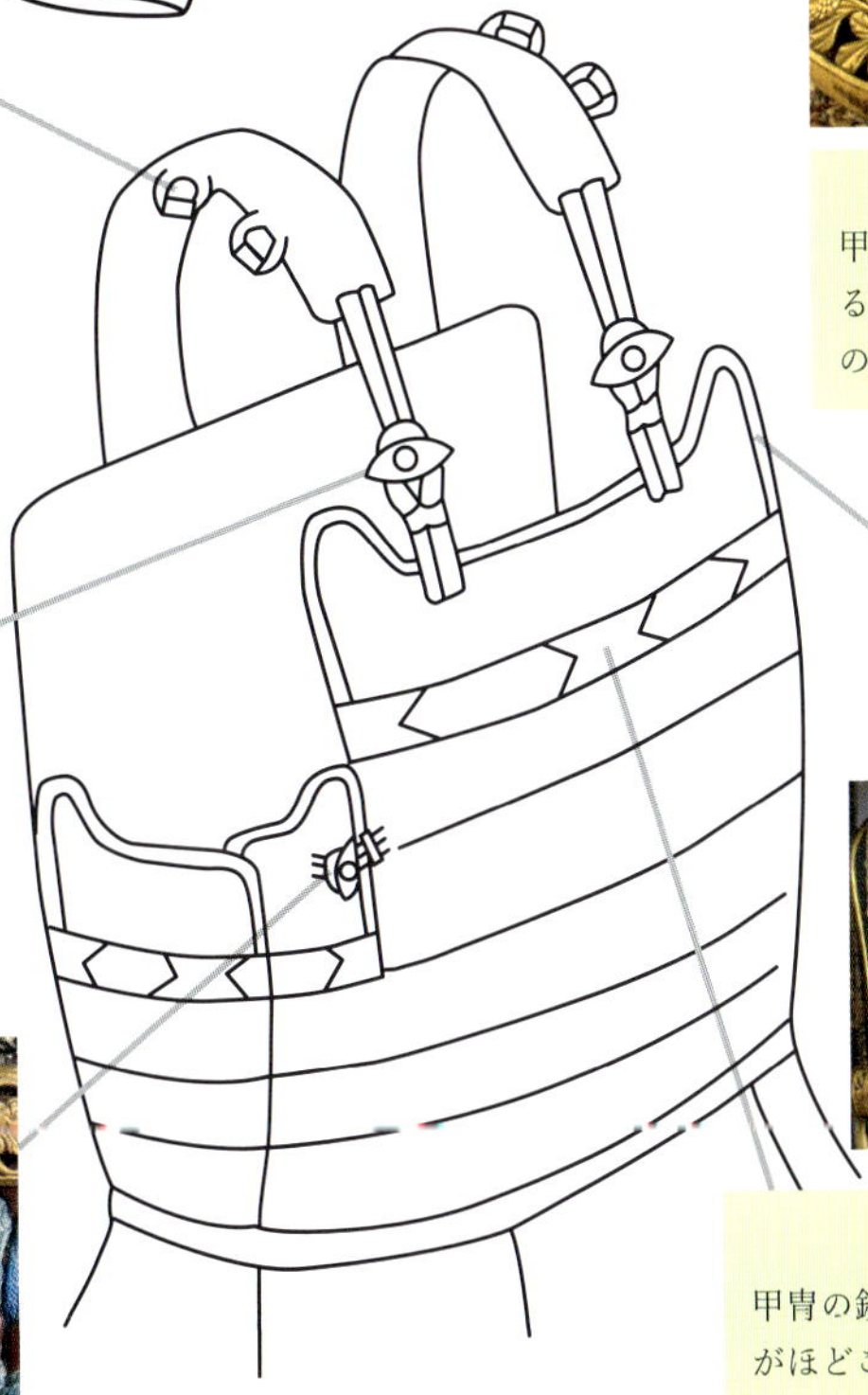

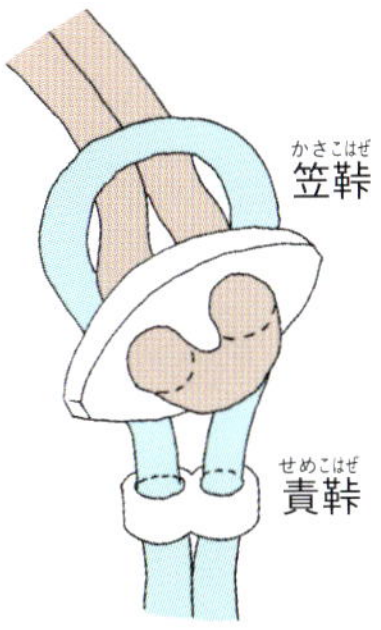

⑦鞐《こはぜ》

甲冑を着用する際にパーツ同士をつなぐ紐には、鞐とよばれる留め具が付属する。

⑤八双金具《はっそうかなぐ》

甲冑の鋲留め部分に付けられた金具。細かく装飾がほどこされたものも多い。

⑧小札《こざね》

甲冑全体は、鉄や革でできた長い板状の小札という部品を威す（緒通す）ことで形づくられている。さまざまな種類があるが、頭（上端）の中央がえぐれ、左右に山なりの形状となるものを伊予札と呼ぶ。

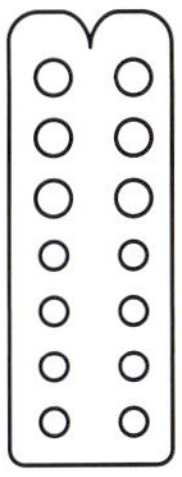

甲冑と部品　模式図

使用画像（すべて部分拡大）
④⑤⑦下［4］色々威胴丸（松江市・佐太神社）
⑥⑦上［5］色々威腹巻（松江市・佐太神社）
①［6］黒漆三十八間筋兜（山口県・吉川史料館）
②③［7］色々威五十八間筋兜（松江市・佐太神社）
（イラスト・写真は甲冑部品の概要を紹介するための参考イメージであり、［12］各資料の使用箇所・形状を厳密に示すものではない。イラストは便宜的に筋兜と胴丸の形状をモデルとしている）

[13]
富《と》田川《だがわ》河床遺跡　鉄鏃《てつぞく》
戦国〜江戸時代（十六〜十七世紀）
島根県埋蔵文化財調査センター

[14]
富《と》田川《だがわ》河床遺跡　押付板《おしつけのいた》
戦国時代（十六世紀）
島根県埋蔵文化財調査センター

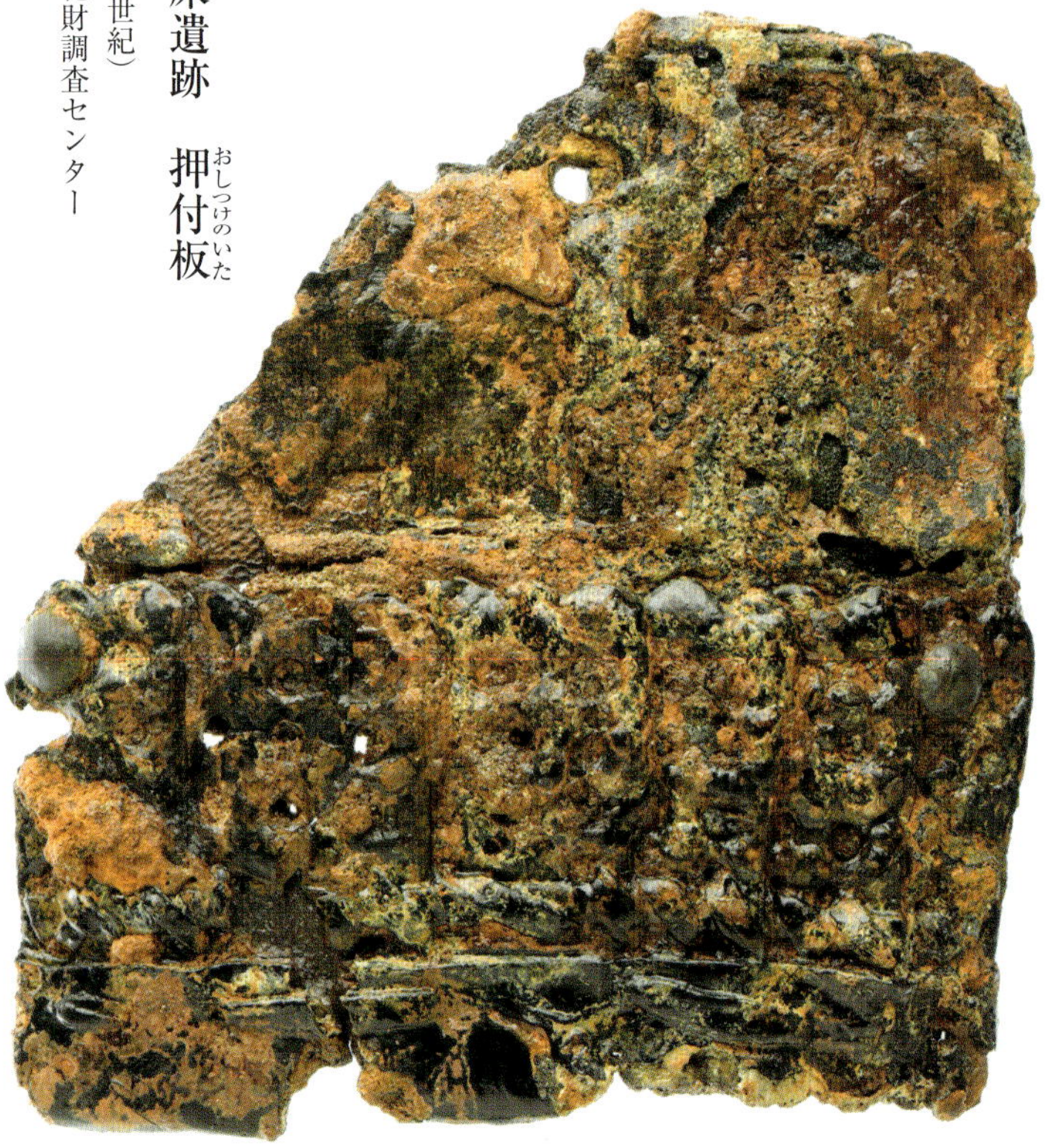

押付板《おしつけのいた》
腹巻の引合部分である背面のうち、胴と肩上（肩にかける部分）をつなぐパーツ。[14]では、下に連なる小札もあわせて残存している。

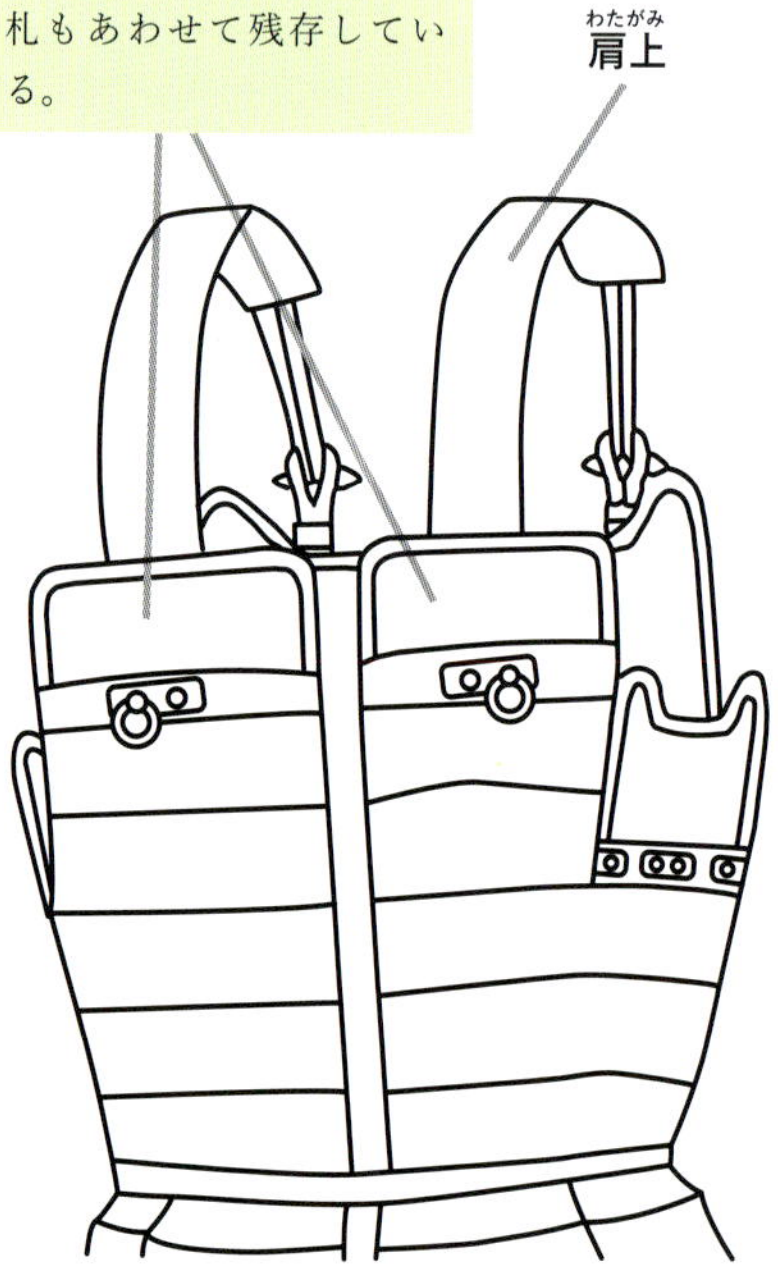

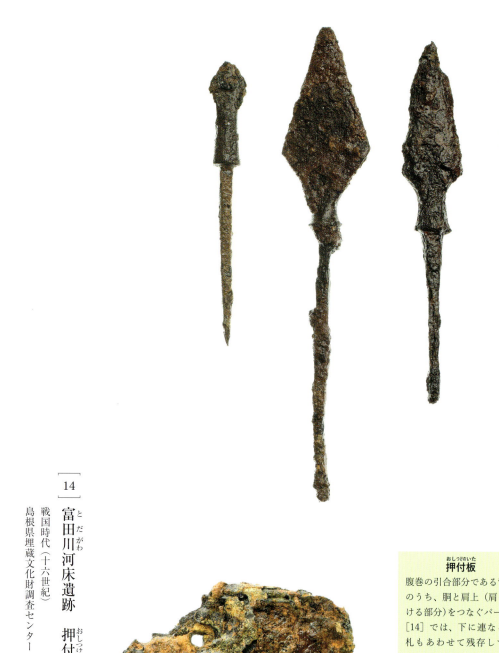

15

富田川《とだがわ》河床遺跡　脇板《わきいた》

安土桃山～江戸時代（十六～十七世紀）

安来市教育委員会

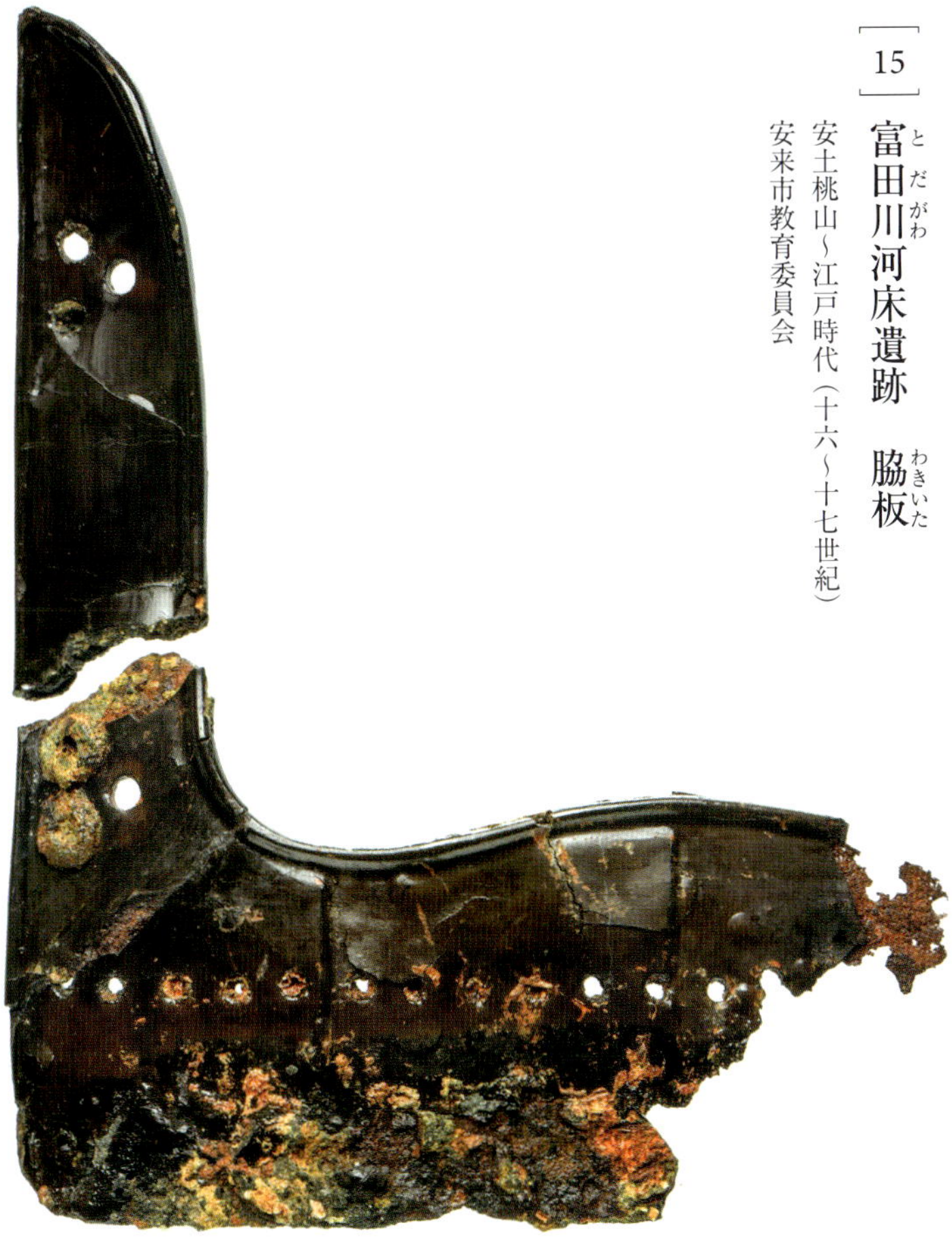

当世具足

十六世紀の後半（戦国～安土桃山時代）、戦いのあり方はさらに大きく変化した。各地で大規模な戦争が展開する中で、槍を主体とした組織的な戦闘が一般化し、鉄砲も全国の戦いで活用されるようになる。このような戦闘様式に対応する形で、新しい時代の甲冑として登場したのが当世具足《とうせいぐそく》である。当世具足は、形式的には胴丸をベースとしつつ、新たな素材や技術を導入して機能性・防御性・生産性を高め、個性豊かなデザインの甲冑を多く生み出すこととなった。

【参考画像２】黒糸威《くろいとおどし》二《に》枚胴《まいどう》具足《ぐそく》（東京国立博物館）

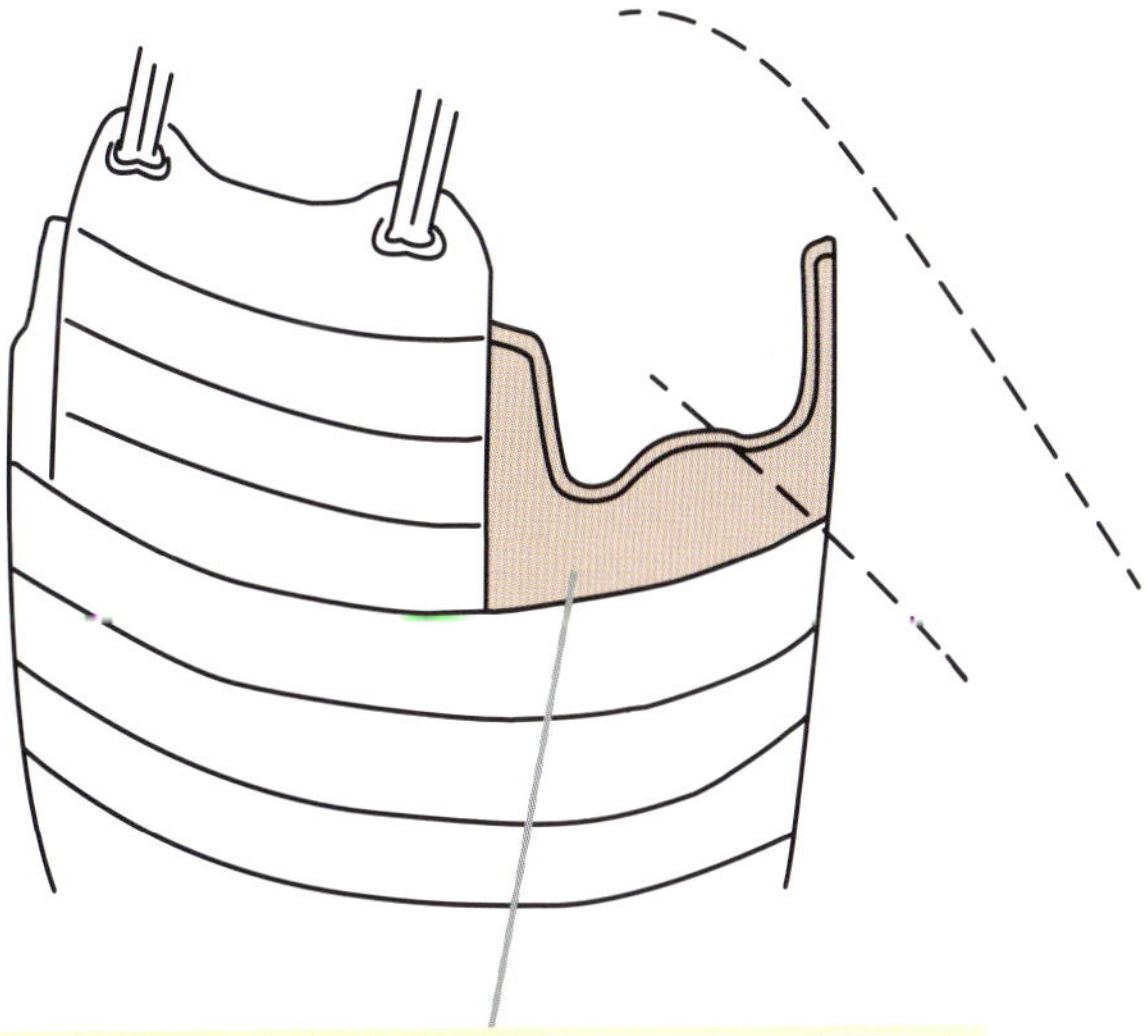

当世具足の脇板《わきいた》（左脇）

脇板とは、脇壺《わきつぼ》（脇の下）を防護するパーツで、中央が低く両端が高くなる凹型の形状が一般的。従来の胴丸《どうまる》・腹巻《はらまき》の脇板は中央が平たくなるが、当世具足では中央が山なりに湾曲するようになる。また、両端の隆起も非常に高く作られるようになった。脇板というパーツ一つとっても、当世具足が従来の甲冑と大きく異なる形状に変化していたことがうかがえるのである。

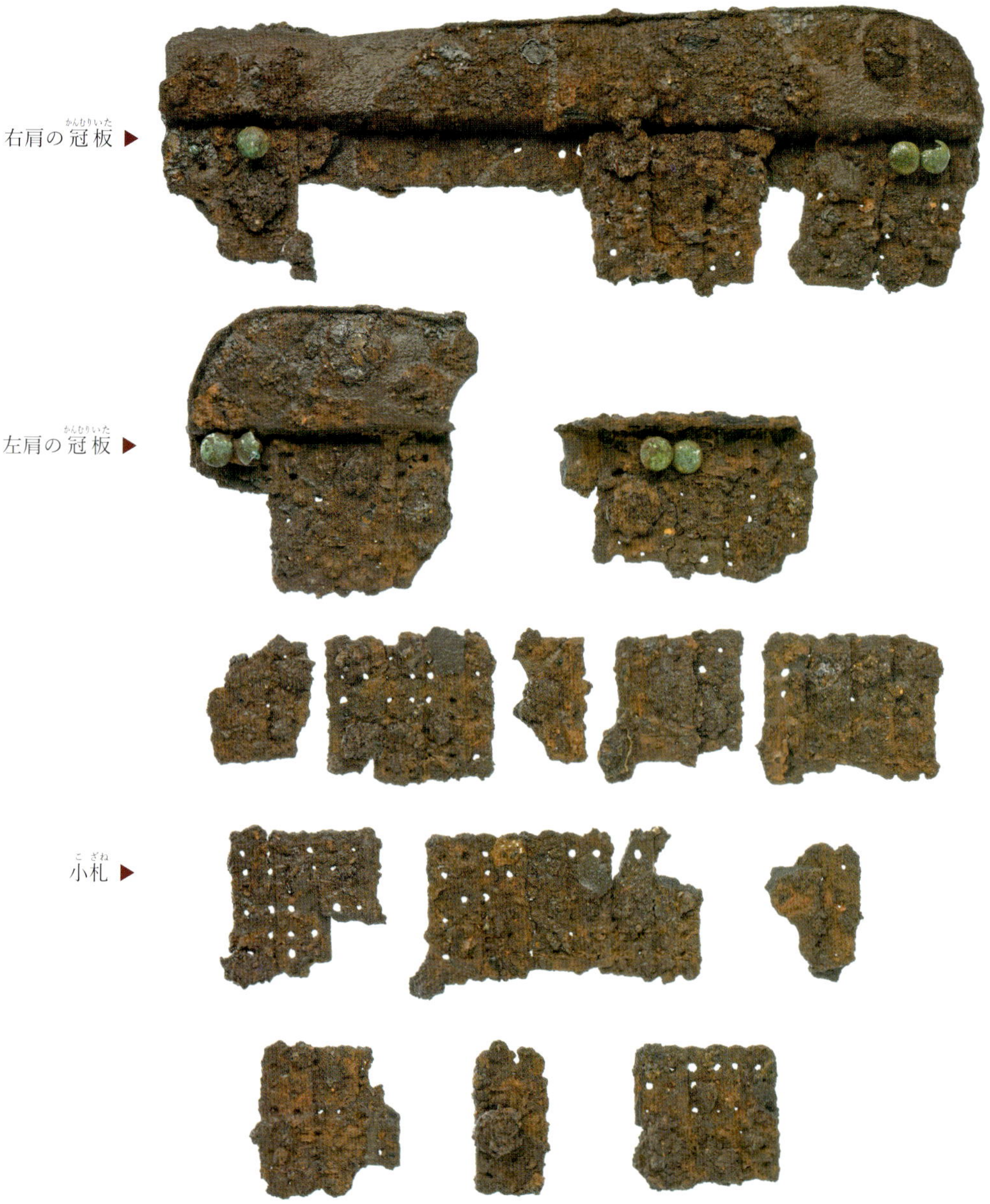

右肩の冠板《かんむりいた》
左肩の冠板《かんむりいた》
小札《こざね》

［16］広ノ下荒神塚《ひろのしたこうじんづか》　大袖《おおそで》
戦国時代（十六世紀）
雲南市教育委員会

大袖

甲冑のうち、肩や上腕部を守るために着用されたものを「袖《そで》」と呼ぶ。［9］に附属する末広がりの広袖《ひろそで》や、反対に下に向かって窄まる壺袖《つぼそで》などさまざまな種類があるが、中世の甲冑で最も古く格式高い袖は、騎馬武者用の大鎧《おおよろい》に附属した「大袖《おおそで》」である。本来歩兵用だった胴丸《どうまる》・腹巻《はらまき》は、袖や兜《かぶと》を着用しないことも多かったようだが、上級武士が着用するようになるにつれ、［4］［5］のように大袖と兜がセットで揃えられるようになる（三《み》つ物皆具《ものかいぐ》）。

［16］は、大袖が銭貨や土師器《はじき》などとともに埋められた珍しい例である。中世の人びとにとって大袖は、武士の権威を象徴するものとして、特別な意味を持っていたのだろう。

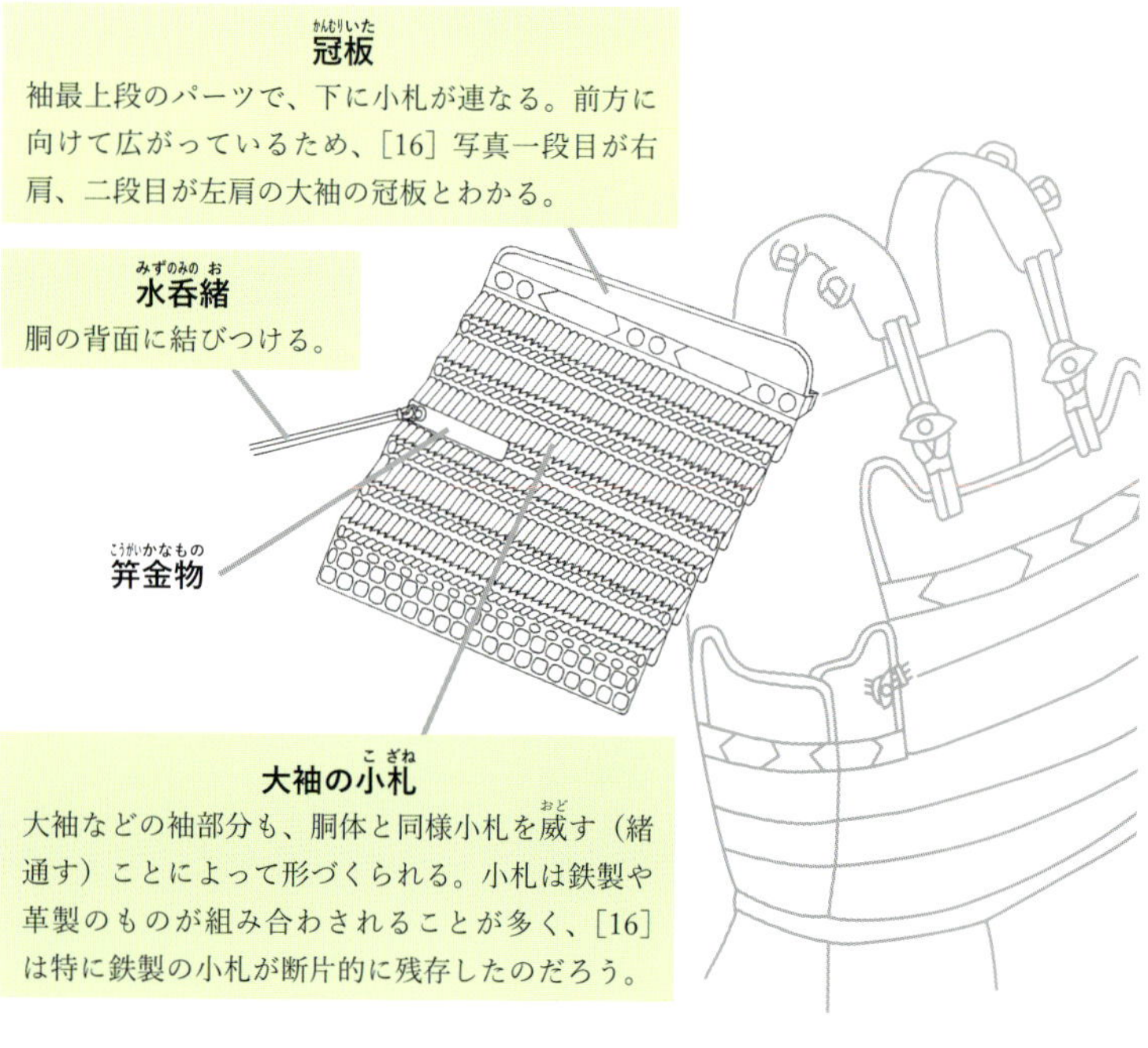

冠板《かんむりいた》
袖最上段のパーツで、下に小札が連なる。前方に向けて広がっているため、［16］写真一段目が右肩、二段目が左肩の大袖の冠板とわかる。
水呑緒《みずのみお》
胴の背面に結びつける。
笄金物《こうがいかなもの》
大袖の小札《こざね》
大袖などの袖部分も、胴体と同様小札を威《おど》す（緒通す）ことによって形づくられる。小札は鉄製や革製のものが組み合わされることが多く、［16］は特に鉄製の小札が断片的に残存したのだろう。

2

刀剣と刀装具

時代とともに、刀剣も姿が変化していく。平安時代に登場した反りの深い太刀《たち》に対して、南北朝時代に新たに登場した刀《かたな》（打刀《うちがたな》）は戦いの変化にも対応したより扱いやすい武器として定着する。また、刀剣は戦いの道具として洗練されていくだけでなく、刀装具に趣向がこらされることによって、武士の装いを華々しく飾る役割を果たした。

［17］刀《かたな》 銘《めい》 雲州住冬廣作《うんしゅうじゅうふゆひろさく》
戦国時代（十六世紀）
当館

（銘部分拡大）
「雲州住冬廣作」

刀（打刀）

日本の刀剣の一種である刀《かたな》（打刀《うちがたな》）もまた、中世の戦いの歴史を象徴する存在の一つである。平安時代以降、反りが特徴的な日本刀の端緒となったのは、刃を下に向けて吊り下げる（佩《は》く）「太刀《たち》」であった。対して打刀は、南北朝時代以降に登場したもので、太刀とは反対に刃を上に向けて装着する。騎馬による戦闘が主流だった時代に登場した太刀に対し、打刀は徒戦《かちいくさ》の比重が高まっていく時代に生み出された刀剣であり、接近戦に適した操作しやすい形状に作られた。中には、本来長大な太刀であった刀剣の刃長を短くする「磨上《すりあげ》」を行い、打刀として転用するということも行われている。時代とともに打刀は主要な刀剣の一つとして浸透・定着していったのである。

[18] 刀《かたな》 銘《めい》 石州長浜住続弘作《せきしゅうながはまじゅうつぐひろさく》

戦国時代・天文三年（一五三四）十一月

当館

（銘部分拡大）
「石州長濱住續弘作」

（銘部分拡大）
「天文三年十一月日」

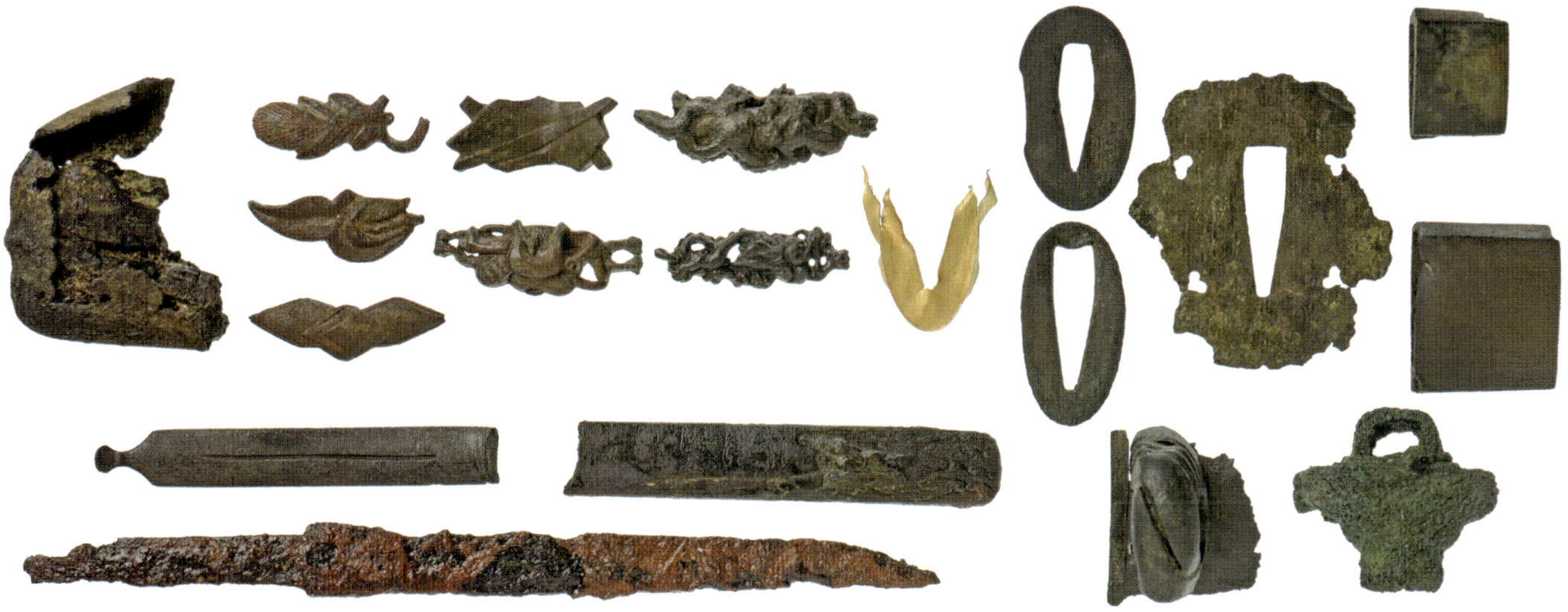

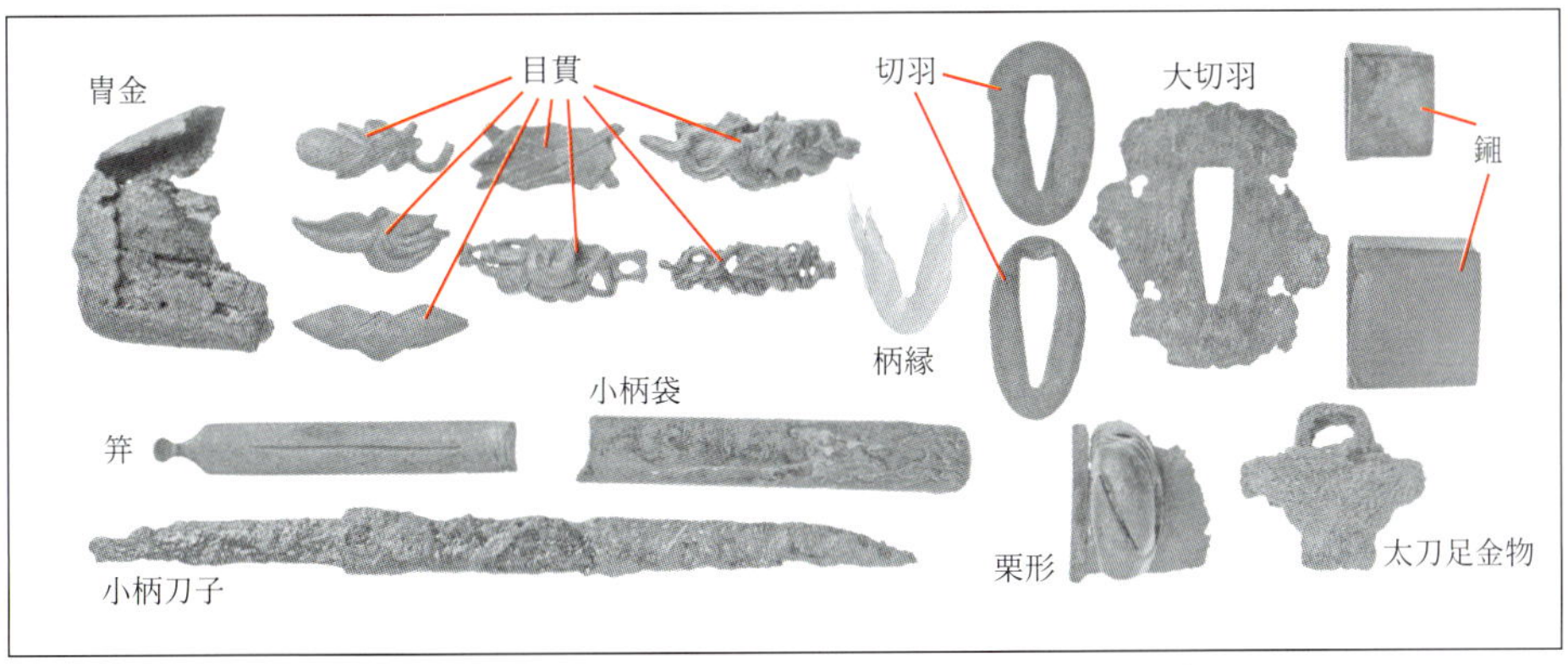

※太刀・打刀双方の刀装具を含む。資料の向きは必ずしも装着時の向きに対応するものではない。

［19］
富田川《とだがわ》河床遺跡　刀装具《とうそうぐ》
戦国～江戸時代（十六～十七世紀）
島根県埋蔵文化財調査センター

刀装具

太刀《たち》や打刀《うちがたな》といった刀剣で目を見張るのは鍛え抜かれた刀身だけではない。刀剣を携帯するために付属する刀装《とうそう》具《ぐ》（拵《こしらえ》）は、細部に趣向が凝らされ、現代にいたるまで人びとの目を惹いている。刀装具は、富田城下など中世の遺跡からも多数発見されており、中には上級の武士が用いたであろう煌びやかな細工の断片を見いだすこともできる。

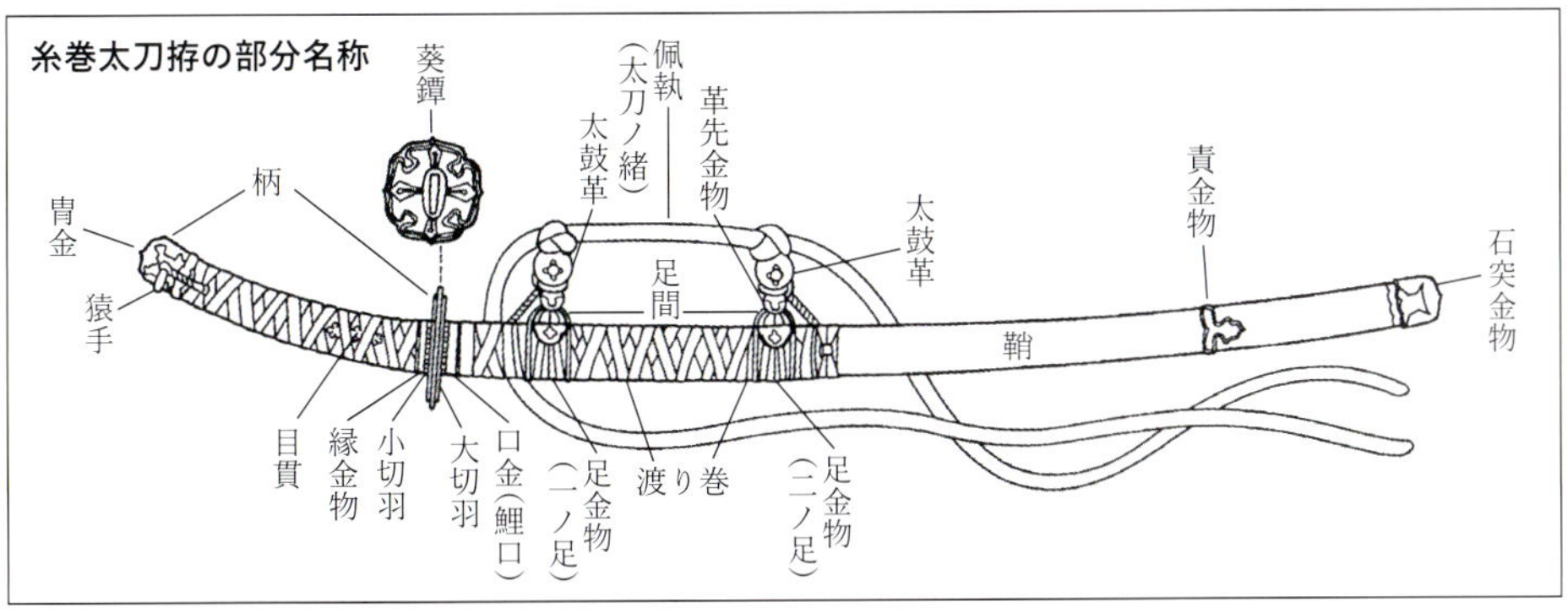

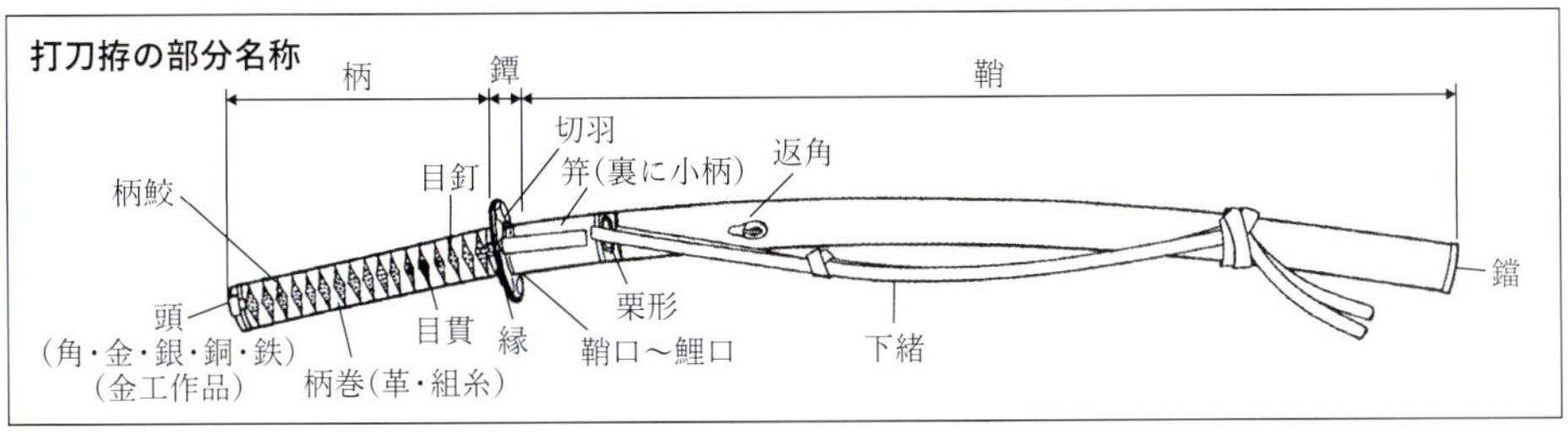

岡山県立博物館編集・発行『備前刀―日本刀の王者』2017年（108頁）より引用

【参考画像３】▶
小柄《こづか》
岡山県・南山城跡《みなみやまじょう》
（岡山県古代吉備文化財センター）
※下段はX線撮影画像

3

火器の登場

火薬を用いて弾丸を発射する火器《かき》は、戦国時代に登場したまったく新しい兵器である。十六世紀半ば、ヨーロッパから伝来した鉄砲《てっぽう》（火縄銃《ひなわじゅう》）は列島各地に普及し、尼子《あまご》氏と毛利《もうり》氏の戦いでも積極的に使用された。「石火矢《いしびや》」と呼ばれる大砲も海外から輸入され、十六世紀の終わりには国内生産も行われて大名たちに広まっていく。十六世紀の戦いは、火器を前提としたものへと移行し、より一層激しさを増していくのであった。

（銘部分拡大）

［20］
鉄砲《てっぽう》　清尭作《きよたかさく》
島根県指定文化財
江戸時代・慶長十七年（一六一二）
出雲市・日御碕神社（出雲文化伝承館寄託）

［21］富田川河床遺跡《とだがわ》　火縄銃《ひなわじゅう》・鉄砲玉
戦国～江戸時代（十六～十七世紀）
島根県埋蔵文化財調査センター

鉄砲の登場

中世の鉄砲は、多く「鉄炮」と表記されるが、基本的に火縄式（マッチロック）の小銃（火縄銃《ひなわじゅう》）として普及した。鉄砲が列島各地の戦場で用いられ始めるのはおおよそ永禄《えいろく》年間（一五五八～七〇）前後とされる。毛利氏は遅くとも弘治《こうじ》三年（一五五七）には鉄砲を使用しており、「中間《ちゅうげん》」とよばれる人びとを鉄砲の射手として編成していった。出雲国進軍時にも鉄砲を積極的に使用し、永禄八年（一五六五）の富田城攻めでも用いられている。毛利軍と対峙した尼子勝久《あまごかつひさ》の軍勢も鉄砲を積極的に使用しており［22］、山中幸盛《やまなかゆきもり》（鹿介《しかのすけ》）は九州の大友《おおとも》氏から塩硝（火薬の原料）をもらい受けていた。十六世紀半ば以降、鉄砲は戦いの主役となっていくのである。

［22］尼子勝久書状《あまごかつひさしょじょう》
戦国時代・［永禄十三年（一五七〇）］四月十九日
当館

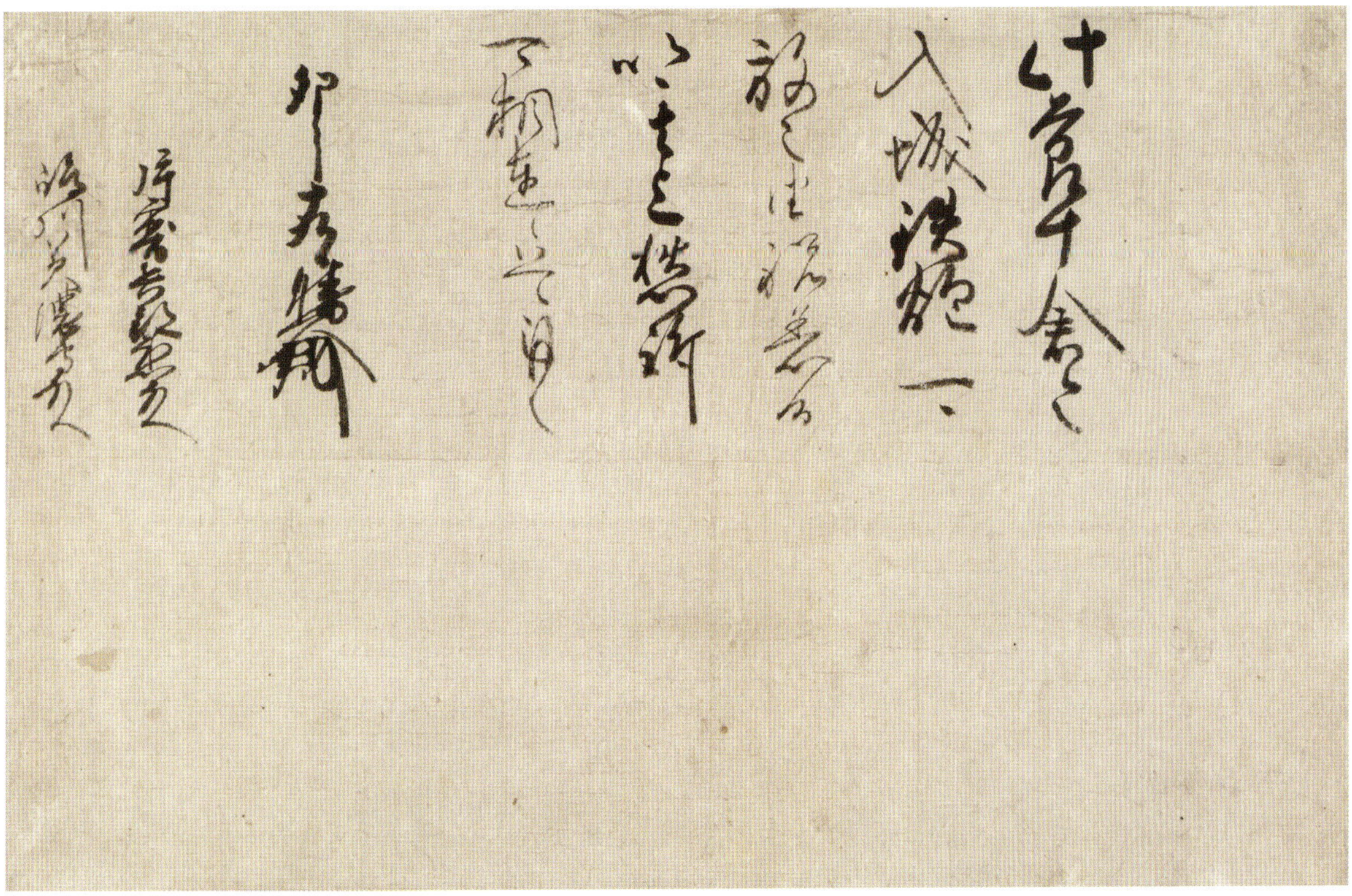

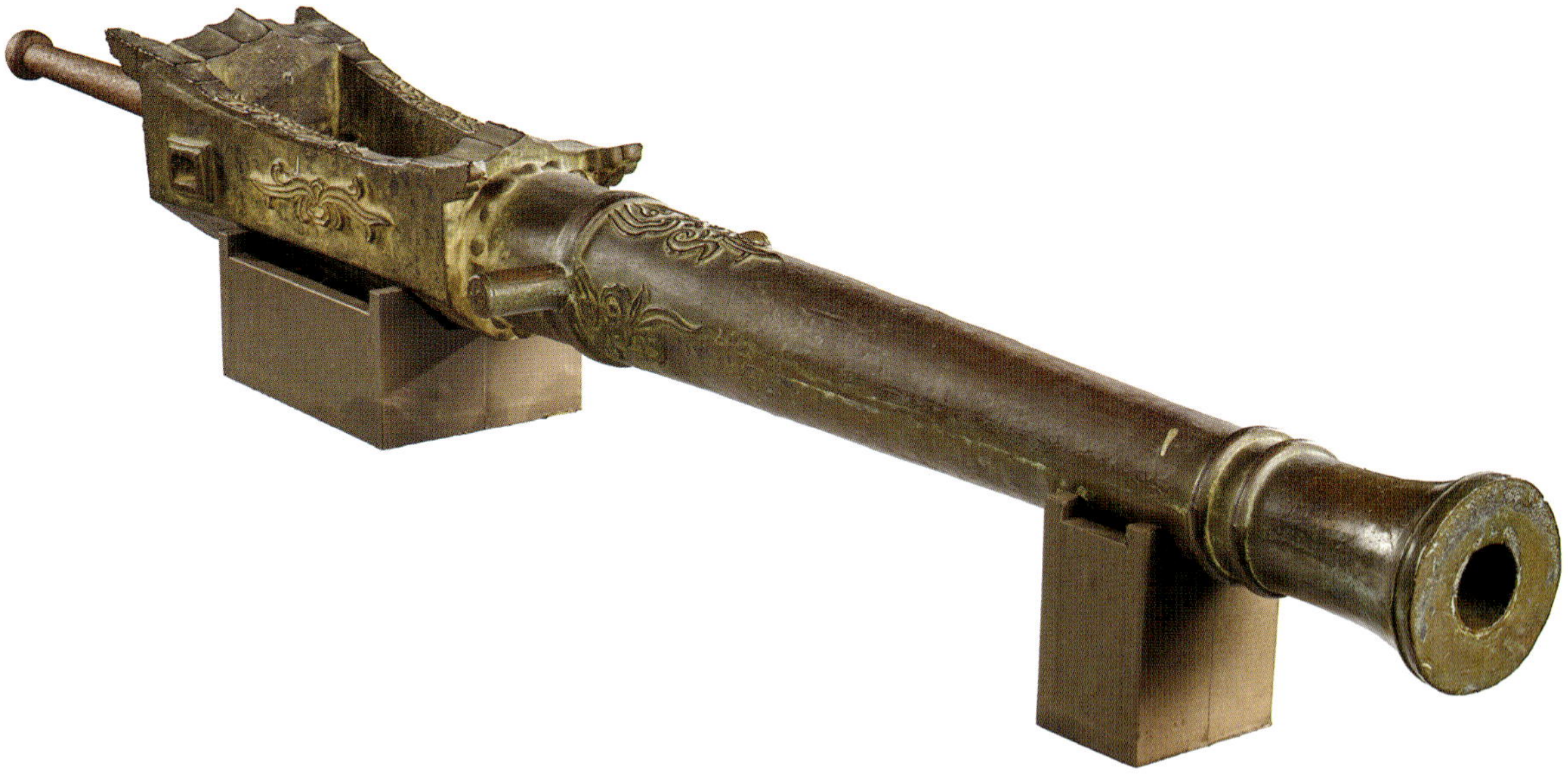

[23] フランキ砲《ほう》（仏郎機砲《ふらんきほう》）
安土桃山～江戸時代（十六～十七世紀）
津和野町教育委員会

石火矢

十六世紀の戦乱の中で用いられた火器は、小銃だけではない。特に「石《いし》火矢《びや》」と呼ばれる大型砲はよく用いられた。

石火矢の史料上の初見は、永禄《えいろく》三年（一五六〇）、豊後国の大友《おおとも》氏が室町幕府《むろまちばくふ》の将軍足利義輝《あしかがよしてる》に贈った事例である。石火矢は外国製の大砲であり、大友氏も輸入品として手に入れたらしい。九州北部をめぐって大友氏と争った毛利《もうり》氏の領国内にも、石火矢が入ってきていたようである［25］。

豊臣秀吉《とよとみひでよし》は、朝鮮半島侵攻に際して石火矢を集め、国内の鋳物師に石火矢を鋳造させた。徳川家康《とくがわいえやす》もまた、特に大坂冬の陣・夏の陣に際して石火矢を取り寄せ、あるいは鋳造させた。

この頃から諸大名も競って石火矢を装備するようになる。津和野《つわの》城主となった坂崎直盛《さかざきなおもり》も石火矢を三門所有していたようで、城と武具を亀井《かめい》氏に引き渡す際の目録に記載がある［24］。亀井氏は、これ以外にも南蛮様式の石火矢を所有していたと考えられる［23］。

津和野城（画像提供：津和野町教育委員会）

［24］酒井《さかい》出羽守《でわのかみ》城《しろ》鉄炮《てっぽう》并《ならびに》武具《ぶぐ》目録《もくろく》
［亀井《かめい》家《け》文書《もんじょ》］
江戸時代・元和三年（一六一七）八月二十二日
当館

▼石火矢《いしびや》

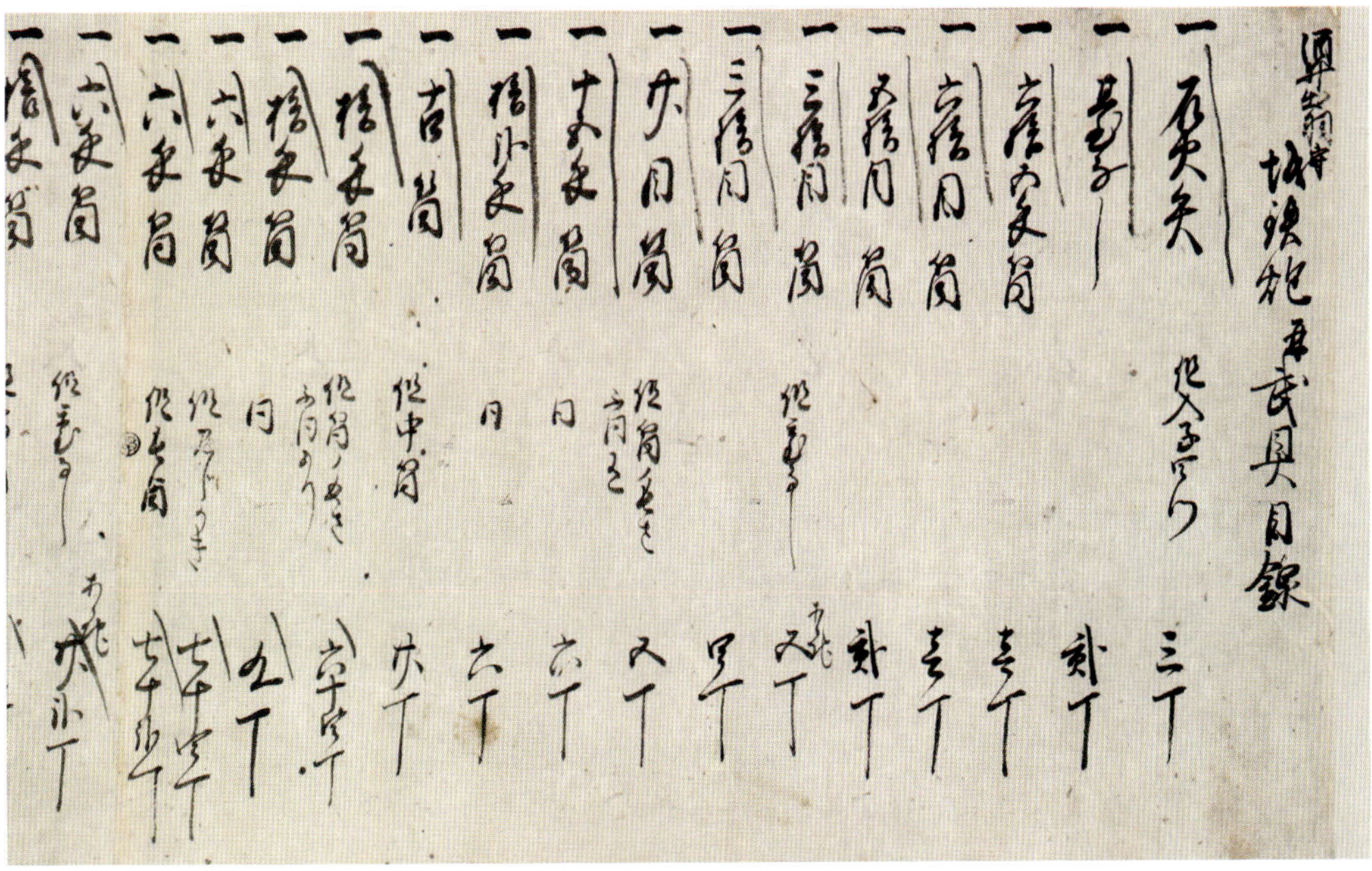

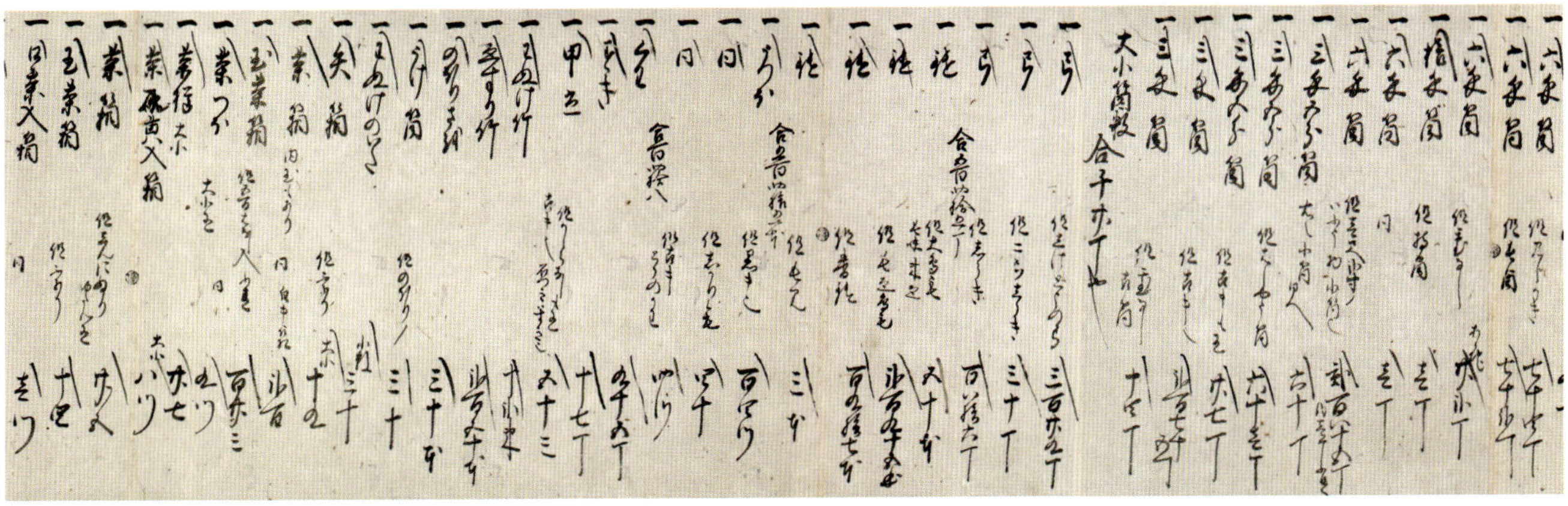

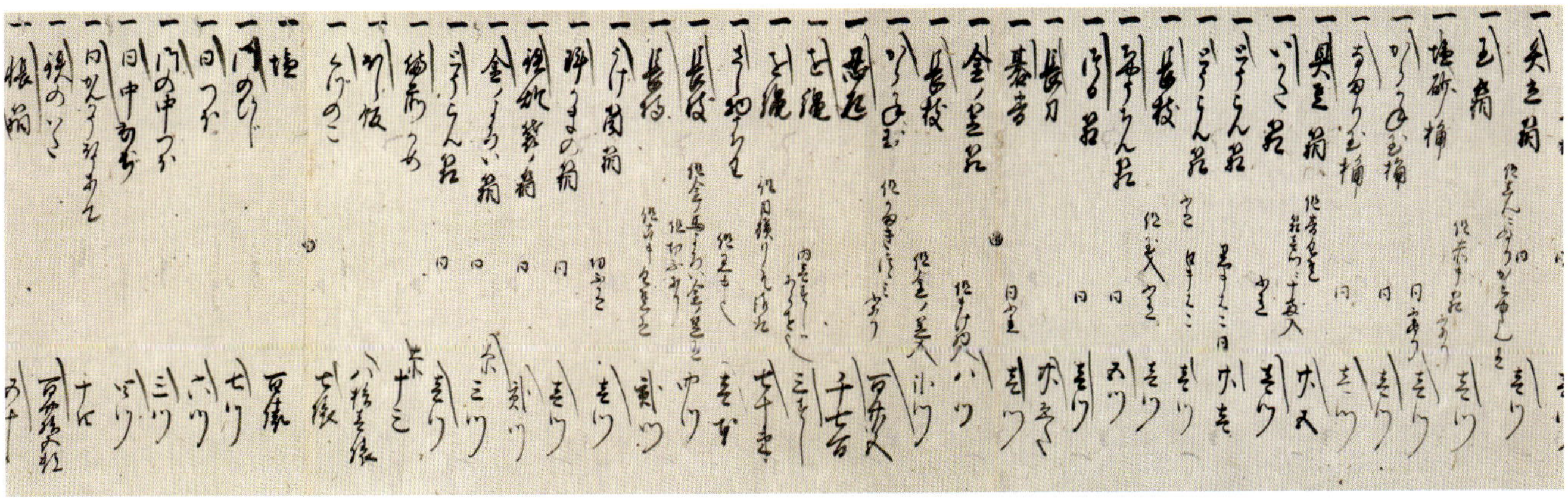

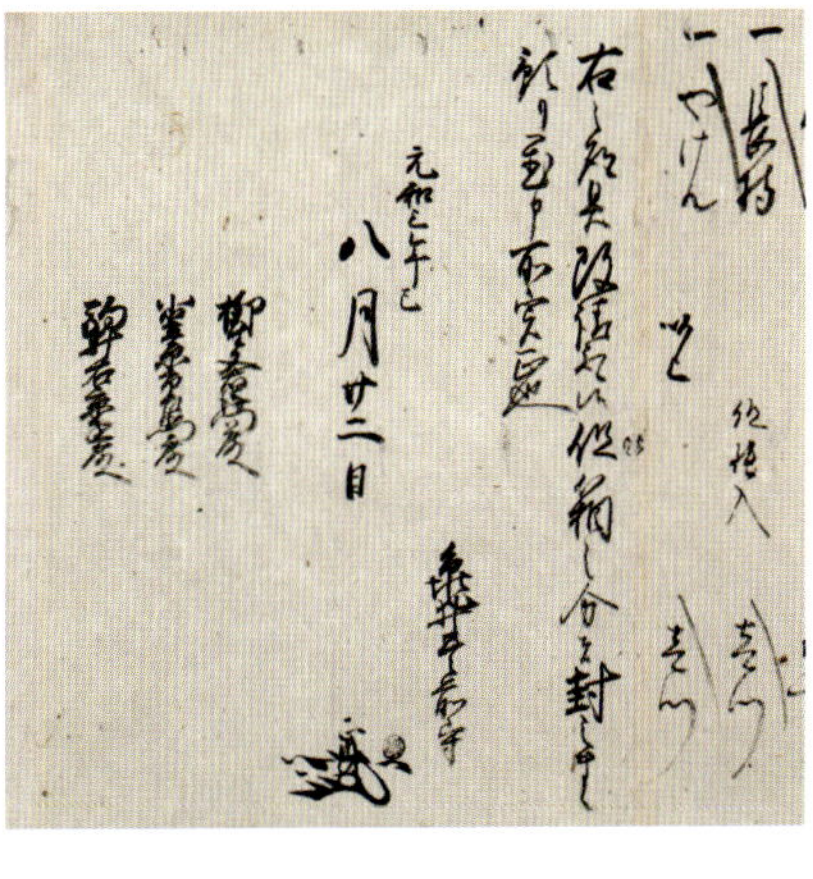

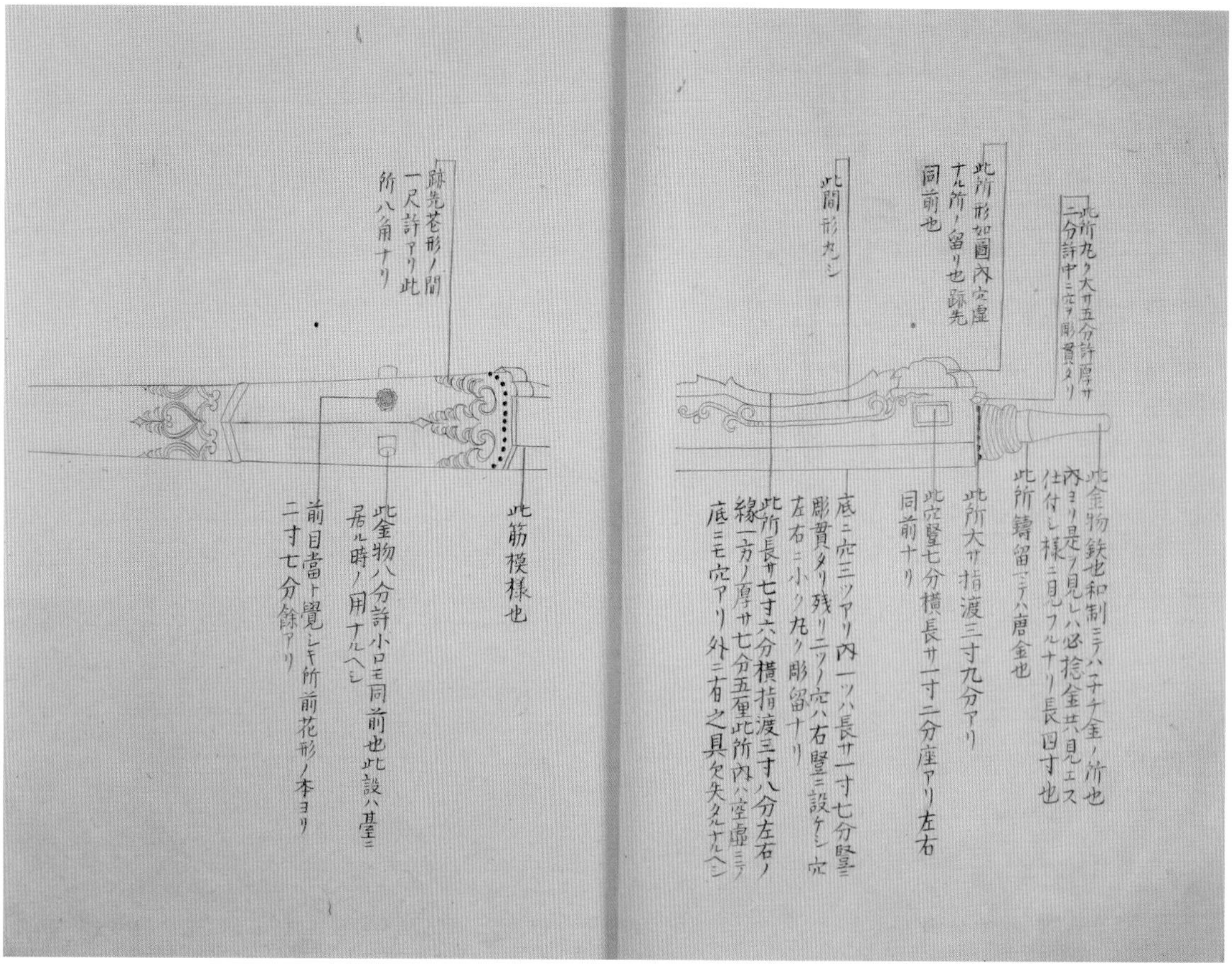

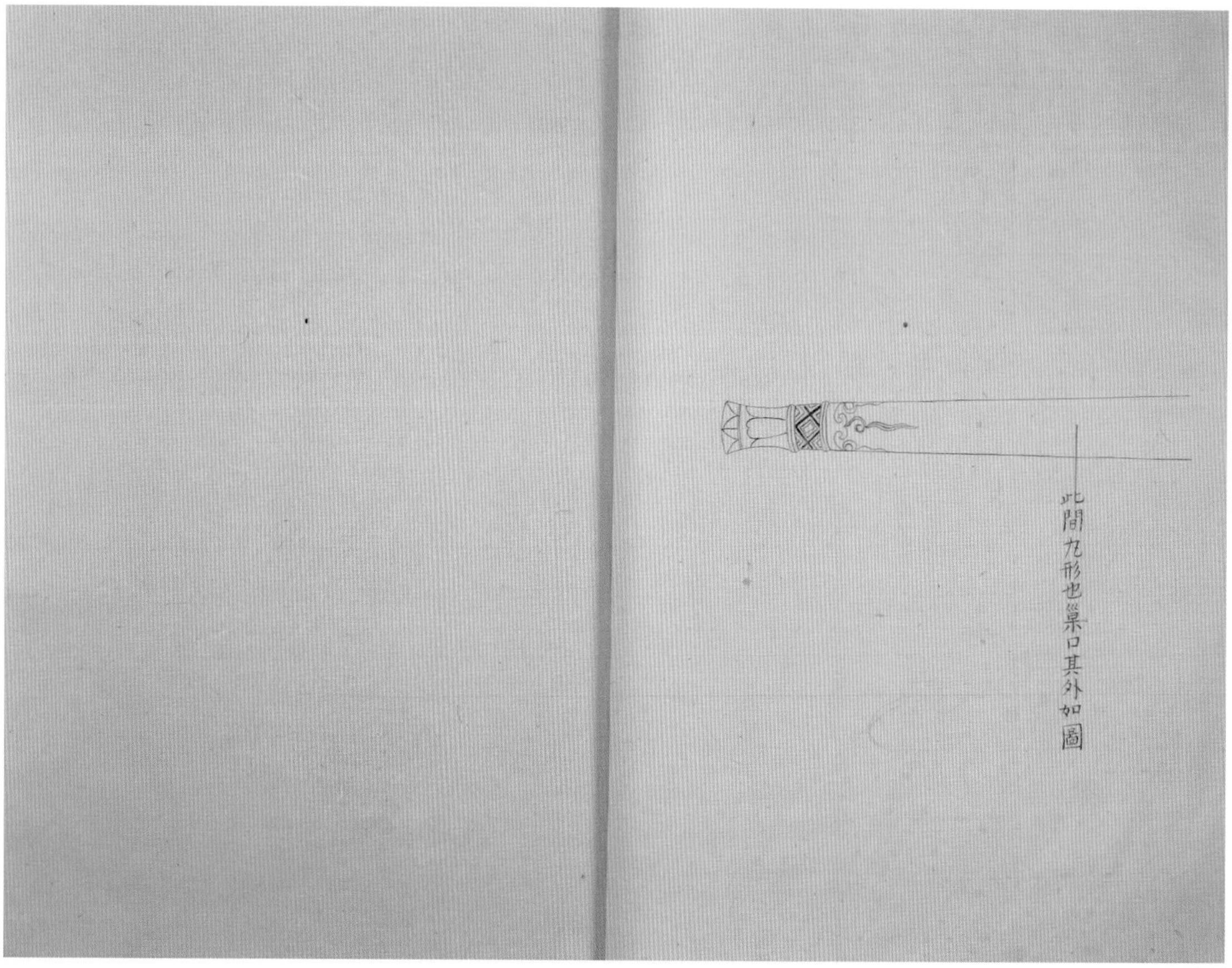

［25］防長古器考《ぼうちょうこきこう》　有図第十四《ゆうずだいじゅうよん》

江戸時代・安永三年（一七七四）

山口県文書館

富田城の主が尼子《あまご》氏から毛利《もうり》氏・吉川《きっかわ》氏へと移り変わる十六世紀は、山陰での戦乱が最も激化した時代である。名だたる武将たちは城を舞台に、その命運を賭けた攻防戦を繰り広げた。

CHAPTER 2

戦乱の群像

―武将たちの攻防戦―

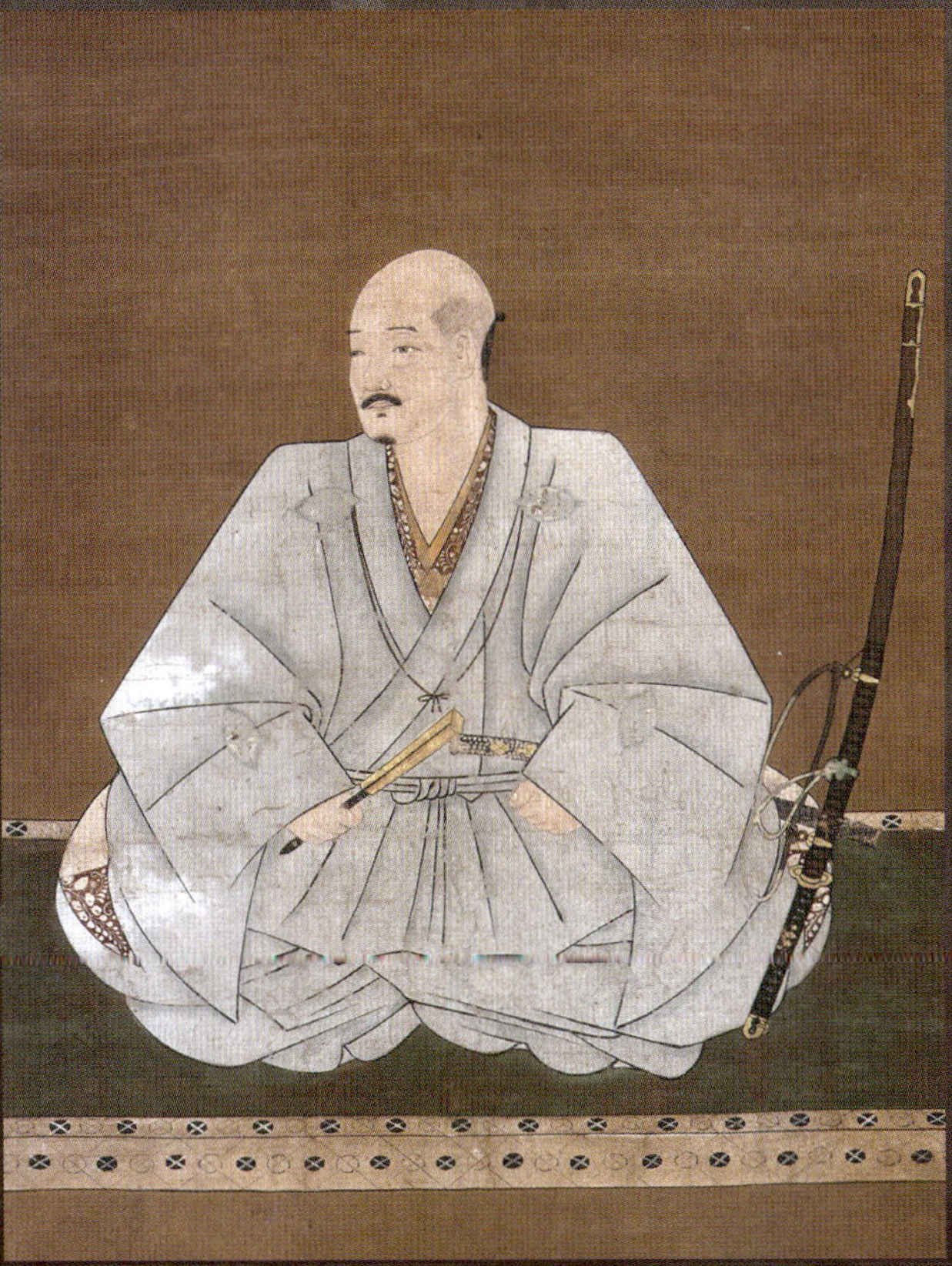

（上）吉川元春像（部分）　山口県・吉川史料館
（中）尼子晴久像（部分）　山口県立山口博物館
（下）毛利元就像（部分）　出雲市・鰐淵寺（当館寄託）

1

尼子氏の戦い―富田城攻防戦―

中国地方の西部と北部九州に勢力を張った西国最大の大名・大内《おおうち》氏は、安芸国の郡山《こおりやま》合戦で尼子軍を破り、その勢いのまま出雲国へ侵攻。尼子氏の拠点富田城に迫るも攻略に失敗し敗走する。大内氏に代わって勢力を拡大した毛利《もうり》氏は、石見国・伯耆国や出雲国内の要衝を着実におさえながら富田城を包囲し、遂に尼子氏を破る。十六世紀の半ばに起こった富田城をめぐる二つの攻防戦は、中国地方全体の運命を決める戦いであった。

【略年表】尼子氏と大内・毛利氏の戦い

和暦	西暦		出来事
天文《てんぶん》7年	1538	3月	秋月《あきづき》の会談。大内《おおうち》氏と大友《おおとも》氏が和睦。北部九州をめぐる両者の戦争が終息。
天文8年	1539	初頭頃	播磨国遠征から一時帰陣した尼子《あまご》軍が、安芸・備後両国北部へ侵攻。各地の城を攻略。
天文9年	1540	9月	尼子軍、毛利《もうり》氏の本拠地郡山城《こおりやまじょう》方面へ遠征開始。大内・毛利氏や安芸国衆の軍勢と対峙。
天文10年	1541	1月	尼子軍、大内・毛利軍に敗れ出雲国へ退却。
天文11年	1542	6月 7月 9月	**大内軍、出雲国への遠征開始。** 尼子方であった赤穴《あかな》氏の瀬戸山《せとやま》城を攻略。 出雲国手結浦《たいのうら》や大根島《だいこんじま》で合戦。
天文12年	1543	2月 3-4月 5月	**大内軍、京羅木山《きょうらぎさん》に布陣して尼子方の富田城を攻める。** **富田城虎口付近で大内・尼子両軍が激戦を展開。** **大内軍敗走。**
天文18年	1549	9月	大内・毛利らの軍勢によって備後国神辺《かんなべ》城落城。山名理興《やまなただおき》は出雲国へ逃走。
天文20年	1551	8月	陶隆房《すえたかふさ》、大内氏に背き挙兵。大内義隆《よしたか》自害。
天文22年	1553	秋	陶晴賢《はるかた》(隆房)、石見吉見《よしみ》氏への攻撃開始。
天文23年	1554	5月	毛利元就《もとなり》、陶氏と断交し安芸国内の諸城攻略。
弘治《こうじ》元年	1555	10月	厳島《いつくしま》合戦。毛利軍が陶軍を破る。
弘治3年	1557	4月	毛利軍、長門国且山《かつやま》城攻略。防長制圧を完了。
永禄《えいろく》2年	1559	8月	毛利軍の攻撃により石見小笠原《おがさわら》氏降伏。
永禄5年	1562	2月 6月 7月 12月	尼子方に転じた石見福屋《ふくや》氏、毛利軍の攻撃により敗走。 石見銀山山吹《やまぶき》城の本城常光《ほんじょうつねみつ》が毛利軍に降伏。毛利氏石見国内を平定。 **毛利軍、出雲国内へ進軍を開始。** 毛利軍、宍道湖岸の洗合《あらわい》に布陣するも、大友軍への対応のため毛利隆元《たかもと》軍は北部九州へ出動。
永禄6年	1563	10月	**毛利軍の攻撃により白鹿《しらが》城落城。**
永禄7年	1564	8月	尼子方に通じる伯耆国日野《ひの》衆の蜂起を毛利軍が制圧。毛利氏により伯耆国内平定。
永禄8年	1565	1月 4月 秋	**熊野《くまの》城の熊野久忠、毛利軍に降伏。福良《ふくら》城・十神《とかみ》城など毛利軍により攻略。** **毛利軍、本陣を星上山《ほしがみさん》に移す。富田城向かいの山上に大軍を置いて尼子軍と交戦。本陣を再び洗合へ移す。** **毛利軍、京羅木山に布陣。富田城への圧力を強める。**
永禄9年	1566	5月 7月 11月	**毛利軍の平賀広相《ひらがひろすけ》、富田城内で尼子方と戦闘。** **富田開城に向けた水面下での交渉進む(尼子義久《よしひさ》らの隠居所の準備など)。** **尼子・毛利の和睦成立。尼子義久ら富田城下城。**

尼子氏と大内氏

天文《てんぶん》七年（一五三八）、北部九州をめぐって争っていた大内《おおうち》氏と大友《おおとも》氏が和睦した頃、出雲尼子《あまご》氏は石見国や安芸国・備後国など周辺諸勢力へ圧力を高め、大内氏や毛利氏との緊張状態に突入する。

天文十年（一五四一）、安芸国の郡山《こおりやま》城（広島県安芸高田市）方面へ遠征した尼子軍が大内・毛利軍に敗れ敗走すると、翌年から大内軍は出雲国への侵攻を開始する。赤穴瀬戸山《あかなせとやま》城（飯南町）を攻略した大内軍は、中海大根島《なかうみだいこんじま》での戦闘などを経て、富田城の向かいにある京羅木山《きょうらぎさん》に布陣、富田城下で尼子軍との戦いを繰り広げる。

しかし大内軍は富田城の攻略に苦戦し、尼子方に帰参する者が続出する中で、天文十二年五月には山口へ敗走することとなる。大内軍による富田城攻めは失敗に終わった。

鯛浦《たいのうら》（手結浦）
大根島《だいこんじま》
島根半島での戦い
大内軍は斐伊川や日本海・内海を活用し、水運の要所で尼子軍と衝突した。
伯耆
富田城の戦い
尼子氏の拠点での決戦。大内軍は攻略しきれず撤退する。
出雲
赤穴瀬戸山《あかなせとやま》城の戦い
尼子方であった赤穴氏と大内軍の戦い。瀬戸山城は攻略され、大内軍が出雲国内に侵入する。
石見
備中
郡山《こおりやま》合戦
毛利氏の拠点である郡山城周辺での戦い。
尼子軍は大内・毛利氏の軍に敗れ敗走。大内軍が出雲国に侵攻するきっかけとなる。
安芸
備後

【略地図】尼子氏・大内氏の主要な戦い

尼子氏と毛利氏

天文二十年（一五五一）、大内家の当主義隆《よしたか》は陶《すえ》氏のクーデターにより滅亡、さらに弘治《こうじ》元年（一五五五）には安芸国の毛利元就《もとなり》が厳島《いつくしま》合戦で陶氏を破る。毛利氏は、めまぐるしい政治情勢の変化の中で急速に中国地方を席巻していったのである。

大内氏の拠点であった周防・長門国内をおさえつつ、石見国の平定を進めた毛利氏は、永禄《えいろく》五年（一五六二）には石見銀山をおさえる山吹《やまぶき》城の本城常光《ほんじょうつねみつ》を降伏させ、出雲国内へと軍を進める。

永禄六年、白鹿《しらが》城（松江市）や十神《とかみ》城（安来市）などを攻略して島根半島の交通網をおさえた毛利軍は、尼子氏の拠点である富田城に迫った。毛利軍は、川を挟んで富田城と向かいあう山上に大軍を布陣しながら、城や城下に攻撃をしかけていくとともに、富田城の背面にあたる伯耆国内の尼子勢を着実に制圧していった。

永禄九年、富田城が完全に孤立する中、毛利軍は尼子軍との最後の攻防を繰り広げ、十一月には尼子氏の当主義久たちが降伏。遂に尼子氏は富田城を去っていくこととなった。

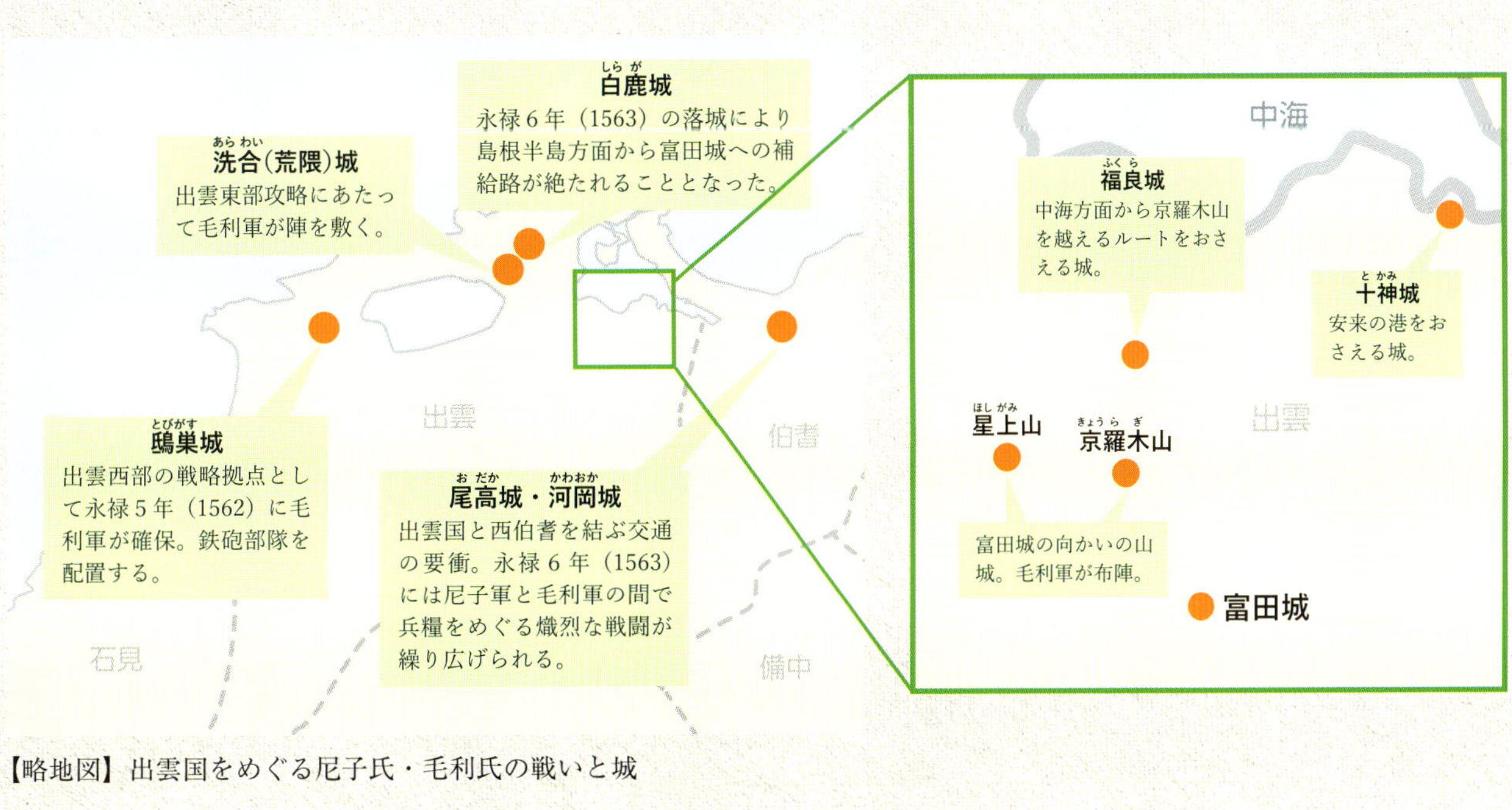

白鹿《しらが》城
永禄6年（1563）の落城により島根半島方面から富田城への補給路が絶たれることとなった。
洗合《あらわい》（荒隈）城
出雲東部攻略にあたって毛利軍が陣を敷く。
鵯巣《とびがす》城
出雲西部の戦略拠点として永禄5年（1562）に毛利軍が確保。鉄砲部隊を配置する。
出雲
伯耆
尾高《おだか》城・河岡《かわおか》城
出雲国と西伯耆を結ぶ交通の要衝。永禄6年（1563）には尼子軍と毛利軍の間で兵糧をめぐる熾烈な戦闘が繰り広げられる。
石見
備中
中海
福良《ふくら》城
中海方面から京羅木山を越えるルートをおさえる城。
十神《とかみ》城
安来の港をおさえる城。
星上《ほしがみ》山
京羅木《きょうらぎ》山
出雲
富田城の向かいの山城。毛利軍が布陣。
富田城

【略地図】出雲国をめぐる尼子氏・毛利氏の戦いと城

尼子経久

一四五八～一五四一。尼子《あまご》氏は、もともと出雲守護京極《きょうごく》氏のもとで守護代をつとめていたが、経《つね》久《ひさ》の時代には出雲国の戦国大名へと成長していく。経久時代の尼子氏は、かなり広い地域で軍事活動を展開した。石見国や安芸国・備後国では大《おお》内《うち》氏方の軍勢と戦い、東では伯耆国から備中国・美作国を経て播磨国まで侵攻していくのである。経久の行動は必ずしも領土拡大を目指すものではなかったようで、尼子氏の強大さを周囲に知らしめ、出雲の領主たちを糾合していくための手段であった可能性が高い。新興勢力であるがゆえに大胆な戦いを繰り広げた人物といえようか。

[26] 尼子経久像《あまごつねひさぞう》
山口県指定文化財
戦国時代（十六世紀）
山口県立山口博物館

[27] 尼子経久像《あまごつねひさぞう》
鳥取県指定保護文化財
戦国時代（十六世紀）
鳥取県・定光寺

尼子晴久（詮久）

一五一四～一五六〇。尼子政久《まさひさ》の次男で、経久《つねひさ》の孫にあたる。経久から当主の座を引き継いだ晴久《はるひさ》（当初は詮久《あきひさ》と名乗る）は、安芸国の郡山《こおりやま》合戦と、大内《おおうち》軍による富田城攻めという二つの大きな戦いを経験した。辛くも大内軍を退けた晴久だが、この大きな危機を通じて尼子氏権力の不安定さも痛感したことであろう。その後晴久は、反対勢力の排除や直属家臣団の拡大などを通じて、出雲国支配を深化させていく。後世の軍記物では晴久の時代を尼子氏の衰退期ととらえるものもあるが、むしろ戦国大名尼子氏は晴久の時代に最盛期を迎えたと考えるべきであろう。

［28］尼子《あまご》晴久像《はるひさぞう》
山口県指定文化財
戦国時代（十六世紀）
山口県立山口博物館

［29］尼子《あまご》晴久像《はるひさぞう》
江戸時代（十七～十九世紀）
当館

［30］大内義隆像《おおうちよしたかぞう》（模写）
大正三年（一九一四）
当館

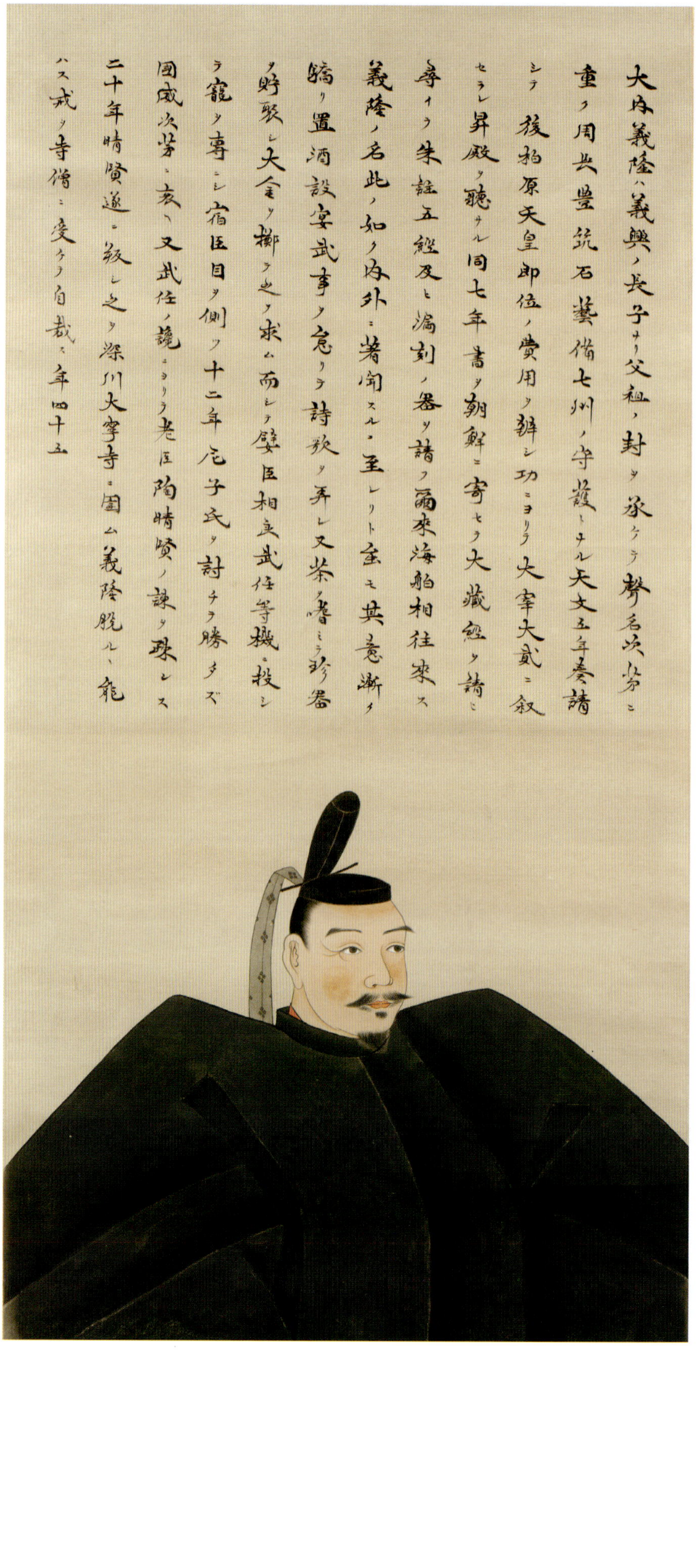
大内義隆ハ義興ノ長子ナリ父祖ノ封ヲ承ケテ勢名此ノ一方ニ
重ク周長豊筑石藝備七州ノ守護トナル天文五年奏請
シテ後柏原天皇即位ノ費用ヲ辨シ功ニヨリテ大宰大貳ニ叙
セラレ昇殿ヲ聴サル同七年書ヲ朝鮮ニ寄セテ大藏經ヲ請ヒ
尋イテ朱註五經及ヒ漏刻ノ器ヲ請フ爾来海舶相往來ス
義隆ノ名此ノ如ク内外ニ著聞スルニ至レリト雖モ其意漸ク
驕リ置酒設宴武事ヲ怠リテ詩歌ヲ弄シ又茶ヲ嗜ミテ珍器
ヲ好聚シ大金ヲ擲テ之ヲ求ム而シテ嬖臣相良武任等機ニ投シ
テ寵ヲ専ニシ宿臣目ヲ側ツ十二年尼子氏ヲ討チテ勝タズ
國威次第ニ衰ヘ文武任ノ讒ニヨリテ老臣陶晴賢ノ諫ヲ疎ンス
二十年晴賢遂ニ叛シ之ヲ深川大寧寺ニ囲ム義隆脱ル丶能
ハス戒ヲ寺僧ニ受ケテ自裁ス年四十五

大内義隆

一五〇七～一五五一。西国最大の大名大内《おおうち》氏の当主で、出雲尼子《あまご》氏と度々対立する。天文《てんぶん》十二年（一五四三）には尼子氏の富田城を攻撃するが、攻略に失敗して敗走、天文二十年に家臣陶《すえ》氏の攻撃を受け自刃する。義隆の人物像については、戦争を嫌って文化を重んじる公家（貴族）化した文治派大名というイメージも根強い。しかし実際には中国地方での戦いに加え、北九州でも大友氏と軍事衝突を繰り広げていた。生涯を通して戦争に明け暮れた大名であったのである。

31

毛利《もうり》元就《もとなり》像《ぞう》

重要文化財
戦国時代（十六世紀）
出雲市・鰐淵寺
（当館寄託）

毛利元就

一四九七～一五七一。安芸国の一領主から、中国地方一帯を治める戦国大名に成長する。大内《おおうち》方の軍勢として富田城での大敗を経験した元就《もとなり》は、永禄《えいろく》五年（一五六二）以降の出雲国進軍で周到に準備を重ねながら富田城を孤立させ、尼《あま》子《ご》氏を降すことに成功した。尼子氏の戦争との最中には、跡継ぎであった隆元《たかもと》が急死し、孫の輝元《てるもと》が元服している。元亀《げんき》二年（一五七一）八月、元就が死去した二ヶ月後には、輝元率いる毛利軍が尼子勝久《かつひさ》らの軍勢を撃退し、出雲国を舞台とした最後の戦いが終焉する。

32

毛利《もうり》元就《もとなり》像《ぞう》

安芸高田市指定重要文化財
江戸時代（十七～十八世紀）
個人蔵
（安芸高田市歴史民俗博物館寄託）

［33］ 毛利《もうり》元就《もとなり》・隆元《たかもと》感状案《かんじょうあん》 ［毛利家文書《もうりけもんじょ》］

重要文化財

戦国時代・天文十二年（一五四三）四月十二日

山口県・毛利博物館

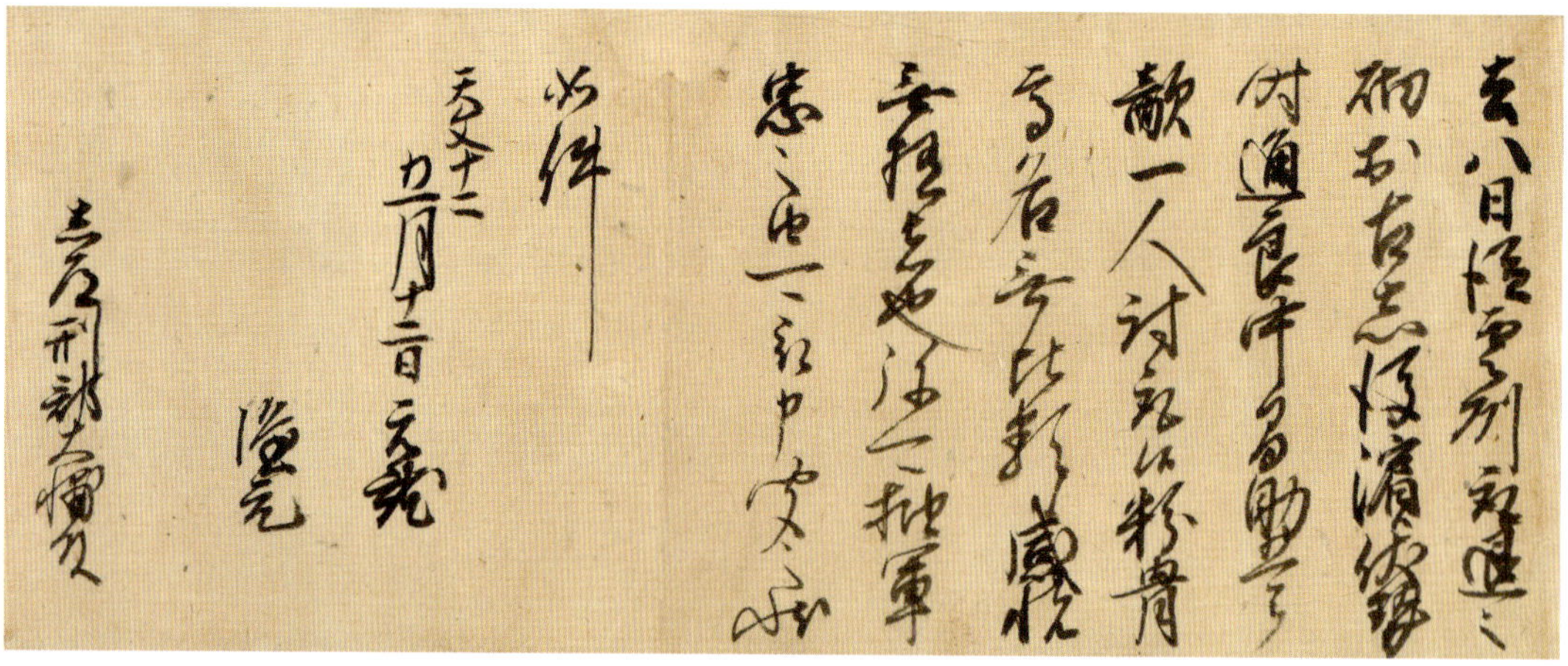

▲（６通目　部分拡大、以下同様）

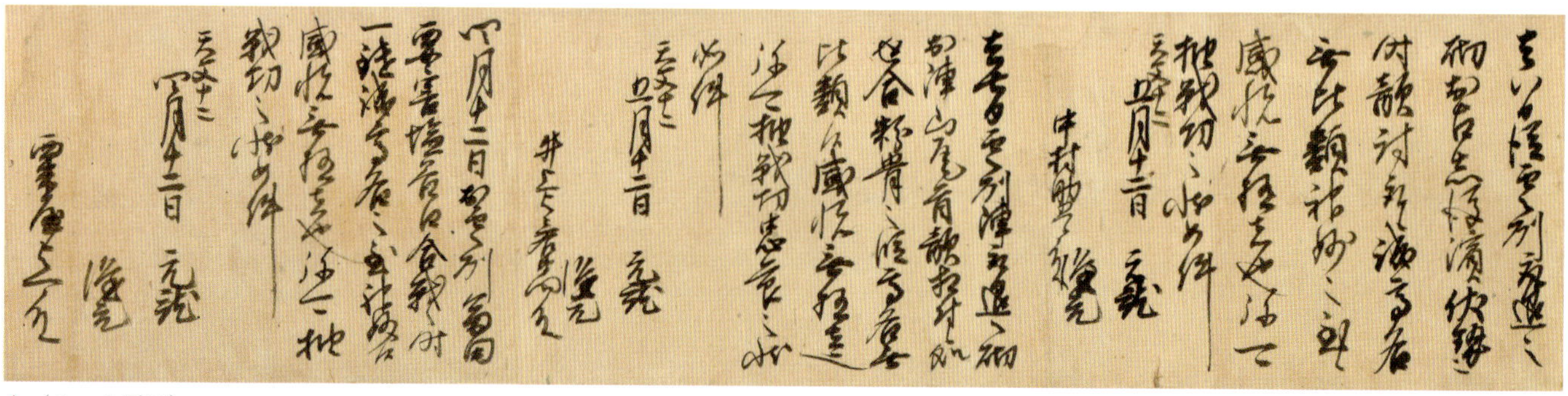

▲（７～９通目）

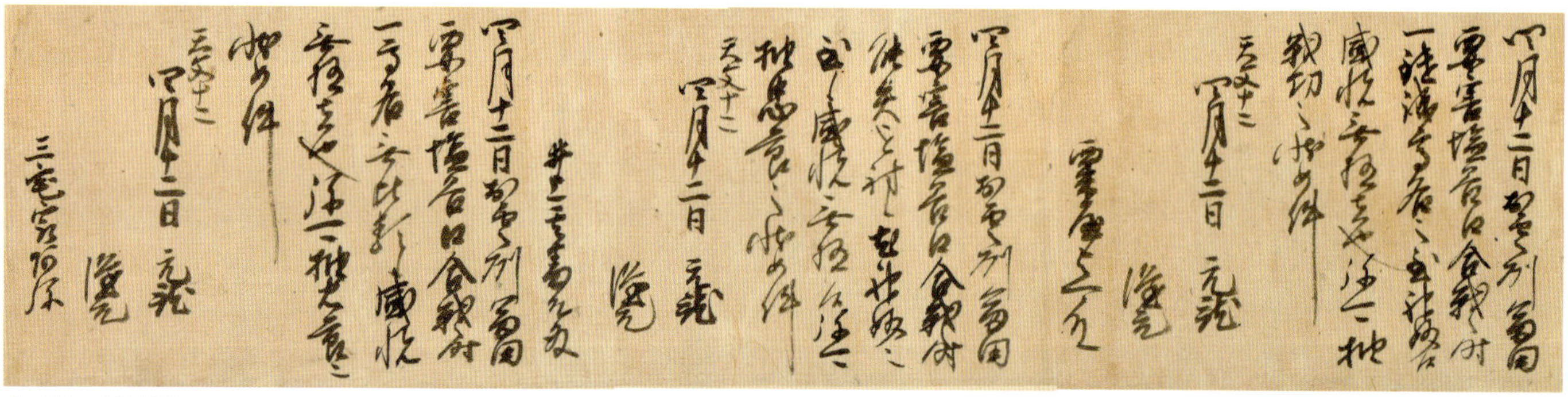

▲（10～11通目）

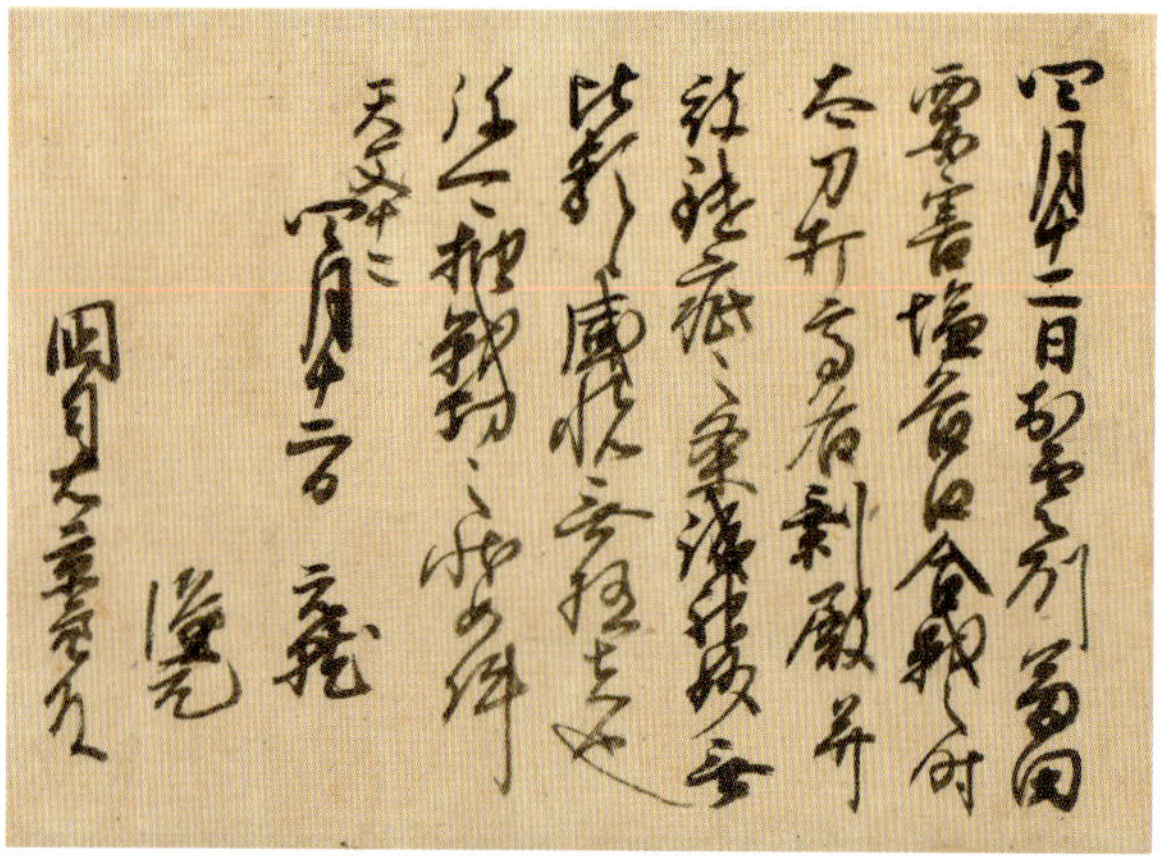

▲（12通目）

［34］大内義隆書状《おおうちよしたかしょじょう》

［石見小笠原家文書《いわみおがさわらけもんじょ》］

戦国時代・

［天文十二年（一五四三）］二月六日

島根大学附属図書館

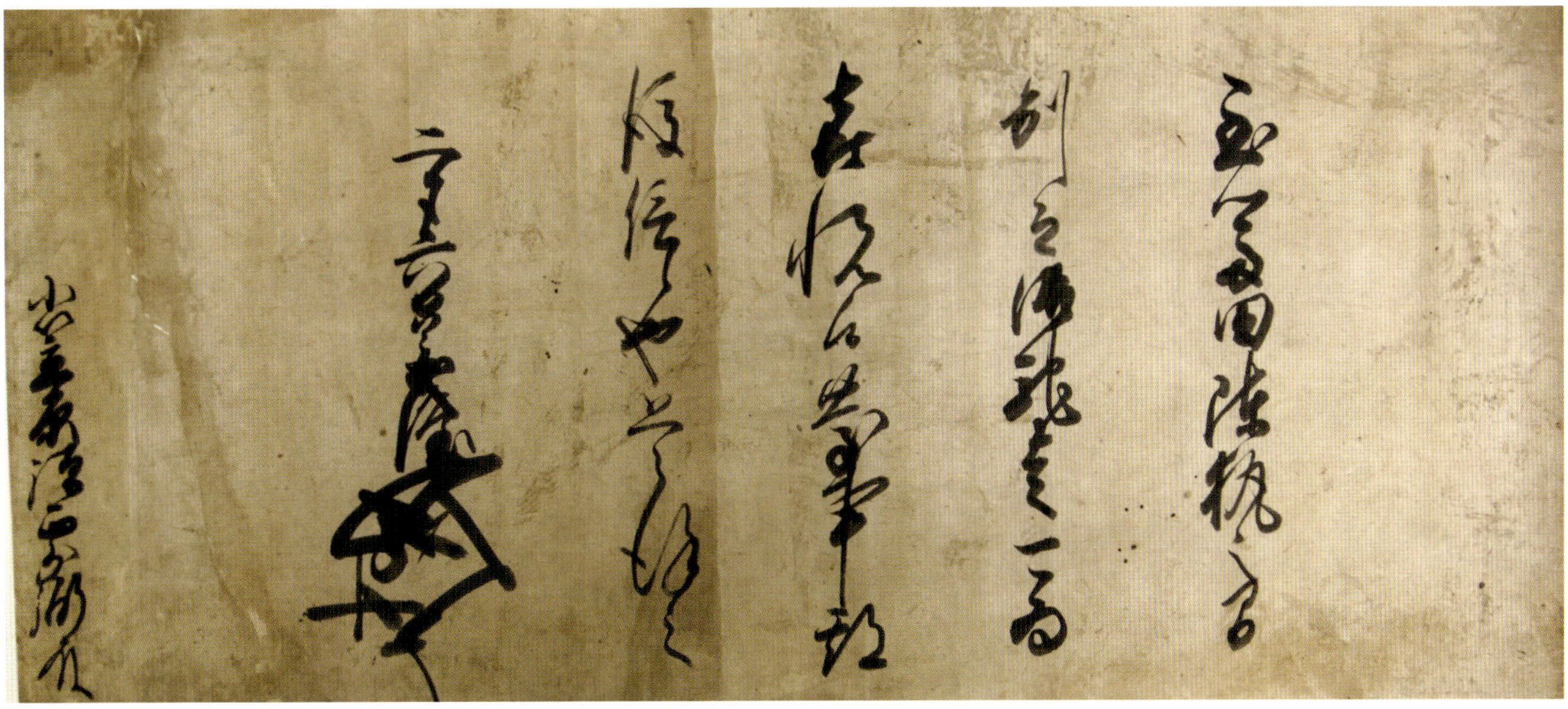

［35］坪内重吉父子証状《つぼうちしげよしおやこしょうじょう》

［坪内家文書《つぼうちけもんじょ》］

戦国時代・永禄五年（一五六二）七月二十七日

個人蔵

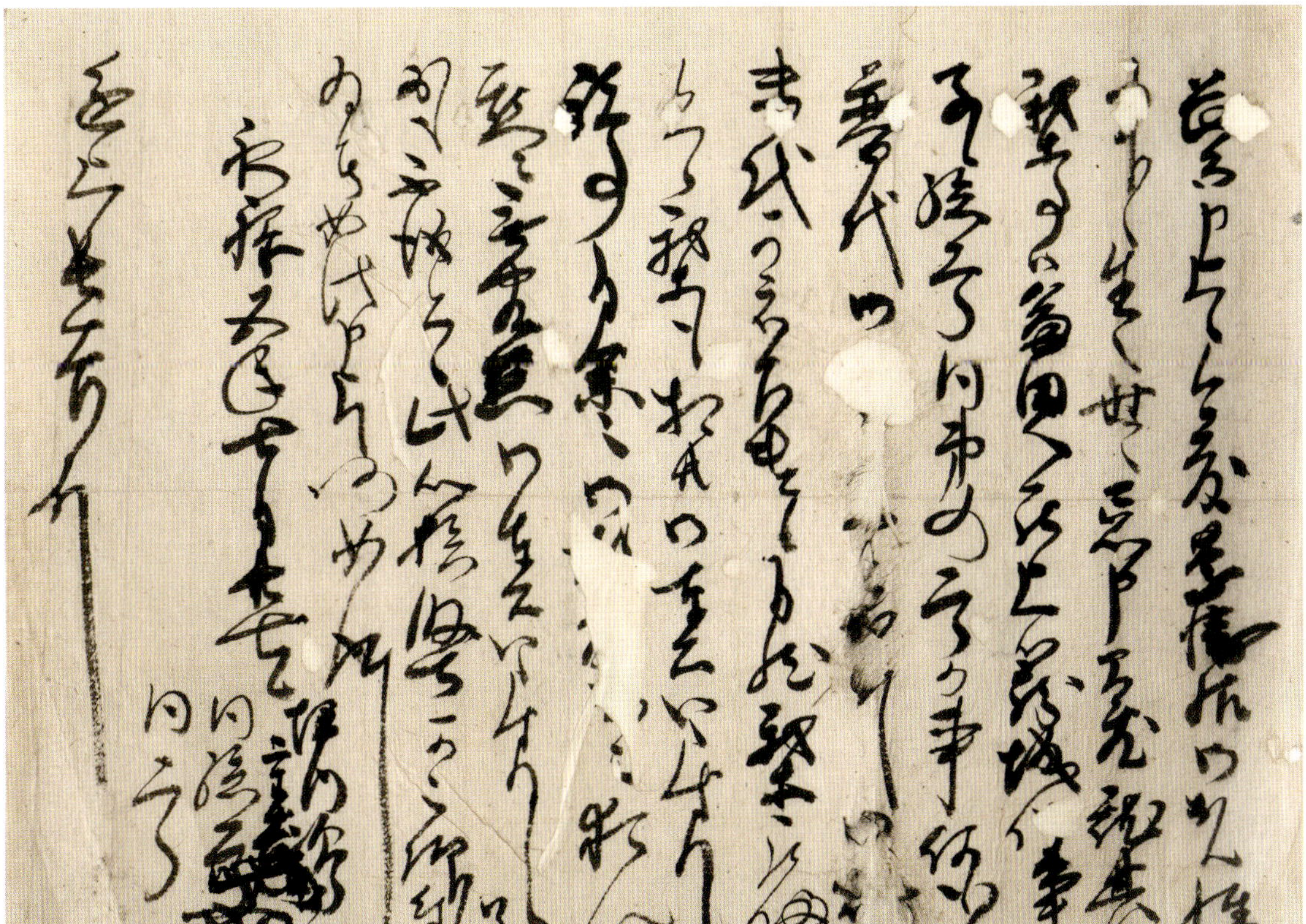

［36］尼子《あまご》義久《よしひさ》書状《しょじょう》［坪内家《つぼうちけ》文書《もんじょ》］

戦国時代（十六世紀）・年未詳十月九日

個人蔵

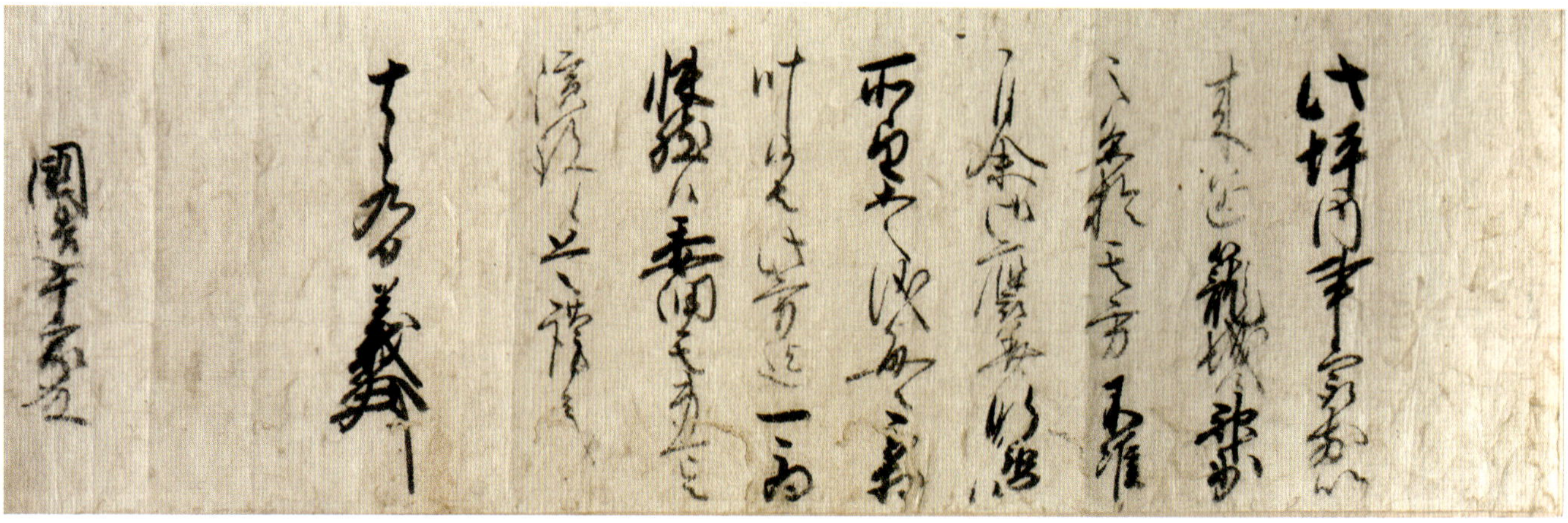

［37］尼子《あまご》倫久《ともひさ》書状《しょじょう》［坪内家《つぼうちけ》文書《もんじょ》］

戦国時代（十六世紀）・年未詳六月二十一日

個人蔵

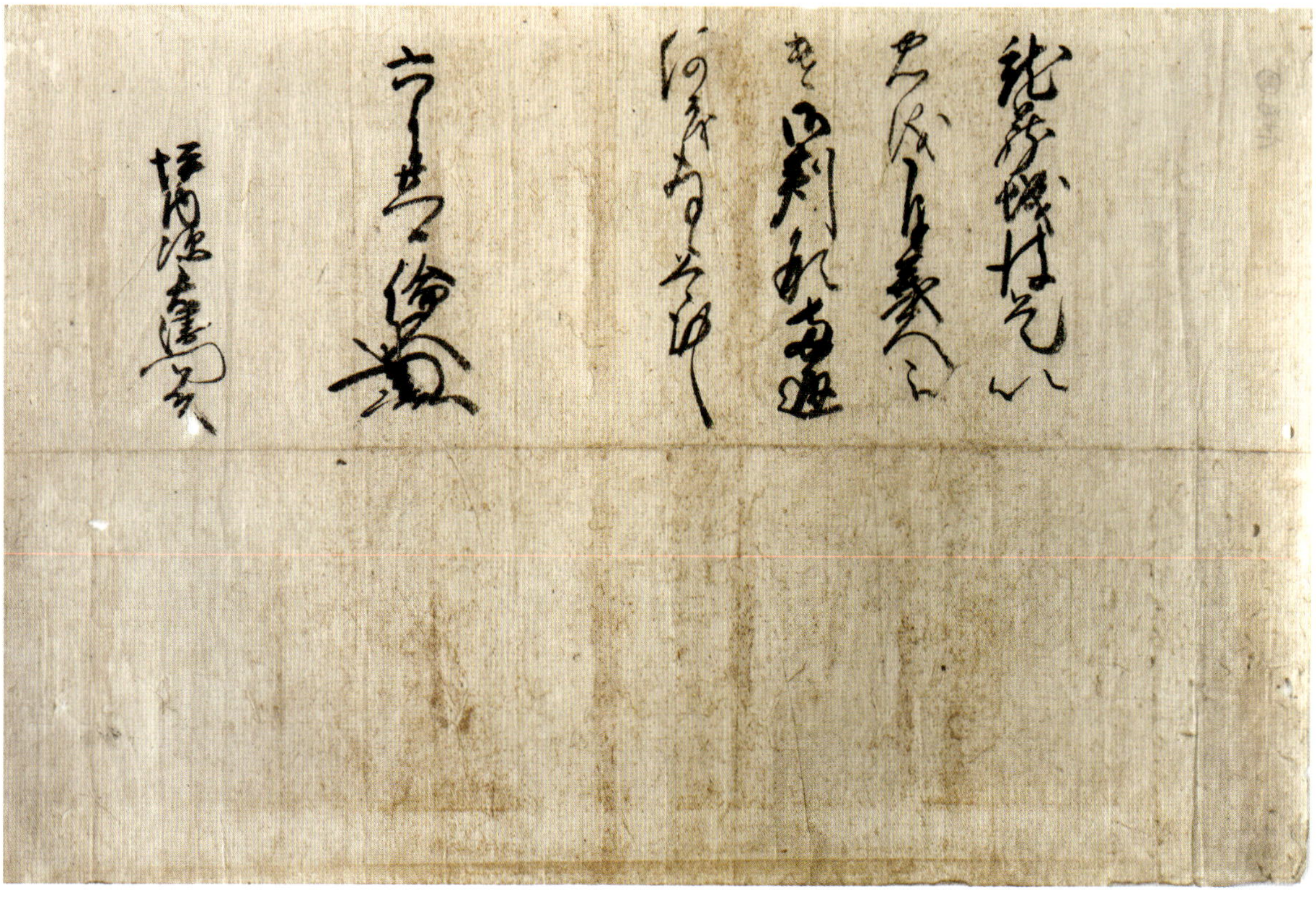

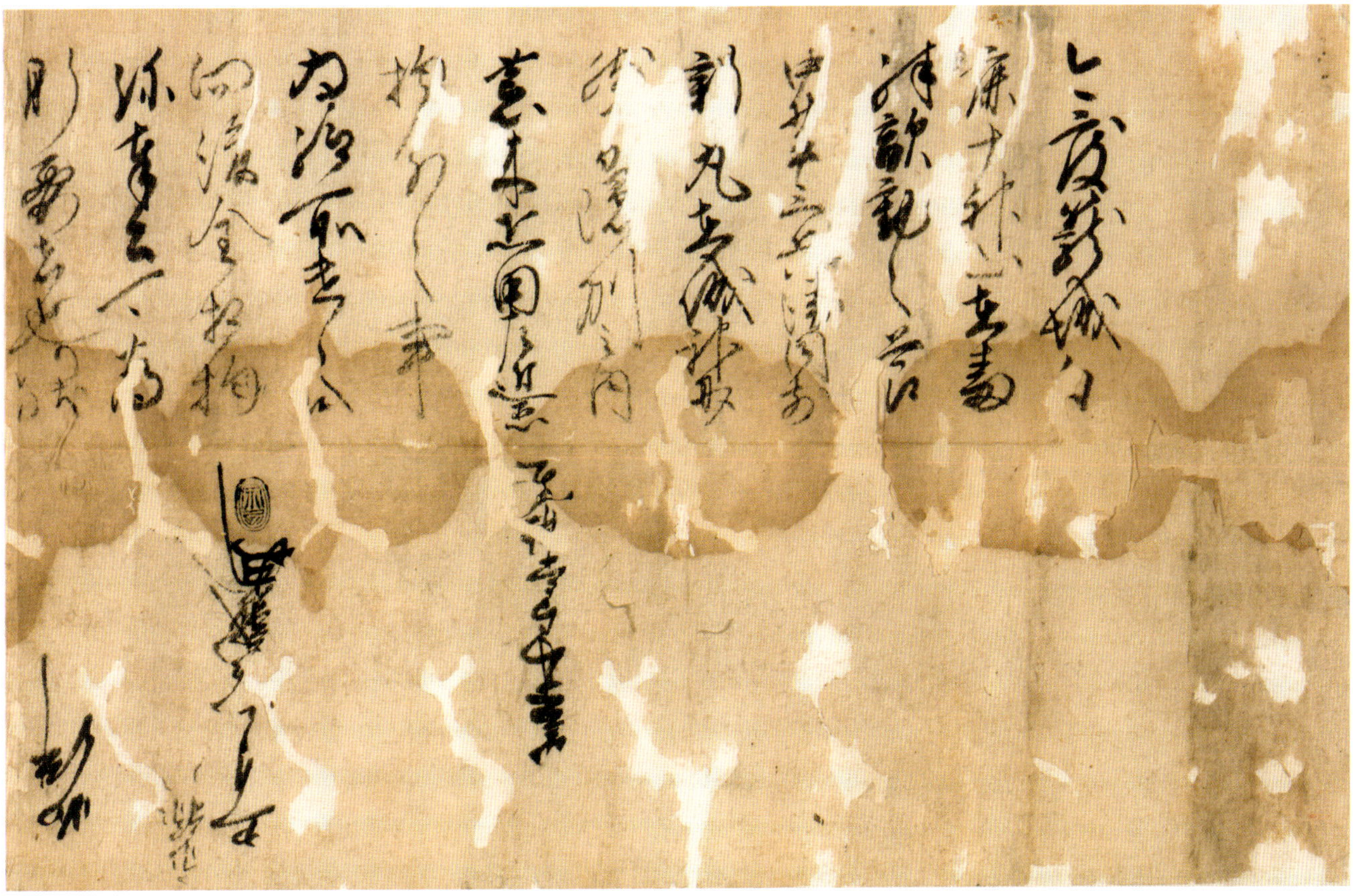

［38］
尼子義久宛行状《あまごよしひさあてがいじょう》［笠置家文書《かさぎけもんじょ》］
島根県指定文化財
戦国時代・永禄八年（一五六五）五月六日
当館

出雲国の戦乱と隠岐国

隠岐国は、出雲国と深い関わりを持った地域である。例えば島後《どうご》（隠岐の島町）の国府尾《こうのお》城を居城とした守護代隠岐《おき》氏や、島前《どうぜん》西ノ島の美多荘《みたのしょう》（西ノ島町）を拠点とした笠置《かさぎ》氏などは、出雲尼子《あまご》氏と密接な関係を築いていった。隠岐国の領主は出雲国に、出雲国の領主は隠岐国にも所領を形成しており、相互に強い結びつきを有する中で、尼子氏の影響力が隠岐国にも及んでいたようだ。

しかし、尼子氏と毛利《もうり》氏の戦いは、隠岐国内に大きな混乱をもたらした。隠岐氏の当主となった為清《ためきよ》は毛利方に転じ、同じく島後の都万《つま》にいた尼子方勢力と衝突する。一方で西ノ島の笠置氏は、一貫して尼子方であり、出雲の白鹿《しらが》城（松江市）や十神《とかみ》城（安来市）で毛利軍と戦っている［38］。

尼子氏の富田城退城後も、隠岐国では親尼子勢力がくすぶっていたようで、永《えい》禄《ろく》十二年（一五六九）に尼子勝久《かつひさ》らの勢力（尼子再興軍）が隠岐国に進出すると、毛利方の為清もこれを迎えている。為清は再び毛利方に転じるが、笠置氏は再興軍に与して活動した。隠岐国も激しい戦乱の真っただ中にあったのである。

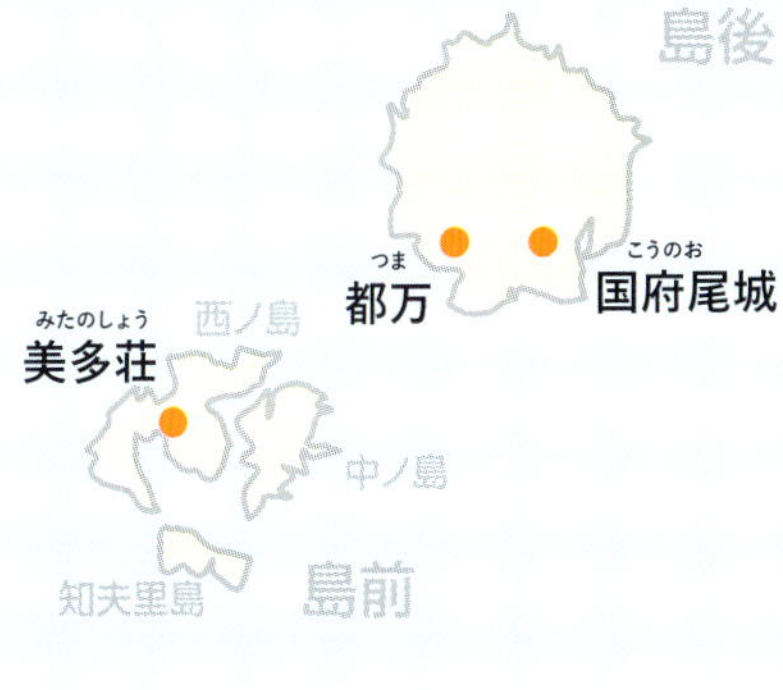

【略地図】隠岐国における戦乱関連地

富田城攻城戦と地域社会

長谷川 博史

はじめに

戦争は、地域社会のあり方をさまざまな形で反映している。出雲国富田城（安来市広瀬町）の攻城戦も、単に城郭そのものをめぐる攻防であっただけでなく、島根半島周辺および出雲国東部から伯耆国西部にかけての地域性や歴史性を反映した、地域社会と深く連動する戦争でもあったと考えられる。そのことを、永禄《えいろく》五年（一五六二）から四年以上におよんだ安芸国毛利《もうり》氏の出雲国侵攻を事例として、確認してみたい。

一、富田城と地域社会

出雲国東部に位置する富田城には、出雲国西部、出雲国南部、伯耆国西部とつながるいくつもの経路が存在した。西側～南西側には、斐伊川本流の流域をまたいで石見国・安芸国・備後国から富田城へ向かう幾筋かの経路があった。また東側～南東側には、日野川水系をまたいで因幡国・美作国・備中国から富田城へ向かう、やはり幾筋かの経路があった。これらの経路の周辺には、富田城の攻防をめぐる重要な軍事拠点がいくつも形成されていくことになる。

しかし、それ以上に重要と思われるのは、富田城の北西側・北東側の島根半島中央部・中海・美保湾と富田城を結ぶ海路・水路・陸路の存在である。

晴れた日に、富田城山頂の本丸・二の丸・三の丸から北東方向を眺めると、中海・美保湾や美保関をはるかに遠望することができる。規模の大きな内海（宍道湖・中海）や潟・沼・河川が展開した島根半島は、古くから交流・物流の舞台となってきたが、博多から若狭湾におよぶ西日本海域のほぼ中央に位置するうえ、沖合には隠岐島をひかえ、大山のようなランドマークを擁していたことにより、中世になると、美保関を重要な拠点としながら西日本海水運の発展を支える要衝となった。

富田城は一見内陸の城のように思われるのであるが、日本海水運や内水面を用いたさまざまな交流・物流に支えられ、またそれらをできる限り掌握するための拠点として、いわば水域・海域の城としての側面を併せ持っていたと推察される。

毛利氏が出雲国へ攻め込んだ一五六〇年代の山陰海域には、十六世紀中葉頃から、周防国大内《おおうち》氏の日本銀輸出管理体制が崩壊したことにより、石見銀山から産出される銀をはじめとする地域資源を求めて、中国のジャンク船（唐船）や北東日本海の北国舟など、従来ほとんど来航実績のなかった遠隔地からの船舶が次々と着岸するようになっていた。富田川河床遺跡から出土した貿易陶磁のなかには十六世紀中葉に遡るものが多数確認されているが、この時期の富田城下町が、海を越えた大陸との交易活動も盛んに行われた優勢な商業都市となっていたことを示している。

二、毛利氏の出雲国侵攻

永禄五年（一五六二）に石見銀山山吹《やまぶき》城の本城《ほんじょう》常光《つねみつ》が毛利方へ転じると、石見・出雲・伯耆・美作の国衆たちは、雪崩を打って毛利方へ転じた。三沢《みざわ》氏、三刀屋《みとや》氏、赤穴《あかな》氏など、主要な出雲国衆や、米原綱寛《よねはらつなひろ》のような尼子氏家臣までもが尼子氏から離反したことは、尼子氏の影響力が後退していたこととともに、十六世紀半ばの石見銀山が地域の中心都市として急速に拡大し、その趨勢が地域の諸勢力の判断に大きな影響をおよぼす段階に入っていたことを示すものと考えられる。

ところが、同年十一月に毛利氏が本城氏一族を討滅したことにより、再び尼子方へ転じる勢力も多数現れて、一度は宍道湖周辺まで侵攻していた毛利氏が、一旦赤穴まで本陣を後退させざるをえない事態となった。「森脇覚書《もりわきおぼえがき》」によれば、西伯耆方面では長台寺《ちょうだいじ》城・天満《てま》城・江美《えび》城が尼子方へ転じたと記されている。

元就《もとなり》は、全体的戦略の立て直しを迫られた。永禄五年末には、元就は毛利隆元《たかもと》（元就嫡男）に対して、白鹿《しらが》城の攻略を目指して富田と島根半島を遮断する方針を伝えている。

三、富田城攻城戦の転換点

永禄六年十月に白鹿城が落城したことは、毛利氏の富田攻城戦の大きな転機の一つと考えられる。しかし、それでも富田城はなお三年以上にわたって落城しなかった。

富田城攻城戦における重要な転換点として注目されるのは、熊野《くまの》城・福良《ふくら》城・十神《とかみ》城・長台寺城・天満城が毛利氏によって攻略され、それらの城郭を結ぶ尼子氏の防衛線が突き崩された永禄八年正月である。白鹿城落城からそれに至るまでの一年あまりの攻防は、まさにこのラインをめぐる激しい戦争の繰り返しであった。一方、永禄八年四月以降になると、毛利氏は、京羅木《きょうらぎ》山や星上《ほしがみ》山に本陣を据えて、富田城の菅谷《すがたに》口・御子守《おこもり》口・塩谷《しおたに》口へ攻め寄せ、城下において「麦薙《むぎなぎ》」を繰り返した。富田城はまさに末期的な状況に陥っており、防禦ラインの崩壊が富田城に深刻な影響を与えたことを示している。

尼子氏から見て、熊野城・福良城・十神城・長台寺城・天満城のラインの崩壊は、毛利氏による包囲網がいよいよ狭められたということだけではなく、特に中海南岸や美保湾との接続がきわめて困難となり、籠城戦の継続に不可欠な補給線の確保に大きな打撃を与えたと推測される。

しかし、尼子氏にとって最も深刻な問題は、尼子氏家臣団に組み込まれていた中海・宍道湖・日本海に活躍の場を持つ諸勢力が、各々の存立基盤から切り離され、尼子氏に従う意味を失っていったことである。たとえば、尼子氏家臣団に多数の人名を確認できる湯原《ゆはら》氏一族は、島根半島内水面や日本海の水運に関わる存在であったが、ほとんどが富田城落城までに尼子氏の許を離れた。湯原氏の出身で牛尾《うしお》氏の名跡を継いだ尼子氏家臣の牛尾幸清・久清父子や牛尾家寿は、いずれも永禄八年に毛利方へ転じている。

毛利氏による富田攻城戦は、海域の状況にも規定されていたと推測される。前述のように、毛利氏が侵攻した当時の島根半島周辺は、石見産銀の流出に連動して、遠隔地の多種多様な船舶が次々と来航し、富田城下町にも貿易陶磁が多数流入していた。したがって、海からの物資輸送・兵粮搬入について、従来以上に慎重な対応と厳密な遮断が必要であるという認識が、毛利氏の戦略にも少なからぬ影響を与えた可能性はきわめて高い。

永禄7年（1564）富田城防衛ライン関係図

おわりに

毛利氏の富田城攻城戦は、富田城と中海・日本海とのつながりを維持しようとする尼子氏と、それを断ち切ろうとする毛利氏とのせめぎ合いが大きな山場となり、水域と関わりの深い尼子氏配下の人びとの存立基盤を富田城から切り離す包囲網の構築が、毛利氏の勝因において大きな比重を占めた可能性が高い。それは、地域社会の物流構造をふまえた戦術であるとともに、尼子氏の権力基盤そのものを切り崩す戦略でもあり、その背景には西日本海域における流通構造の大規模な変動があったと推測される。

この戦争は、少なくとも出雲国東部・伯耆国西部を一体的にとらえなければ理解できず、それはまた、日常的な地域社会のあり方を規定した物流の展開の仕方（変化の様相）をうかがわせる事実でもあったと言えるのではないだろうか。

【参考文献】

・長谷川博史「一五・一六世紀山陰地域の政治と流通」（『貿易陶磁』三六号、二〇一六年）
・島根県古代文化センター編『富田川河床遺跡の研究』（島根県教育委員会、二〇二四年）
・村井祐樹『中世史料との邂逅』（思文閣出版、二〇二四年）

2

毛利氏・吉川氏の戦い
―富田城から鳥取城へ―

永禄《えいろく》九年（一五六六）の尼子《あまご》氏滅亡後、富田城と出雲国は毛利《もうり》氏の統治下に入り、吉川元春《きっかわもとはる》が山陰地域の支配を担った。しかし、山陰における戦乱がここで終焉するわけではない。尼子義久《よしひさ》たちが富田城を去った三年後、尼子家の「御一家再興」を掲げた軍勢が出雲国内に侵入し、毛利氏と激しい戦いを繰り広げた。毛利軍が辛くも尼子再興軍を退けたのもつかの間、東からは、急速に勢力を拡大する織田信長《おだのぶなが》の軍勢が迫っていた。山陰の命運を分ける戦いの舞台は、山陰の東端、因幡国の鳥取城へと移る。

【略年表】尼子再興戦争

和暦	西暦		出来事
永禄《えいろく》12年	1569	6月	尼子勝久《あまごかつひさ》の軍勢（尼子再興軍）が但馬国から島根半島へ渡海。
		7月	尼子再興軍、毛利方の守る富田城への攻撃開始。
元亀《げんき》元年	1570	1月	毛利輝元《もうりてるもと》の軍勢が出雲国に進発。多久和《たくわ》城を攻略。
		2月	布部《ふべ》合戦。布部山に布陣する尼子再興軍を毛利軍が破る。
		4月	牛尾《うしお》要害の戦い。
		9月	毛利元就《もとなり》重病のため、毛利輝元・小早川隆景《こばやかわたかかげ》らが安芸国へ帰国。尼子再興軍、十神《とかみ》城を奪取。
		10月	尼子再興軍、満願寺《まんがんじ》山を占拠。
		12月	毛利氏が派遣した児玉就英《こだまなりひで》が日本海・宍道湖・中海の海上拠点を制圧。
元亀2年	1571	3月	尼子再興軍に与した高瀬《たかせ》城の米原綱寛《よねはらつなひろ》が毛利方の野村士悦《のむらしえつ》の説得により降伏。
		4月	尼子再興軍、羽倉《わくら》山（和久羅山）を攻撃するも撃退される。
		6月	毛利方の湯原春綱《ゆはらはるつな》が隠岐国へ渡海。尼子再興軍方の隠岐氏が降伏。
		8月	尼子再興軍、拠点としていた新山《しんやま》城から退却。尼子勝久は隠岐国へ、山中幸盛《やまなかゆきもり》らは但馬国へ逃れる。

尼子再興戦争

永禄《えいろく》十二年（一五六九）六月、突如数百艘もの船に乗った軍勢が島根半島に襲来する。彼らは尼子家の「御一家再興」を掲げる勢力で、浪人となっていた山《やま》中幸盛《なかゆきもり》（鹿介《しかのすけ》）・立原久綱《たちはらひさつな》ら尼子氏旧臣が、尼子勝久《あまごかつひさ》を擁立して蜂起したものであった。勝久率いる尼子再興軍は、豊後国の大《おお》友《とも》氏や備前国の浦上《うらがみ》氏など、毛利氏と対立する諸勢力と連携して包囲網を形成し、出雲国や伯耆国などで軍事活動を展開して毛利氏を追い詰めた。しかし、毛利軍本隊が出雲国に到着するとその反撃にあい、富田城や出雲国奪取を果たせぬまま出雲国外へと逃れていくこととなった。

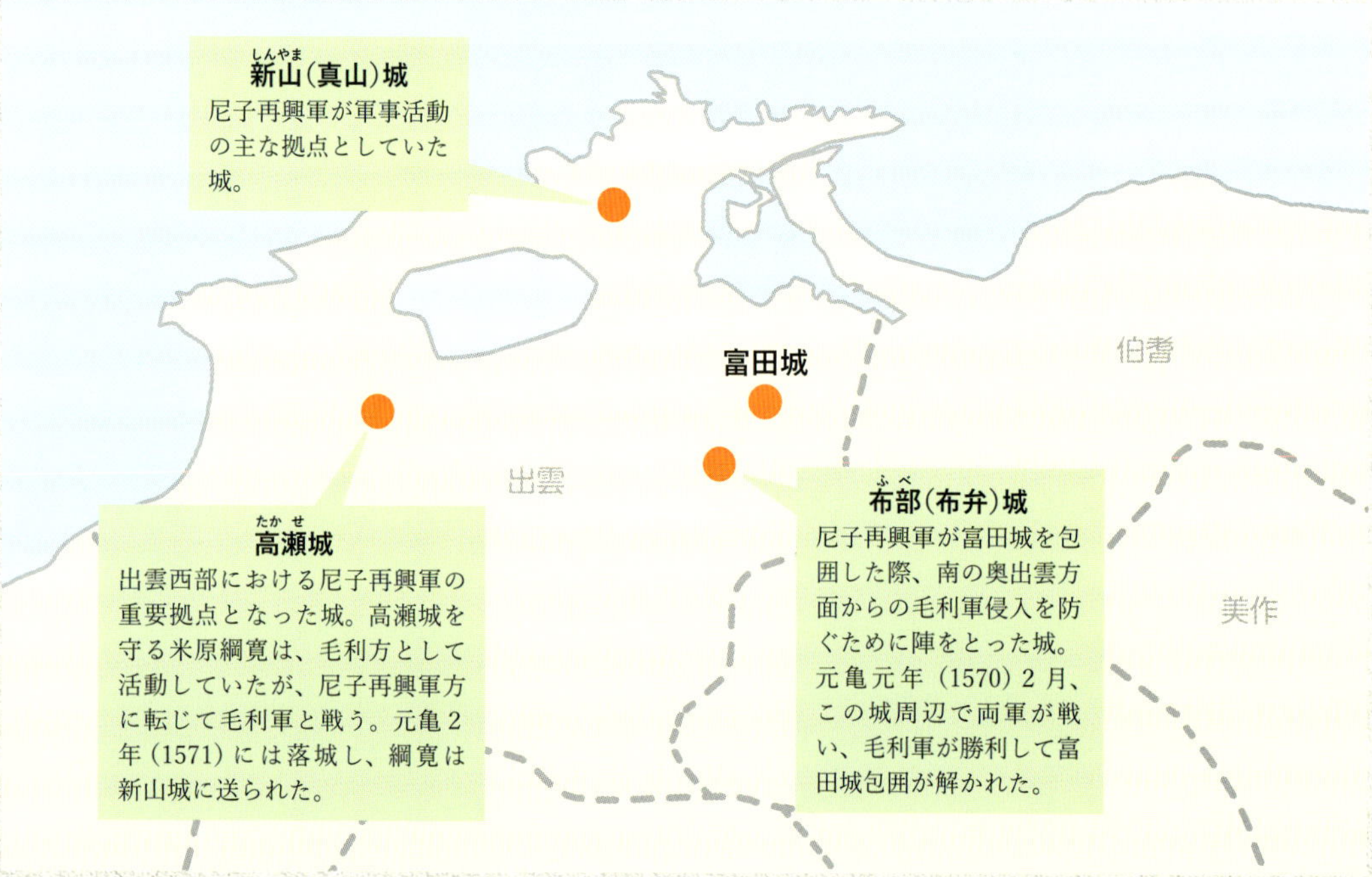
新山《しんやま》（真山）城
尼子再興軍が軍事活動の主な拠点としていた城。
富田城
伯耆
出雲
美作
高瀬《たかせ》城
出雲西部における尼子再興軍の重要拠点となった城。高瀬城を守る米原綱寛は、毛利方として活動していたが、尼子再興軍方に転じて毛利軍と戦う。元亀2年（1571）には落城し、綱寛は新山城に送られた。
布部《ふべ》（布弁）城
尼子再興軍が富田城を包囲した際、南の奥出雲方面からの毛利軍侵入を防ぐために陣をとった城。元亀元年（1570）2月、この城周辺で両軍が戦い、毛利軍が勝利して富田城包囲が解かれた。
【略地図】尼子再興軍と出雲国の城

［39］
吉川元春像《きっかわもとはるぞう》
岩国市指定文化財
安土桃山時代（十六世紀）
山口県・吉川史料館

［40］
吉川元春像《きっかわもとはるぞう》
岩国市指定文化財
江戸時代（十七世紀）
山口県・吉川史料館

吉川元春

一五三〇～一五八六。毛利元就《もうりもとなり》の次男であり、母親の実家である大朝《おおあさ》（広島県山県郡北広島町）の吉川家を継ぐ。毛利家が中国地方一帯を支配するようになると、特に山陰地域支配の重要な部分を担うようになり、尼子勝久《あまごかつひさ》らの軍勢（尼子再興軍）や、織田信長《おだのぶなが》配下の羽柴秀吉《はしばひでよし》軍との戦いでは指揮官として活躍する。元春の三男である経言《つねのぶ》（後の広家《ひろいえ》）は、元春と兄・元長《もとなが》の死後に家督を継承、豊臣《とよとみ》政権下で富田城主となる。

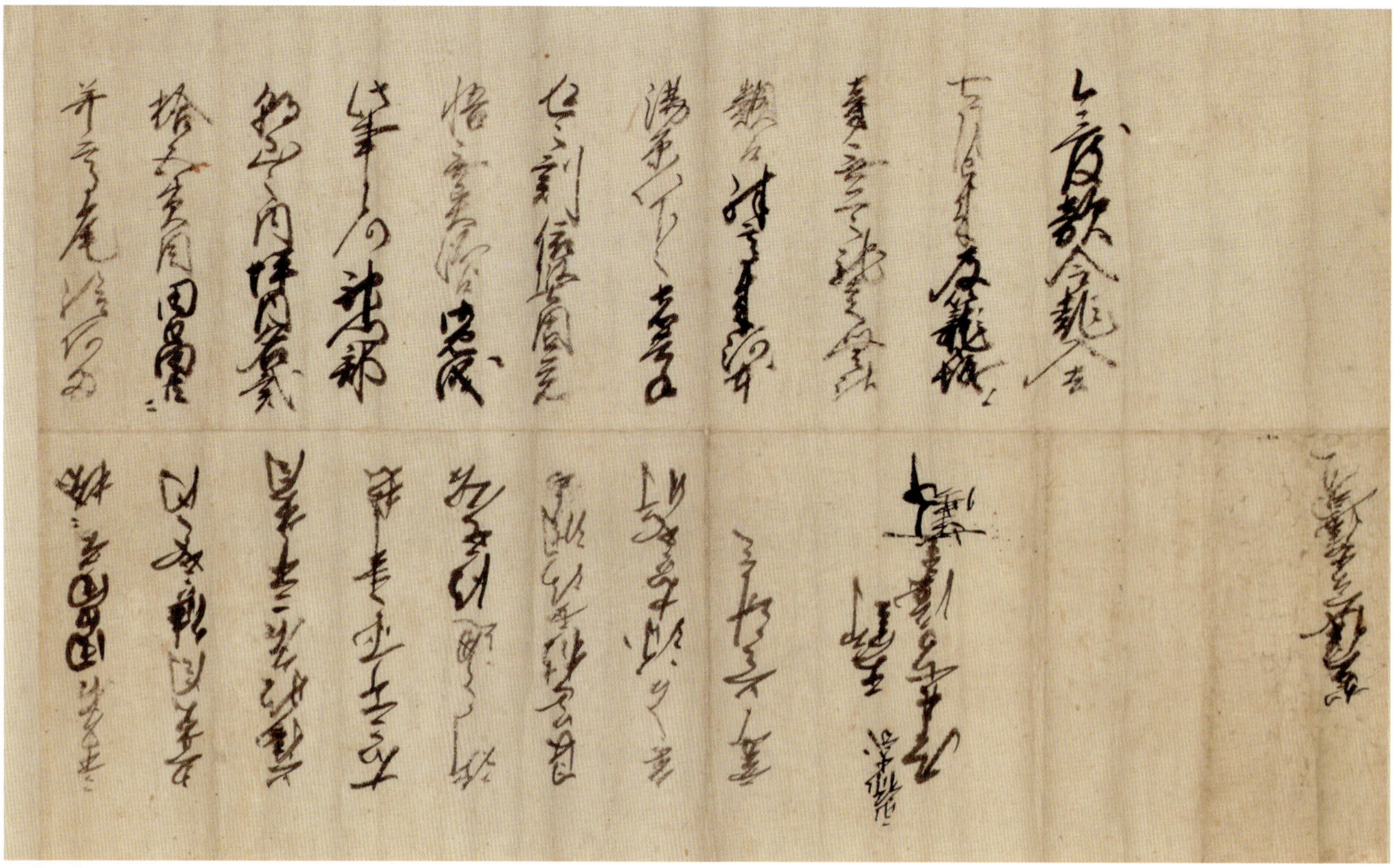

▲［41］

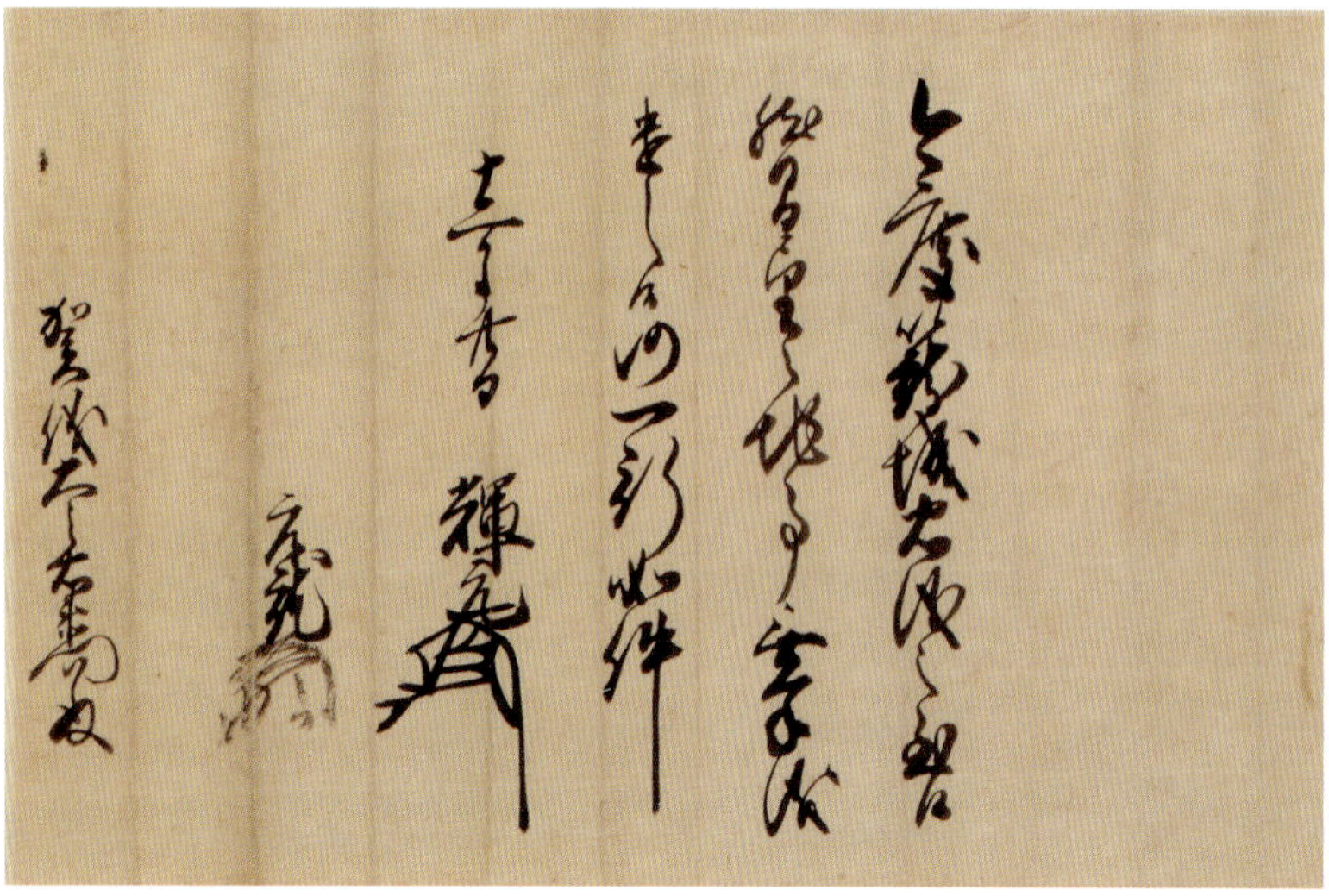

▲［42］

［41］天野隆重書状《あまのたかしげしょじょう》［賀儀家文書《かぎけもんじょ》］

戦国時代・永禄十二年（一五六九）九月二十七日

当館

［42］毛利元就《もうりもとなり》・輝元連署感状《てるもとれんしょかんじょう》［賀儀家文書《かぎけもんじょ》］

戦国時代・［永禄十二年（一五六九）］十二月二十日

当館

古文書のさまざまな形

戦国時代の古文書にはさまざまな形がある。

本書掲載の古文書の多くは漉いた紙を二つ折りにして用いた「折紙《おりがみ》」と呼ばれる形態であるが、これは二つ折りした状態で表裏を使って書くため広げると上下で文字の向きが反転する［41］。対して、漉いた紙をそのまま使用したものを「竪紙《たてがみ》」という（例えば六二頁の［53］［54］［55］など）。このような文書の使い方の違いは、基本的に書札礼《しょさつれい》といって送る側と受け取る側の関係（身分差）に応じて使い分けられ、基本的に竪紙の方が折紙より厚礼とされる。

紙を半分に切って使う形態を「切紙《きりがみ》」と呼ぶ（五三頁の［44］など）。これをさらに裁断して使われた小さいサイズの古文書を「小切紙《こきりがみ》」と呼んだ。この小切紙は、軍勢を集める際に発給された文書（軍勢催促状《ぐんぜいさいそくじょう》）や、戦功を賞する文書（感状《かんじょう》）など、主に戦いに関わる文書で使用された。一般に小切紙は「髻《もとどり》の文」とも呼ばれるが、これは密使が髻に隠して運んだといういわれによる。［42］の古文書は、毛利方として富田城に籠城中の人物に宛てられた感状である。実際どのようにして本人の手元にもたらされたかは不明だが、籠城戦の緊張感を物語っているのかもしれない。

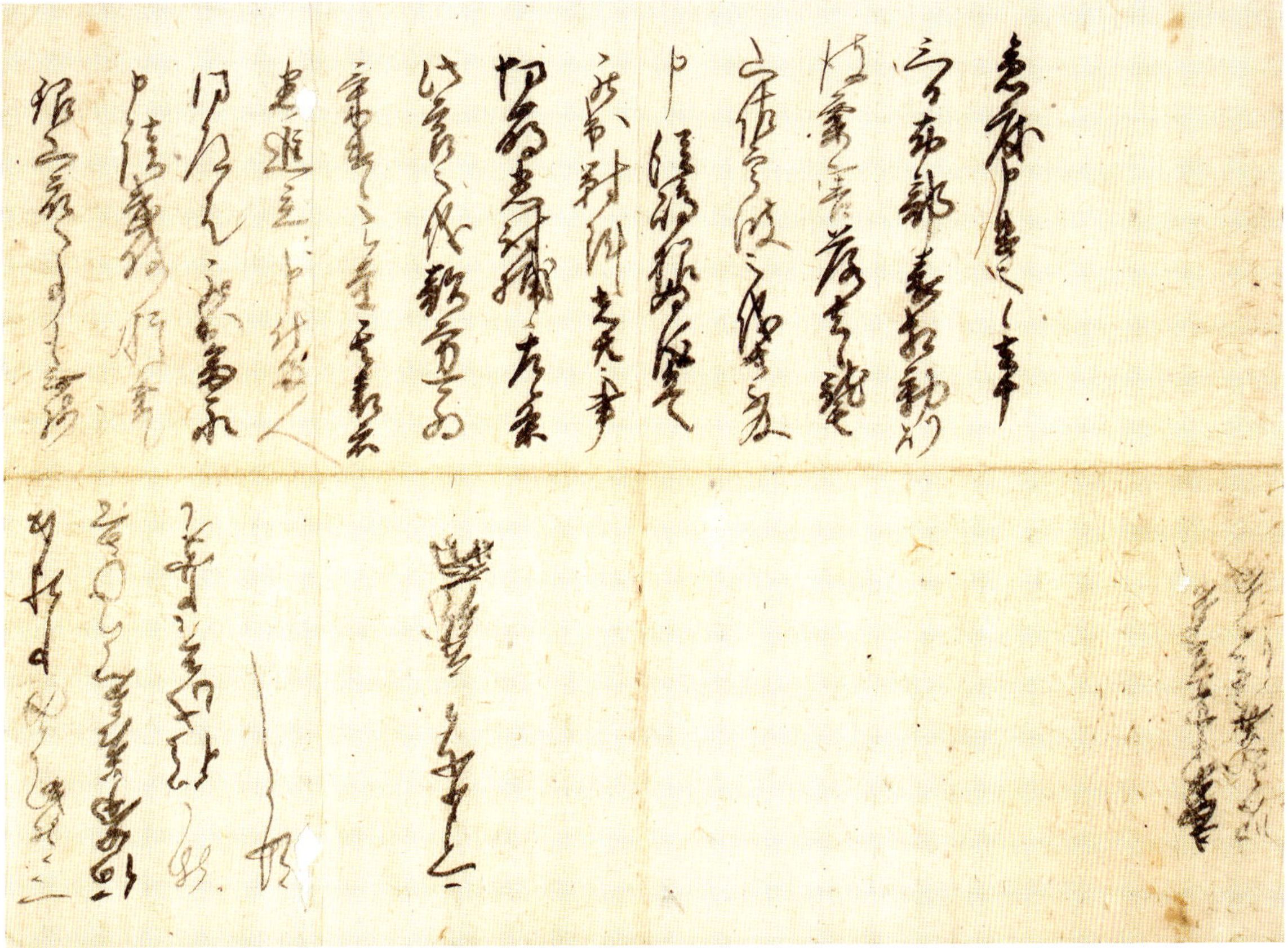

［43］毛利《もうり》元就《もとなり》書状《しょじょう》［石見《いわみ》石田《いしだ》家《け》文書《もんじょ》］
戦国時代・［永禄十三年（一五七〇）］二月十七日
当館

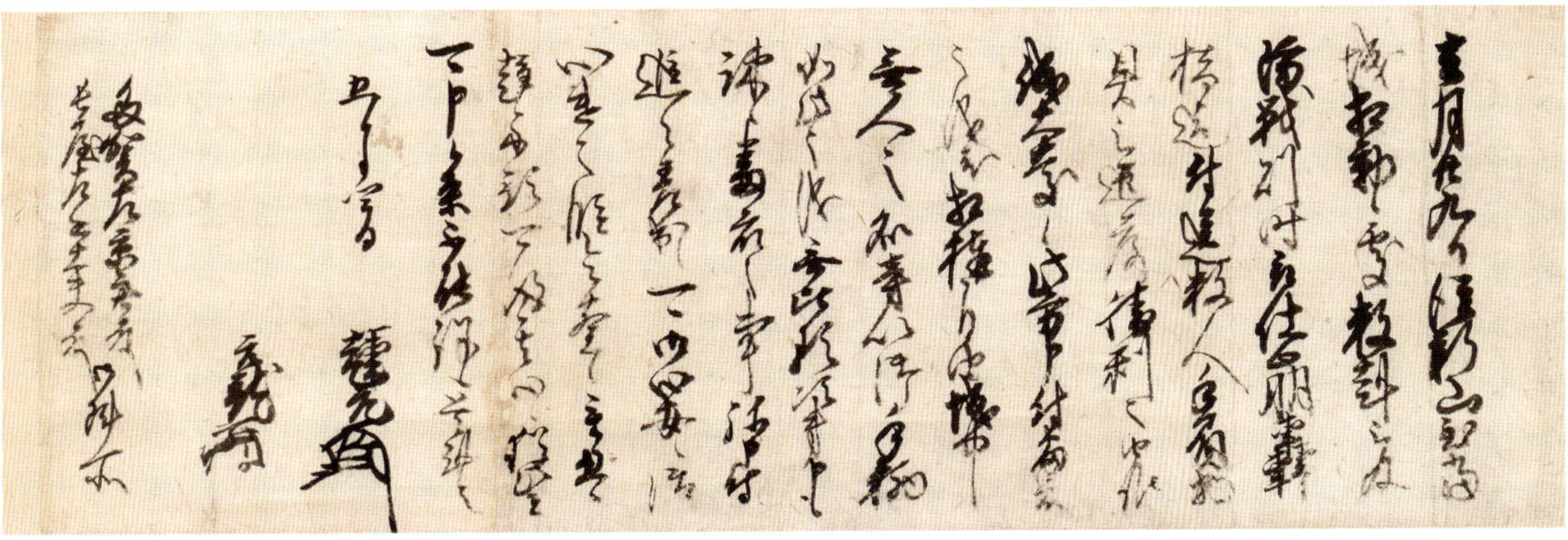

▲

（新山）

［44］毛利《もうり》元就《もとなり》・輝元《てるもと》連署書状《れんしょしょじょう》
戦国時代・［元亀元年（一五七〇）］五月四日
当館

新山城と尼子再興戦争

永禄《えいろく》十三年（一五七〇）二月、富田城南側で行われた布部《ふべ》合戦を契機として、毛利《もうり》軍の反撃が開始される。尼子《あまご》再興軍の拠点である新山《しんやま》城（松江市）は、内海に挟まれた水運の要地である。毛利軍は温泉津や石見銀山（大田市）の軍勢を召集しているが［43］、おそらくは船を駆使する軍勢を用いたのであろう。新山城の東側にある羽倉《わくら》城（和久羅城、松江市）でも、両軍の戦闘があった［44］。毛利軍は島根半島の要地を次々と押さえ、新山城の包囲網を形成し、再興軍を出雲国から撃退することに成功する。

秀吉軍襲来 ―毛利・織田戦争―

天正《てんしょう》四年（一五七六）、突如備後国鞆《とも》（広島県福山市）に現れたのは、織田信長《おだのぶなが》によって京都を追われた将軍足利義昭《あしかがよしあき》である。彼の要請を受けた毛利《もうり》氏は、織田軍との対立を余儀なくされ、信長の家来であった羽柴秀吉《はしばひでよし》（後の豊臣《とよとみ》秀吉）が率いる織田方の軍勢を迎え撃つこととなった。

吉川元春《きっかわもとはる》率いる山陰の毛利軍は、はじめ播磨国・但馬国で秀吉軍と交戦するが、めまぐるしい戦況の変化の中で秀吉軍は因幡国内へと侵攻する。山陰における毛利・織田両軍決戦の地となった鳥取《とっとり》城に入ったのは、石見国を拠点とした吉川経家《きっかわつねいえ》であり、島根県域は後方支援という形でこの戦争に巻き込まれていくこととなる。

【略年表】毛利・織田戦争と山陰

和暦	西暦		出来事
天正《てんしょう》4年	1576	2月	将軍足利義昭《あしかがよしあき》が備後国鞆《とも》に下向。毛利《もうり》氏に帰洛協力を要請。
		7月	毛利方の水軍が大坂本願寺支援。対立する織田信長《おだのぶなが》方の水軍を破る。
天正5年	1577	10月	織田方の羽柴秀吉《はしばひでよし》軍、播磨国に進軍。つづけて但馬国にも攻め寄せる。
天正6年	1578	2月	播磨三木《みき》城の別所長治《べっしょながはる》が織田方から離反。
		4月	吉川元春《きっかわもとはる》・小早川隆景《こばやかわたかかげ》ら毛利軍が播磨出陣。
			水生古城《みずのおこじょう》での戦い。毛利方の垣屋豊続《かきやとよつぐ》らの軍勢が織田軍を破る。
		7月	織田方についた尼子勝久・山中幸盛が籠城した播磨上月城が毛利軍の攻撃により開城。
天正7年	1579	6月	備前国の宇喜多直家《うきたなおいえ》が毛利方から離反。
		9月	伯耆国羽衣石《うえし》城の南条元続《なんじょうもとつぐ》が毛利方から離反。
天正8年	1580	5月	秀吉軍、但馬国内を平定し、因幡国に進軍。
		9月	秀吉軍に降伏した山名豊国《やまなとよくに》が家臣によって鳥取《とっとり》城から放逐される。
天正9年	1581	3月	石見国福光《ふくみつ》城の吉川経家《きっかわつねいえ》が毛利方の城督として鳥取城へ派遣される。
		6月	秀吉軍再度因幡国内へ進軍、鳥取城を包囲。
		10月	秀吉軍、鳥取城攻略。吉川経家自刃。
天正10年	1582	6月	本能寺《ほんのうじ》の変。織田信長自刃。秀吉軍は毛利軍と和睦。

鳥取城《とっとり》
毛利《もうり》方の吉川経家《きっかわつねいえ》が秀吉《ひでよし》軍と対峙した城。山陰における毛利・織田戦争最大の画期となる。
水生古城《みずのおこじょう》
毛利方の垣屋豊続《かきやとよつぐ》らが織田方の宵田《よいだ》城に向かった際、両軍が衝突した場所。毛利方が勝利。
丹後
伯耆
因幡
但馬
羽衣石城《うえし》
毛利方から織田方に転じた伯耆南条《なんじょう》氏の拠点。南条氏離反は毛利軍にとって大きな障壁となった。
上月城《こうづき》
山陰方面での毛利方との戦いに敗れた尼子勝久《あまごかつひさ》・山中幸盛《やまなかゆきもり》らが、織田方の軍勢として毛利軍と対峙した城。播磨別所《べっしょ》氏の離反などにより織田方が劣勢となる中で、勝久らは毛利軍に敗れる。
美作
播磨
備前

【略地図】山陰の毛利・織田戦争と城

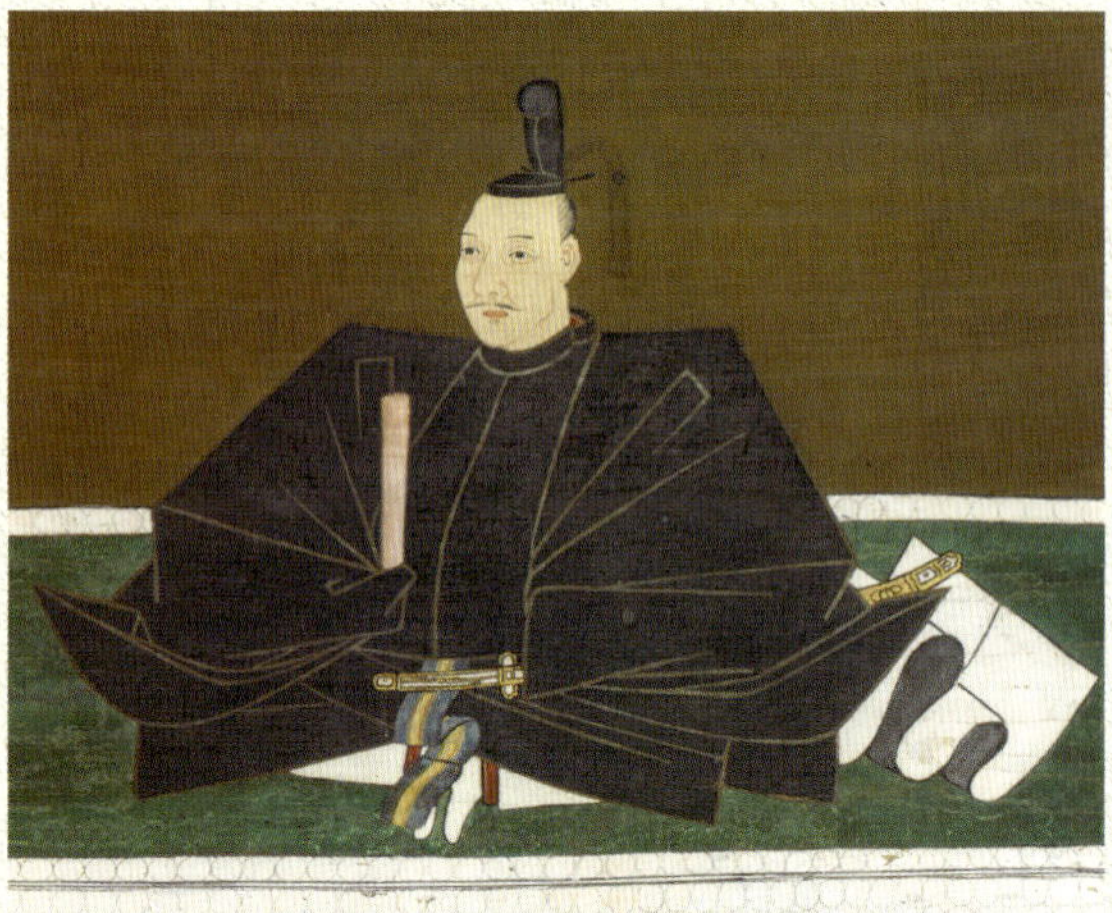

【参考画像4】織田信長《おだのぶなが》像（部分）（神戸市立博物館）

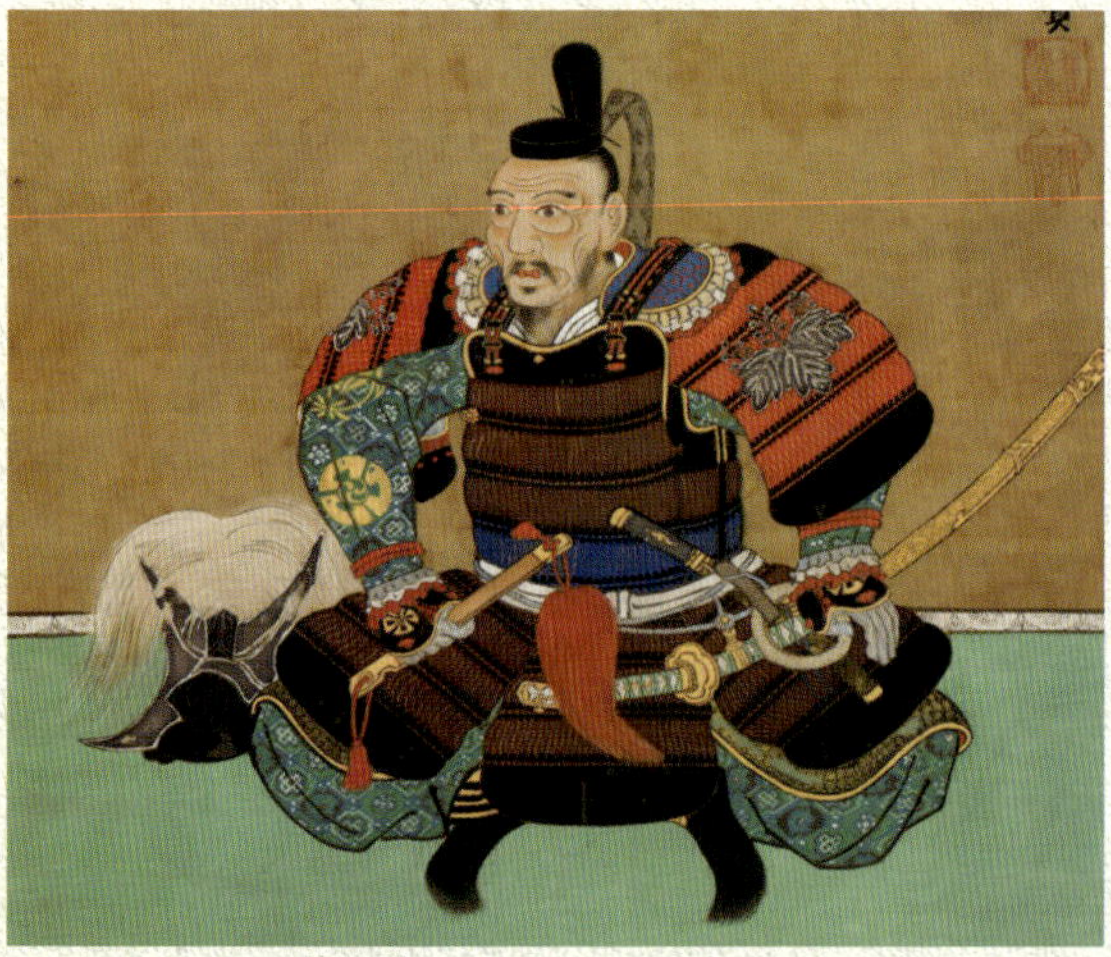

【参考画像5】豊臣秀吉《とよとみひでよし》像（部分）（名古屋市秀吉清正記念館）

［45］羽《は》柴《しば》秀吉《ひでよし》鳥取城《とっとりじょう》攻《ぜめ》布《ふ》陣《じん》図《ず》
江戸～明治時代（十九世紀）
鳥取市歴史博物館

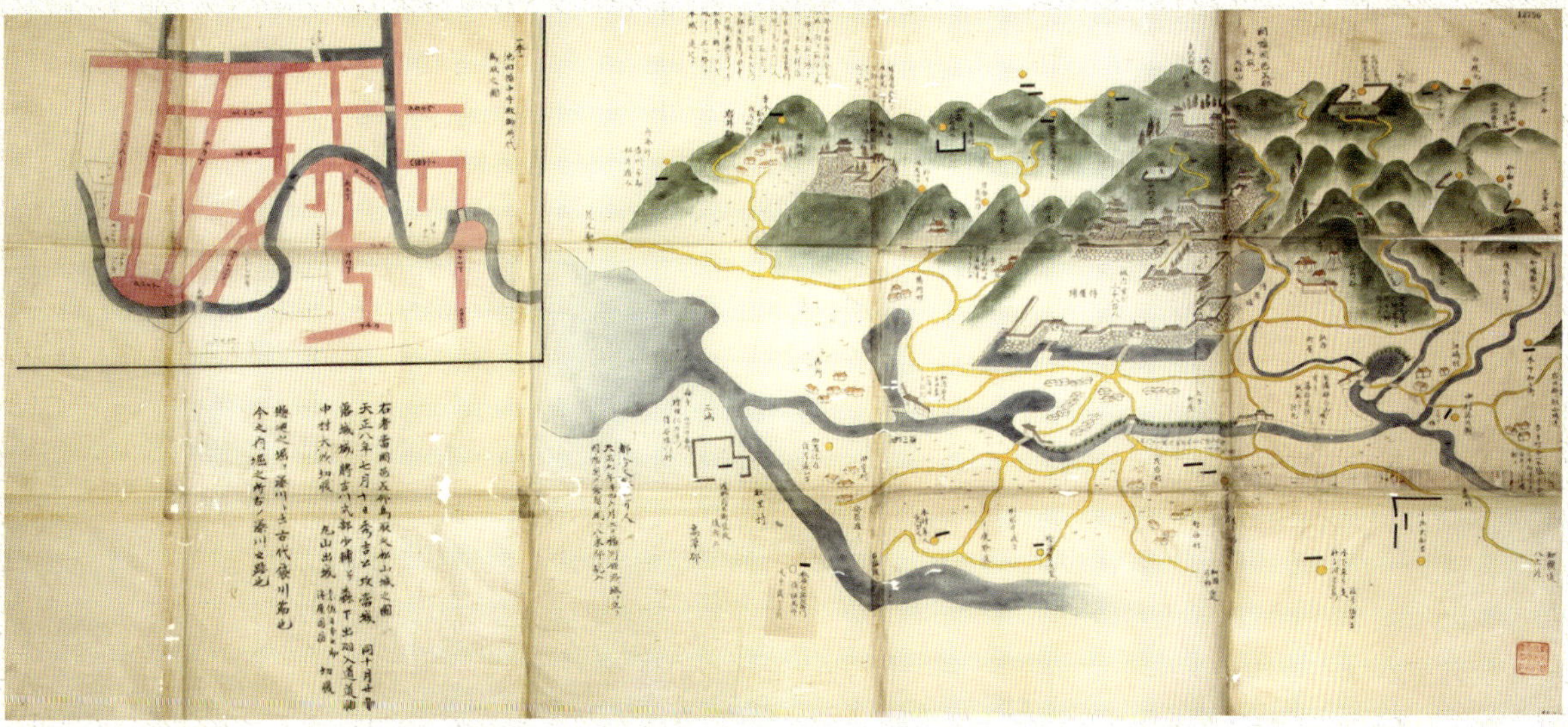

［46］旧塁鑿覧画図《きゅうるいさくらんがず》　一
（鳥取城図《とっとりじょうず》）
江戸～明治時代（十九世紀）
鳥取県立博物館

描かれた鳥取城

江戸時代に描かれた鳥取《とっとり》城の絵図には、籠城戦最終局面の状況が表現されている［45］［46］。絵図の中の鳥取城周辺をみてみると、毛利《もうり》方では鳥取城の吉川経家《きっかわつねいえ》、その北側（絵図左側）にある丸山《まるやま》城の塩冶周防守《えんやすおうのかみ》（高清《たかきよ》）が記されるが、それ以外は織田《おだ》方（羽柴秀吉《はしばひでよし》方）の軍勢に囲まれている。鳥取城の背面には現在「太閤ヶ平《たいこうがなる》」と呼ばれる秀吉軍の本陣があり、鳥取城と丸山城の間にある雁金山《かりがねやま》城はすでに秀吉方の宮部継潤《みやべけいじゅん》に攻略されていた。南側に布陣する「堀尾茂助《ほりおもすけ》」は後に富田城主となる堀尾吉晴《よしはる》である。鳥取城の戦いは、こうした隙の無い包囲網に象徴される厳しい籠城戦であった。

古志重信と戦乱

古志《こし》氏は出雲国の古志郷（出雲市）に拠点を有した領主であるが、尼子《あまご》氏と毛利《もうり》氏の戦争の最中に本拠地を失ってしまう。古志一族の庶流であった重信《しげのぶ》は、一時期京都で将軍足利義昭《あしかがよしあき》の配下に加わり、山中幸盛《やまなかゆきもり》と接触して尼子再興軍にも与したが、最終的には毛利氏の麾下に加わった。

重信は古志家の再興を目指しながら毛利軍の一員として奮戦し、毛利・織田《おだ》戦争では最前線となる但馬国で織田軍と激しく交戦した［47］。重信は山陰での戦いだけでなく、豊臣《とよとみ》政権による九州統一戦争にも参陣している［112］。結局本拠地古志郷の回復は成し遂げられなかったようで、最終的には出雲国内から備後国御調郡《みつぎぐん》（広島県南東部）に移された。重信はめまぐるしく情勢が変化する戦乱の時代を象徴する人物の一人であったといえよう。

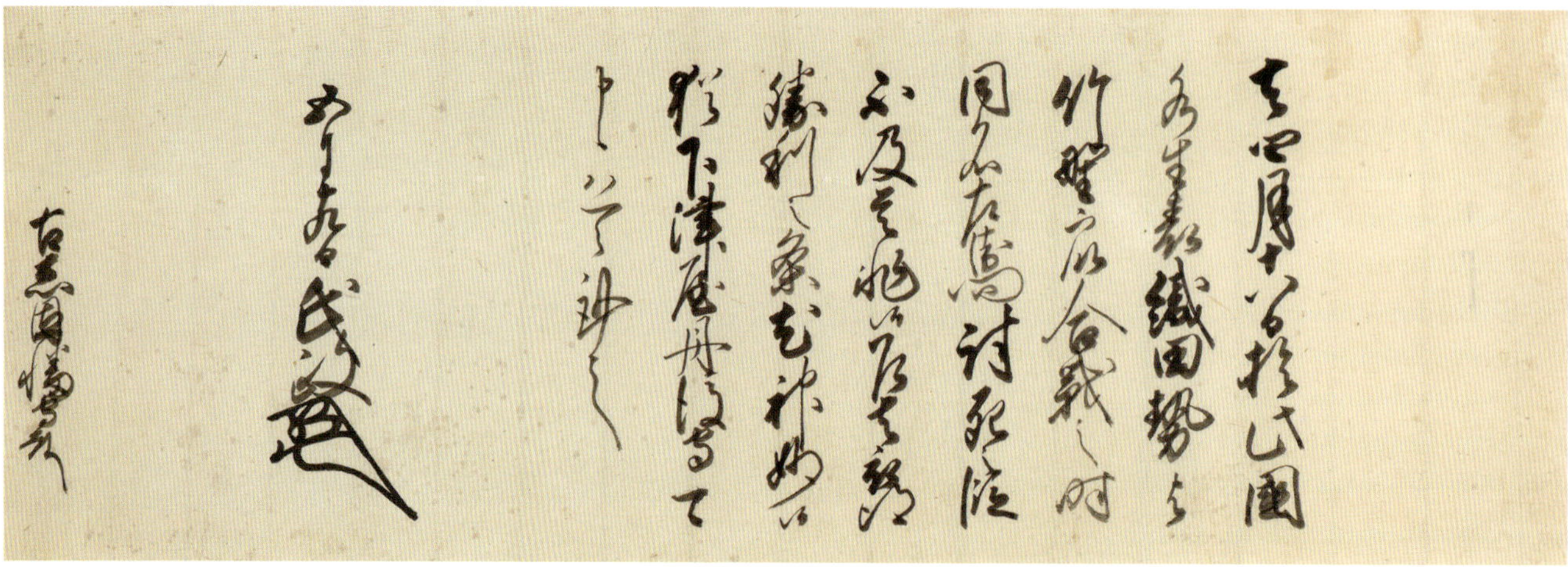

［47］山名氏政感状《やまなうじまさかんじょう》［古志家文書《こしけもんじょ》］

出雲市指定文化財
安土桃山時代・［天正六年（一五七八）］五月十九日
出雲市

［48］伝・吉川経家采配《きっかわつねいえさいはい》

［安土桃山時代（十六世紀）］
鳥取市歴史博物館

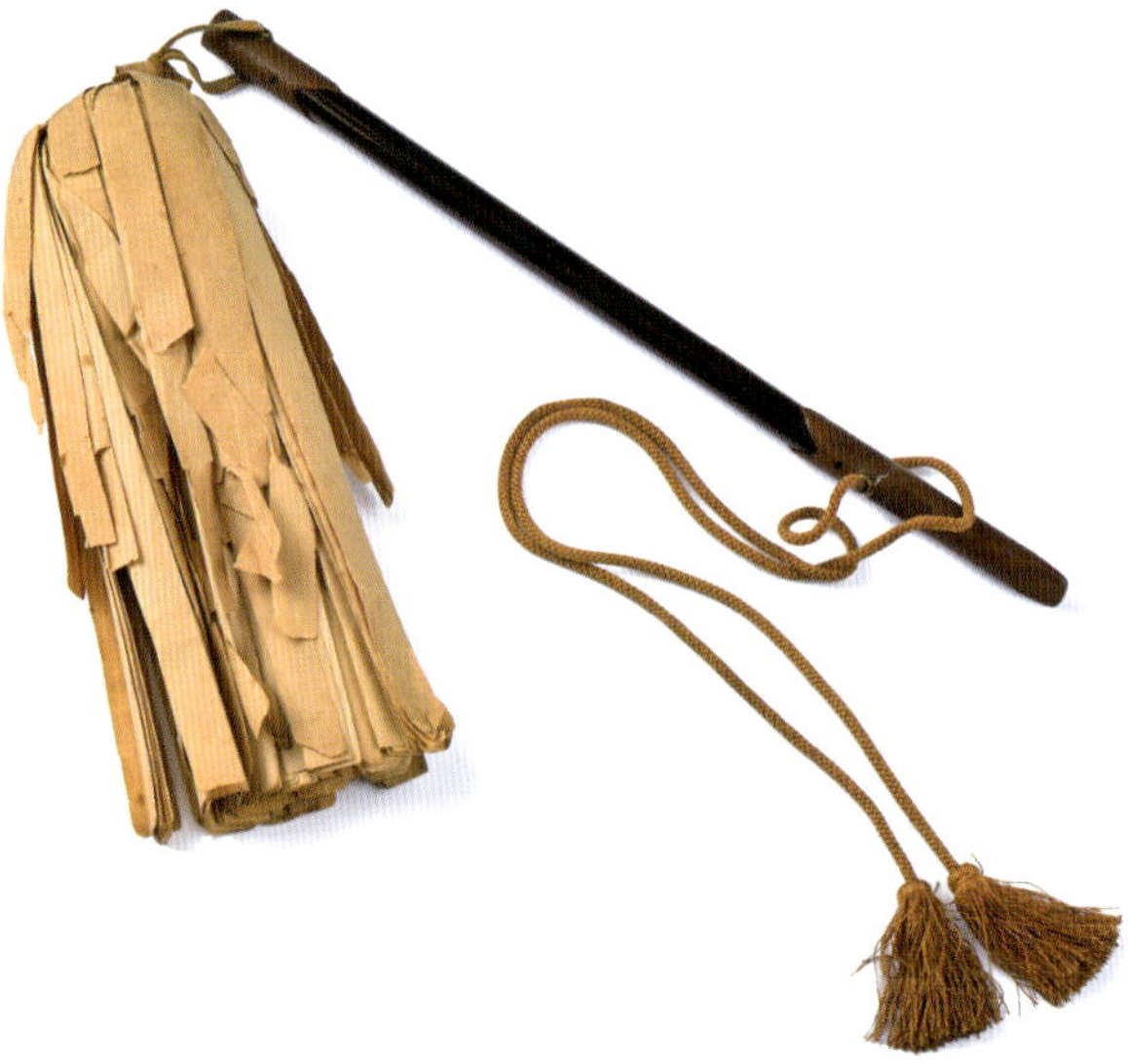

▲吉川経家《きっかわつねいえ》の銅像（鳥取県鳥取市東町）
背後に見えるのは鳥取城が築かれた久松山《きゅうしょうざん》。

吉川経家

一五四七〜一五八一。石見国福光《ふくみつ》城（大田市）を拠点とした石見吉川《きっかわ》氏の当主。織田《おだ》・毛利《もうり》戦争の真っただ中であった天正《てんしょう》九年（一五八一）、吉川元春から命を受けて、三月に鳥取城に入城する。織田方の羽柴秀吉軍により城を厳重に包囲され、兵糧が欠乏する危機的な状況に陥った経家は、十月に降伏を決意。城兵を救うために責任を負って切腹した。

［49］
吉川経家自筆書状《きっかわつねいえじひつしょじょう》
［石見吉川家文書《いわみきっかわけもんじょ》］

重要文化財
安土桃山時代・［天正九年（一五八一）］
三月二十日
山口県・吉川史料館

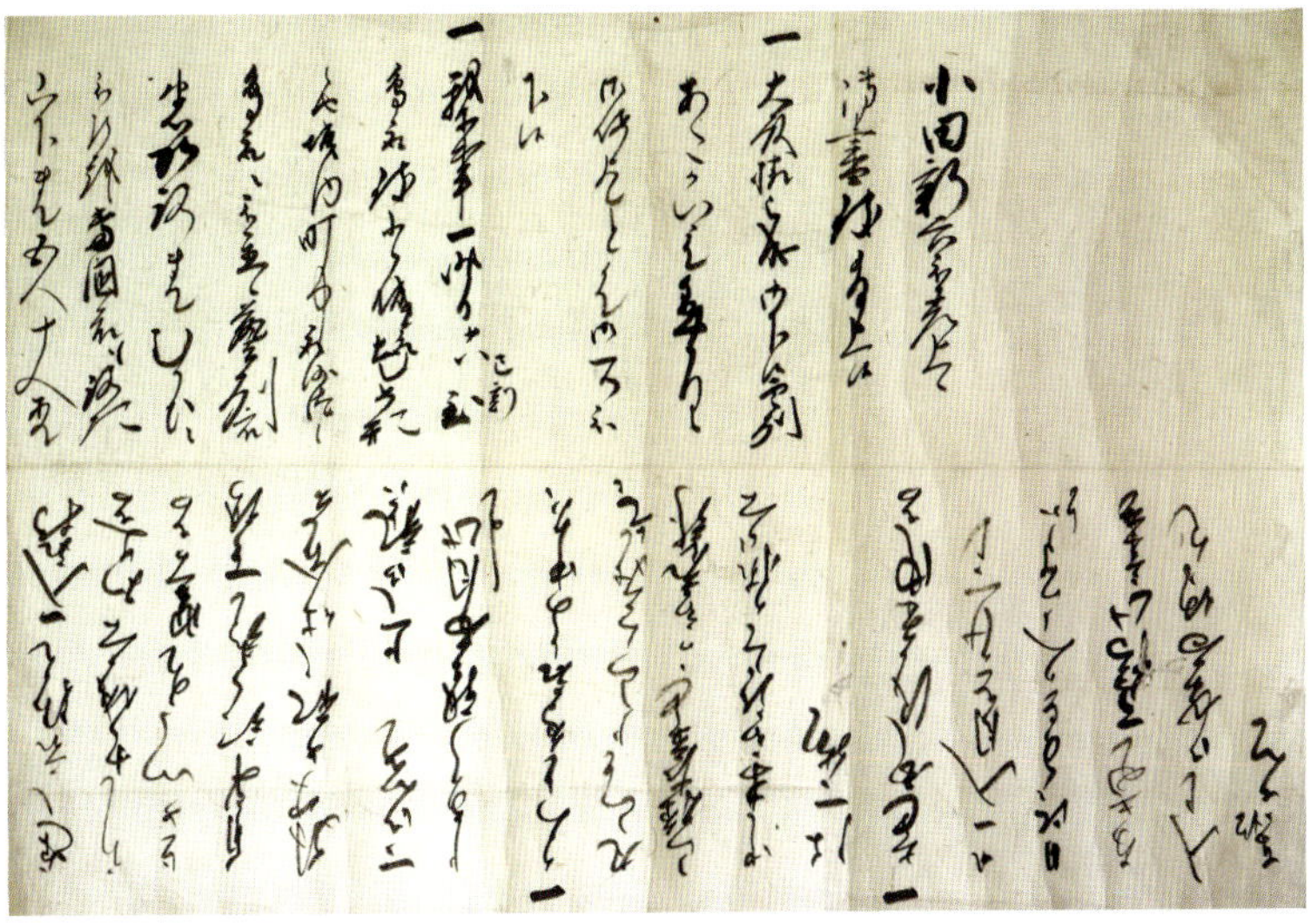
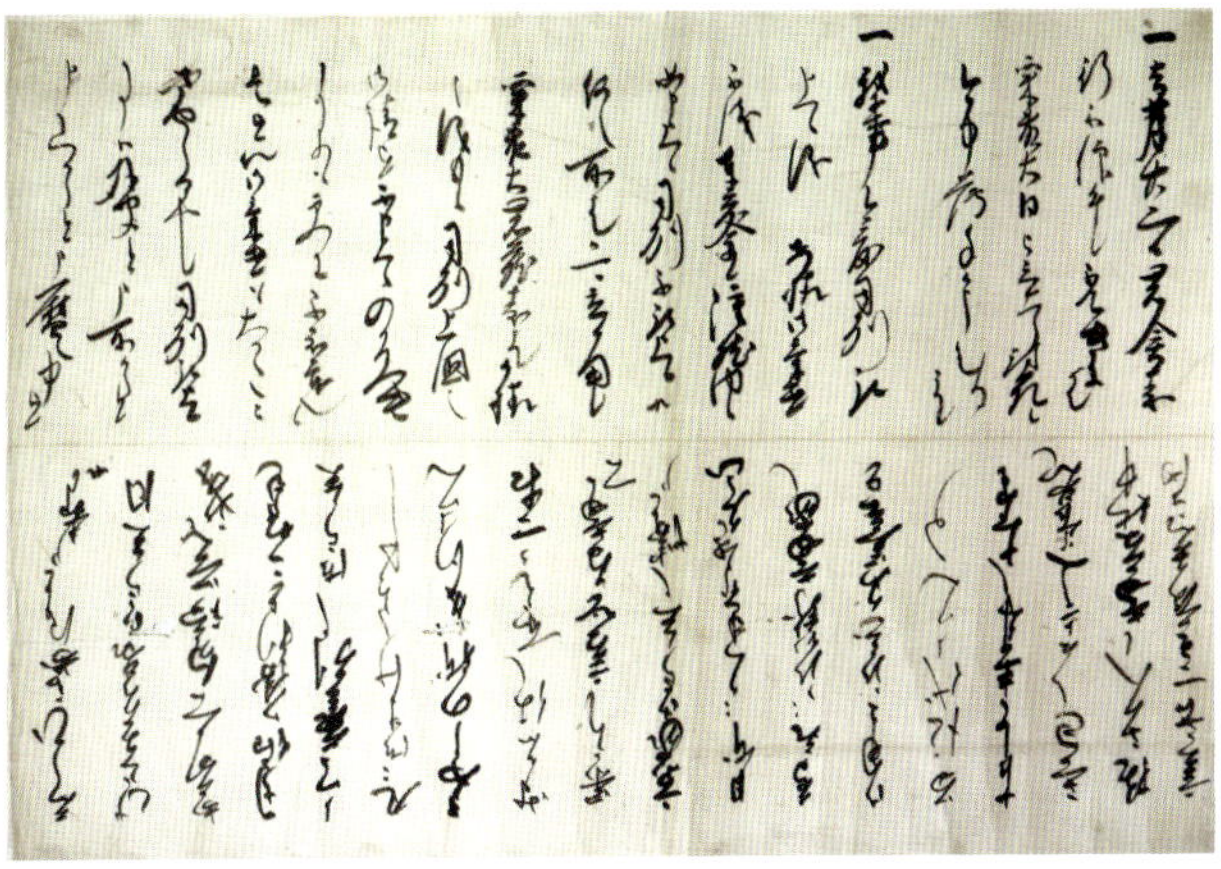
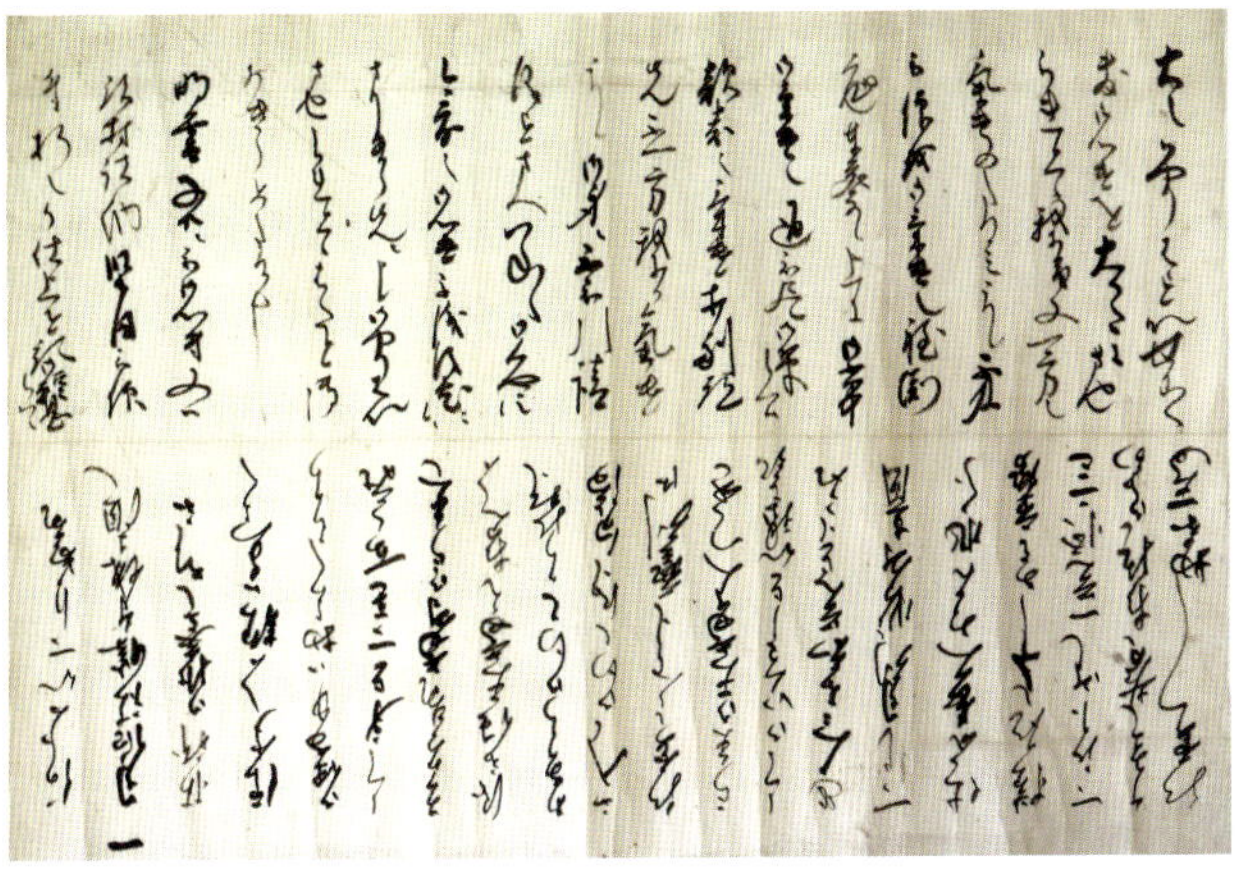
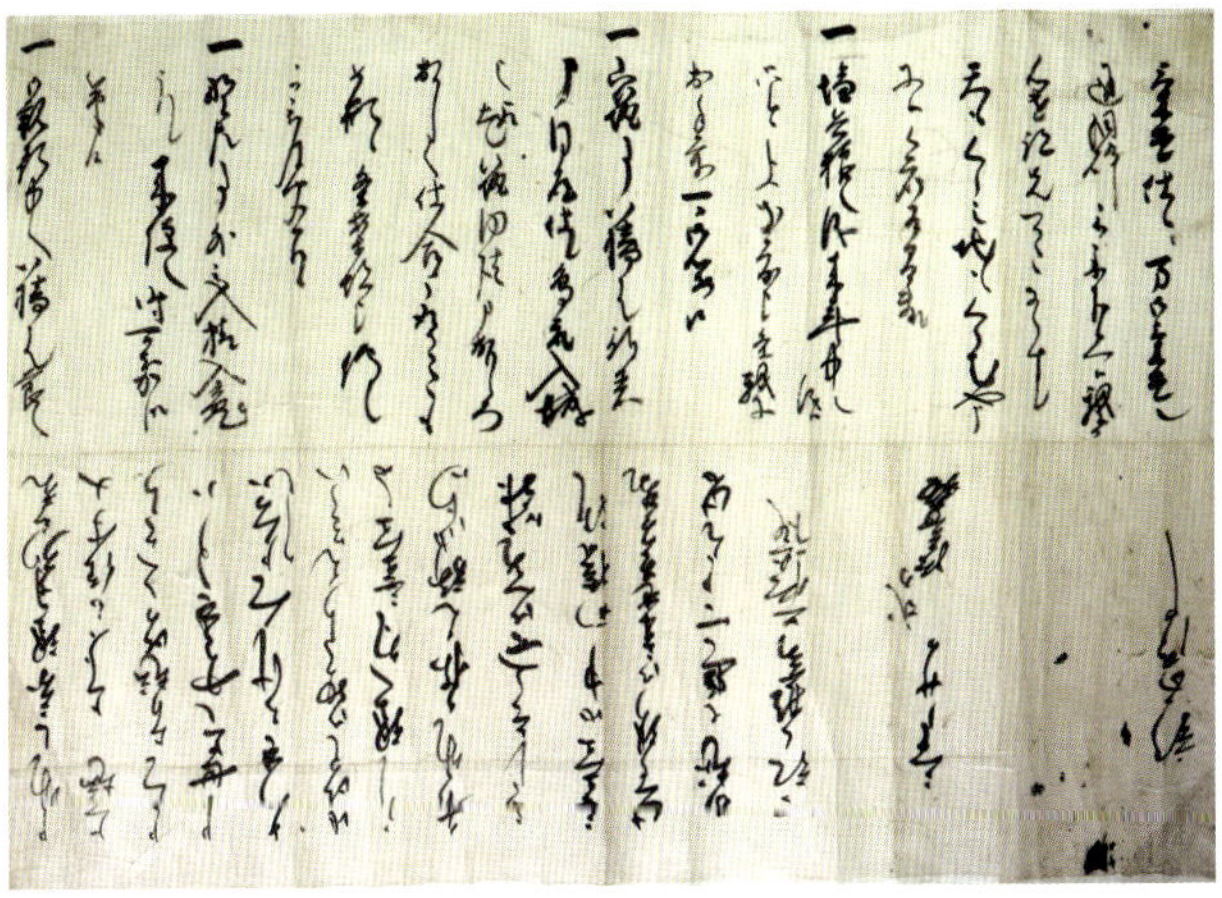

鳥取城の戦いと出雲・石見

山陰地域における毛利《もうり》・織田《おだ》戦争の戦場は、主に因幡国・伯耆国や但馬国などの山陰東部であったが、現在の島根県域がこの戦争と全く無縁であったわけではない。

鳥取城で秀吉軍を迎え撃った吉川経家《きっかわつねいえ》が石見国を拠点とする武将であったことに象徴されるように、出雲や石見の人びとも戦いの当事者であった。また、山陰西部は後方支援という重要な役割も帯びていたのであり、山陰地域全体が毛利・織田戦争の当事者であったといえる。

吉川元春《きっかわもとはる》は、石見国の主要な港であった浜田や温泉津、江津・都野津などに対し、鳥取城への兵糧や兵士を送るために必要な船（兵糧船・警固船）の派遣を要請している。
出雲郷《あだかえ》
八橋《やばせ》
賀露《かろ》
鳥取城《とっとり》
伯耆
因幡
鳥取城在番を命じられた吉川経家は、出雲国の出雲郷で吉川元春と面会した後、八橋を経て千代川河口の賀露から鳥取城に入城した。
出雲
温泉津《ゆのつ》
福光城《ふくみつ》（不言物城《ものいわず》）
鳥取城に入った吉川経家の拠点。
美作
江津《ごうつ》・都野津《つのづ》
備中
備後
石見
浜田《はまだ》
安芸
備前
【略地図】鳥取城の戦いと出雲・石見

［50］吉川元春書状《きっかわもとはるしょじょう》
［山縣家文書《やまがたけもんじょ》］
安土桃山時代・
［天正九年（一五八一）］
七月十一日
鳥取市歴史博物館

［51］吉川元春書状《きっかわもとはるしょじょう》
［山縣家文書《やまがたけもんじょ》］
安土桃山時代・
［天正九年（一五八一）］
七月十二日
鳥取市歴史博物館

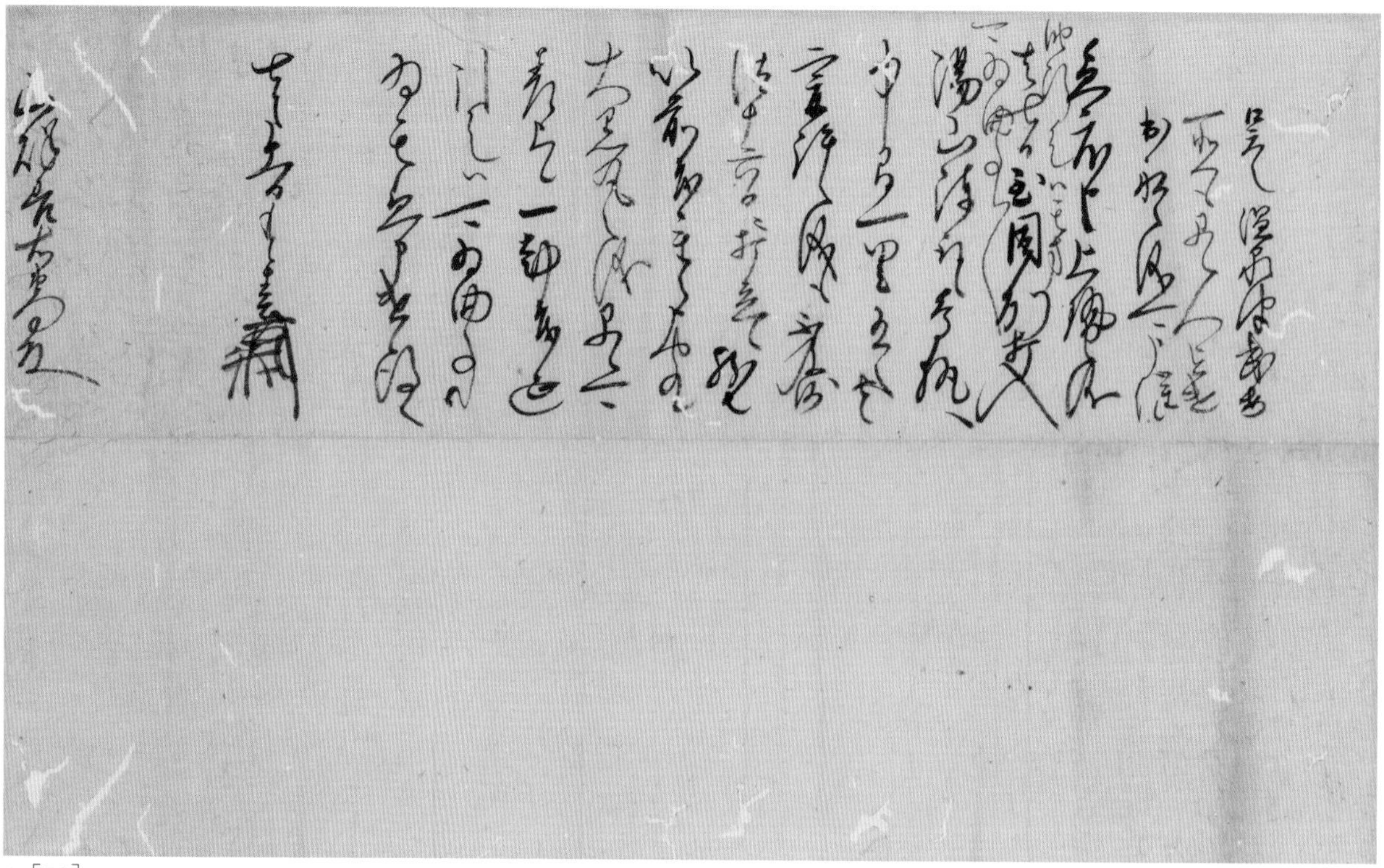

▲［50］

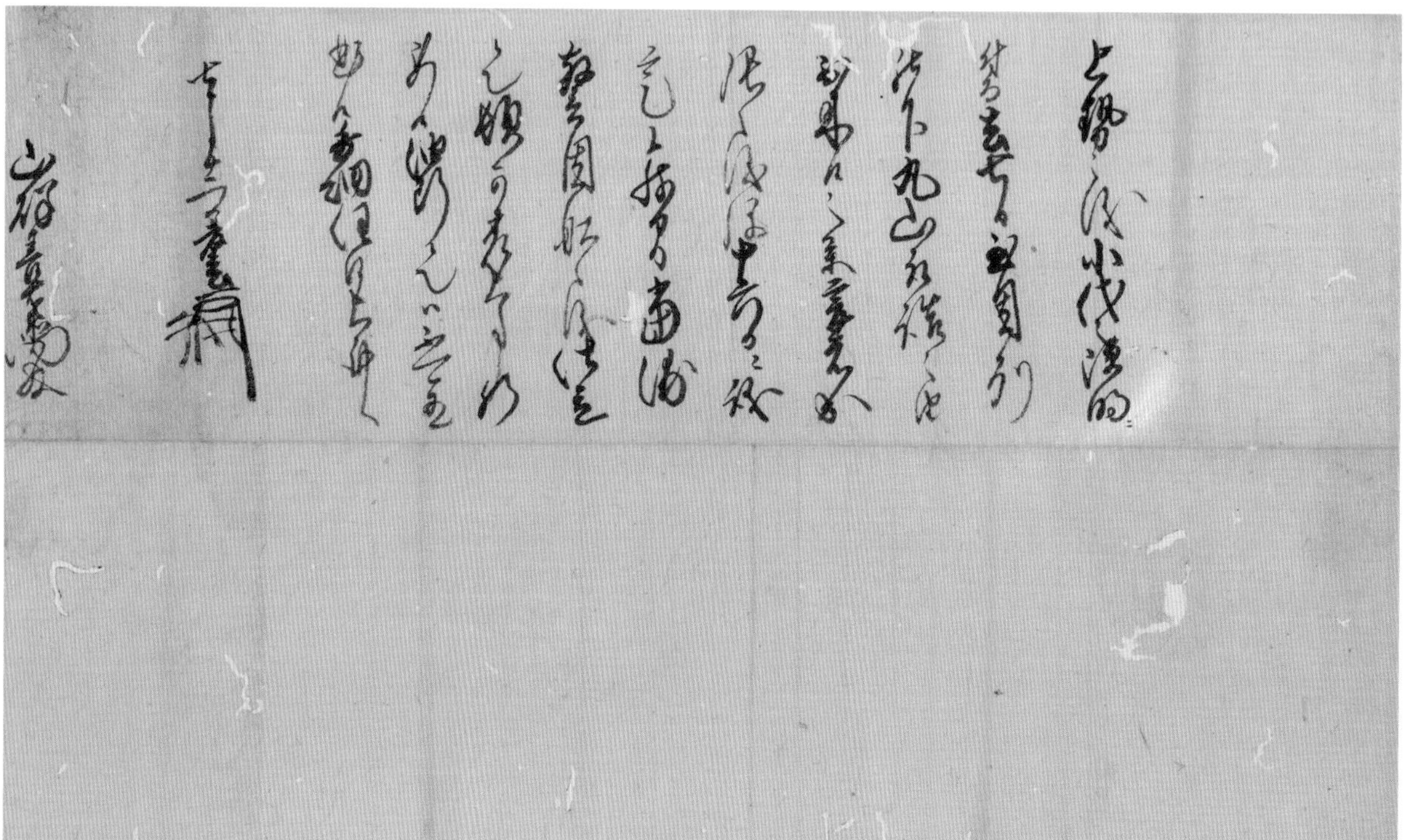

▲［51］

TOPIC
トピック

しまねの武将たち

戦国時代の山陰で輝いたのは、
尼子《あまこ》氏や毛利《もうり》氏・吉川《きっかわ》氏だけではない。
各地にゆかりを持つ多彩な武将たちの
活躍が、戦乱の時代を動かした。
彼らの足跡を語る貴重な文化財が、
今に伝わっている。

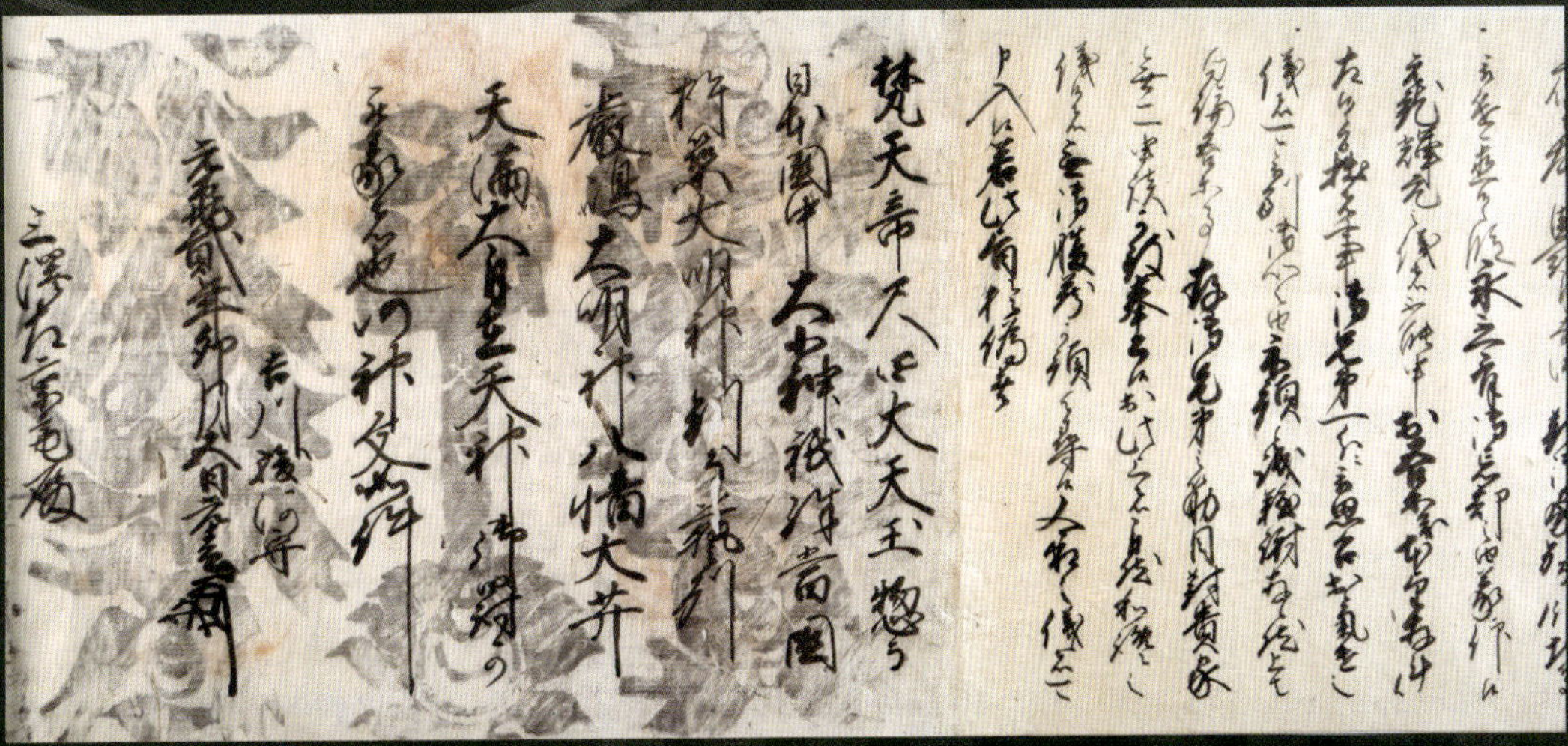

（上）口羽通良坐像（部分）　邑南町・宗林寺
（下）吉川元春起請文（部分）　個人蔵（下関市立歴史博物館寄託）

1

口羽通良

［52］口羽《くちば》通良《みちよし》坐像《ざぞう》
安土桃山時代（十六世紀）
邑南町・宗林寺

毛利家の重臣　口羽通良

口羽《くちば》通良《みちよし》は、安芸毛利《もうり》氏の執権をつとめた志道広良《しじひろよし》の息子であり、安芸国・石見国にまたがる有力領主であった高橋《たかはし》氏の一族・口羽氏を相続した人物である。

通良は、毛利元就《もとなり》の子どもである吉川元春《きっかわもとはる》や小早川隆景《こばやかわたかかげ》、さらに毛利氏庶家の筆頭格であった福原貞俊《ふくばらひろとし》とともに「御四人」と呼ばれ、毛利家の新たな当主となった輝元《てるもと》を支えた。特に毛利氏による山陰地域の統治や戦争の遂行にあたっては、元春とともに最重要の働きをしている。

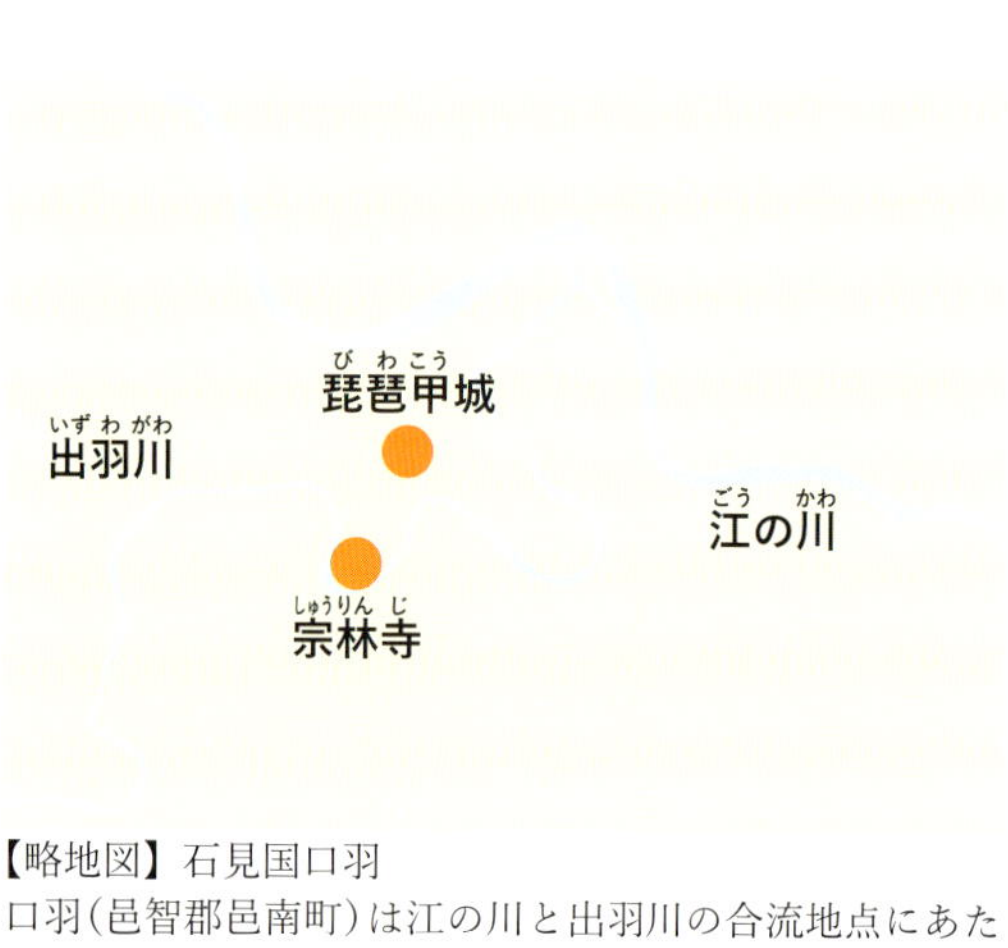

【略地図】石見国口羽
口羽（邑智郡邑南町）は江の川と出羽川の合流地点にあたる。琵琶甲城は通良が改修を加えたと伝わる拠城、山麓の宗林寺は口羽氏の菩提寺である。

「人間」を受け継ぐ「造形」
―宗林寺口羽通良坐像をめぐって―

濱田　恒志

　邑南町下口羽に所在する宗林寺は戦国時代にこの地を治めた口羽通良（一五一三〜一五八二）一族の菩提寺であり、そこには通良の肖像とされる木彫像［52］が伝わっている。精悍で迫真的な表情は像主が通良その人と思わせるのに十分であり、挿首《さしくび》とする構造や直線を多用した形式的な着衣表現などからも、通良の存命中もしくは没後隔たらない頃、すなわち十六世紀の作とみて矛盾しない。

　表情は皺のある老相を示し、烏帽子《えぼし》を被って直《ひた》垂《たれ》を着て、帯刀し、左手は膝上に添え、右手に扇子を持って坐す。像高は五五・〇cm（烏帽子の頂から）、坐奥三九・二cm、袖裾張六九・〇cm。寄木造とみられるが、像底は蓋状になっていて像内に貫通せず、表面は後補の白下地彩色に覆われているため、構造の詳細は不明である。両手先や持物は木造の別材製。表面彩色のほか台座も後補である。

　さて、本像には少し変わった特徴がある。本像の烏帽子は着脱式で、取り外すと髷《まげ》を結った頭頂があらわれる。直垂の袖口に露出する括り紐は、彫刻ではなく別材の革や紐を貼り付けて表現している。目を玉眼《ぎょくがん》（目の部分を刳り抜き、裏から目を描いた水晶をあてて、本物の目のような光沢を表現する技法）とするのは当時の通例だとしても、それだけでなく本像には、なるべく本物の人体が本物の服を着たかのように見せる工夫があちこちに凝らされているのである。それはいったいなぜだろうか。

　実は本像にはもう一つ、重要な特徴がある。宗林寺には、中に歯の入った茶入が二個、伝えられており、それはかつて本像の像内に納入されていたといわれている。これが事実だったとすれば、一つは口羽通良その人の歯であるはずだ。もう一つも通良か、もしくは通良と共に宗林寺に位牌が伝わる通良の妻の歯である可能性が高い。

　歯はすなわち骨であり、亡き人間が存在したことそのものを伝える遺物である。仏像の歴史において、仏舎利《ぶっしゃり》（釈迦の遺骨とされるもの）を像に納入する例は古くからあり、その目的は、仏のかたちをした造形物つまり仏像を、仏そのものに準ずる存在へ昇華させるためであった。本像にも同様の意図があったに違いない。歯の納入、そして迫真性への執拗なこだわりは、本像を、口羽通良という人間そのものを受け継ぐ存在にするためだったのである。それが、通良亡きあとに残された人びとの願いであったのだ。

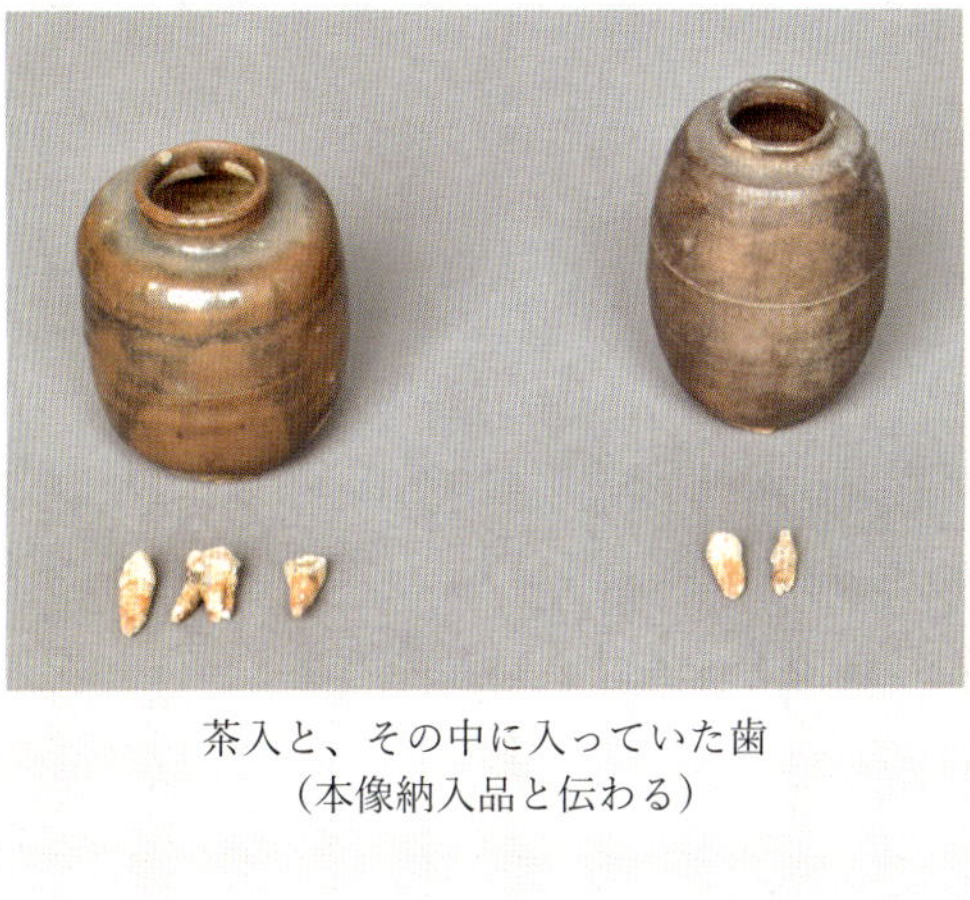

茶入と、その中に入っていた歯
（本像納入品と伝わる）

烏帽子を外した頭部

2 石見小笠原氏

［53］小笠原長徳感状《おがさわらながのりかんじょう》
［庵原家文書《いばらけもんじょ》］
戦国時代・大永五年（一五二五）十一月十日
島根県立図書館

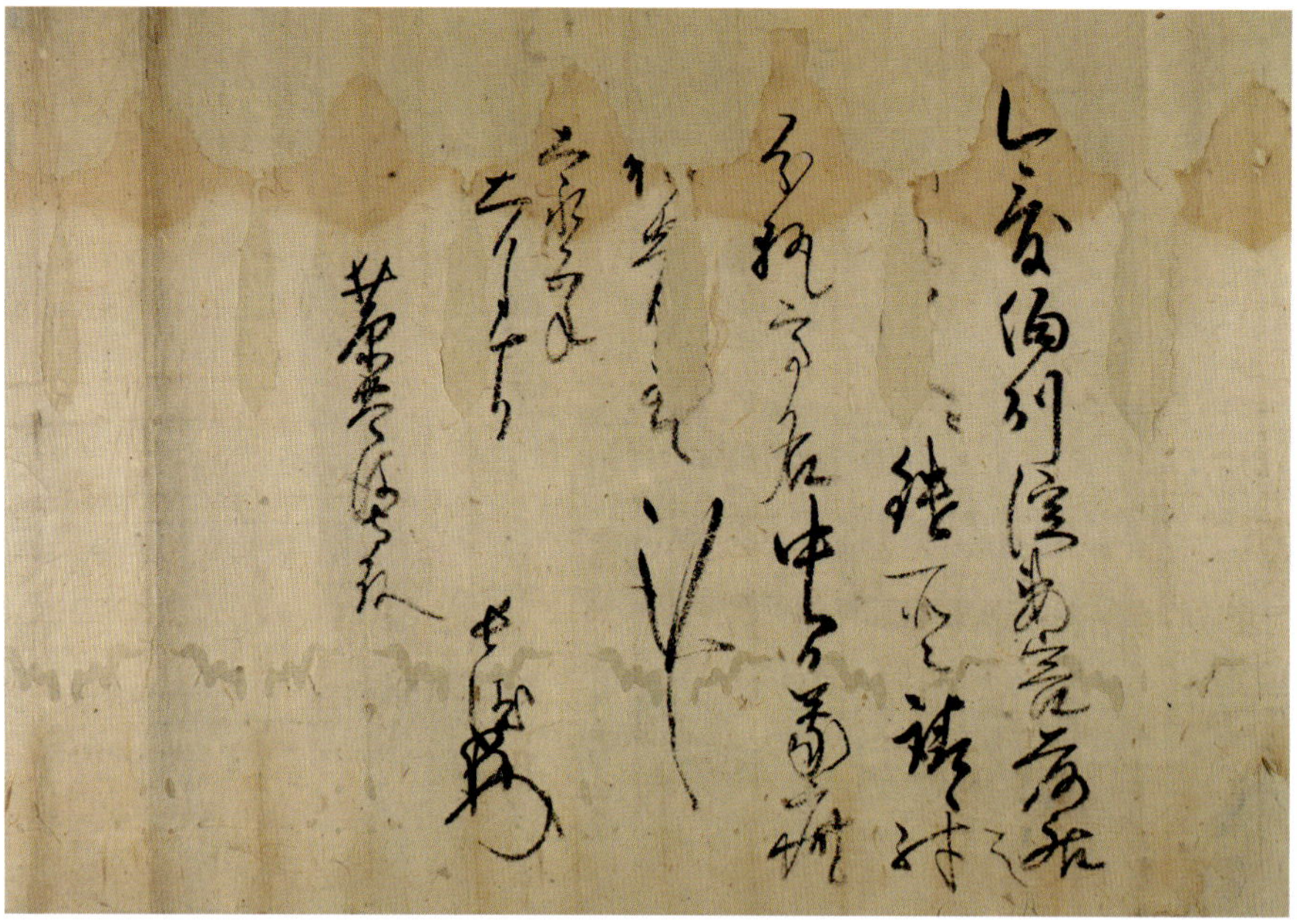

［54］小笠原長隆《おがさわらながたか》・長徳連署感状《ながのりれんしょかんじょう》
［庵原家文書《いばらけもんじょ》］
戦国時代・享禄四年（一五三一）四月七日
島根県立図書館

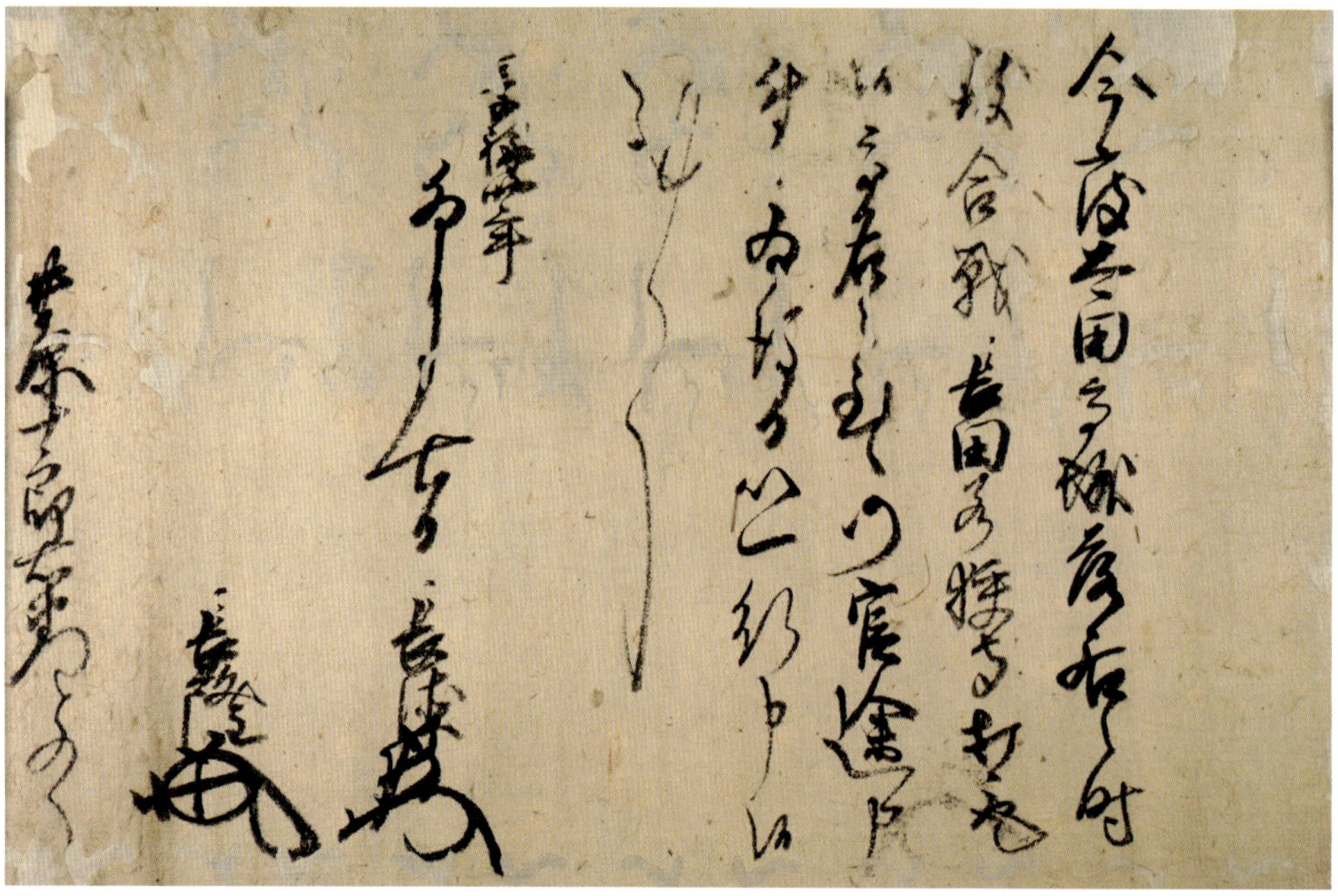

［55］小笠原長徳感状《おがさわらながのりかんじょう》
［庵原家文書《いばらけもんじょ》］
戦国時代・天文九年（一五四〇）九月九日
島根県立図書館

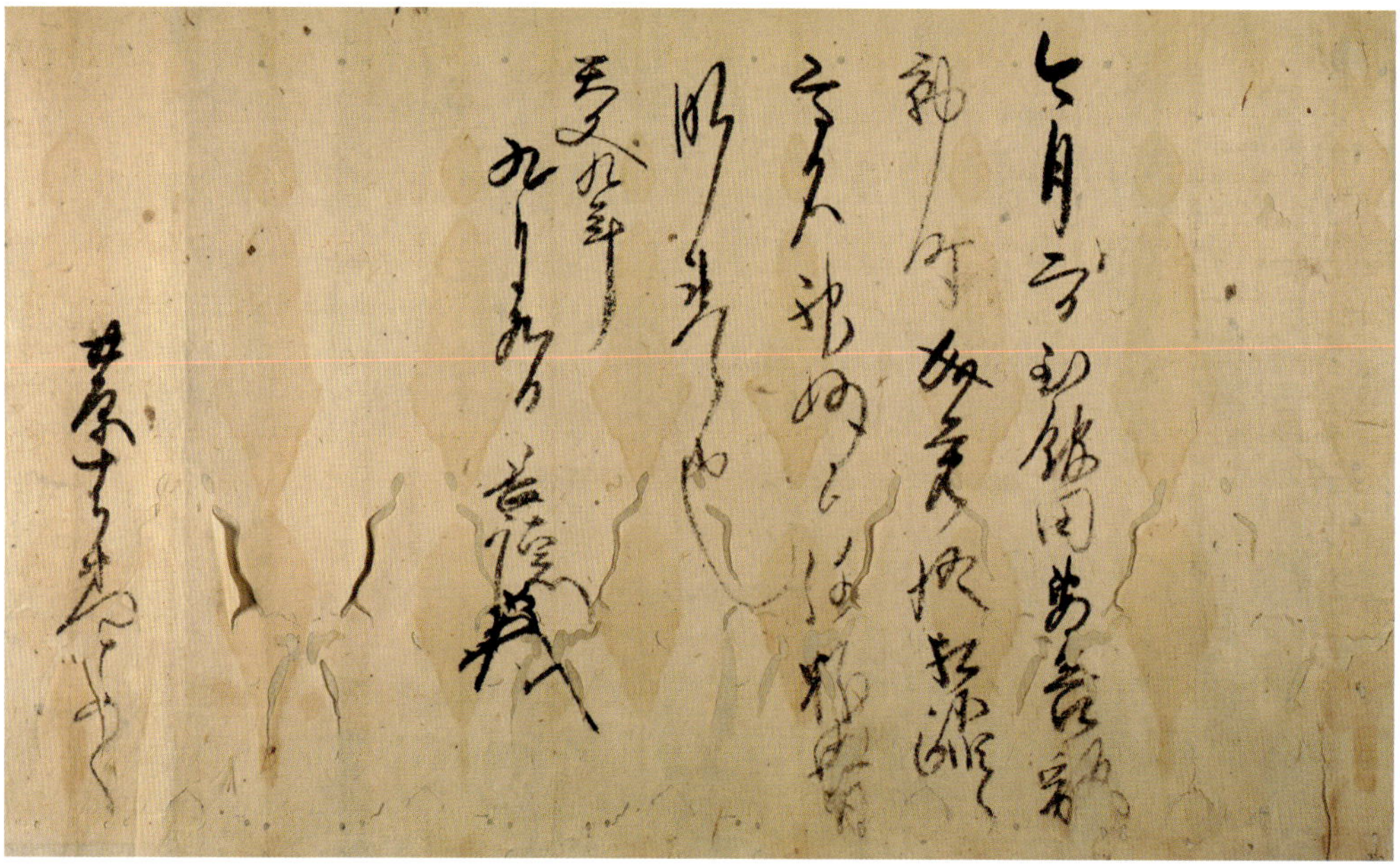

石見小笠原氏　―激動の石見の戦乱―

小笠原《おがさわら》氏は、河本郷《かわもとごう》（川本町周辺）など石見東部に拠点を有した有力領主である。さまざまな領主が勢力を張り、尼子《あまご》・大内《おおうち》・毛利《もうり》という大勢力のはざまにあった石見地域にあって、小笠原氏は激しい戦乱に翻弄されていく。

石見銀山に近い高《たか》城（大田市）の戦いでは、小笠原氏の軍勢が奮戦したことが記されている［54］。尼子氏・大内氏による銀山争奪戦の中で、小笠原氏も重要な当事者であった。小笠原氏は、時に尼子氏方として［53］、あるいは大内氏方として［34］［55］、出雲国や伯耆国など各地を転戦することとなる。

永禄《えいろく》二年（一五五九）、毛利軍の攻撃によって小笠原氏の拠点であった温湯《ぬくゆ》城（川本町）が落城する。温湯城の周辺には、会下山《えげやま》城など、小規模な曲輪が尾根上に長大に展開する城郭遺構が複数残されているが、毛利軍による温湯城攻めに関わるものであろう。

温湯城を退去した小笠原氏は、敵対する福屋《ふくや》氏の滅亡を大きな契機としながら、毛利氏・吉川《きっかわ》氏支配下の石見国で勢力を回復していく。この頃、温湯城に代わって小笠原氏が新たに居城としたのは、川本町三原に所在する丸山《まるやま》城であった。発掘調査によって丸山城からは、山の頂上部の広い空間に門や石垣を伴う居館らしき遺構が見つかっている。戦乱を乗り切った小笠原氏であったが、天正《てんしょう》十九年（一五九一）には出雲神西《じんざい》（出雲市）に転封、石見の地を離れることとなった。

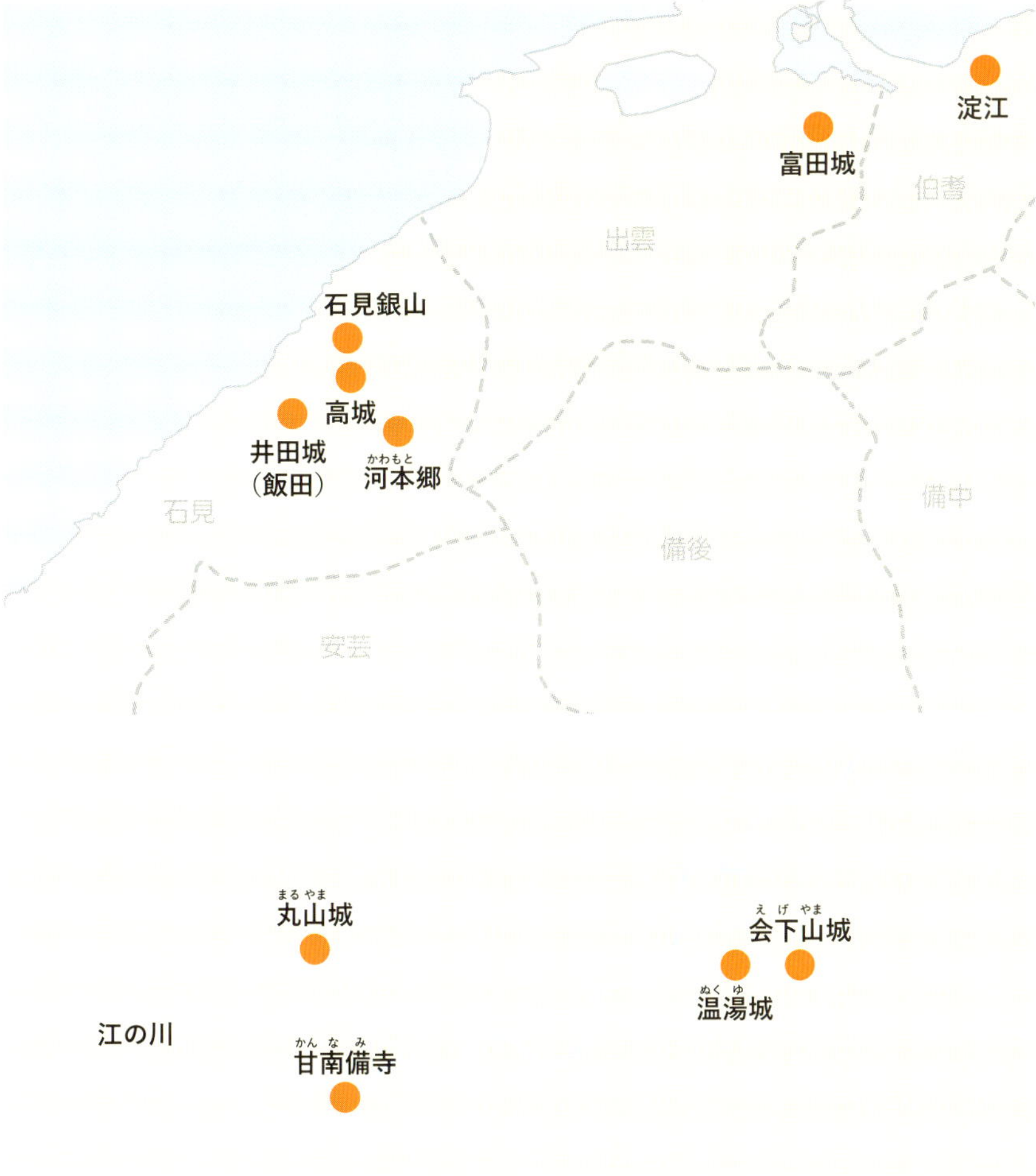

【略地図】石見国河本郷周辺

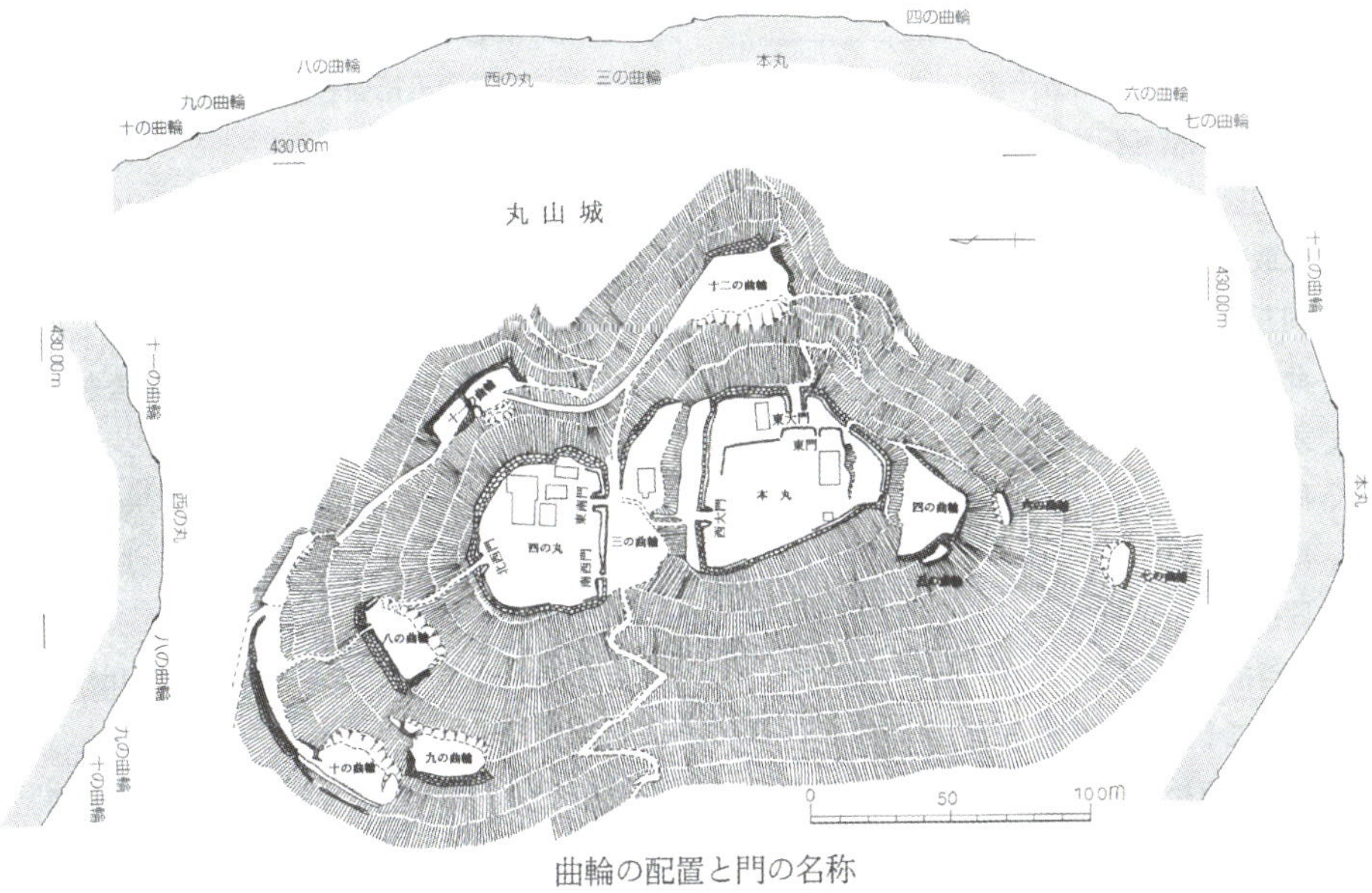

曲輪の配置と門の名称

川本町教育委員会編集・発行『丸山城調査報告書』（1997年）より引用

3

出雲三沢氏

奥出雲の実力者　三沢氏

三沢《みざわ》氏は、現在の仁多郡奥出雲町三沢周辺を拠点とした領主である。中世の三沢氏は、奥出雲を中心として出雲国内外に広く権益を有しており、室町時代には周辺領主をまとめながら守護京極《きょうごく》氏にも敵対するほどの実力を有していた。

戦国時代（十六世紀）になると、三沢氏は守護代から成長した尼子《あまご》氏とも度々争うこととなる［85］。豊富な鉄資源を有する山間部をおさえた三沢氏は、出雲国東西の水運の要衝をおさえる松田《まつだ》氏・塩冶《えんや》氏などと並んで強大な勢力であり、出雲一国の掌握を目論む尼子氏にとって大きな障壁の一つであった。激しい攻防戦のすえ、尼子氏は鉄の産出地である横田《よこた》（奥出雲町）を三沢氏から奪取し、戦国大名として成長していくこととなる。

しかし、三沢氏の歴史は尼子氏との戦いで幕を閉じるわけではない。ここでは、三沢家に伝来した古文書のうち、毛利氏が出雲国を支配した時代の三沢氏について記す史料を紹介する。

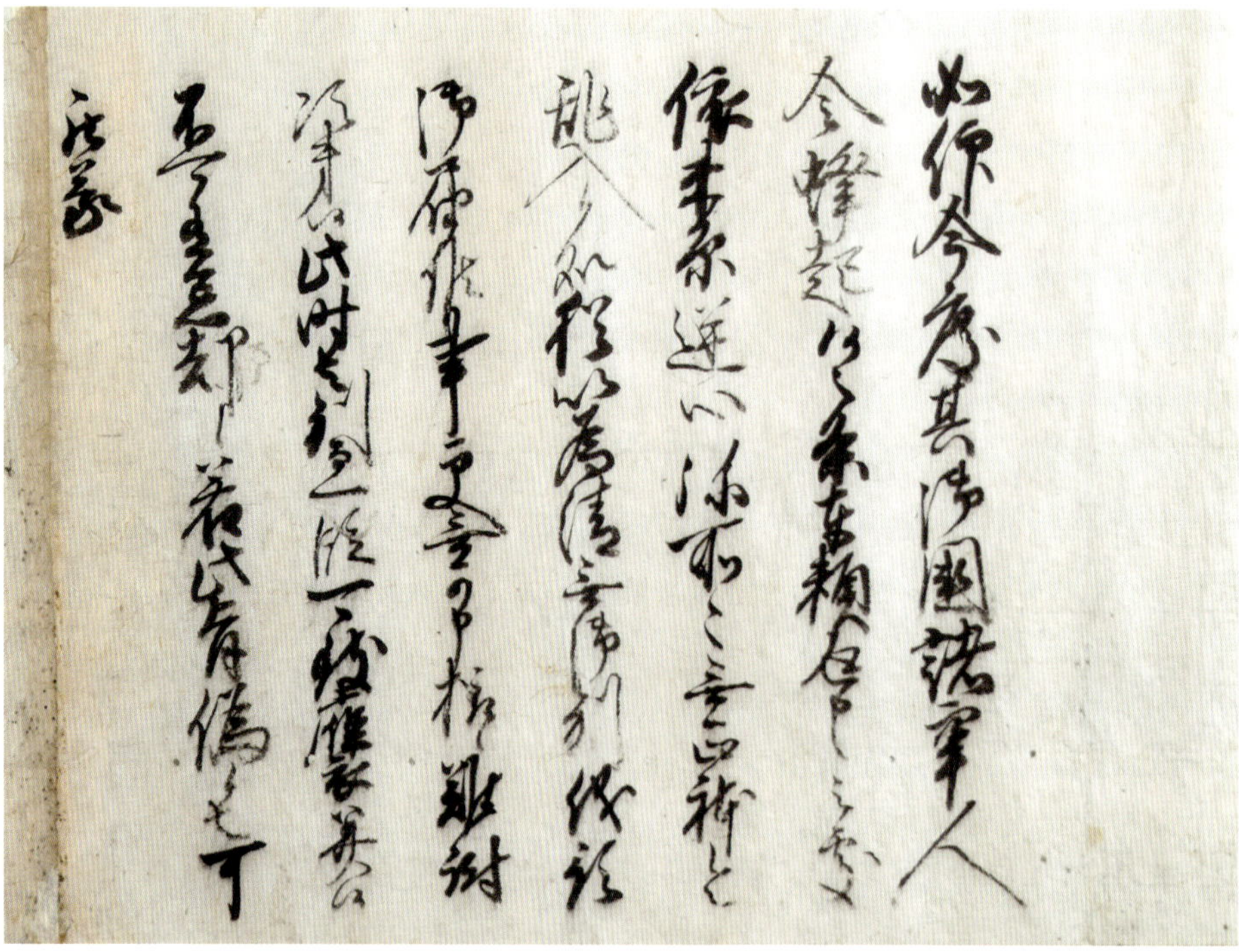

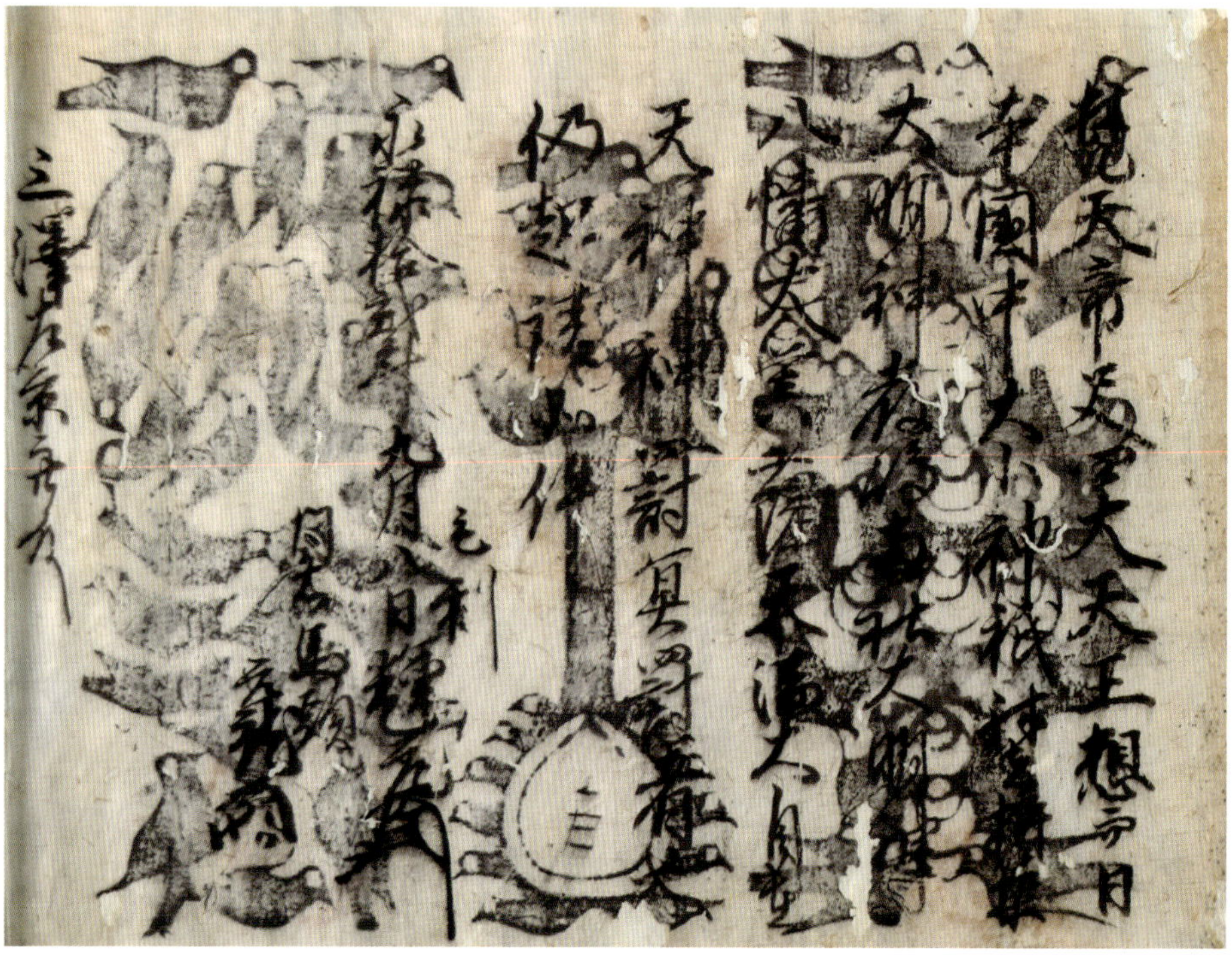

［56］毛利元就《もうりもとなり》・輝元連署起請文《てるもとれんしょきしょうもん》［三澤家文書《みざわけもんじょ》］
戦国時代・永禄十二年（一五六九）九月八日
個人蔵（下関市立歴史博物館寄託）

【略地図】三沢城の位置

［57］吉川元春起請文《きっかわもとはるきしょうもん》
［三澤家文書《みざわけもんじょ》］
戦国時代・元亀二年（一五七一）四月五日
個人蔵（下関市立歴史博物館寄託）

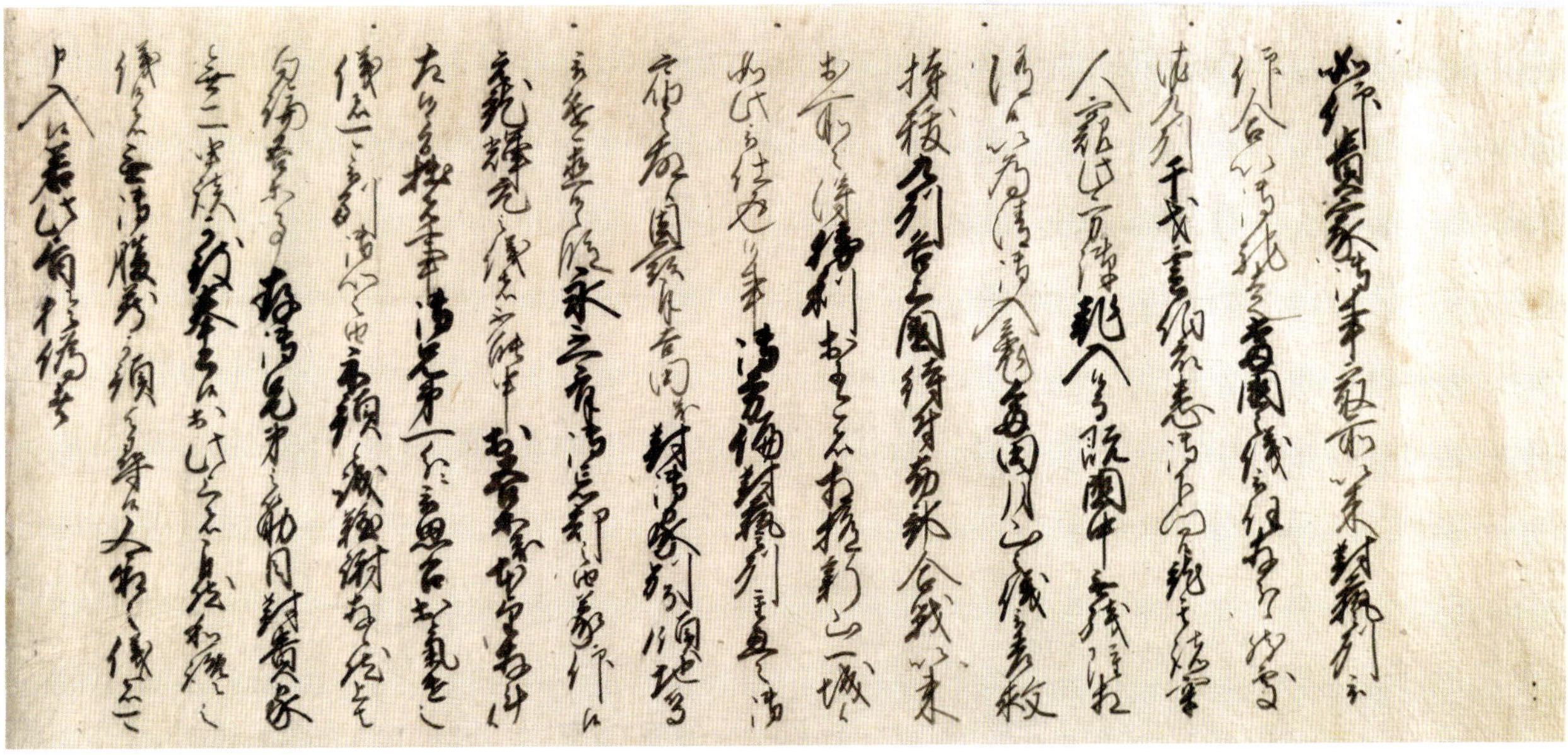

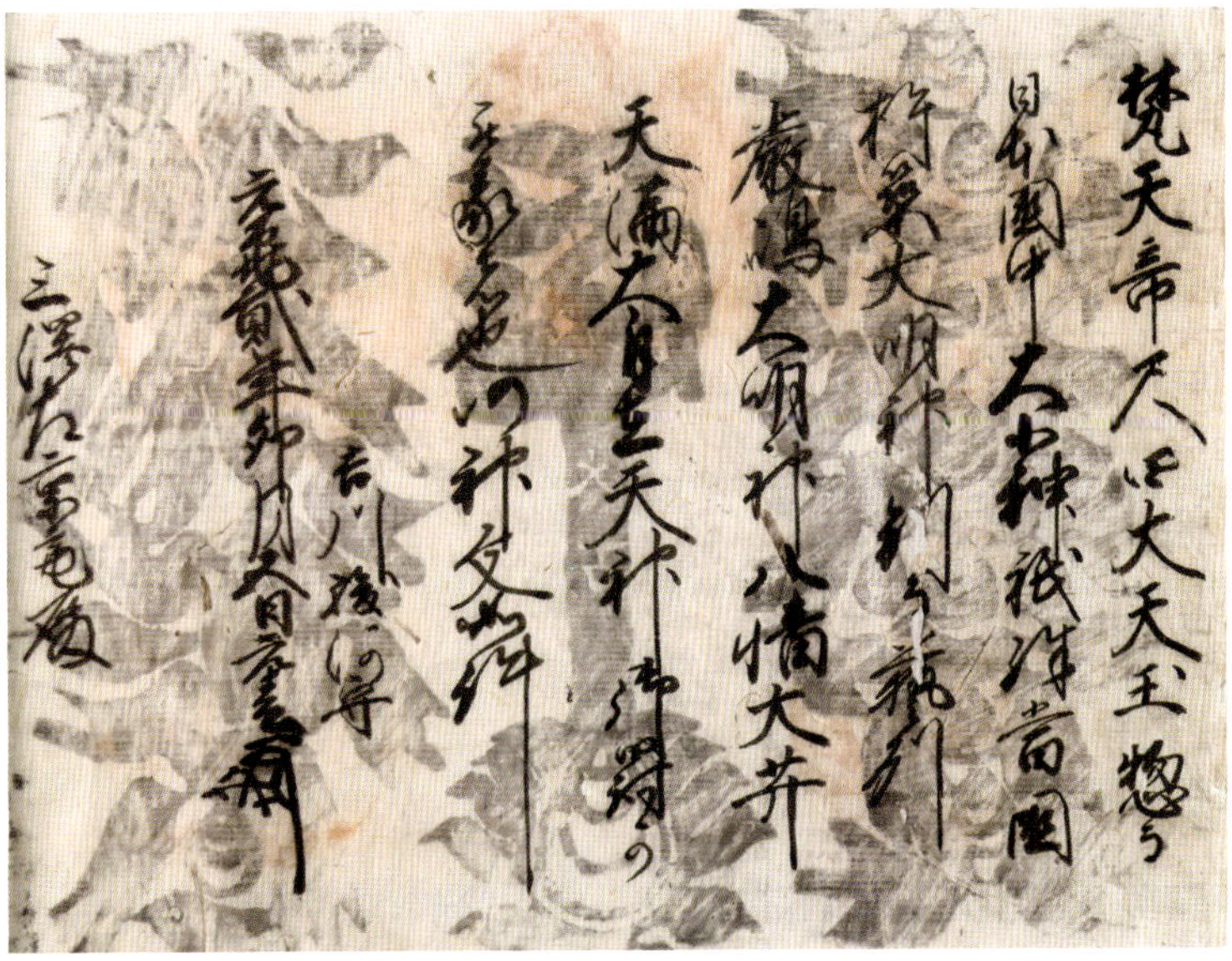

起請文と戦乱

起請文《きしょうもん》とは、神仏に誓約する文言をのせた特別な古文書である。牛王宝印《ごおうほういん》という、厄除けの護符を意味する印を押した紙を用いる点も大きな特徴であった。［56］［57］の起請文は、尼子《あまご》再興軍との戦いの中で、毛利《もうり》氏・吉川《きっかわ》氏が三沢《みざわ》氏と取り交わした起請文である。出雲国内で毛利方を離反する領主が続出する情勢下、毛利方はなんとか味方の勢力をつなぎとめようとしていたのであり、起請文が戦乱とも密接に関わる存在であったことがわかる。なお、起請文で誓約する対象は、基本的に日本全国の代表的な神仏であるが、中には出雲国の「杵《き》築大明神《づきだいみょうじん》」や安芸国の「厳島《いつくしま》大明神」など、地元の神仏も含まれている。当事者の信仰心に寄り添うことで、誓約の拘束力を高めていたのであろう。

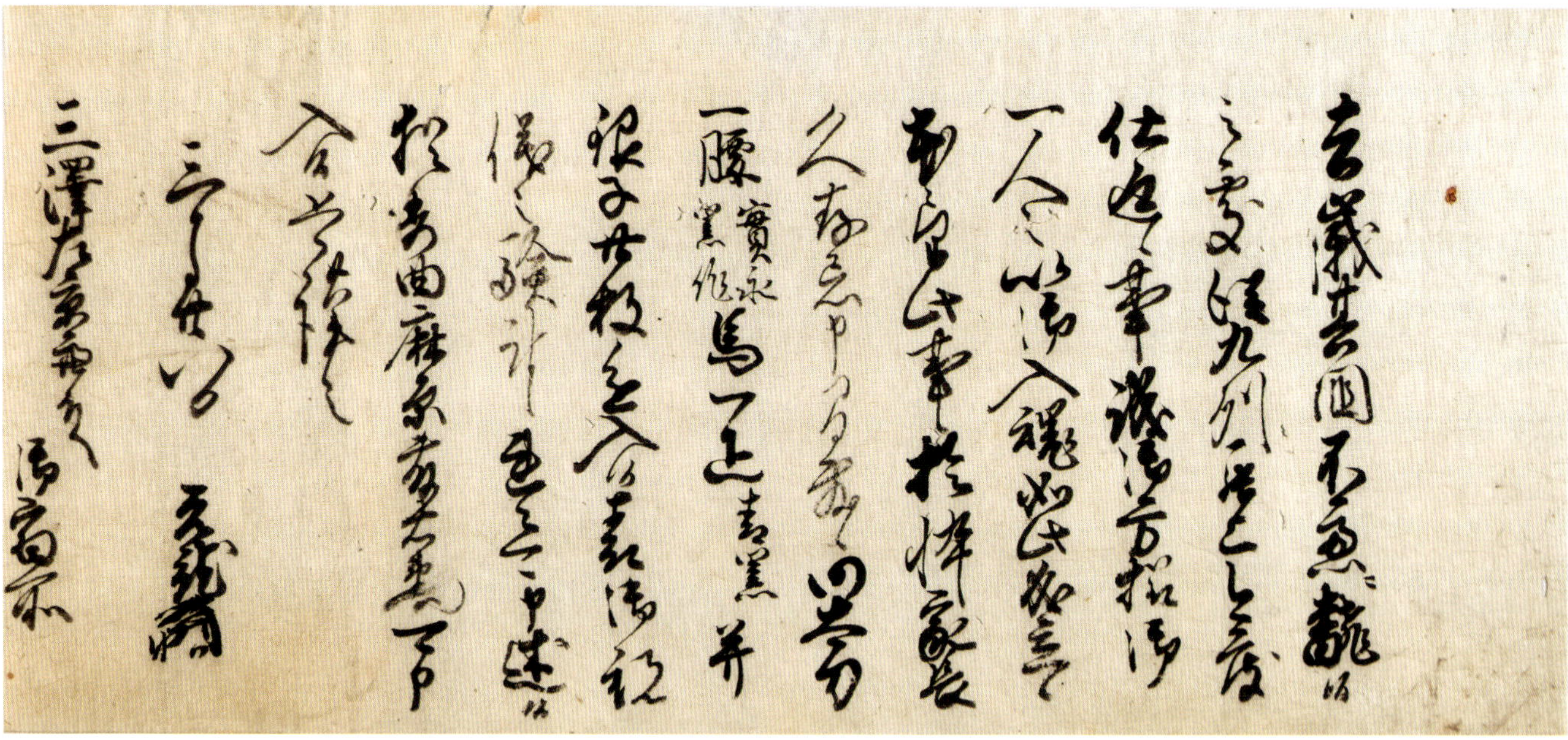

▲［58］

［58］
毛利元就書状《もうりもとなりしょじょう》　［三澤家文書《みざわけもんじょ》］
戦国時代（十六世紀）・年未詳三月二十八日
個人蔵（下関市立歴史博物館寄託）

［59］
大館晴忠書状《おおだちはるただしょじょう》　［三澤家文書《みざわけもんじょ》］
戦国時代（十六世紀）・年未詳九月十八日
個人蔵（下関市立歴史博物館寄託）

出雲の外からみた三沢氏

三沢《みざわ》氏の存在感の大きさは、出雲国内との関わりだけでは語りきれない。例えば［59］は、三沢為清《ためきよ》が足利《あしかが》将軍家（室町幕府）から「毛氈鞍覆《もうせんくらおおい》・白傘袋《しろかさぶくろ》」の使用を許可されていたことがわかる古文書である。毛氈鞍覆と白傘袋は、本来一国を治める守護に認可された特別な装いであり、三沢氏が守護に匹敵する実力者として外からも認められていたことがわかる。

戦いという点でも、三沢氏の活動の舞台は出雲国にとどまらない。尼子氏が富田城を退去した後、毛利氏は九州の大友《おおとも》氏との戦争に突入する。為清は、小笠原《おがさわら》氏や赤穴《あかな》氏など山陰の領主たちとともに北九州へ出陣した［58］。三沢氏はその後、豊臣政権期には朝鮮半島へ侵攻する軍勢に組み込まれるなど、より大規模な戦争へと巻き込まれていくが、これは毛利領国となった他の山陰の領主たちも同様である。

為清の子・為虎《ためとら》の時代になると、本領である出雲国三沢の地は没収され、長門国に移る。そして、江戸時代には長府藩の家老として毛利家に仕えることとなった。

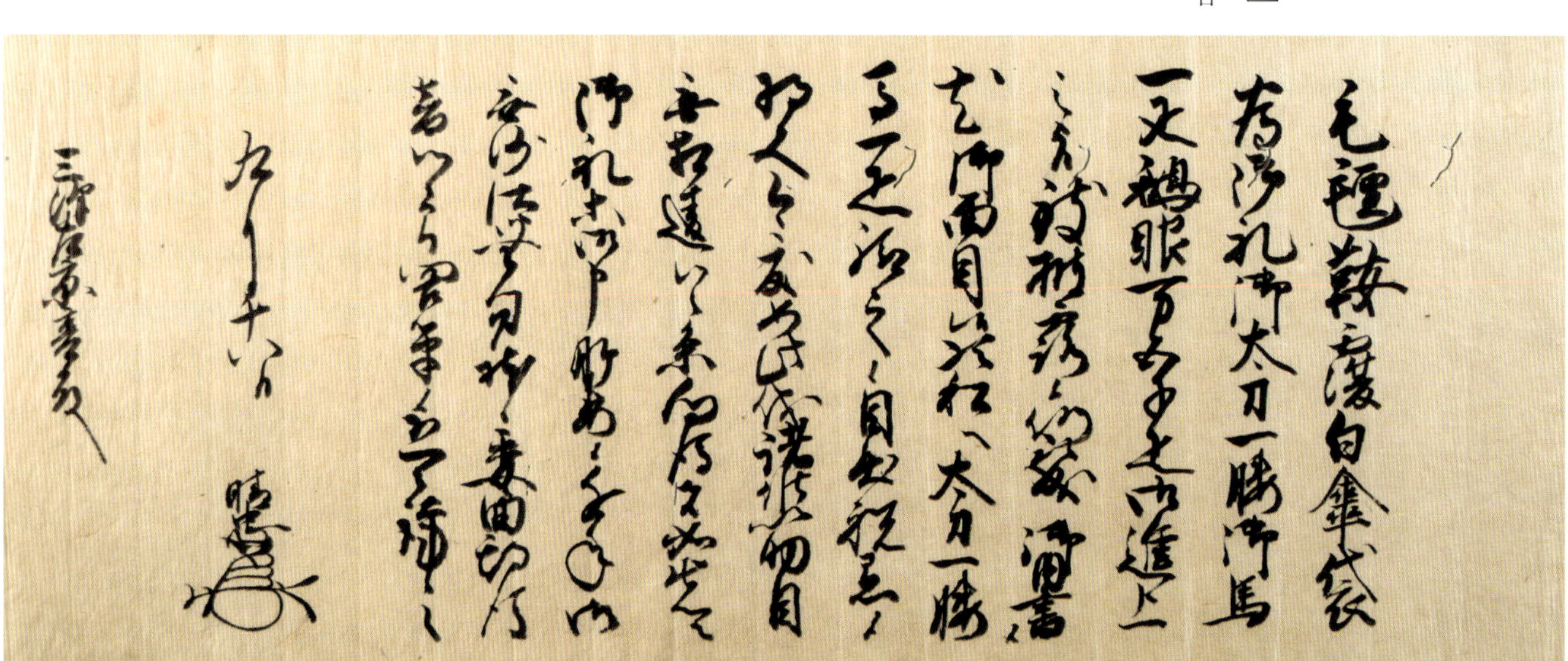

▲［59］

4 出雲赤穴氏

［60］
尼子《あまご》晴久《はるひさ》書状《しょじょう》
［上田《うえた》家《け》文書《もんじょ》］
鳥取県指定保護文化財
戦国時代・天文十一年（一五四二）八月二十八日
個人蔵（鳥取市歴史博物館寄託）

［61］
毛利《もうり》輝元《てるもと》・元就《もとなり》連署《れんしょ》書状《しょじょう》
［上田《うえた》家《け》文書《もんじょ》］
鳥取県指定保護文化財
戦国時代・［永禄十二年（一五六九）］七月二十三日
個人蔵（鳥取市歴史博物館寄託）

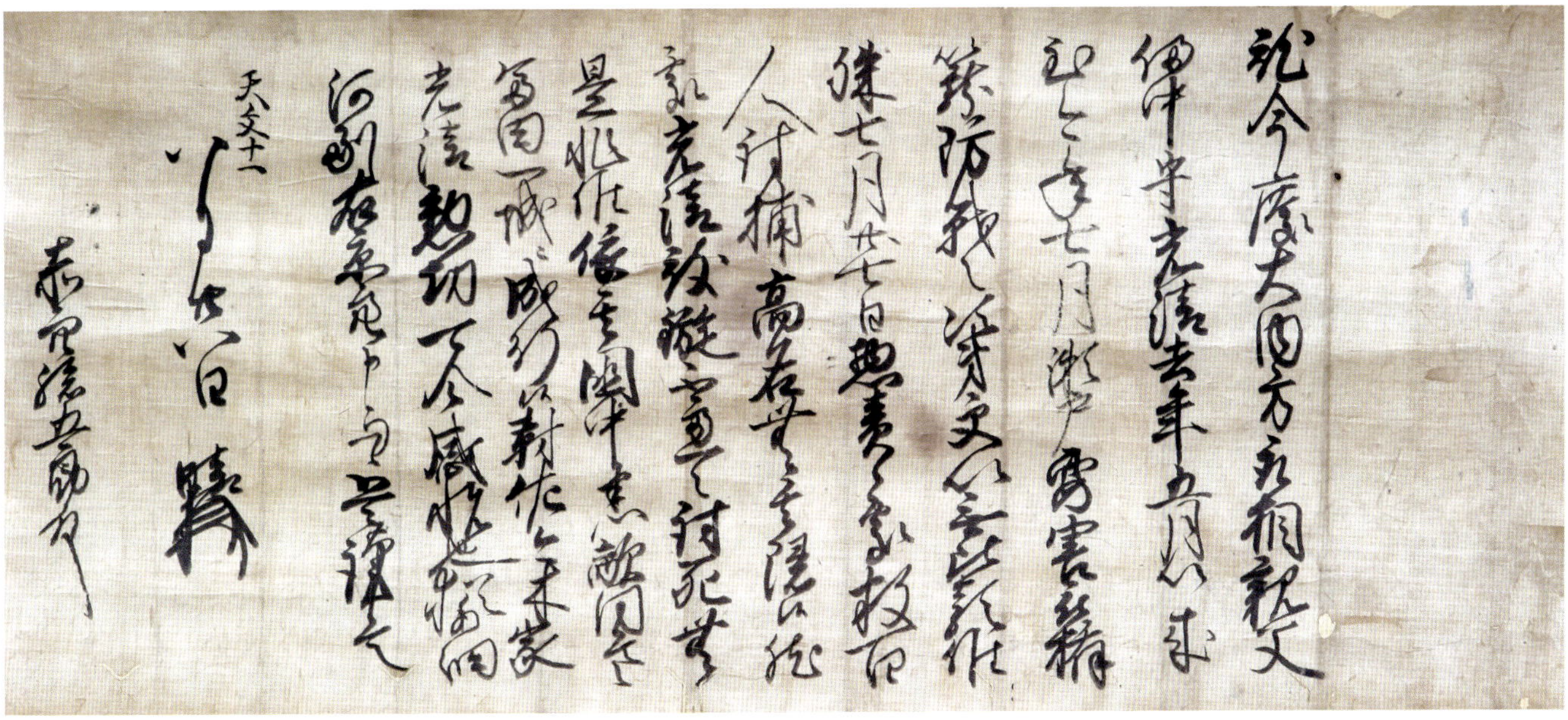

▲［60］

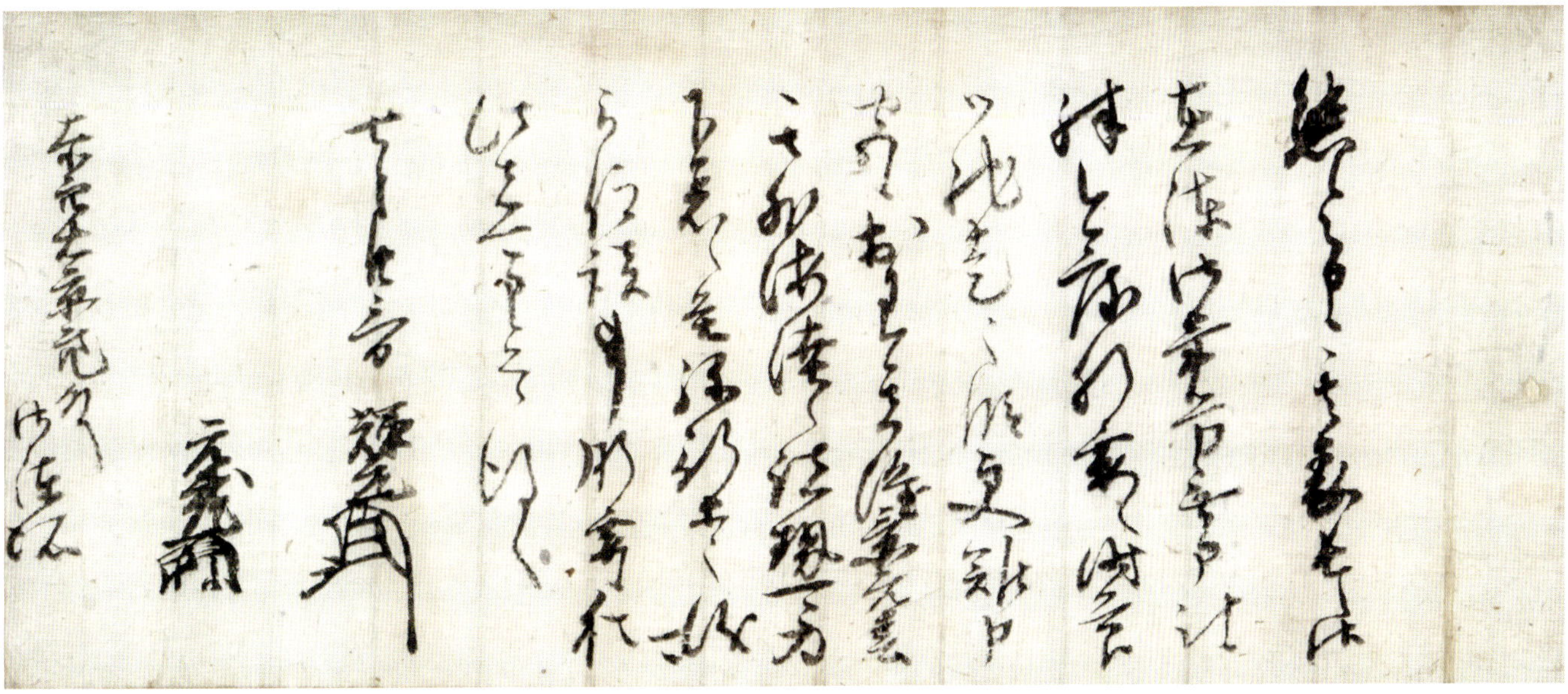

▲［61］

赤穴氏と瀬戸山城―境目の領主と戦乱―

出雲国西南端の赤穴《あかな》（飯南町）を拠点とした赤穴氏は、石見東部の有力領主佐波《さわ》氏の庶流である。出雲国で尼子経久《あまごつねひさ》が台頭すると、尼子氏方に与し、大内《おおうち》・毛利《もうり》氏方との戦いにも従軍することとなる。

天文《てんぶん》十年（一五四一）、毛利氏の拠点安芸国郡山《こおりやま》城（広島県安芸高田市）方面に遠征していた尼子軍は大内・毛利の軍勢に敗れて敗走、翌年には大内軍が出雲国内に侵攻する。この時、大内方と尼子方による最初の戦いの舞台となったのが、赤穴氏の拠点瀬戸山《せとやま》城であった。はじめ城攻めに苦戦した大内軍であったが、赤穴氏当主の光清《みつきよ》が戦死したことで、大内方に降伏することとなる［60］。瀬戸山城の背後の山には、武名ヶ平《ぶながひら》城と呼ばれる広大な範囲の遺構が残されているが、大内氏による瀬戸山城攻めに関わる造作である可能性が高い。

大内氏が滅亡し、毛利氏が出雲国内に攻め寄せた際には、赤穴氏はすぐに毛利氏方に帰参した。尼子氏と毛利氏の戦争において赤穴が激しい戦地になることはなかったが、毛利氏支配領域の領主となった赤穴氏は、九州への戦争へと駆り出されていくこととなる［61］。大勢力のはざまに立たされた境目《さかいめ》の領主たちは戦乱の過酷さを体現する存在であったといえよう。

【略地図】瀬戸山城の位置

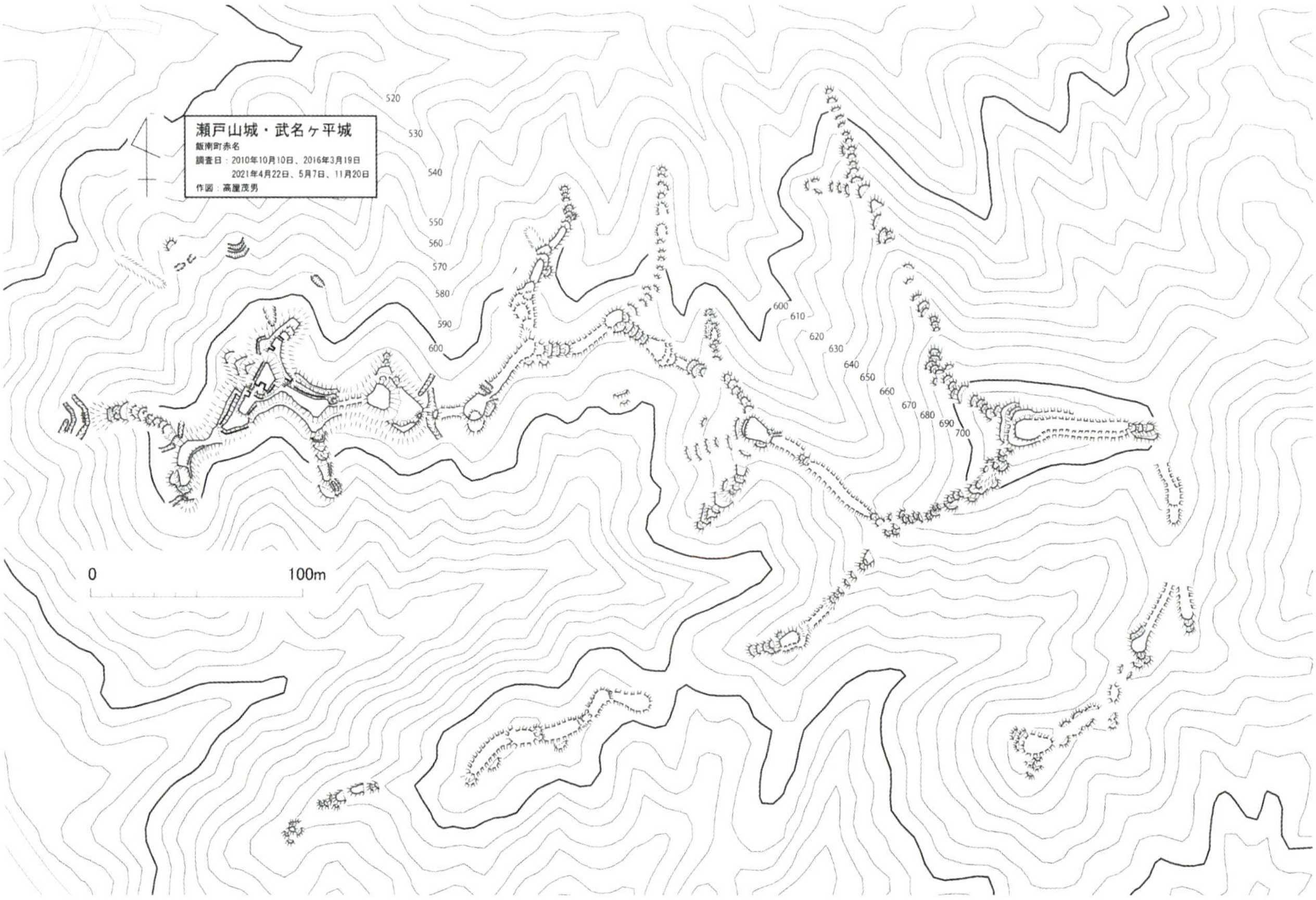

瀬戸山城・武名ヶ平城縄張図（作図・画像提供：高屋茂男氏）
西側端が瀬戸山城で、堀尾《ほりお》期に整備された遺構を持つ。東側に長く延びるのが武名ヶ平城。瀬戸山城攻めの陣城と推定される。

CHAPTER 3

戦乱の諸相

―人びとと地域―

戦乱の時代は、華々しい武将たちの活躍だけでは語れない。
戦いには、物資や兵員の大規模な移動がともなった。
民衆は激しい戦禍にさらされ、社寺も例外ではなかった。
戦乱は人びとをさまざまな形で巻き込んでいったのである。

（上）関ケ原合戦図屏風　右隻　鳥取県・渡辺美術館
（右下）不動明王立像　出雲市・松林寺（当館寄託）
（左下）羽柴秀吉禁制　鳥取市歴史博物館

1

戦う人びと

戦乱の時代に最も脚光を浴びるのは、大軍を率いる戦国大名たちであろう。しかしながら、実際にはさまざまな人びとが生死をかけた戦いの世界に身を投じていた。日頃武芸を磨く武士たちの中には、名の知れた大名の一門や有力家臣もいれば、身分の低い兵卒もいる。普段は農作業に従事しているような人たちも、荷物運びから鉄砲の射手にいたるまでさまざまな任務を帯びて戦いに参加した。さらに、彼らは地元の戦場で奮戦するだけでなく、次第に国内外の大規模な戦争にも駆り出されていくこととなった。

［62］関《せき》ケ《が》原《はら》合戦《かっせん》図《ず》屏風《びょうぶ》

江戸時代（十七～十九世紀）

鳥取県・渡辺美術館

［62-1］右隻 ▼

画像右端中央、陣幕の中で諸将とともに戦況を見据えるのは東軍の徳川家康《とくがわいえやす》である。右隻では、戦場視察と称して先陣をきった東軍の井伊直政《いいなおまさ》たちの戦闘をメインに描く。さまざまな旗指物《はたさしもの》・馬印《うまじるし》が乱立して描かれている通り、全国の大名たちが集結した一大決戦であった。

［62―2］

左隻▲

画像左上、「大一大万大吉」の紋が入った陣幕は西軍の石田三成《いしだみつなり》の陣である。毛利《もうり》軍も西軍方であったが、東軍との密約により南宮山《なんぐうさん》から動かず、西軍は総崩れとなった。左隻では、西軍の敵中を突破せんとする島津義弘《しまづよしひろ》勢の撤退戦が躍動的に描かれている。

[63] 石田《いしだ》主税助《ちからのすけ》合戦《かっせん》注文《ちゅうもん》 ［石見《いわみ》石田家《いしだけ》文書《もんじょ》］

戦国時代・永禄十三年（一五七〇）四月十四日

当館

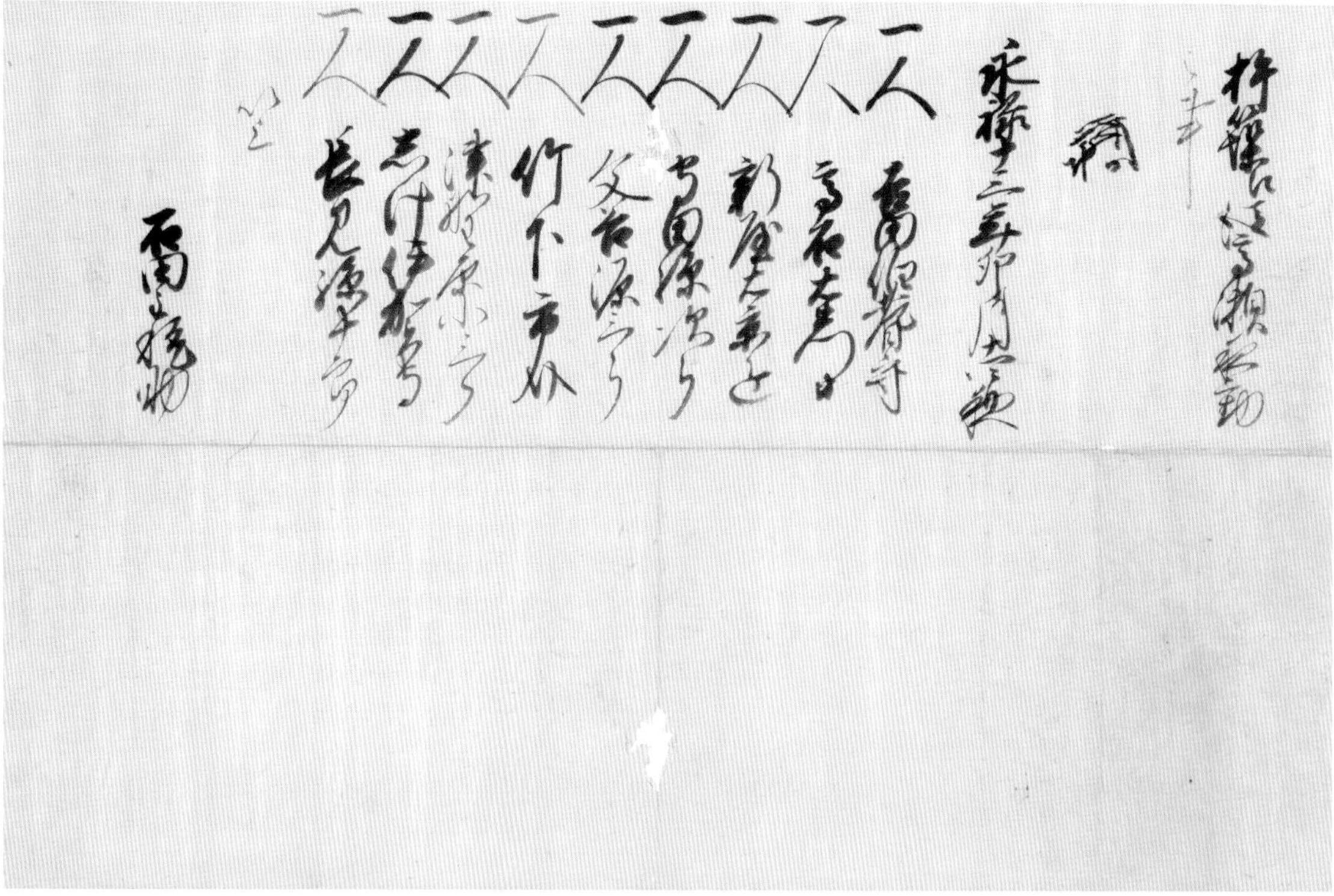

[64] 吉川《きっかわ》元春《もとはる》軍忠状《ぐんちゅうじょう》 ［吉川家《きっかわけ》文書《もんじょ》］

重要文化財

戦国時代・永禄六年（一五六三）十一月十三日

山口県・吉川史料館

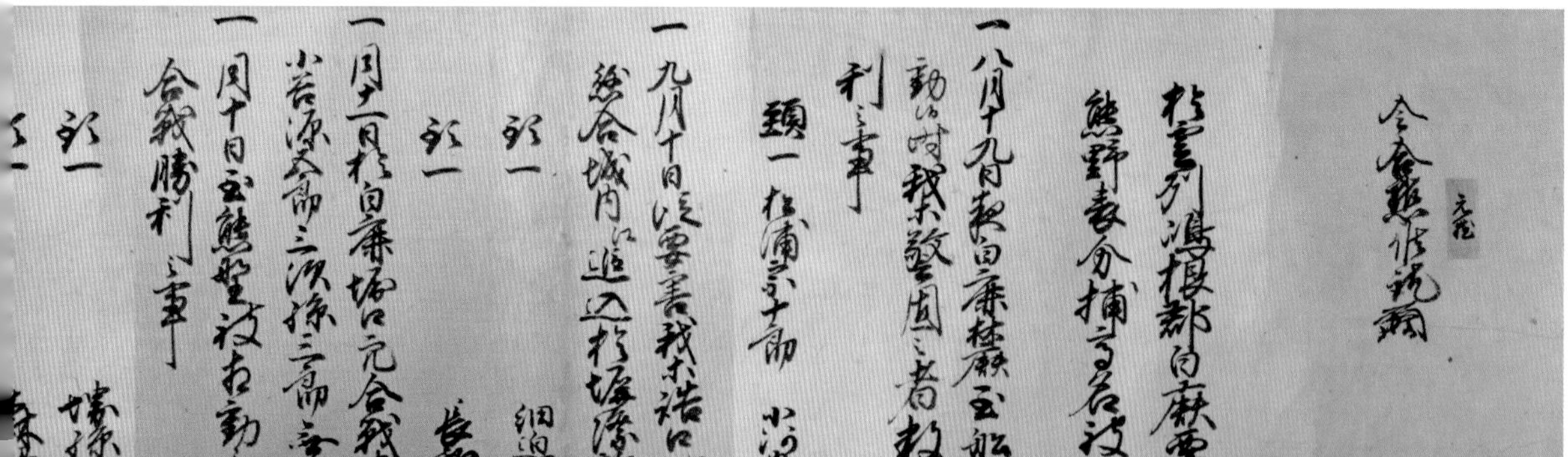

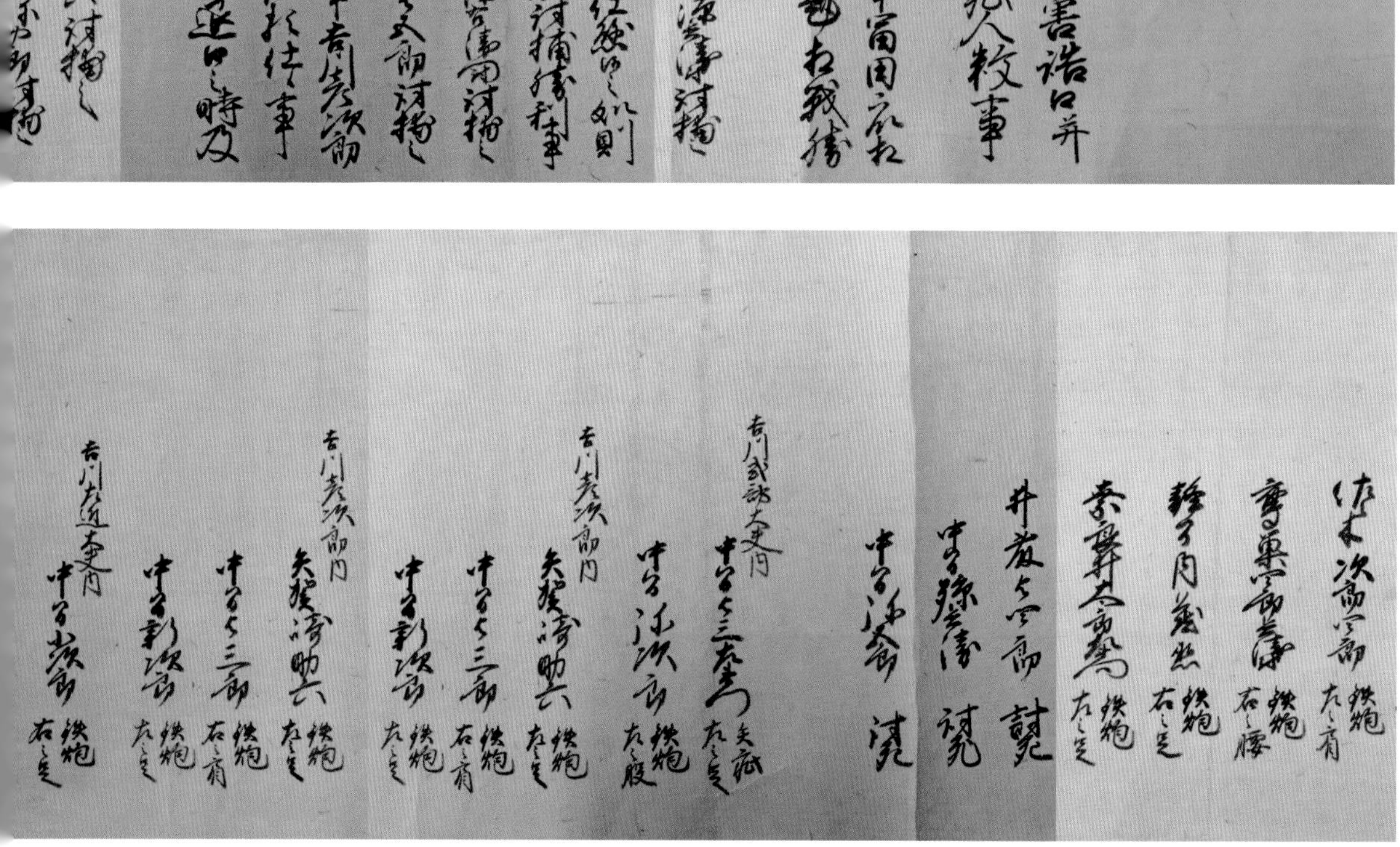

出雲の戦乱と兵士たち

激しい出雲国内の戦いの中で、実際に合戦や軍事行動に身を投じた人びとの姿を詳細に記す古文書は多くはないが、数少ない史料からその痕跡を読み取ることはできる。

例えば［63］では、毛利《もうり》軍と尼子《あまご》再興軍の戦いの最中、出雲国の高瀬《たかせ》（出雲市斐川町）から杵築《きづき》（出雲市大社町）へと「夜動」する人びとの名前が列挙される。石田主税助《いしだちからのすけ》（春俊）が率いた人員として記されるのは九名。これは必ずしも敵軍と激しく衝突する活動ではなかったようだが、少人数の部隊による危険な任務も度々発生したであろう。

対して［64］では、非常に多くの人びとの名前が列挙されているが、これは永禄《えいろく》六年（一五六三）、吉川元春《きっかわもとはる》配下の兵士たちの戦功を記録した古文書（軍忠状《ぐんちゅうじょう》）である。特に尼子・毛利軍が激しく衝突した白鹿《しらが》城や熊野《くまの》方面について、負傷者や戦死者が記録されている。負傷理由には矢や礫《れき》（投石）などさまざまなものがあるが、鉄砲によって大きな被害が出ていることが特徴的である。名字を持たず「中間《ちゅうげん》」と記された人びとの多くは、毛利軍の鉄砲部隊である可能性が高い。兵士たちの功績を記録するための事務的な史料であるが、当事者たちにとっては当然ながら生死をかけた戦いであったことを痛感させられる。

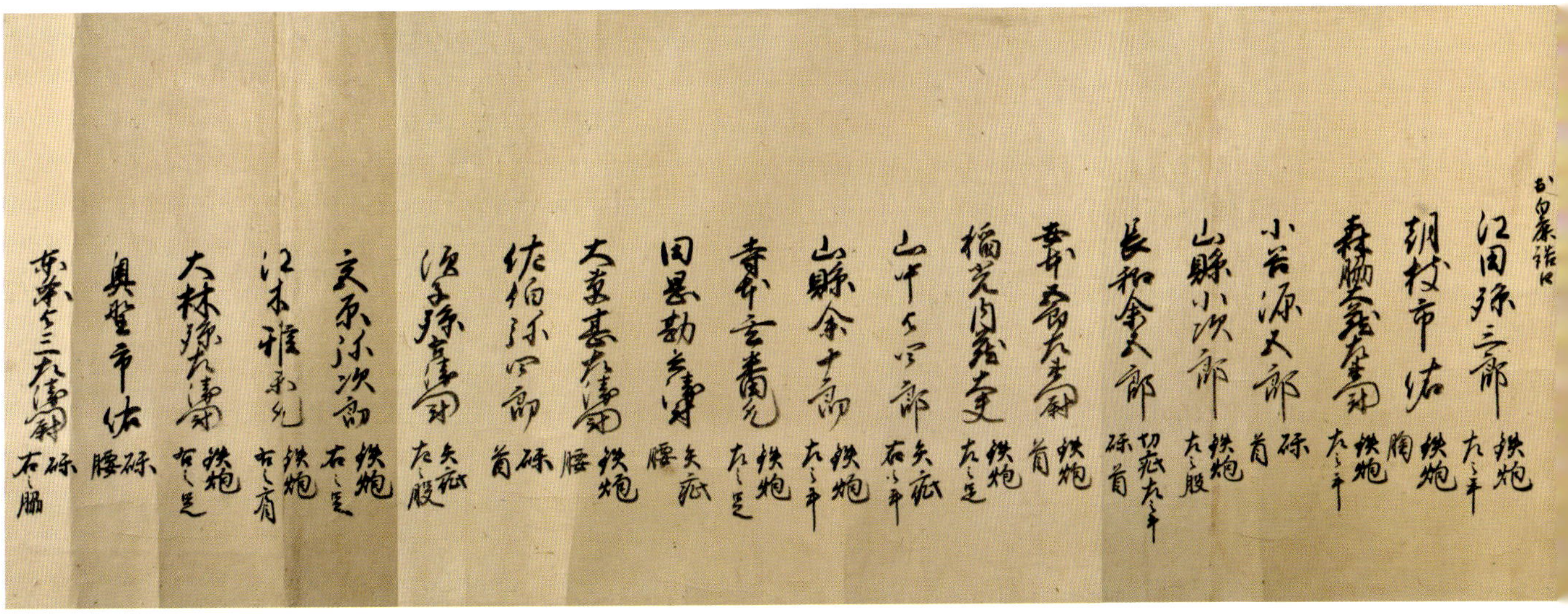

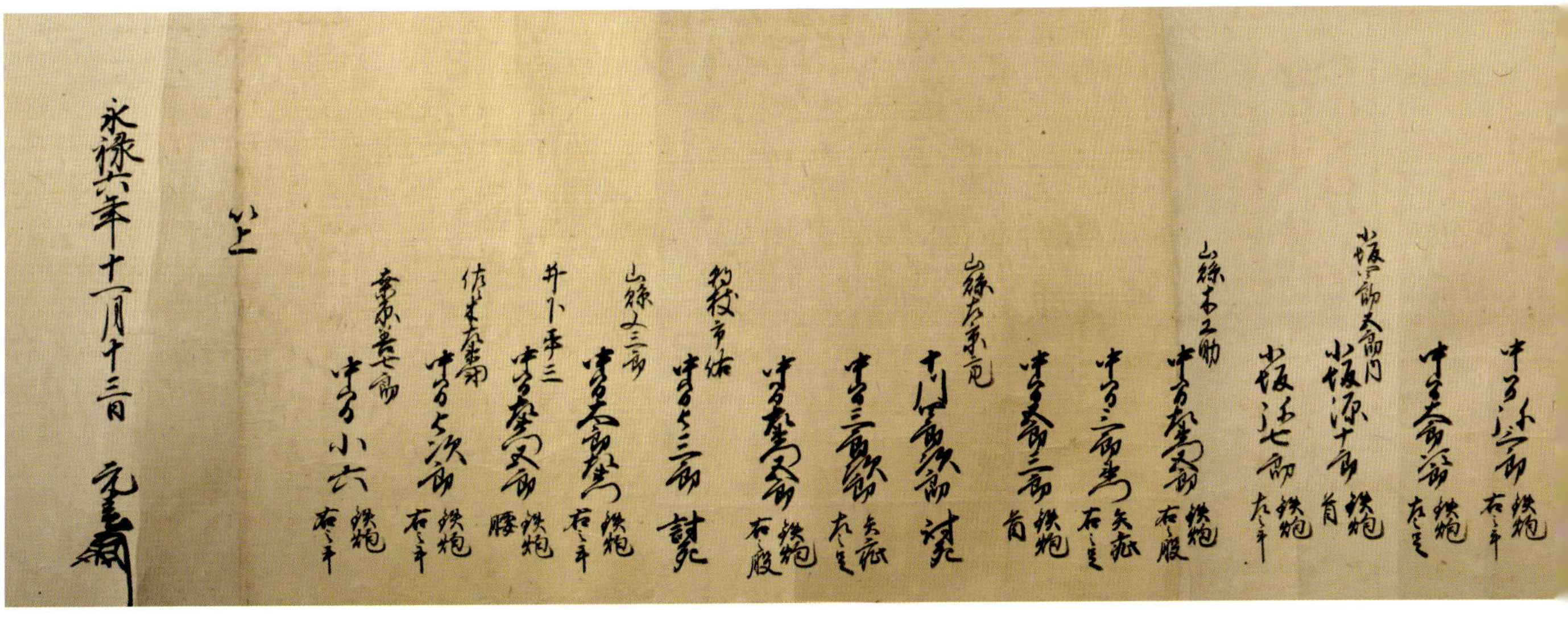

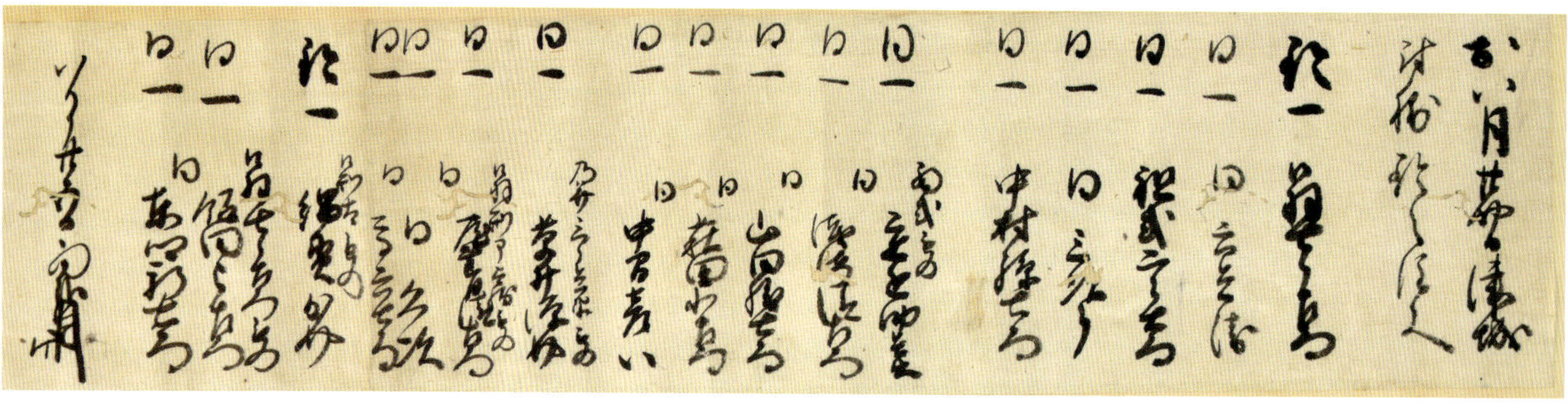

［65］

伊勢国津城合戦頸注文《いせのくにつじょうかっせんくびちゅうもん》［毛利家文書《もうりけもんじょ》］

重要文化財

安土桃山時代・［慶長五年（一六〇〇）］八月二十五日

山口県・毛利博物館

広がる戦争　動員される人びと

毛利《もうり》氏と尼子《あまご》氏・織田《おだ》氏との戦争が終結したことで、すぐさま山陰の人びとに平和が訪れたわけではない。山陰の人びとは、毛利家（吉川家《きっかわ》）の配下として、列島規模の戦争へと動員されていくこととなる。

例えば慶長《けいちょう》五年（一六〇〇）、戦乱の最終盤を飾った関ヶ原《せきがはら》合戦では、毛利輝元《てるもと》が石田三成《いしだみつなり》方（西軍）の総大将となり、吉川広家《ひろいえ》らが毛利軍を率いて徳川家康《とくがわいえやす》方の軍（東軍）と対峙する。しかし、両軍の水面下の交渉により、毛利軍がこの合戦で具体的な動きをみせることはなかった。

一方、関ヶ原の前哨戦となる戦いでは、毛利軍が実際に戦闘を行っている。西軍によって伏見《ふしみ》城（京都府京都市）が落城した直後の慶長五年八月、毛利軍は東軍方の伊勢国津《つ》城（安濃津《あのつ》城、三重県津市）を攻撃した。この時、毛利方として敵将の首を討ち取った人びとを列挙した古文書の中には、石見国の口羽《くちば》氏・祖式氏をはじめ多くの山陰の人びとの名前がみえるとともに、武家の奉公人である「中間」の姿も確認できる［65］。

江戸時代を目前にしたこの時期にいたるまで、山陰の人びとは戦場に駆り出されていたのである。

【略地図】関ヶ原合戦と前哨戦

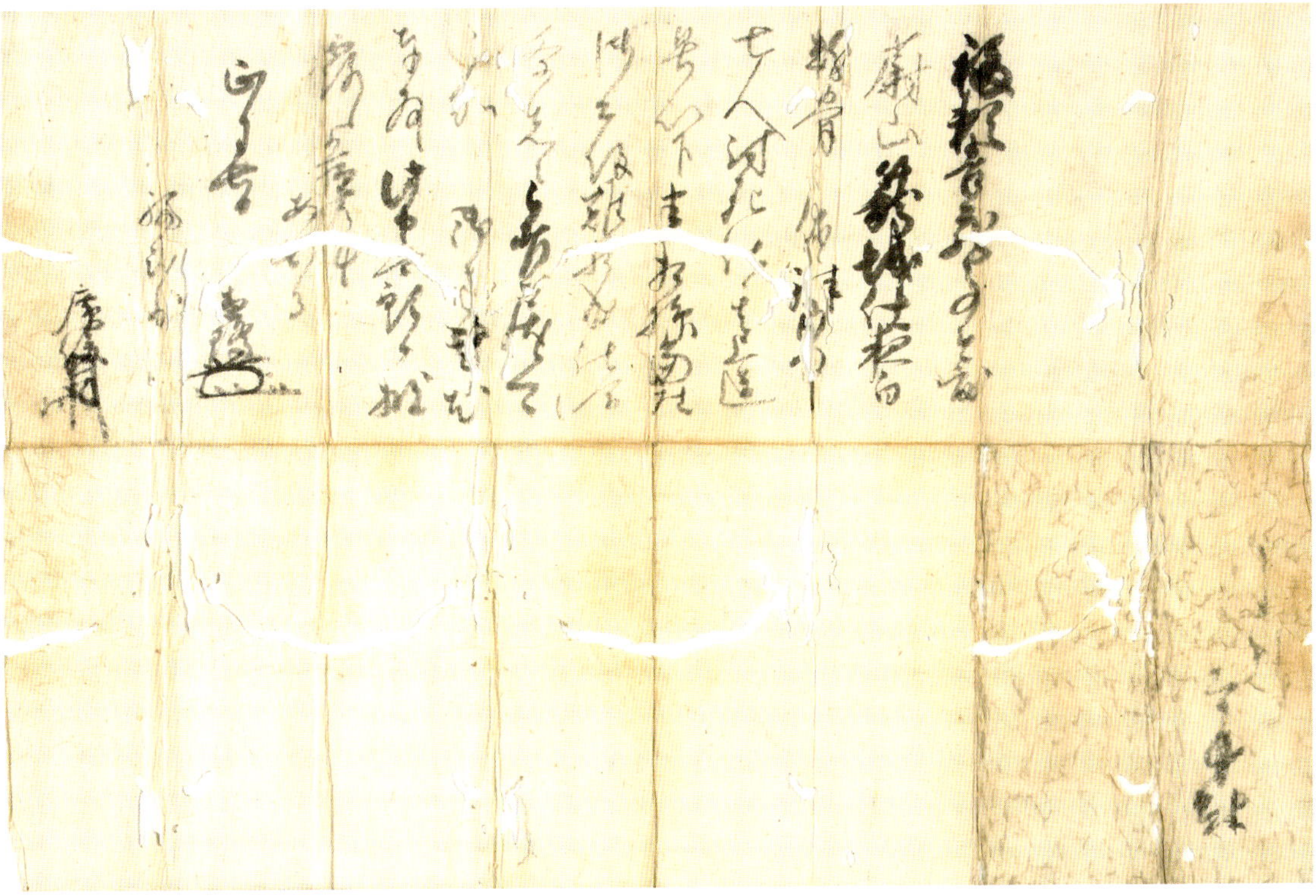

［66］安国寺恵瓊《あんこくじえけい》・福原広俊《ふくばらひろとし》連署書状《れんしょしょじょう》［宮本家文書《みやもとけもんじょ》］
鳥取県指定保護文化財
安土桃山時代・［慶長三年（一五九八）］一月七日
鳥取県立博物館

豊臣政権の朝鮮半島侵攻

関ヶ原合戦から遡ること八年前、豊臣秀吉《とよとみひでよし》の命令によって列島各地から集められた大軍が海を渡り、朝鮮半島に攻め寄せた。西暦で一五九二年に始まり、休戦を挟んで一五九八年まで続いたこの戦争は、日本の元号をとって「文禄《ぶんろく》・慶長《けいちょう》の役」、近年では日中韓それぞれの視点をふまえて「壬辰戦争」(壬辰は開始年の干支）とも呼称されている。

毛利《もうり》氏領国もこの動員の例外ではなく、富田城主となった吉川広家《きっかわひろいえ》をはじめとして、多くの山陰の人びとが朝鮮半島へと渡った。この終盤に起きた蔚山《ウルサン》城（大韓民国蔚山広域市）の籠城戦に関する古文書にも、山陰から渡った軍勢の存在を確認できる［66］［67］。山陰の人びとを巻き込んだ豊臣政権の大規模な戦争は、国内だけでなく国外にも及んでいったのである。なお、当時の古文書の多くは、武将たちの戦功を証明するものとして今に残されているが、戦争の実態としては、それまで列島社会の民衆を襲ってきた戦禍を国外へと押し広げるものであったという点も忘れてはならない。

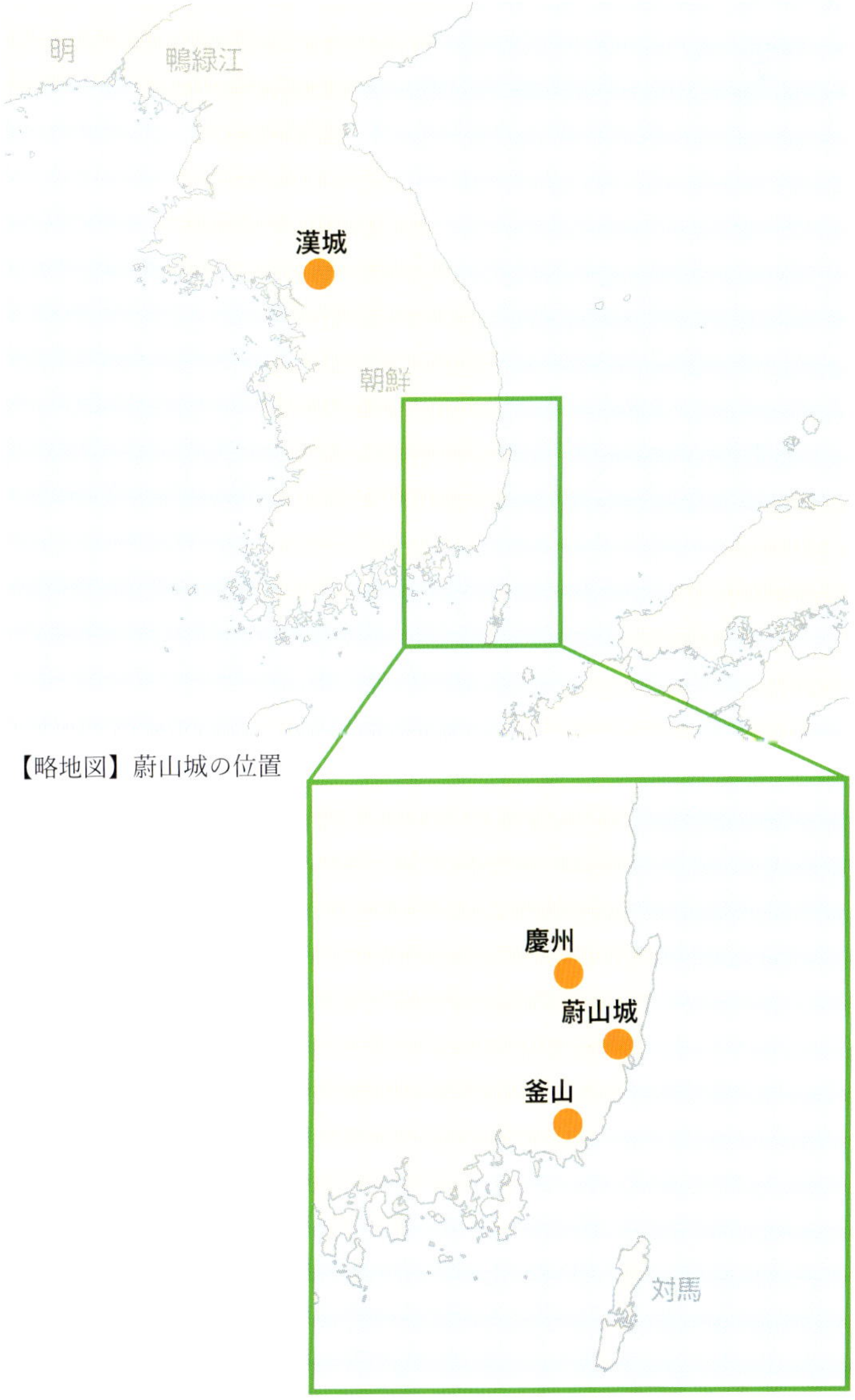

【略地図】蔚山城の位置

［67］豊臣秀吉《とよとみひでよし》朱印状《しゅいんじょう》［毛利《もうり》家《け》文書《もんじょ》］

重要文化財

安土桃山時代・［慶長三年（一五九八）］一月二十五日

山口県・毛利博物館

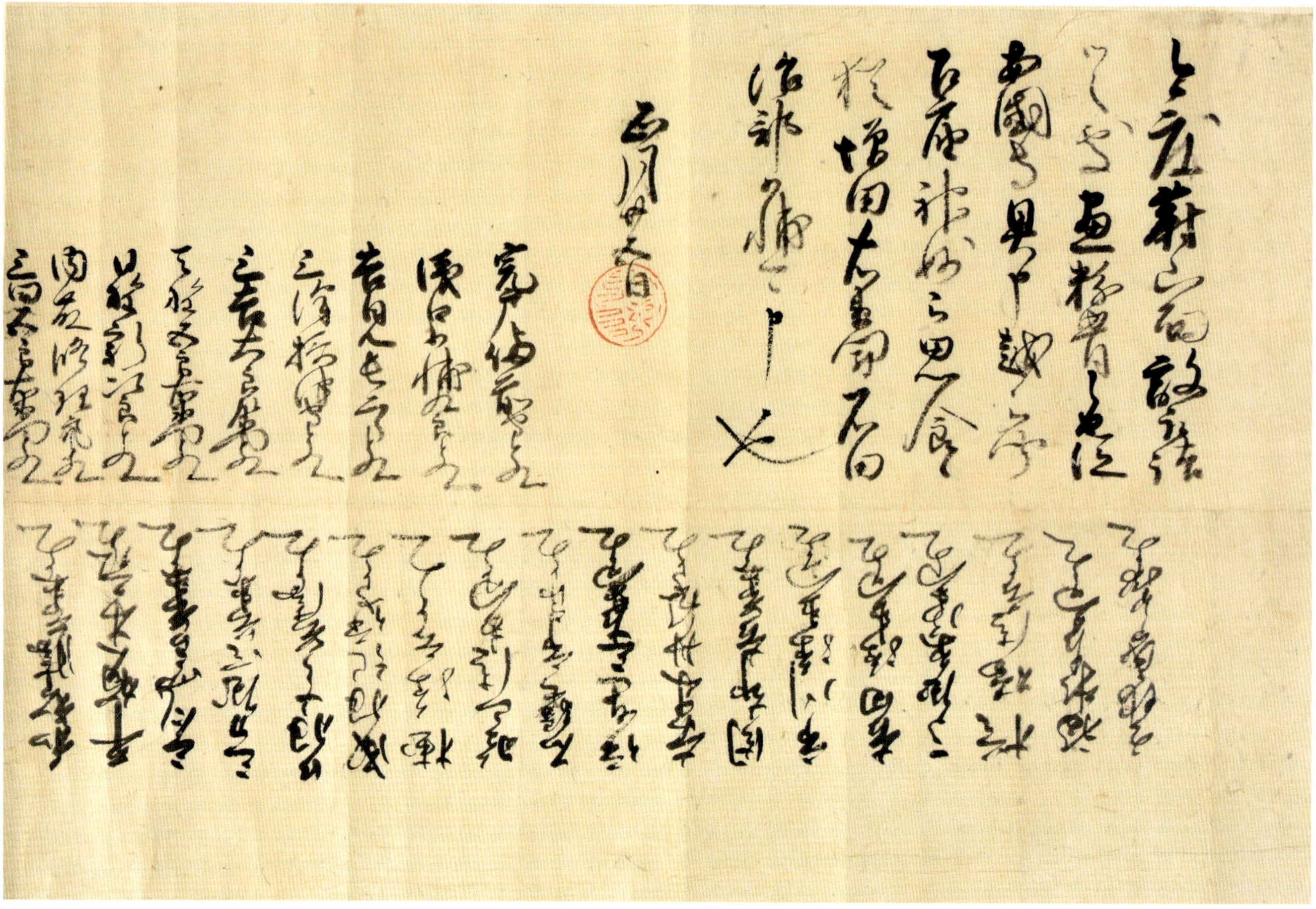

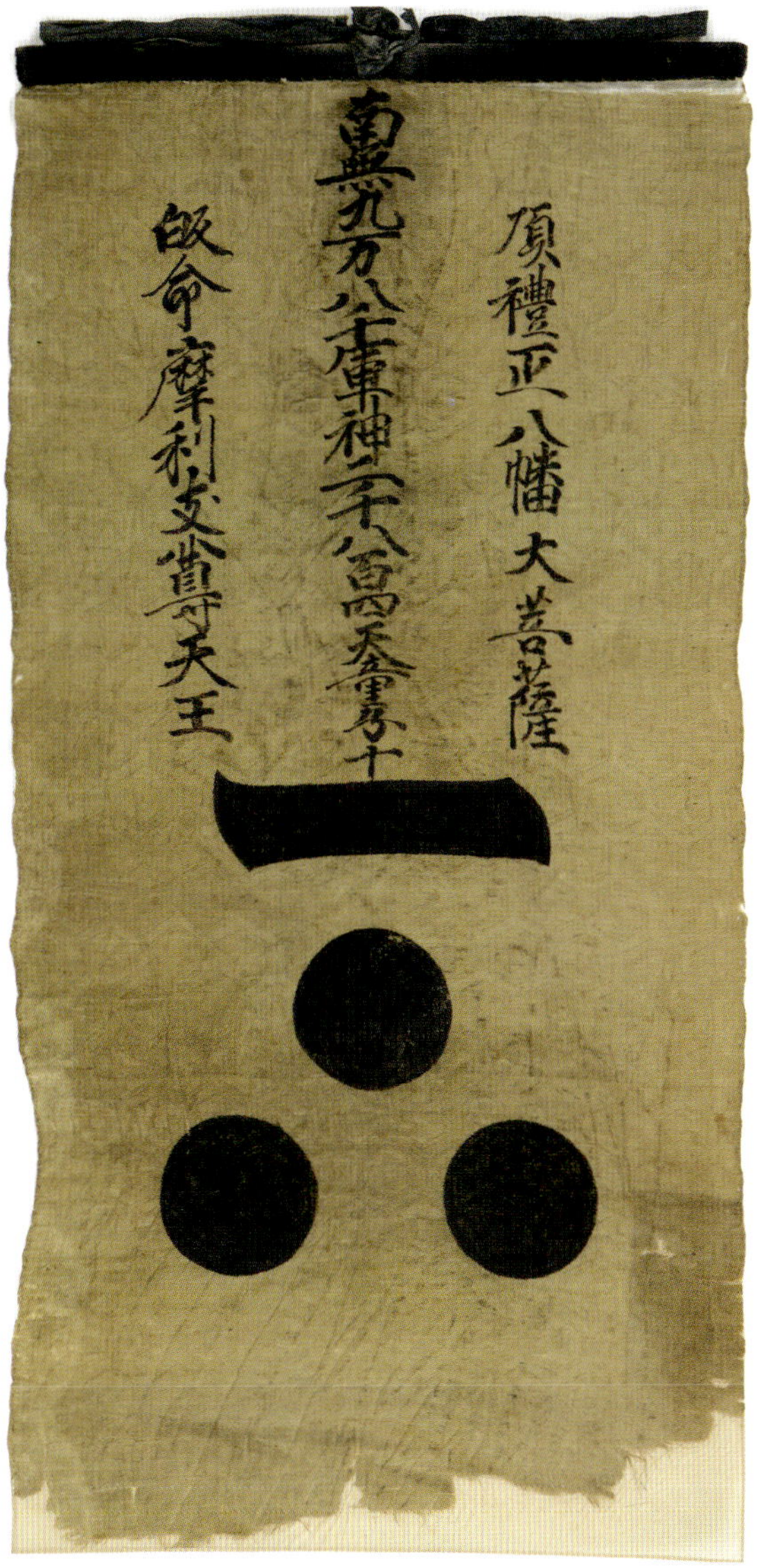

［68］
軍幟《ぐんし》
山口県指定文化財
［戦国時代（十六世紀）］
山口県・毛利博物館

［69］
紅《べに》地《じ》一《いち》に三《み》つ星《ぼし》文《もん》旗《き》
［江戸時代（十七世紀）］
山口県立山口博物館

2

水運と軍需物資

水上の交通網（水運《すいうん》）は、中世社会で極めて重要な意味を持つ。河川や内海《うちうみ》・外海《そとうみ》を利用した人や物資の移動は、当時最も利便性に優れた輸送手段であり、人びとの日常生活に必要不可欠であった。一方で、一度戦争が始まれば、水運は大量の兵員や、戦争遂行に必要な軍需物資《ぐんじゅぶっし》の輸送手段として意味を持つ。そのため、水運の要衝は激しい争奪戦の対象にもなった。宍道湖《しんじこ》・中海《なかうみ》をはじめとする内海や、大小の河川、そして日本海を利用した水運が盛んだった山陰地域の戦乱は、水運網をめぐる戦いの様相を呈することとなる。

［70］大山《だいせん》寺《じ》縁起《えんぎ》絵巻《えまき》（模本）上巻
江戸時代（十九世紀）
東京国立博物館
（展示は複製品〈当館蔵〉）

島根半島と尼子再興戦争

山陰の中央部に突き出た島根半島は、日本海と内海（宍《しん》道湖《じこ》・中海《なかうみ》）、さらにそこへ流れ込む河川によって、利便性に富む水上の交通網（水運）を生み出した。水運の拠点は、日常的な人の移動や物品の流通に役立つ一方で、戦争に際しては兵員や物資の輸送に不可欠な軍事拠点となる。

特に尼子《あまご》再興戦争は水運の重要性を浮かび上がらせた。再興軍は、内海と大橋川の水運を見下ろす新山《しんやま》城に拠点を置き、宍道湖岸の満願寺《まんがんじ》山や中海の安来《やすぎ》十神《とかみ》城などを押さえんとした。毛利軍も半島東部から隠岐諸島を一望する富田城のほか、羽倉《わくら》（和久羅）城や美保関、森山《もりやま》（横田山《よこたやま》）城、馬潟《まかた》などの水上輸送拠点確保を重要視した［71］［72］。尼子再興軍と毛利軍の戦いは、まさに水運拠点をめぐる戦いでもあったのである。

【略地図】島根半島と尼子再興戦争

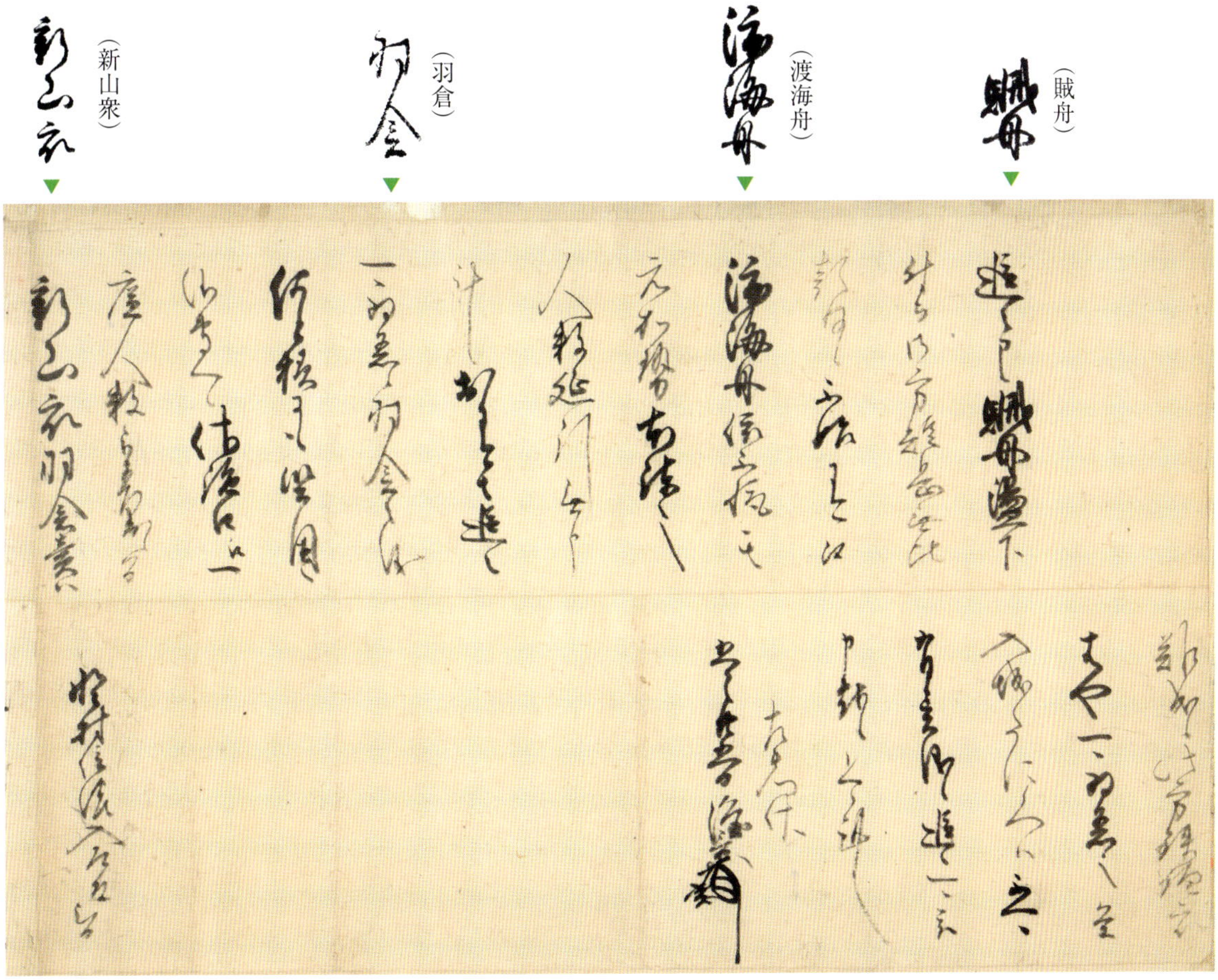

［71］小早川隆景書状《こばやかわたかかげしょじょう》［野村家文書《のむらけもんじょ》］
戦国時代（十六世紀）・年未詳五月二十五日
当館

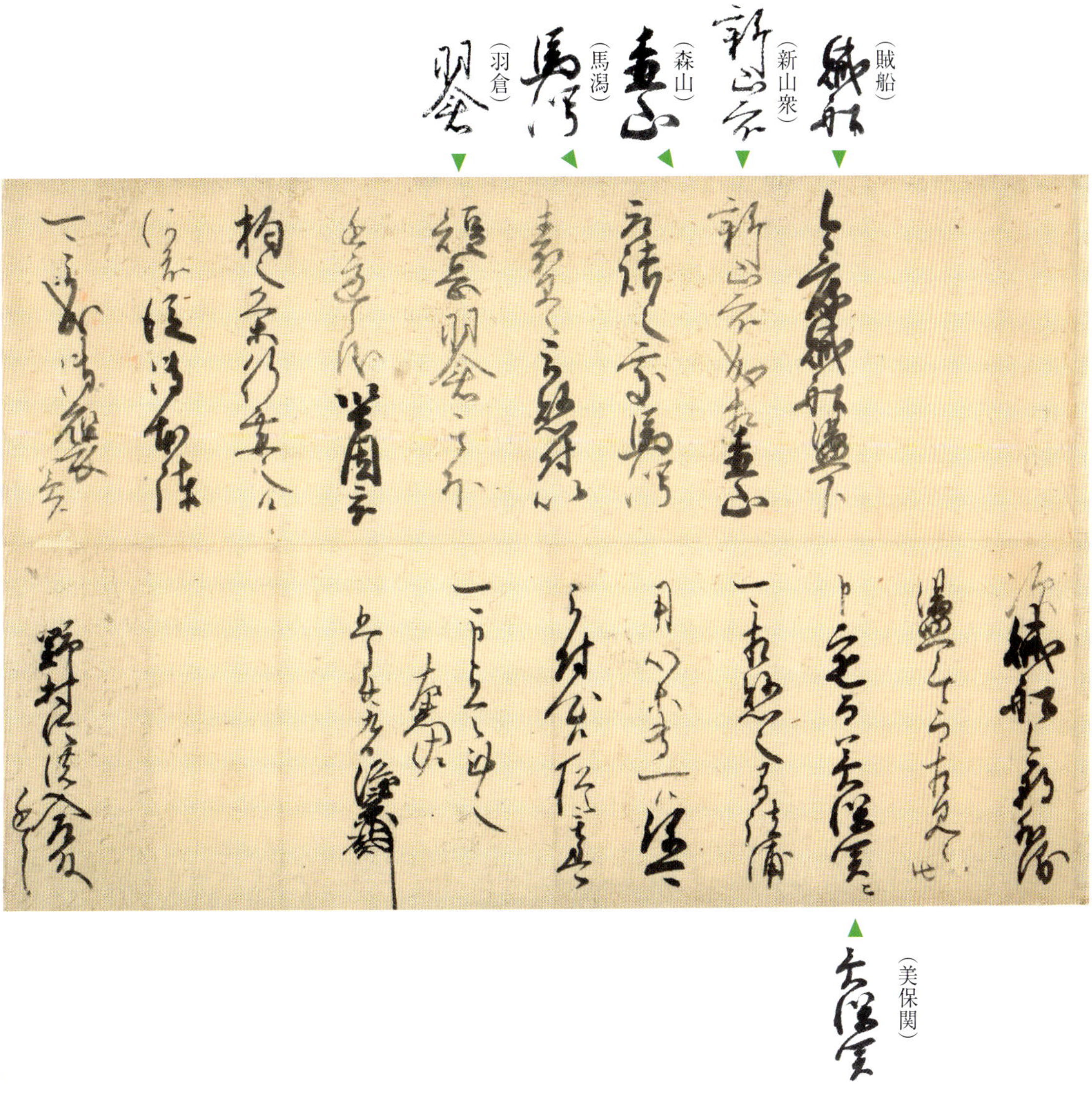

［72］小早川隆景書状《こばやかわたかかげしょじょう》［野村家文書《のむらけもんじょ》］
戦国時代（十六世紀）・年未詳五月二十九日
当館

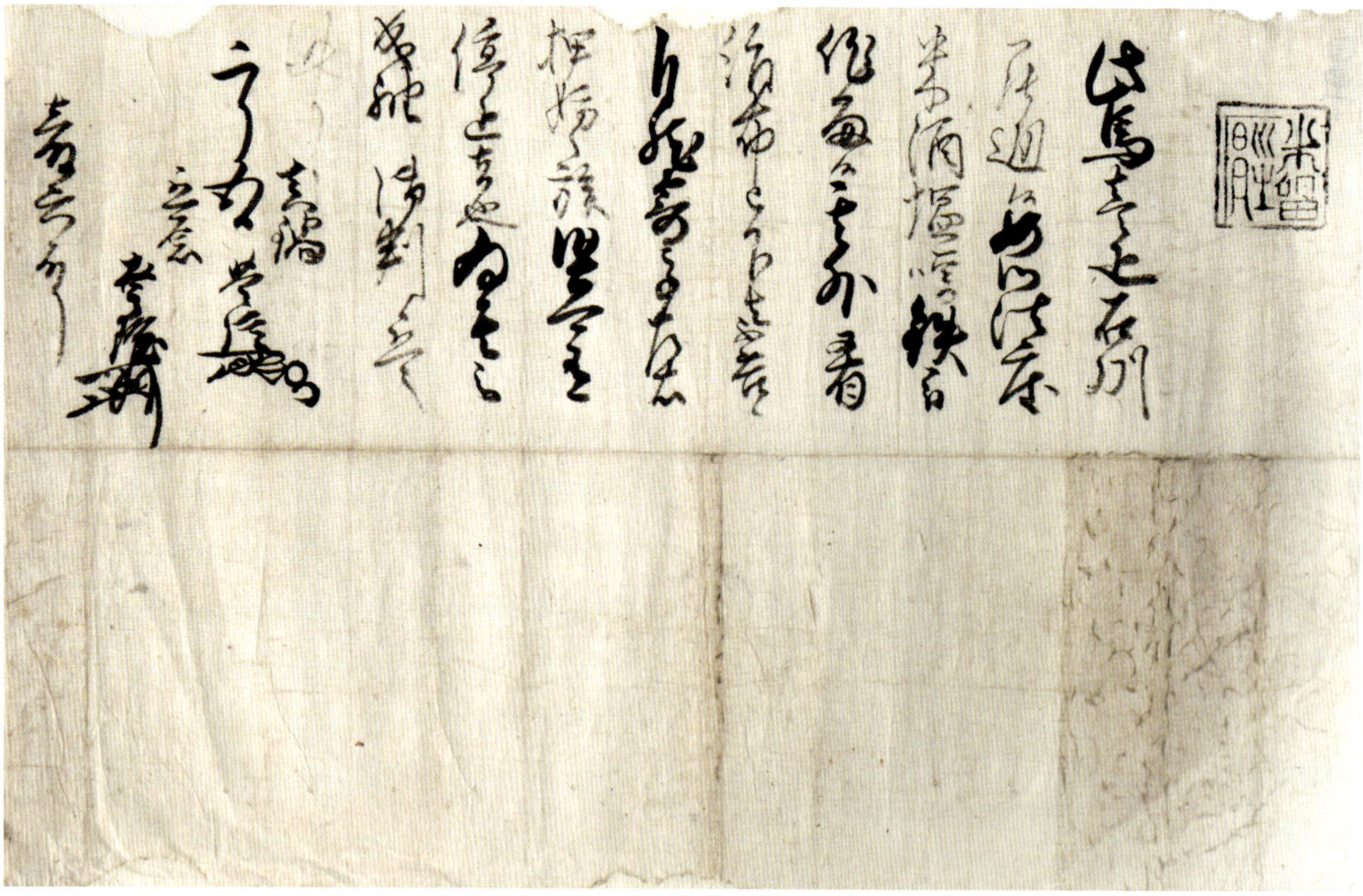

［73］尼子《あまご》氏《し》奉《ぶ》行人《ぎょうにん》連署《れんしょ》米留《こめどめ》印判状《いんばんじょう》［坪内家《つぼうちけ》文書《もんじょ》］

戦国時代（十六世紀）・年未詳二月五日

個人蔵

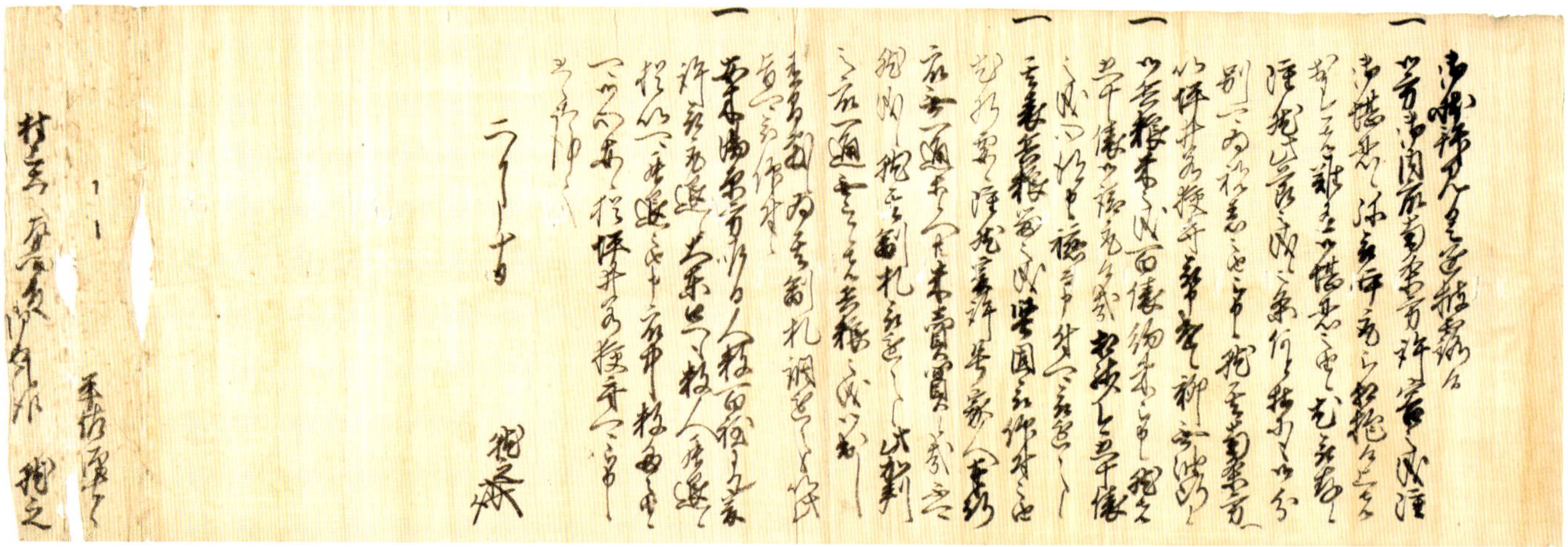

［74］平佐《ひらさ》就之《なりゆき》書状《しょじょう》 ［宮本家《みやもとけ》文書《もんじょ》］

鳥取県指定保護文化財

戦国時代・［永禄七年（一五六四）］二月十日

鳥取県立博物館

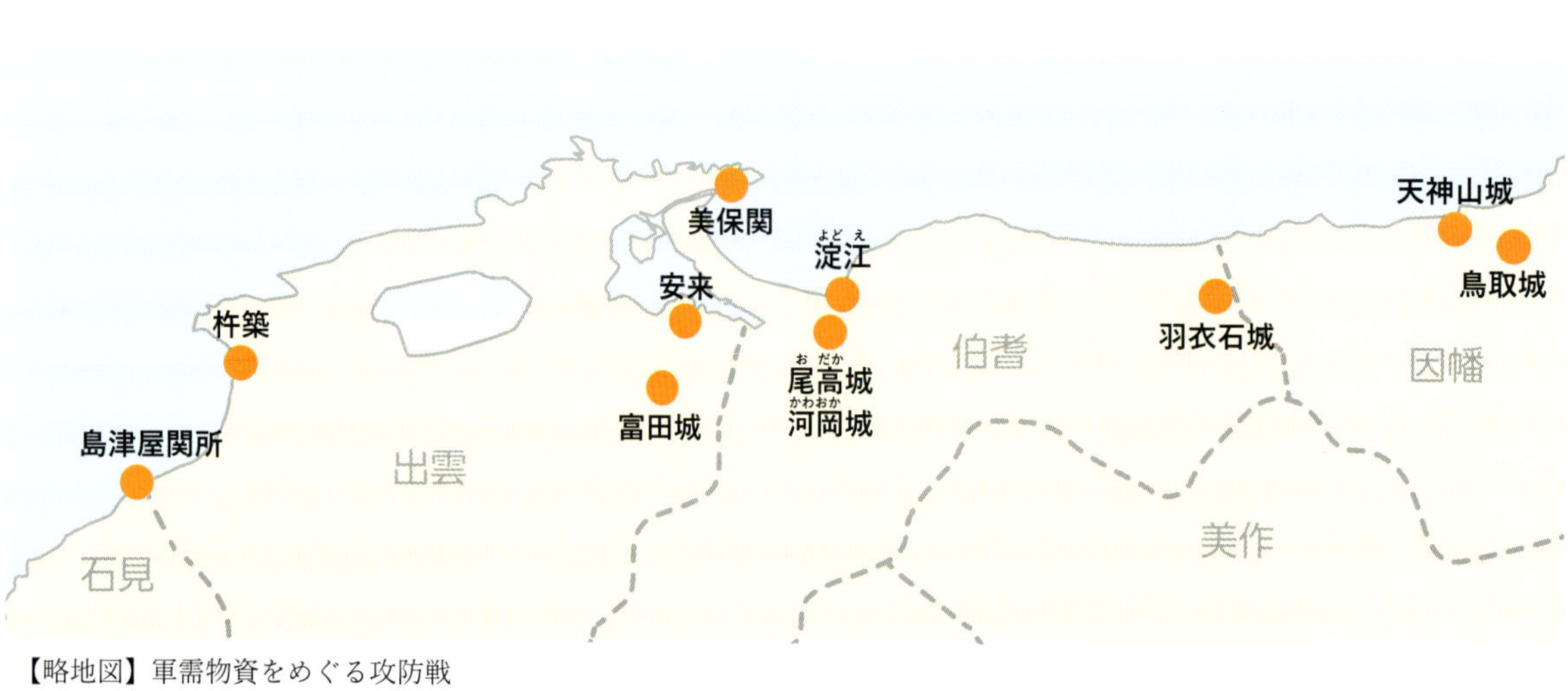

【略地図】軍需物資をめぐる攻防戦

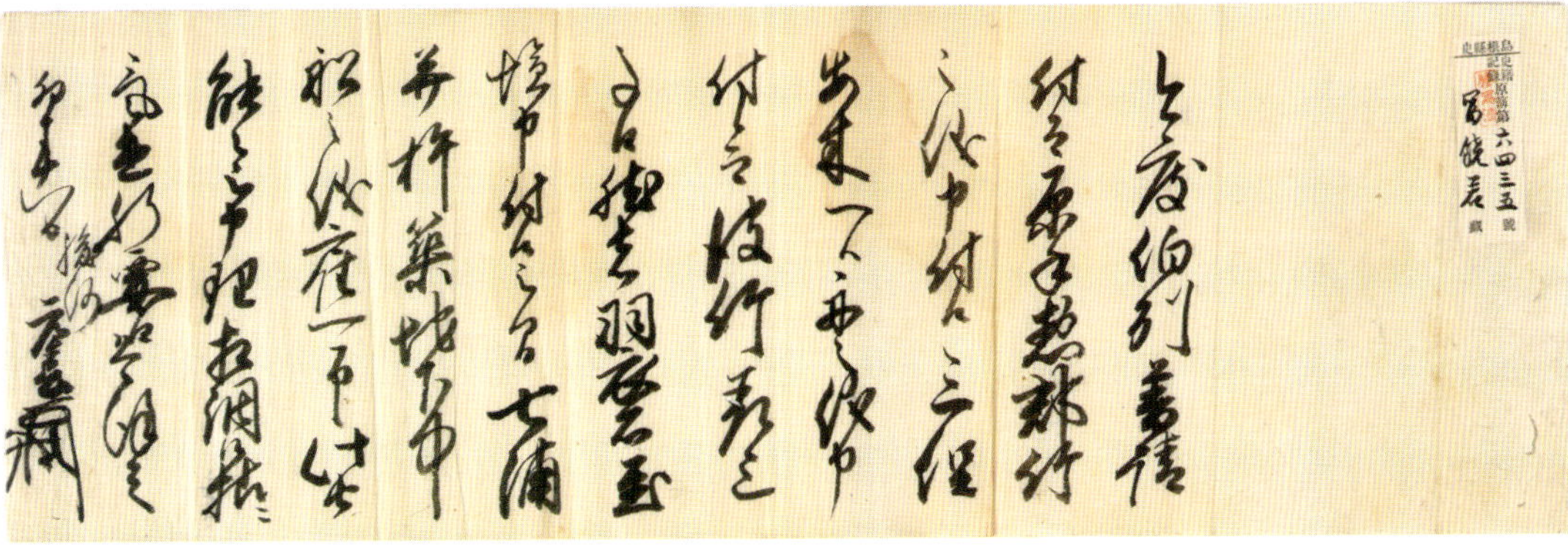

［75］吉川元春書状《きっかわもとはるしょじょう》［富家文書《とびけもんじょ》］
戦国時代（十六世紀）・年未詳四月十八日
山口県・毛利博物館

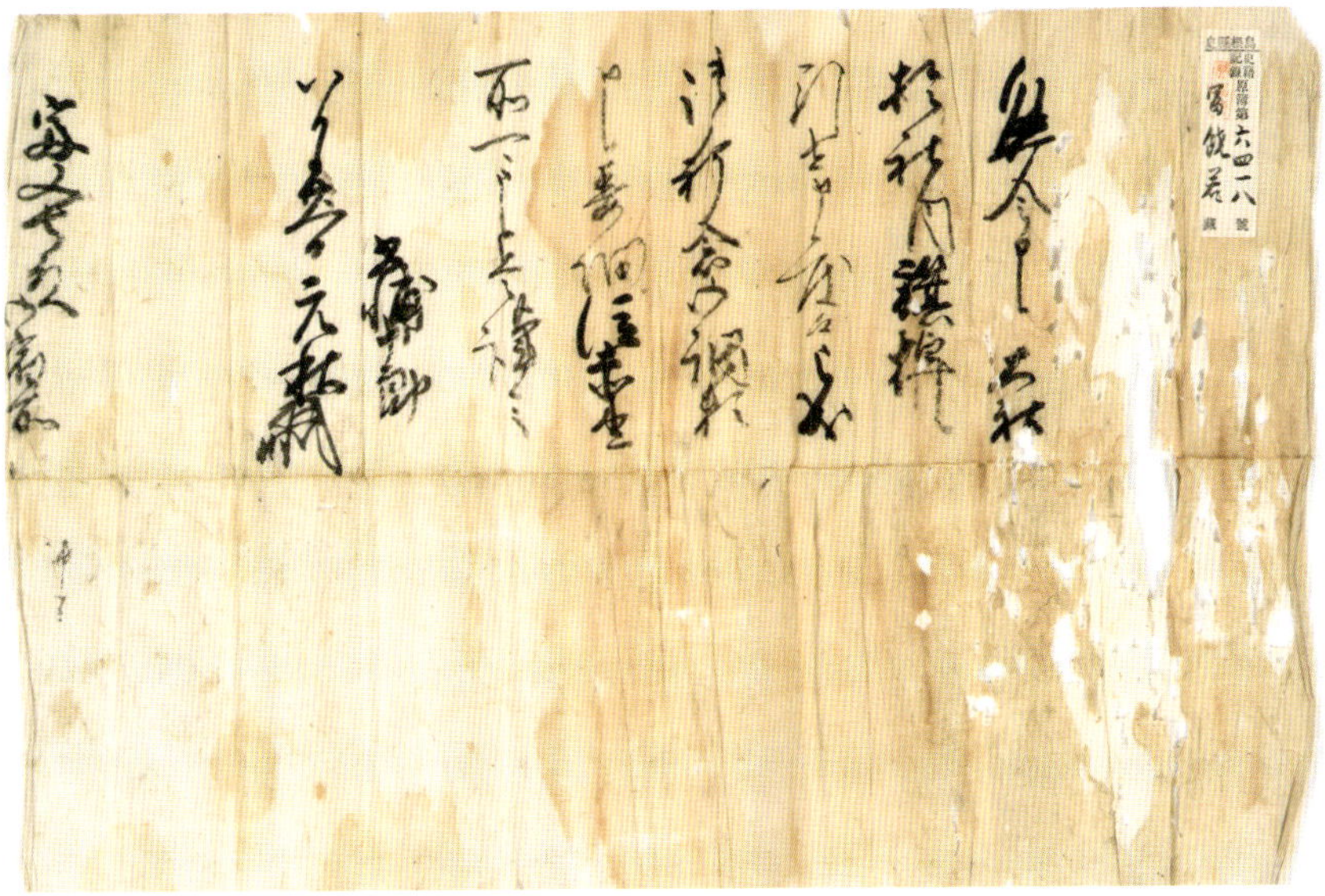

［76］毛利元秋書状《もうりもとあきしょじょう》［富家文書《とびけもんじょ》］
戦国時代（十六世紀）・年未詳八月二十一日
山口県・毛利博物館

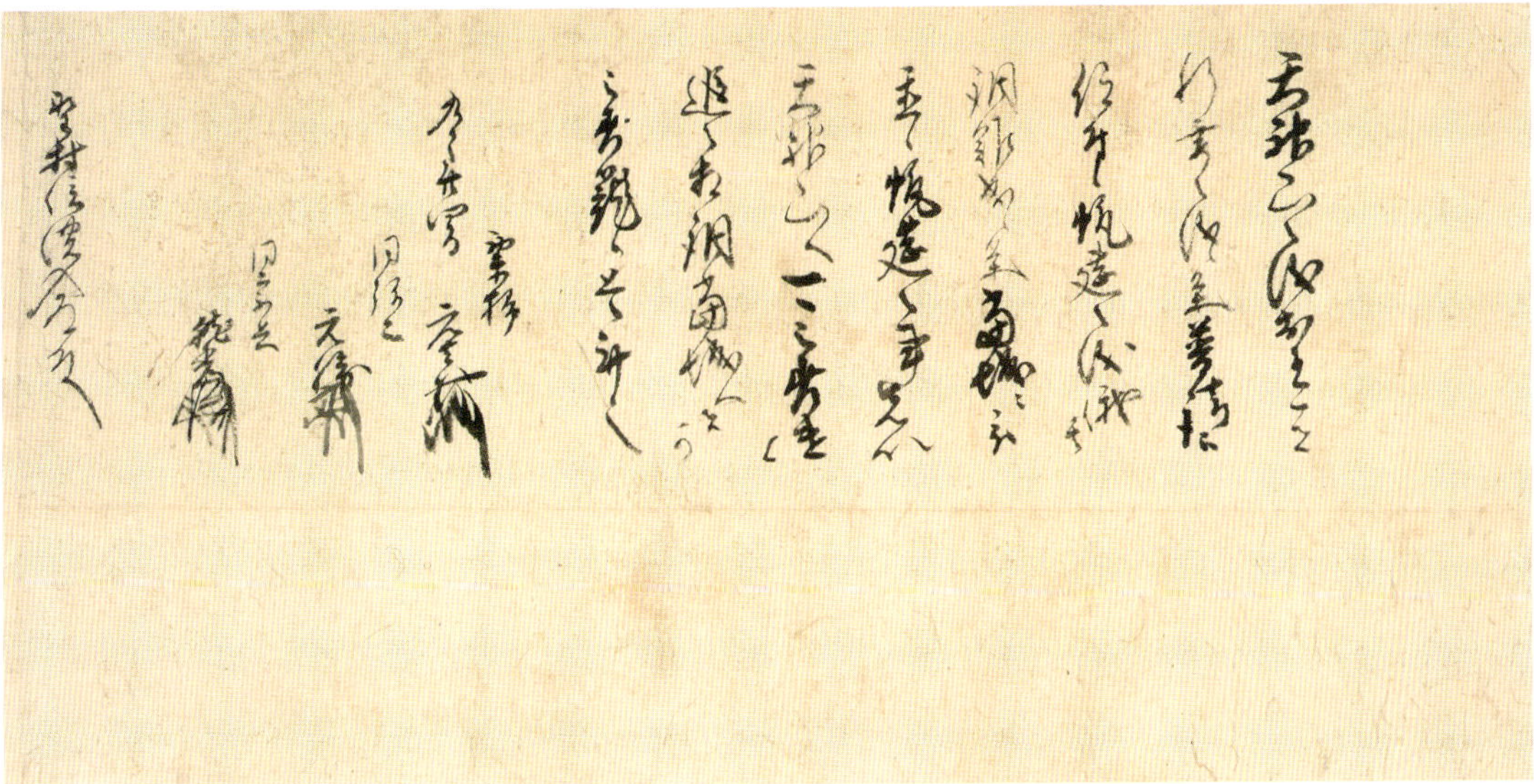

［77］粟屋元真《あわやもとざね》・粟屋元勝《あわやもとかつ》・粟屋就秀連署書状《あわやなりひでれんしょしょじょう》［野村家文書《のむらけもんじょ》］
戦国時代（十六世紀）・年未詳九月二十四日
当館

軍需物資をめぐる攻防

戦争遂行に必要な物資(軍需物資《ぐんじゅぶっし》)は、戦いの帰趨を左右する最重要要素の一つであった。

軍隊は食料（兵糧）をはじめとする必要物資の確保に奔走するとともに、敵軍に兵糧が渡らないように輸送を妨げる「兵糧留《ひょうろうどめ》（米留）」をしばしば行った。尼子《あまご》軍は石見国の毛利《もうり》軍に物資が渡らないように国境の関所(島津屋《しまづや》関所）や商人たちに命じ[73]、毛利軍も富田城に籠もる尼子方に食料が渡らないよう周辺の流通を規制した[74]。

戦いに必要な物資は米などの食料だけではない。因幡国・伯耆国での戦いを指揮した吉川元春《きっかわもとはる》は、羽衣石《うえし》城(鳥取県東伯郡湯梨浜町)に備蓄する塩や、城普請に用いる竹を出雲国内で調達し、輸送用の船の準備を進めた[75]。毛利元秋《もとあき》は杵築《きづき》大社（出雲大社）の周辺で旗棹に用いる竹を求め[76]、因幡国の天神山《てんじんやま》城（鳥取県鳥取市）の普請では船の帆に用いる「帆筵」の調達が課題となった[77]。

古文書の情報は断片的ではあるが、軍需物資を重要視した当時の人びとの切実さが伝わってくる。

3

戦乱と社寺・信仰

日本の中世は、神仏の存在が生活のあらゆる領域に浸透した時代でもある。神仏への信仰や神社・寺院の存在は、一見戦いの対極にあるようだが、実際には密接な関係を持っていた。戦いに明け暮れる武将たちは神仏への信仰心を厚くし、社寺や神官・僧侶たちは戦いの当事者となった。社寺も激しい戦火にさらされ、人びとはその復興に尽力した。神仏への祈りは、時に戦勝の祈りとなり、平和への祈りとなった。

78

不《ふ》動《どう》明《みょう》王《おう》立《りゅう》像《ぞう》

出雲市指定文化財
戦国時代・天文十五年（一五四六）
出雲市・松林寺（当館寄託）

（正面）

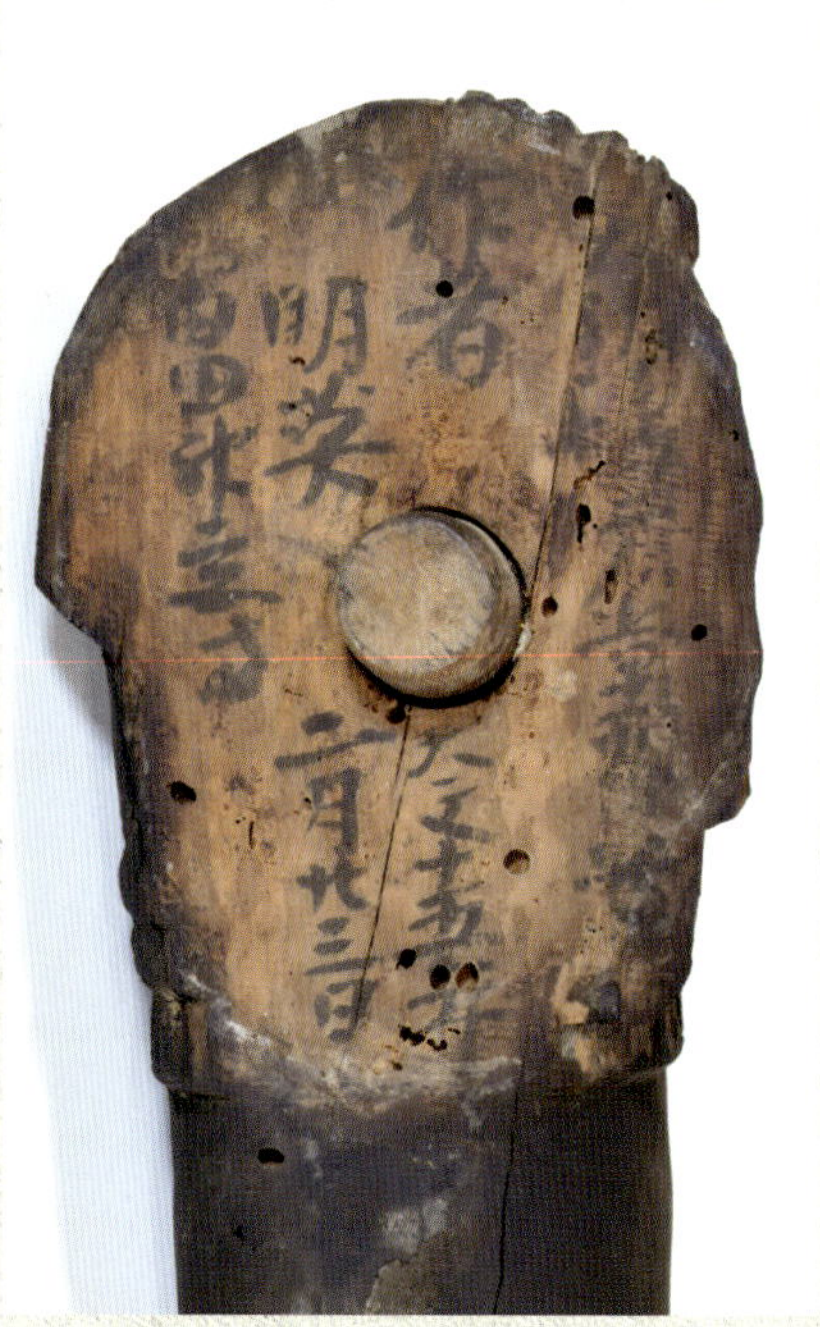

（左腕銘文部分拡大）

（背面）

（左側面）

尼子氏と仏教

出雲国の戦国大名尼子《あまご》氏は、各地で激しい戦いを繰り広げた一方で、仏教に関わる非常に特徴的な政策を展開した。その一つが、杵築《きづき》大社（出雲大社）の境内に、三重塔や大日堂など寺院建築の要素を大きく取り入れたという点である。[78]の不動明王立像は、かつて大社境内に存在した護摩堂《ごまどう》の本尊であり、尼子氏を願主として造像されたという。また尼子経久《あまごつねひさ》は、大社の神前に出雲国内の僧侶たちを集め、法華経を読誦させるという盛大なイベントも開催した（法華経三万部読誦）。同じ頃、経久は二〇〇〇部もの妙法蓮華経を印刷し、社寺へ奉納している[79]。戦いに明け暮れる日々の一方で、尼子氏は神仏への信仰も厚くしていくのである。

[79] 尼子《あまご》版妙法蓮華経《ばんみょうほうれんげきょう》
戦国時代・永正十二年（一五一五）一月
当館

（全体集合）

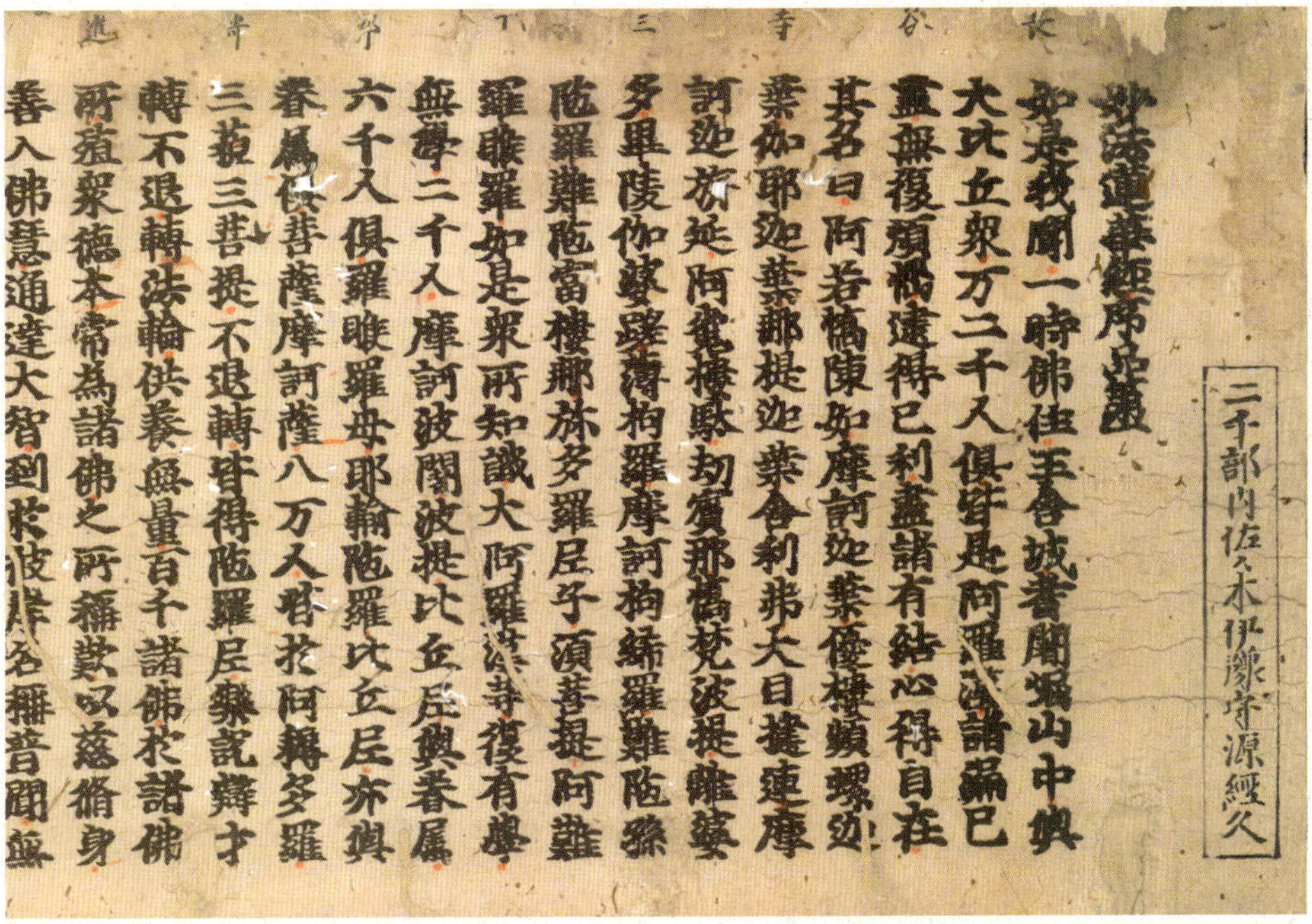

三千部内佐々木伊豫守源經久
妙法蓮華經序品第一
如是我聞一時佛住王舍城耆闍崛山中與
大比丘衆万二千人俱皆是阿羅漢諸漏已
盡無復煩惱逮得己利盡諸有結心得自在
其名曰阿若憍陳如摩訶迦葉優樓頻螺迦
葉伽耶迦葉那提迦葉舍利弗大目揵連摩
訶迦旃延阿㝹樓駄劫賓那憍梵波提離婆
多畢陵伽婆蹉薄拘羅摩訶拘絺羅難陀孫
陀羅難陀富樓那彌多羅尼子須菩提阿難
羅睺羅如是衆所知識大阿羅漢等復有學
無學二千人摩訶波闍波提比丘尼與眷屬
六千人俱羅睺羅母耶輸陀羅比丘尼亦與
眷屬俱菩薩摩訶薩八万人皆於阿耨多羅
三藐三菩提不退轉皆得陀羅尼樂説辯才
轉不退轉法輪供養無量百千諸佛於諸佛
所殖衆德本常為諸佛之所稱歎以慈脩身
善入佛慧通達大智到於彼岸名稱普聞無

（一巻冒頭部分拡大）

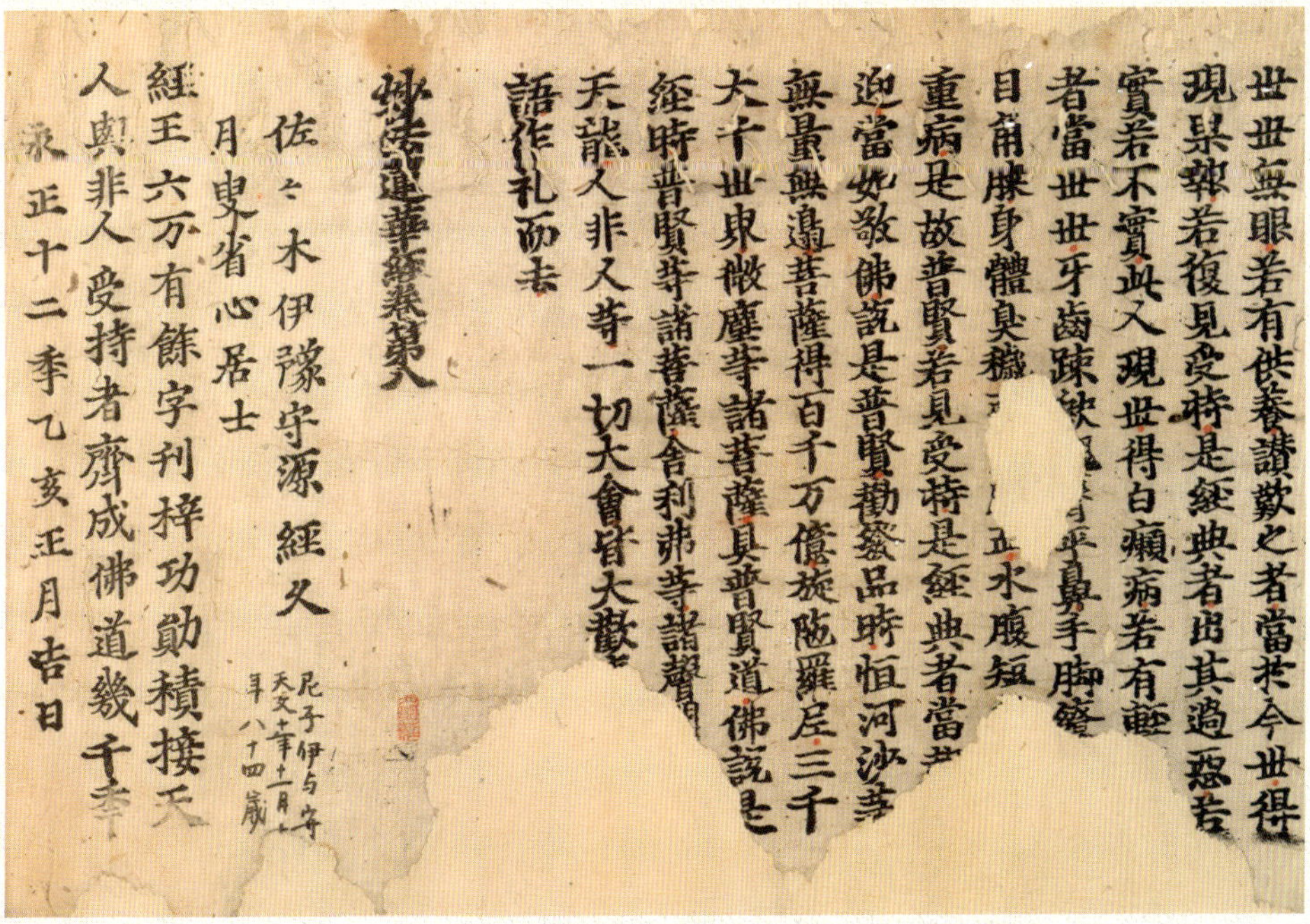

世世無眼若有供養讃歎之者當於今世得
現果報若復見受持是經典者出其過惡若
實若不實此人現世得白癩病若有輕
者當世世牙齒疎缺
目角睞身體臭穢
水腹短
重病是故普賢若見受持是經典者當起
遠迎當如敬佛説是普賢勸發品時恒河沙等
無量無邊菩薩得百千万億旋陀羅尼三千
大千世界微塵等諸菩薩具普賢道佛説是
經時普賢等諸菩薩舍利弗等諸聲
天龍人非人等一切大會皆大歡
語作礼而去
妙法蓮華經巻第八
佐々木伊豫守源　經久
月史省心居士
經王六万有餘字刊梓功勛積接天
人與非人受持者齊成佛道幾千季
永正十二季乙亥正月吉日
尼子伊与守
天文十年十一月
年八十四歳

（八巻巻末部分拡大）

［80］

毛利輝元書状《もうりてるもとしょじょう》

戦国時代（十六世紀）・年未詳十月六日

当館

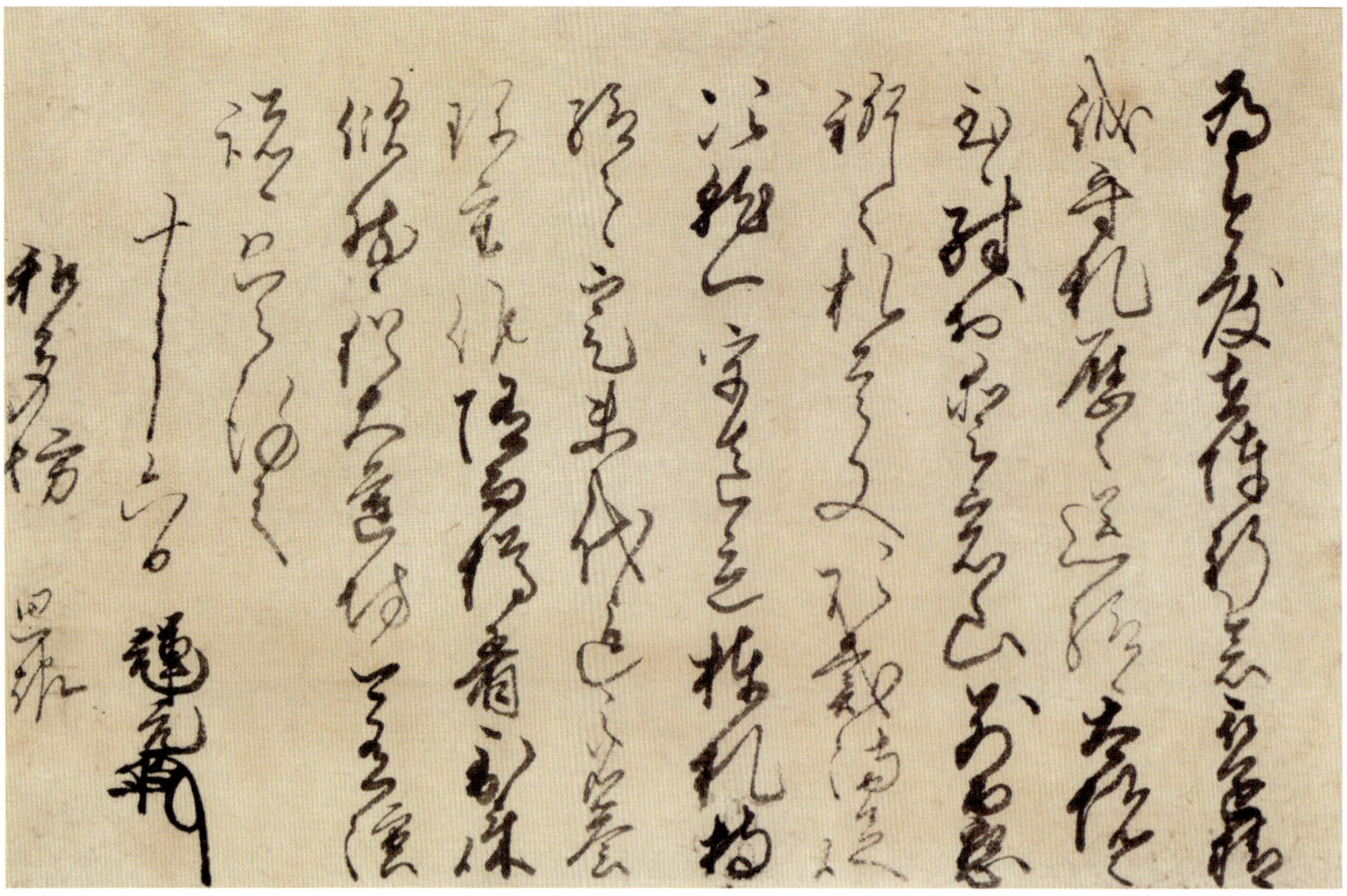

（在陣祈念）

鰐淵寺と戦乱

永禄《えいろく》五年（一五六二）、石見国内を制圧した毛利《もうり》軍が出雲国に進軍すると、国内の諸勢力は尼子《あまご》方・毛利方のいずれにつくかで大きく揺れ動くこととなるが、この点は寺院や神社も無縁ではなかった。

鰐淵寺《がくえんじ》（出雲市別所町）の僧坊の一つであった和多坊《わだぼう》の栄芸《えいげい》という寺僧は、この時勢に最も機敏に反応した人物の一人である。栄芸は、宍道湖北岸の洗合城《あらわい》（荒隈城、松江市国屋町）に布陣した毛利軍に早くから味方し、毛利軍の護持僧として度々祈願を行った。それだけでなく、栄芸は何度も毛利氏の本拠地である安芸国吉田《よしだ》（広島県安芸高田市）に出向き、軍役や合戦費用の調達に尽力するなど、目を見張る活躍をみせた。

栄芸の働きにより、鰐淵寺は毛利家の庇護を受けて旧来の寺領を維持するとともに、新たな所領も獲得することとなった。戦国時代、地域の信仰の拠点であった寺院や神社も、自らの存続のために戦いの禍中に身を投じ、奮闘しなければならなかったのである。

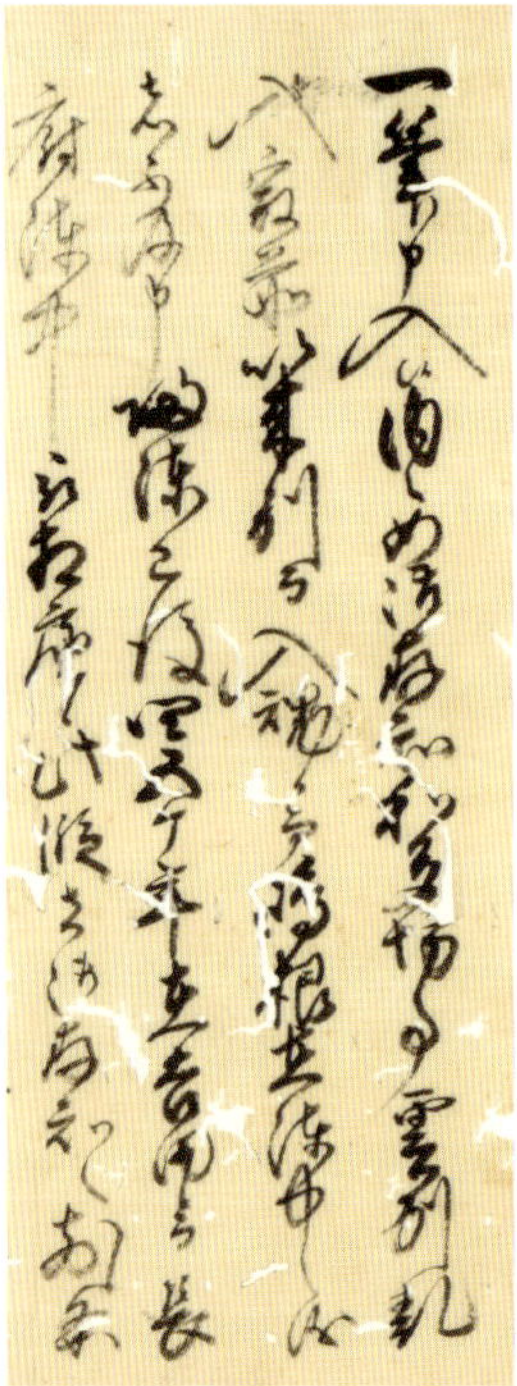

一筆申し入れ候、内々御存知の如く、和多坊の事、雲州乱入最前以来、別して入魂候て、島根在陣中の儀は申すに及ばず、帰陣已後も四・五ヶ年吉田に在りて長府陣中相届けられ候（後略）

（【参考画像6】冒頭部分拡大）

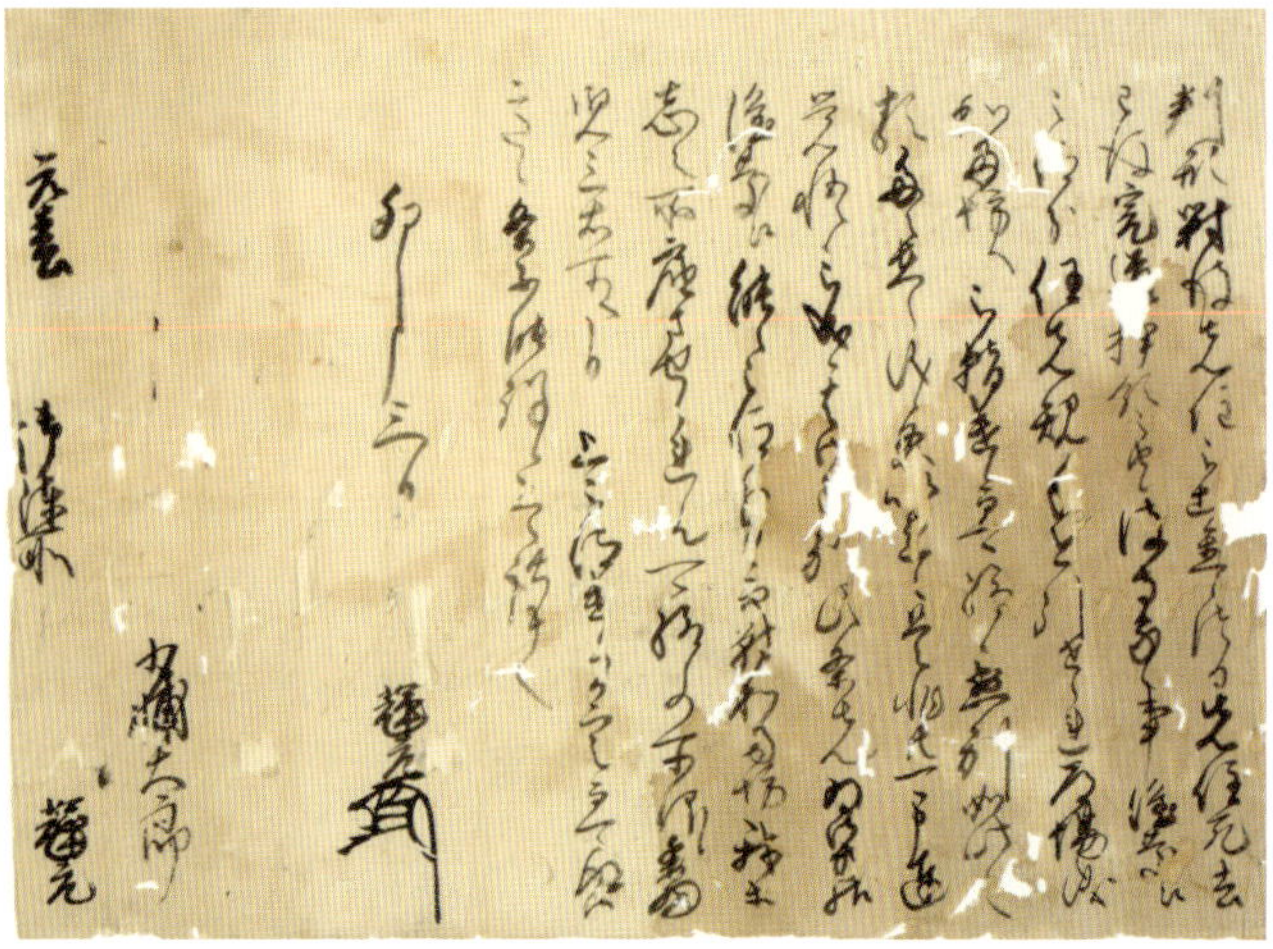

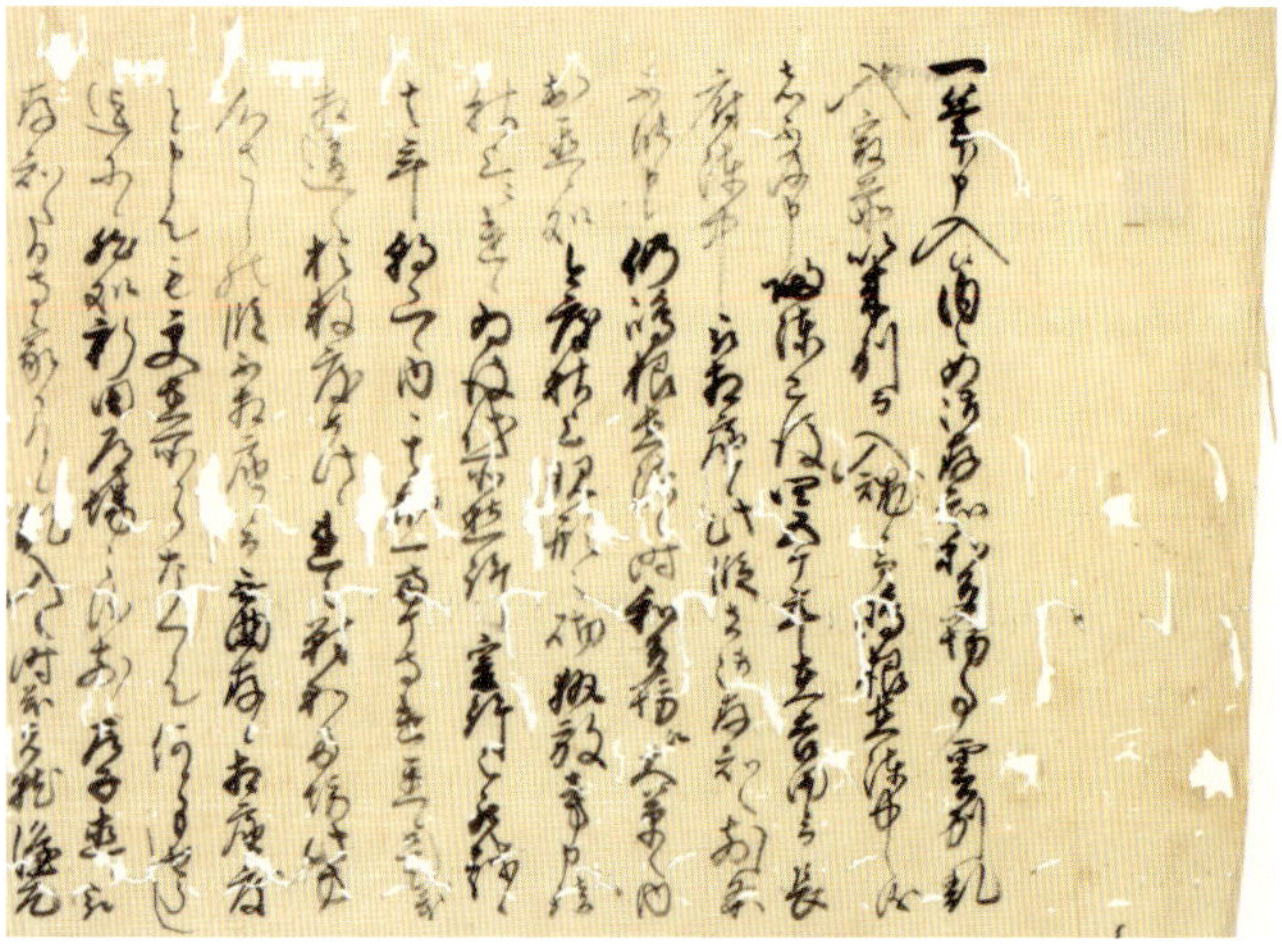

【参考画像6】毛利輝元書状　［元亀２年（1571）］４月３日付　重要文化財 鰐淵寺文書　（出雲市・鰐淵寺〈当館寄託〉）

［81］尼子晴久書状《あまごはるひさしょじょう》［富家文書《とびけもんじょ》］
戦国時代（十六世紀）・年未詳六月十五日
島根県立図書館

［82］尼子義久書状《あまごよしひさしょじょう》［富家文書《とびけもんじょ》］
戦国時代（十六世紀）・年未詳六月十五日
島根県立図書館

連歌と祈りと戦乱

「五・七・五」（長句）と「七・七」（短句）という、日本人なじみの音数律を、複数人が次々とつなげて詠む文芸のことを「連歌《れんが》」と呼ぶ。中世の人びとが熱中した連歌は、高度な知識と教養を必要とする文化であったが、この連歌でさえ戦いの時代と無縁ではなかった。

連歌には、例えば各句の頭文字を「な・む・あ・み・た（南無阿弥陀）」とする形で詠まれるものがあったように、読経や祈祷と同様の意味を持つ歌も詠まれた。そしてこのような祈りは、時に戦勝祈願の意味も持ったのである。

［81］［82］は、尼子《あまご》氏が杵築《きづき》大社（出雲大社）の神前で連歌会《れんがえ》を行わせたことを物語る史料であるが、これは「出張《でばり》」、つまり尼子軍の遠征にあたっての戦勝祈願のための連歌であった。中世の文化・娯楽は、人びとの信仰と相まって戦乱の中に溶け込んでいたのである。

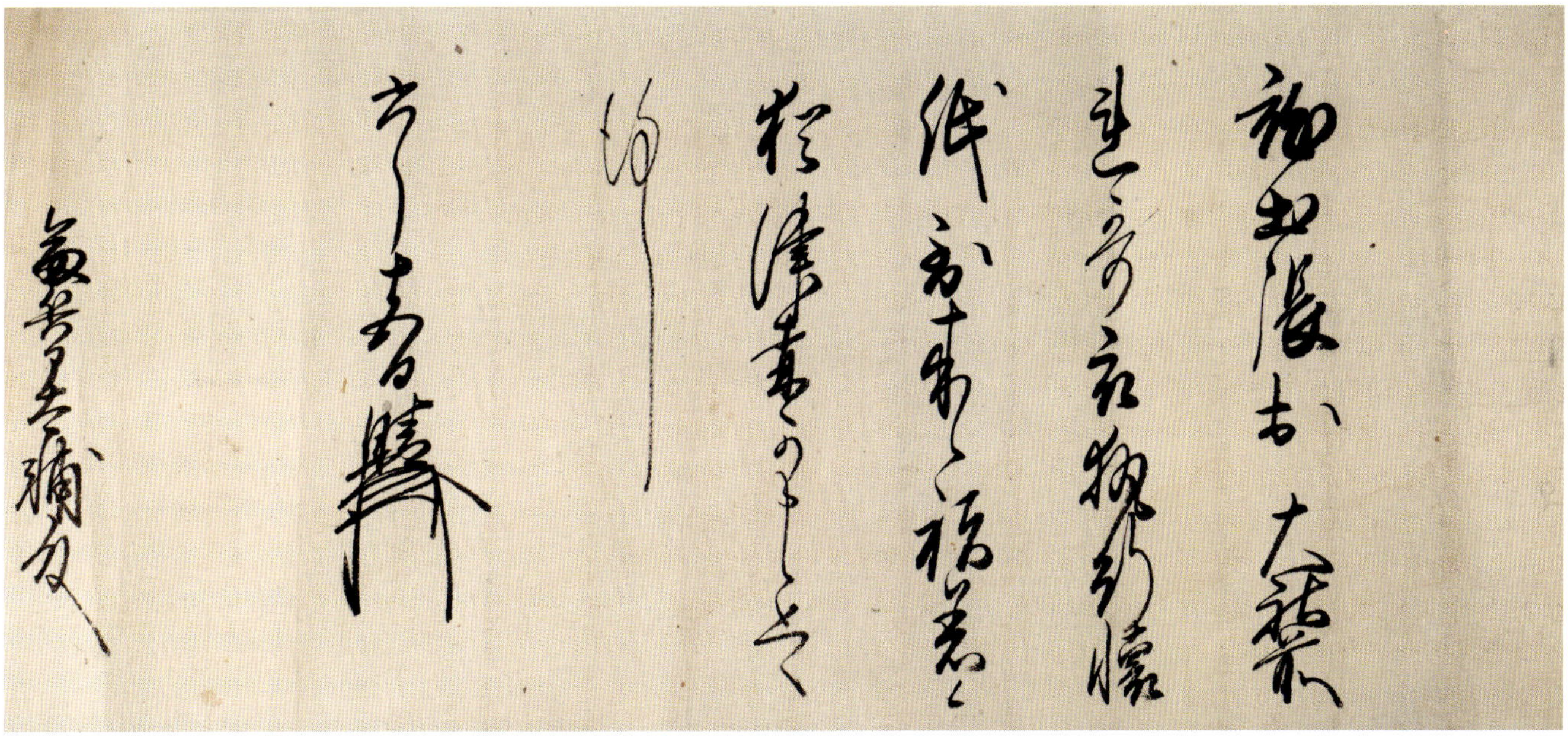

▲［81］

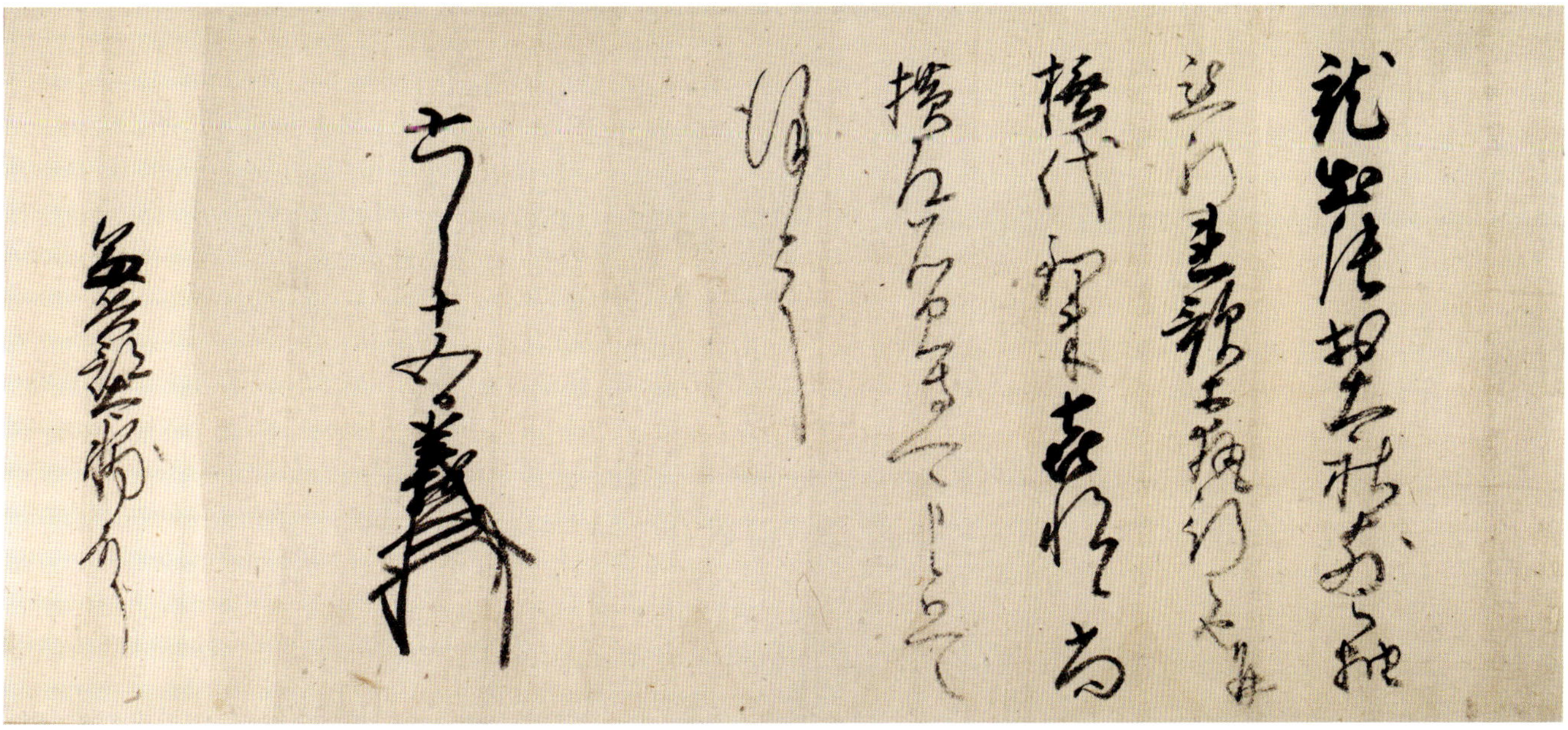

▲［82］

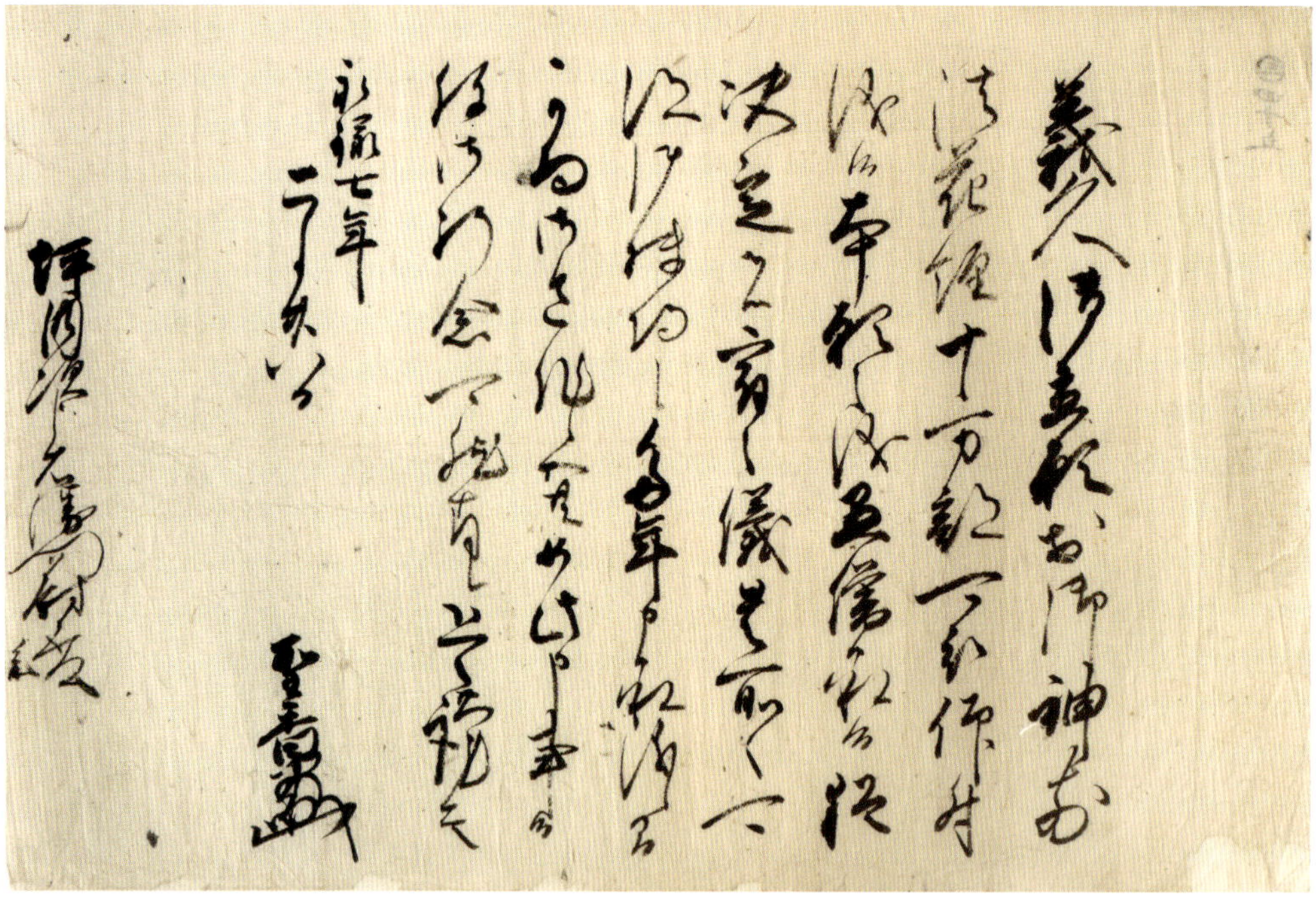

［83］聖香書状《しょじょう》［坪内家文書《つぼうちけもんじょ》］
戦国時代・永禄七年（一五六四）二月二十八日
個人蔵

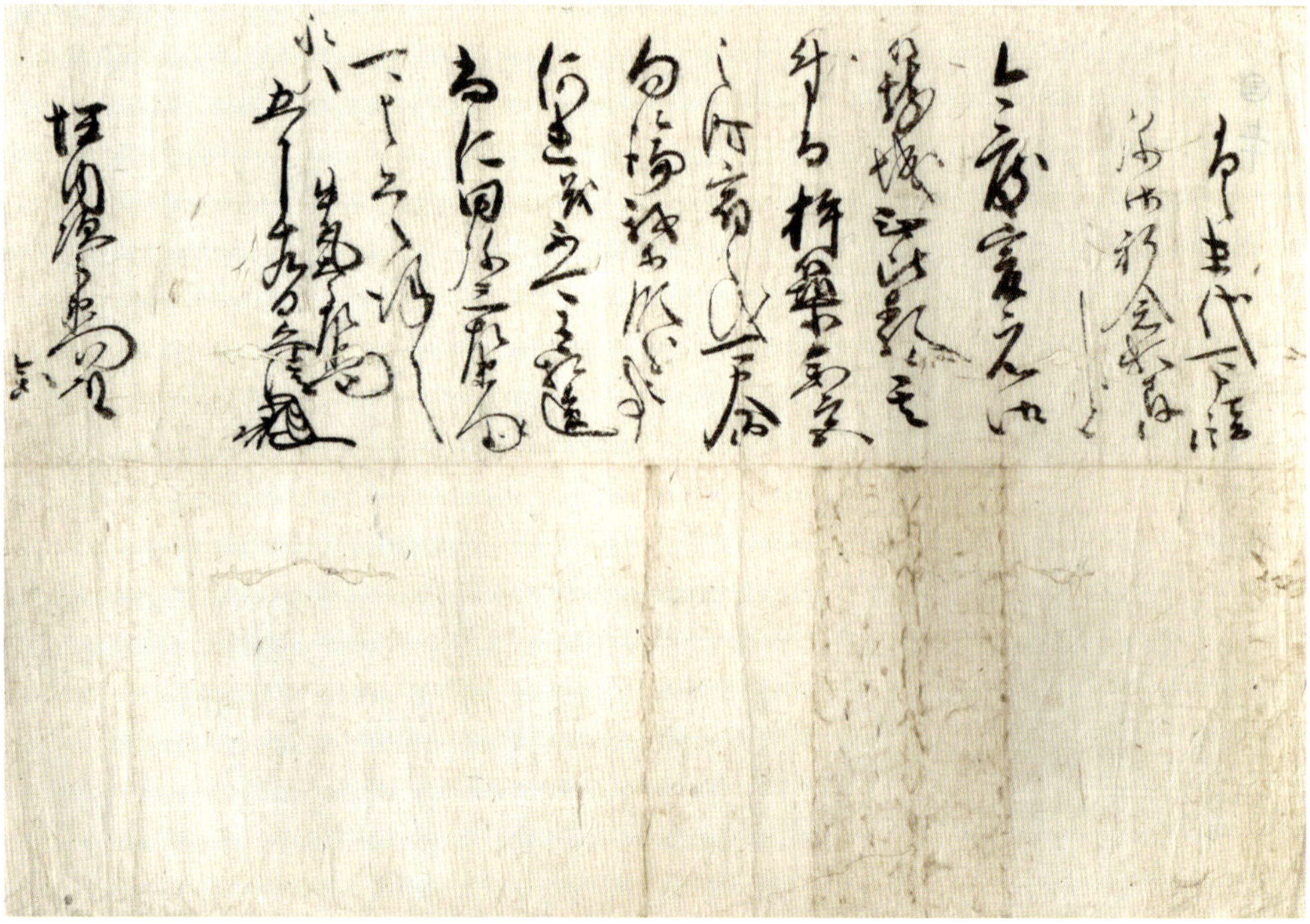

［84］牛尾久清書状《うしおひさきよしょじょう》［坪内家文書《つぼうちけもんじょ》］
戦国時代・永禄八年（一五六五）五月十九日
個人蔵

大社御師と戦乱

御師《おし》とは、社寺への参詣者の案内や祈祷を行った神職のことである。中世の杵築《きづき》大社（出雲大社）の御師として知られる坪内《つぼうち》氏は、「室《むろ》」と呼ばれた参詣宿の経営を行うとともに、有力商人としての顔も持っていた。そして彼らもまた、戦乱と密接に関わる存在でもあったのである。

永禄《えいろく》五年（一五六二）七月、毛利《もうり》軍が出雲国内に進軍し、尼子《あまご》方勢力に大きな緊張が走った。この時、尼子氏の保護を受けていた坪内重吉は、尼子方として富田城に籠城することを決意している［36］［37］。

永禄七年、前年の白鹿《しらが》城落城や伯耆国での戦いによって尼子氏が次第に追い詰められていた頃、富田城の尼子義久《よしひさ》は、大社の神前で法華経十万部読経を行わせた。この時、法華経読誦の本願となった僧侶聖香は、坪内氏の室を利用している［83］。さらに、尼子氏家臣の牛尾久清《うしおひさきよ》は、坪内氏の富田城籠城の功績を賞して、今後は坪内氏の参詣宿を利用するという、永代の檀所契約を結んでいる［84］。

坪内氏は、御師として大社参詣に関わり、宿経営や商人としての活動にも従事し、さらに富田城籠城戦にも参加していた。信仰と経済と戦争という三者が複雑に絡み合う時代を象徴する存在であったのである。

［85］岩屋寺快円日記《いわやじかいえんにっき》
戦国時代（十六世紀）
鳥取県立博物館

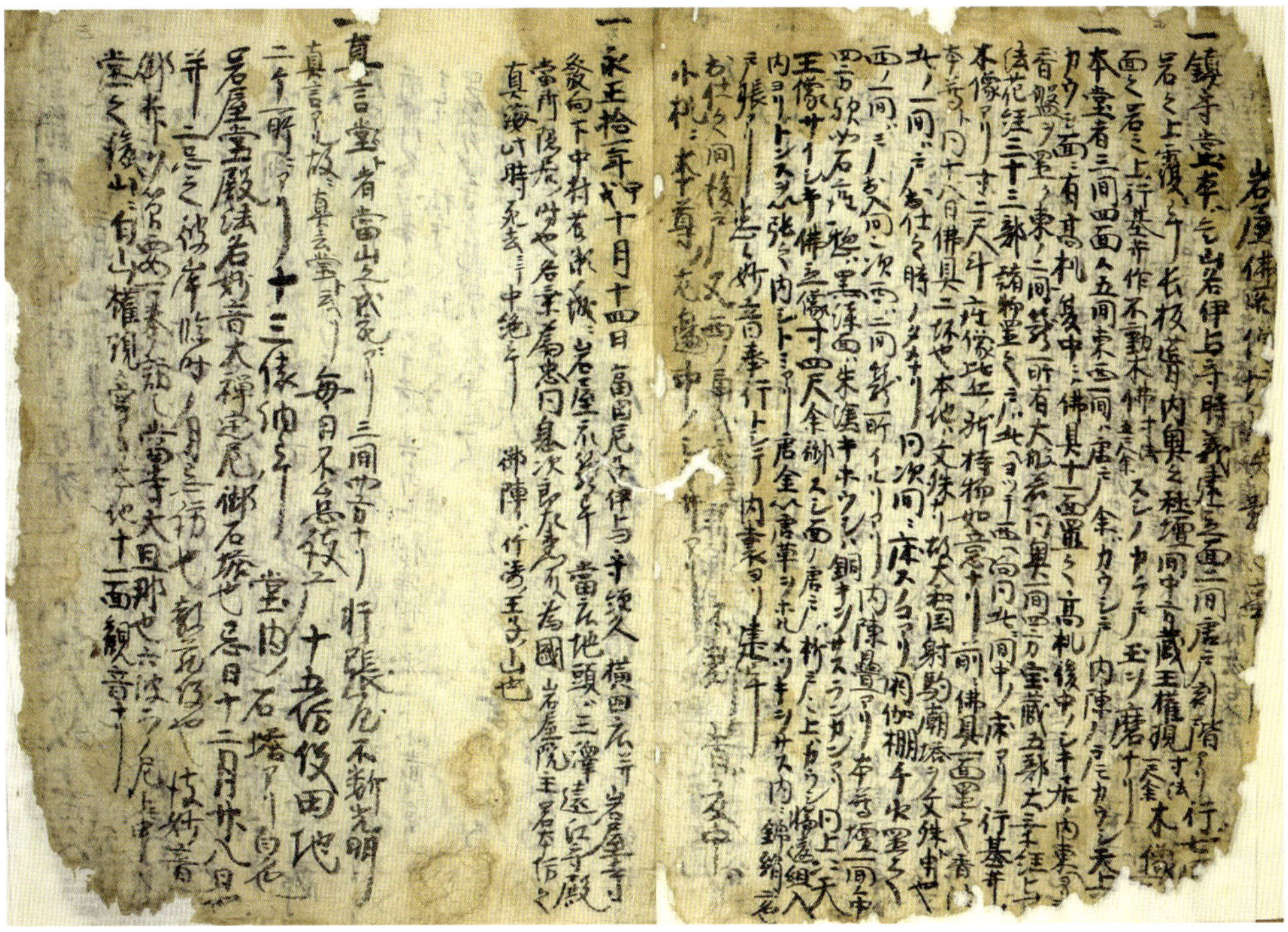

［85—1］第二〜三紙

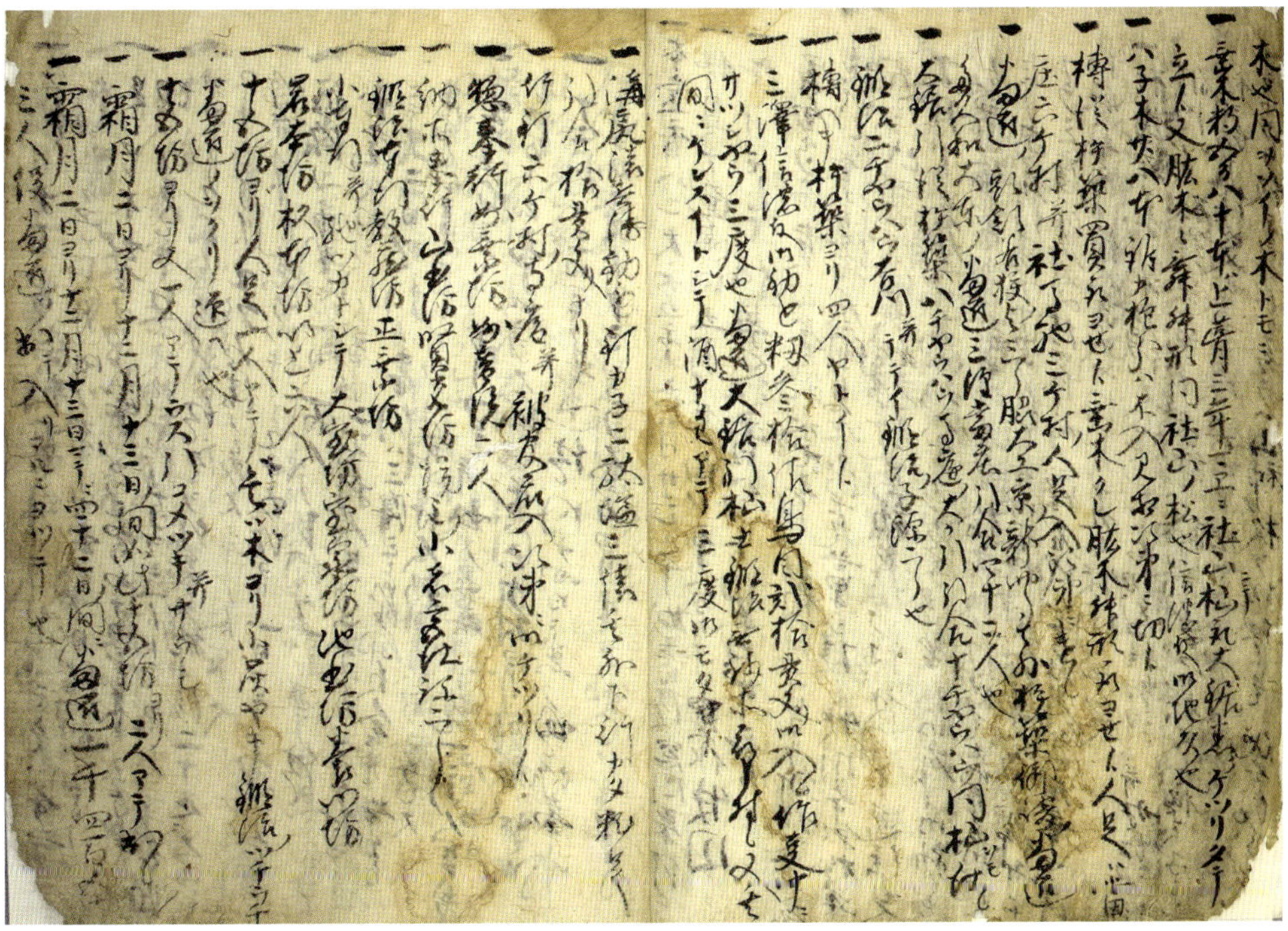

［85—2］第十一〜十二紙

寺院と戦乱—戦禍と復興—

永正《えいしょう》十一年（一五一四）、出雲尼子《あまご》氏は、対立する三沢《みざわ》氏の所領であった横田《よこた》荘（奥出雲町）を攻撃する［85—1］。この時、三沢氏とともに横田の藤ケ瀬《ふじがせ》城に籠城していたのは、「岩屋衆」と呼ばれる人びとであり、同地の岩《いわ》屋《や》寺は戦火にさらされて多くの堂舎が焼失、院主であった岩本坊真海は戦死したという。

永正十七年に新たな岩屋寺院主となった快円は、堂舎の復興事業に着手する。この時快円が残した復興事業の記録からは、非常に多くの人びとが関わっていた様子がうかがえる［85—2］。例えば地元横田や周辺各村の人びとは、本堂の上葺で必要な「榑《くれ》」（板材）を杵築《きづき》（出雲市）から運搬している。番匠（大工）は、横田だけでなく杵築や日御碕《ひのみさき》（出雲市）・多久和《たくわ》・大東《だいとう》（雲南市）・三沢（奥出雲町）、「大鋸引《おがびき》」（大きなノコギリを扱う職人）も杵築や馬潟《まかた》（松江市）などから集められた。番匠の棟梁などは出雲国外からも呼ばれている。

戦国時代、寺院はしばしば戦乱の当事者になって焼亡の憂き目に遭ったが、地域の信仰拠点は多くの人びとの力によって復興されたのであった。

4

戦禍が襲う ―民衆と地域―

戦乱は、戦場となった地域に住まう人びとにも容赦なく襲いかかった。放火や略奪、作物の刈り取りなどの行為は、「濫妨狼藉《らんぼうろうぜき》」と呼ばれ、軍勢が通る村々ではありふれた光景となっていた。略奪行為は、時に兵士たちにとって生活の糧にもなっていたのであり、奪う側・奪われる側双方が戦乱の中で苦しい生活を強いられていたのが実情であった。家屋に放火し、作物を刈り取る行為は、敵方を精神的に追い詰める意味も持ったため、戦略として積極的に行われることさえあった。

[86] 羽柴秀吉禁制《はしばひでよしきんぜい》
安土桃山時代・天正八年（一五八〇）五月十二日
鳥取市歴史博物館

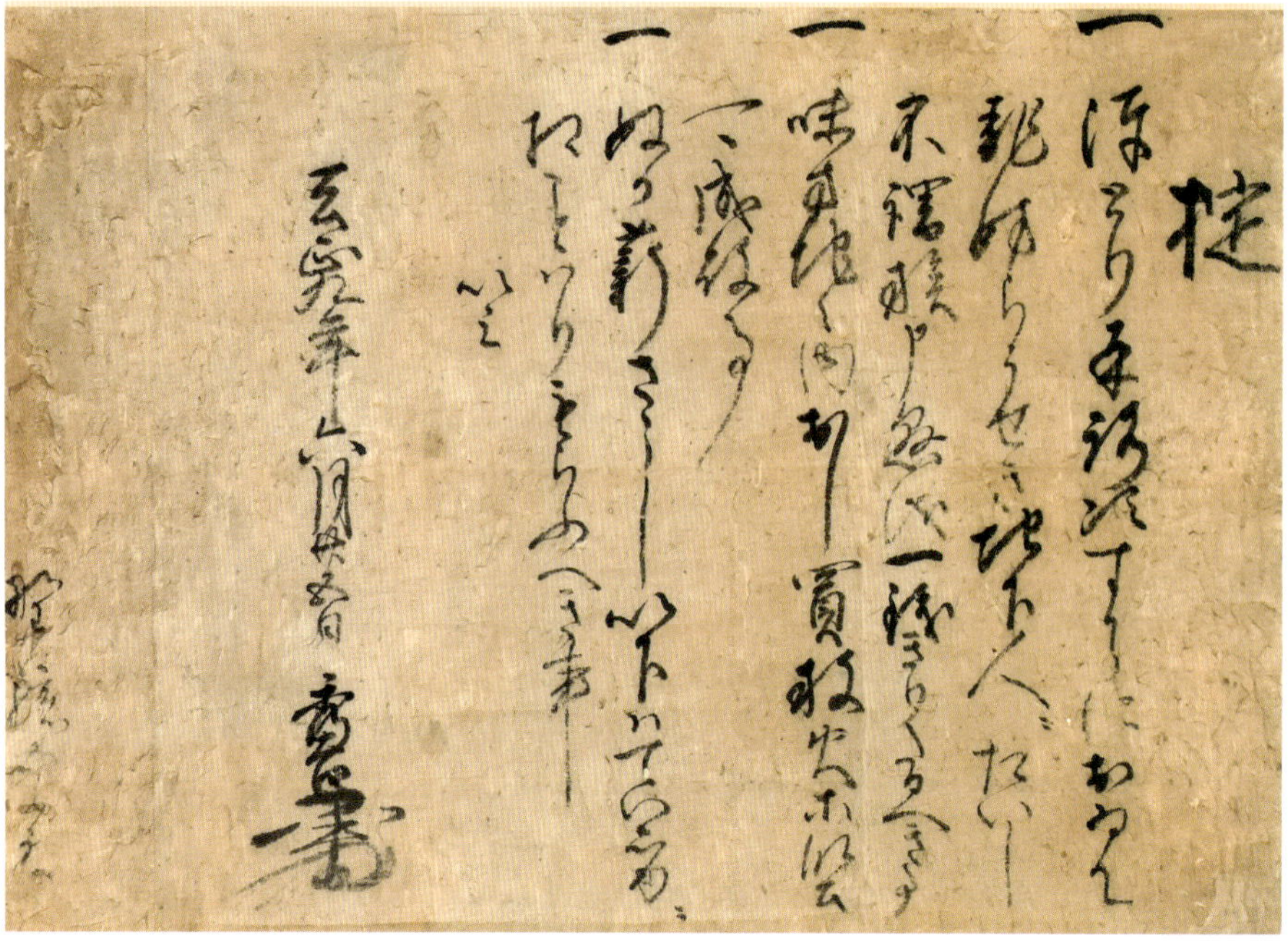

[87] 羽柴秀吉掟書《はしばひでよしおきてがき》
安土桃山時代・天正九年（一五八一）六月二十五日
鳥取市歴史博物館

禁制と濫妨狼藉

戦国時代にはしばしば、軍隊による放火や略奪、暴行といった「濫妨狼藉《らんぼうろうぜき》」を禁止する「禁制《きんぜい》」が発せられた。田恵村《たえ》（兵庫県宍粟市）に宛てた[86]のように、中世の禁制の多くは特定の地域を指定している。この場合、村の安全を確保するために、村の側が金銭を支払って禁制を出してもらうこともあったようだ。一方、[87]では羽柴《はしば》秀吉《ひでよし》が「味方地」での濫妨狼藉の禁止を麾下の軍勢に命じている。近世に近づくにつれ、軍勢の指揮官主導での禁制も登場するようになった。

禁制の存在は、裏を返せば、戦国の社会が濫妨狼藉に常にさらされていたということも意味している。放火や苅田などは度々戦略としても用いられ、略奪行為は兵士たちの生活の糧にすらなっていた。禁制は簡略な内容ながら、戦争と地域の関係を知る手がかりの一つである。

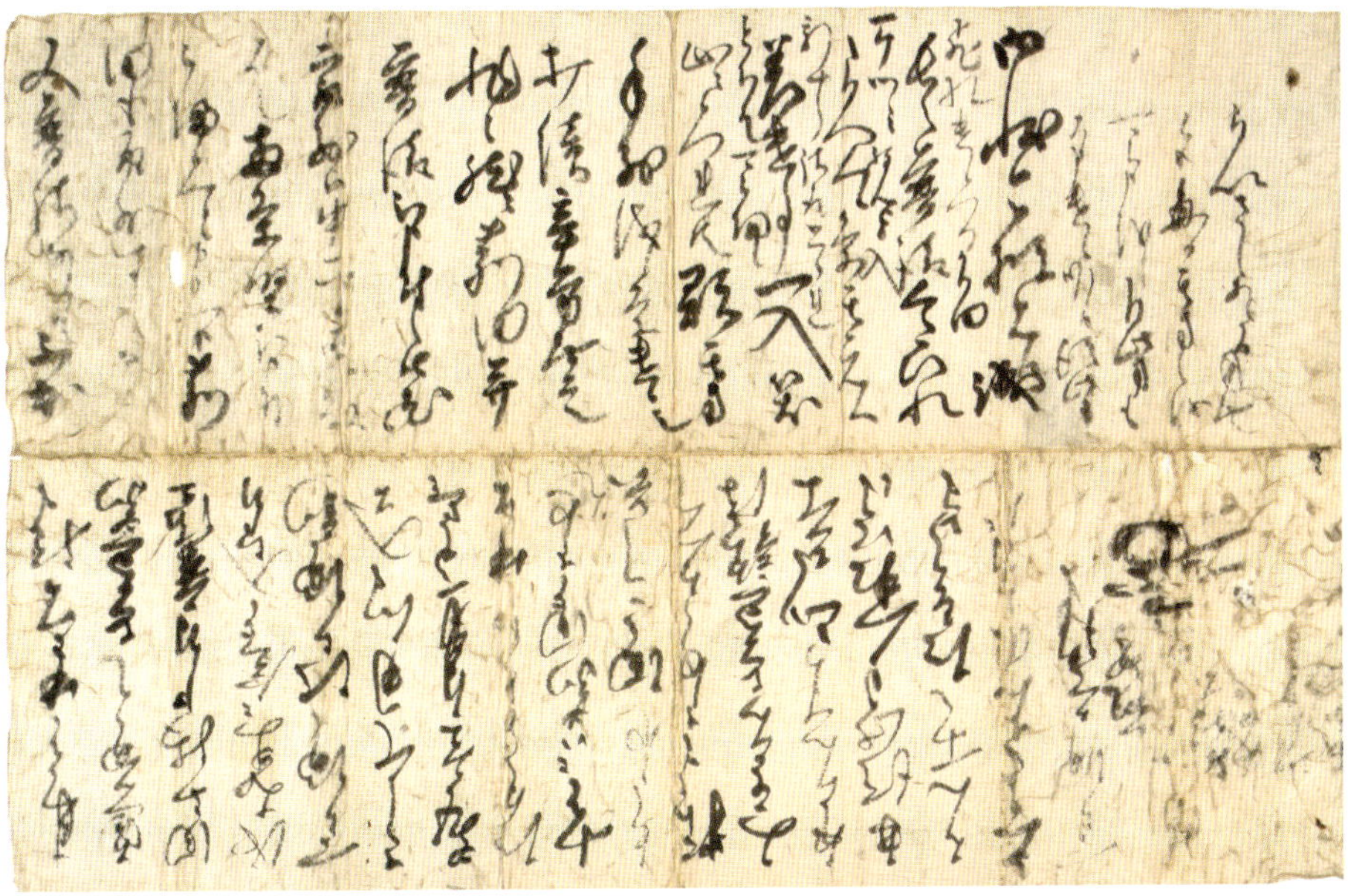

［88］羽柴秀吉書状《はしばひでよししょじょう》［秋田政蔵文庫《あきたせいぞうぶんこ》］
安土桃山時代・天正九年（一五八一）九月
鳥取県立博物館

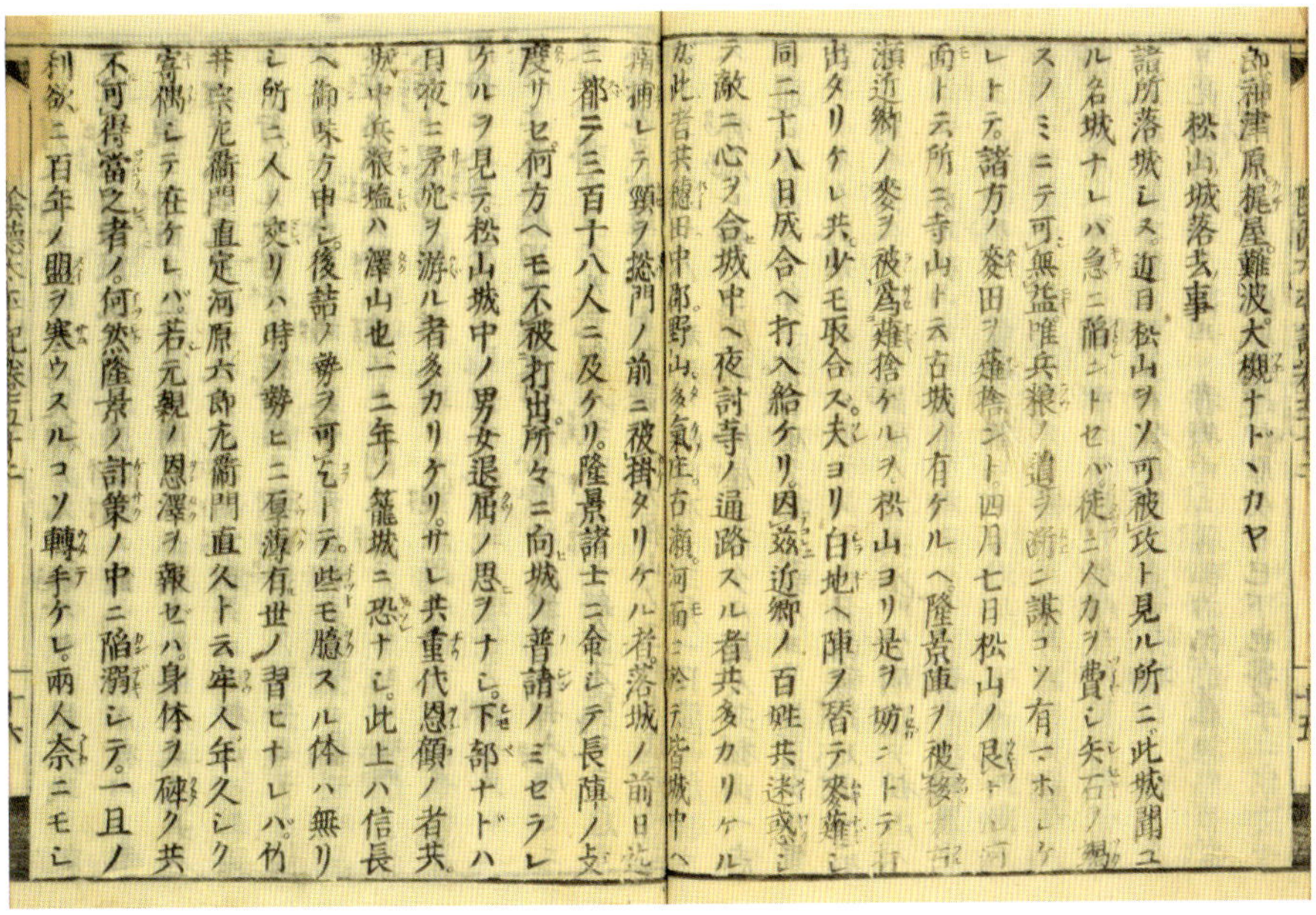

御神津原梶屋難波大槻ナド、カヤ
松山城落去事
諸所落城シヌ。近日松山ヲソ可被攻ト見ル所ニ此城聞ユル名城ナレハ急ニ陥ニトセハ徒ニ人力ヲ費シ矢石ノ懸スノミニテ可無益唯兵粮ノ道ヲ断ニ謀コソ有ヘホレケレトテ。諸方ノ麥田ヲ薙捨シト四月七日松山ノ艮ト河向トテ所ニ寺山トテ古城ノ有ケルヘ隆景陣ヲ被移瀬近郷ノ麥ヲ被為薙捨ケルヲ。松山ヨリ是ヲ妨ニトテ打出タリケレ共。少モ取合ズ。夫ヨリ白地ヘ陣ヲ替テ麥薙シ同二十八日戌合ヘ打入給ケリ。因茲近郷ノ百姓共迷惑シテ敵ニ心ヲ合城中ヘ夜討等ノ通路スル者共多カリケル处此者共總田中部野山、多氣庄。古瀬。河面ニ於テ皆城中ヘ搦捕レテ頸ヲ掛門ノ前ニ被掛タリケル者。落城ノ前日迄ニ都テ三百十八人ニ及ケリ。隆景諸士ニ命シテ長陣ノ支度サセ。何方ヘモ不被打出。所々ニ向城ノ普請ノミセラレケルヲ見テ。松山城中ノ男女退屈ノ思ヲナシ。下部ナドハ日夜ニ矛先ヲ游ル者多カリケリ。サレ共重代恩顧ノ者共。城中兵粮塩ハ澤山也。一二年ノ籠城ニ恐ナシ。此上ハ信長ヘ御味方申シ。後詰ノ勢ヲ可乞トテ。些モ臆スル体ハ無リシ所ニ。人ノ変リハ時ノ勢ヒニ寡海有世ノ習ヒナレハ。竹井宗左衛門直定河原六郎左衛門直久トテ云牢人年久シク寄偶シテ在ケレハ。若元親ノ恩澤ヲ報セハ。身体ヲ砕ク共不可得當之者ノ。何然隆景ノ計策ノ中ニ陥溺シテ。一旦ノ利欲ニ百年ノ盟ヲ寒ウスルコソ轉手ケレ。両人奈ニモシ

［89］陰徳太平記《いんとくたいへいき》
江戸時代・正徳二年（一七一二）
当館

生活を破壊する戦略

激しい戦争の中では、戦略としてあえて人びとの生活基盤を狙うこともあった。永禄《えいろく》八年（一五六五）、毛利《もうり》軍が尼子《あまご》氏の籠もる富田城を包囲した際には、「麦薙《むぎなぎ》」や「苗代返《なわしろがえ》し」が行われたという【参考画像7】。これは城下の人びとが育てた麦や苗代を狙ったものであり、稲を対象とした「稲薙《いねなぎ》」もある。似たような事例では、因幡国内に攻め寄せた羽柴秀《はしばひで》吉《よし》軍が「苅田《かりた》」を行って兵糧を確保したというものがあるが［88］、麦薙や稲薙は兵糧目的だけでなく、籠城する人びとの生活基盤を破壊して精神的に追い詰める戦略でもあったようだ。後世の軍記物の中には、麦薙に対して農民たちが反発する様子を記したものもある［89］。戦争は、いつの時代も民衆の生活を脅かすものであった（麦薙・稲薙などについて詳しくは九十一～九十二頁コラム3を参照）。

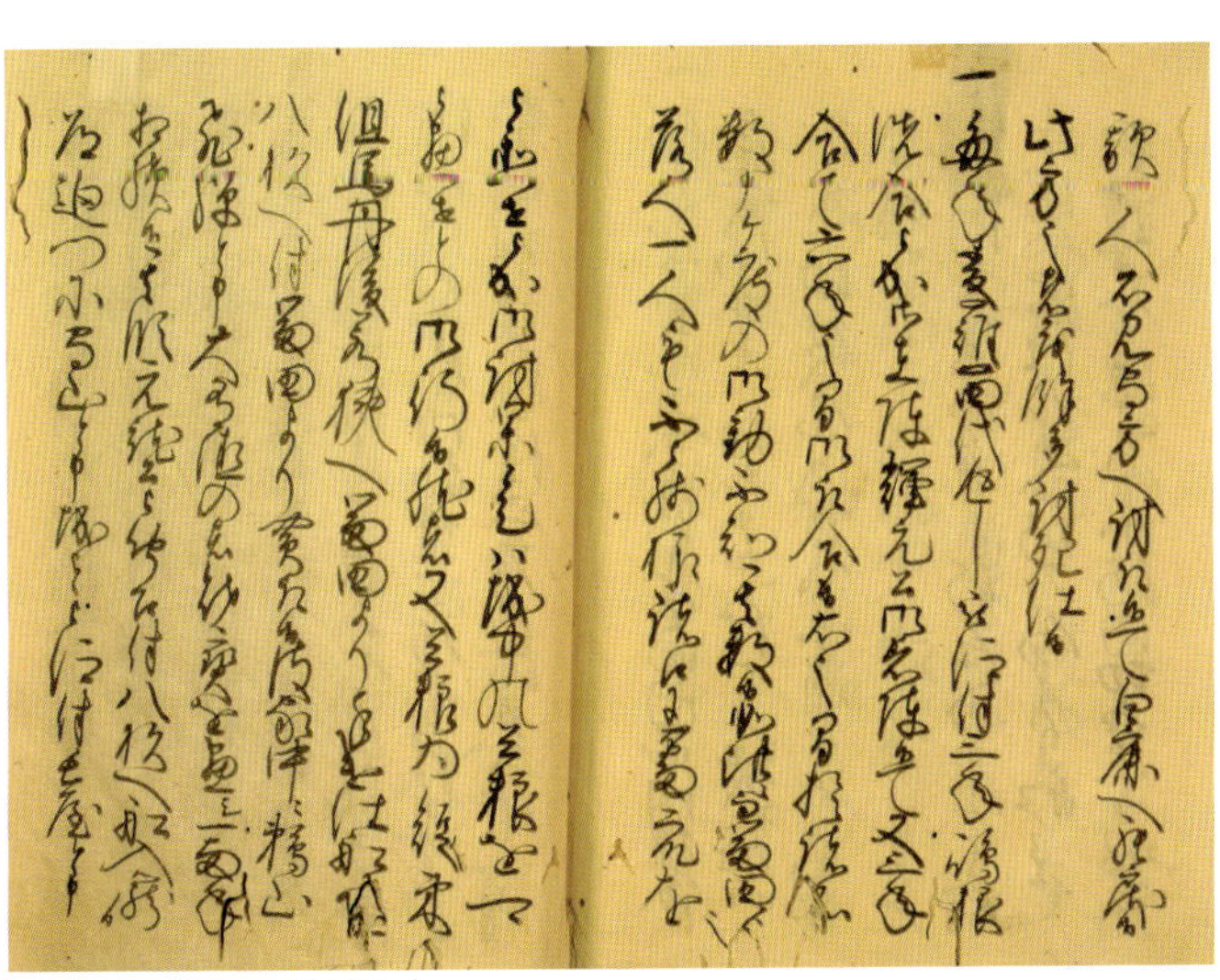

【参考画像7】『老翁日記《ろうおうにっき》』（山口県文書館）
毛利軍が富田城攻めに際して「毎年麦薙《むぎなぎ》・苗代返《なわしろがえ》し」を行っていたとある（画像3行目）。

山陰の戦国争乱と人びとの暮らし

山本 浩樹

一、戦争と生活破壊
―戦国争乱と現代の戦争―

二十一世紀を迎えてもなお、世界で戦争の惨禍が止む日はない。ウクライナでも、パレスチナでも、多くの人びとが住む家を破壊され、食糧や医薬品の欠乏に苦しんでいる。また電気・水道などのライフラインが標的とされ、学校・病院などの非軍事的施設への攻撃も跡を絶たない。爆撃などによってたくさんの子どもたちが傷つけられ、犠牲となる悲劇が毎日のように繰り返されている。

現代の戦争を特徴づける戦術の一つが、航空機を用いた都市への無差別爆撃である。大規模な破壊と市民の殺傷によって敵国民に物心両面でダメージを与え、抗戦意欲を挫くことが目的とされ、旧日本軍による中華民国の首都重慶への反復的な無差別爆撃（一九三八〜四三年）や、アメリカ軍による広島・長崎への原子爆弾投下（一九四五年）を含む日本国内諸都市への空襲もそれに当たる。核兵器の出現とその拡散は、戦争による破壊と殺戮の対象を全地球規模に押し広げ、それが使用されることへの恐怖が、また新たな戦略的意味を持ち始めることとなった。その一方で、通常兵器による無差別爆撃は、航空機からミサイル、ドローンへと運搬手段が変化する中で、いまも紛争地に住む人びとの命と暮らしを脅かし続けている。

歴史を遡って、今から四〜五〇〇年前、戦火が日本全土を覆った戦国時代にも、敵城周辺の村々を焼き払ったり（放火）、農作物の収穫を妨害したり（稲薙《いねなぎ》・麦薙《むぎなぎ》）、収穫前の作物を奪ったり（苅田《かりた》）して、人びとの生活基盤を意図的に破壊する戦術が多用されていた。それらが用いられた理由は複数あったとみられるが、地下人《じげにん》（地侍・農民ら村人たち）を含む敵国の人びとの抗戦意欲を削ぐ狙いがあったことは間違いない。

二、尼子・毛利の戦いと麦薙・稲薙

永禄《えいろく》五年（一五六二）に毛利《もうり》氏の軍勢が出雲に侵攻し、尼子《あまご》方の諸城を攻略して順次富田城への包囲網を縮小していった。「老翁物語」（毛利輝元《てるもと》の晩年に毛利家老臣の聞書をまとめた軍記）によると、毛利氏はこの間、麦薙と苗代返《なわしろがえ》しを毎年実施したという【参考画像7】。苗代返しは苗代を踏み荒らして稲作を妨害する行為を指すとみられ、麦薙と同じく、現在の暦で四〜六月に相当する時

毛利軍が布陣した京羅木山の山頂部（手前）と眼下の富田城・城下（中央奥）

期に実施されたようである。富田方面では、麦薙に出動した毛利勢に尼子勢が反撃し、戦闘となった（『萩藩閥閲録』巻八四ほか）。

富田城は永禄九年十一月に開城し、毛利氏が山陰・山陽の覇者となったが、九州北部で毛利勢が豊後大友《おおとも》氏と交戦中の永禄十二年に尼子勝久《かつひさ》・山《やま》中幸盛《なかゆきもり》らが但馬の山名祐豊《やまなすけとよ》による後押しで出雲国内に乱入し、山陰を中心に再び戦火が拡大する。元亀《げんき》元年（一五七〇）に毛利氏は出雲国内に大軍を送りこんで諸城の奪回を図り、同年七～八月には米原綱寛《よねはらつなひろ》の拠る高瀬《たかせ》城の麓廻りの稲を「大概薙捨」にしたほか、尼子勝久の拠る新山《しんやま》城の麓でも稲薙を行った（『萩藩閥閲録』巻二ほか）。

翌年三月に高瀬城、八月には新山城が開城し、毛利氏が出雲を制圧したが、尼子勢は豊後大友氏、備前浦上《うらがみ》氏、美作《まさ》牧氏らとともに毛利氏包囲網の一角を担って復活の機会を窺った。天正元年（一五七三）三月、山中幸盛・尼子勝久が因幡攻略に着手し、同国の布施屋形山名豊国《とよくに》らを味方に引き入れて鳥取城を攻略するなど、攻勢に出た。

翌年、毛利輝元の叔父吉川元春《きっかわもとはる》が因幡に出陣して圧力をかけたため、山名豊国が毛利方に転じ、さらに天正三年一月には但馬の山名紹凞《あきひろ》（祐豊）も毛利氏と和睦して、私部《きさいち》城などに拠った尼子勢は孤立した。同年五月、元春は私部城への圧力を一層強化するため、石見・出雲・伯耆の軍勢を因幡に出陣させ、稲薙を実施するとともに、相城《あいしろ》（付《つけ》城《じろ》）を構築して敵城の包囲を強化したいとして、前年毛利氏に反旗をひるがえした備中松山《まつやま》城の三《み》村元親《むらもとちか》攻めに在陣する安芸の軍勢を因幡に送るよう、弟の小早川隆景《こばやかわたかかげ》に申し入れた（末永文書）。

元春は同年七～八月頃に稲薙を実施する意向であったとみられるが、「稲薙申し付け相城取り付け、私部を押え候いて一味中兵粮取り込まれ候わば、私部の儀は相詰まり候わで叶うまじく候」と、自身の意図を説明している。大軍を動員して私部城周辺などの稲薙を実施し、敵の兵粮を欠乏させるとともに、敵勢による収穫妨害を封じることで「一味中」の領主たちが自領の年貢（兵粮）収納にあたることを助け、自軍の圧倒的優位を築く目論見であった。

私部城（鳥取県八頭郡八頭町）

同年六月、尼子勝久・山中幸盛が私部城を出て、但馬・播磨との国境に近い若桜鬼ヶ城《わかさおにがじょう》に移ったため、元春の計画通りにはならなかったとみられる。しかしこの年、備中の三村元親が滅亡したほか、浦上宗景《むねかげ》の拠る備前天神山《てんじんやま》城が宇喜多直家《うきたなおいえ》によって攻略され、牧氏らの拠った美作高田《たかだ》城も開城し、毛利氏包囲網は瓦解した。

三、織田・毛利戦争と苅田

天正四年五月頃に尼子勝久らが鬼ヶ城から退去し、山陰の戦いは終息するが、その頃には備後鞆《とも》に来航した将軍足利義昭《あしかがよしあき》が毛利氏に「帰洛」への供奉を求めており、新たな戦争が近づいていた。同年七月、毛利方水軍が摂津木津川口で織田《おだ》方水軍に勝利し、大坂本願寺《ほんがんじ》への兵粮補給を成功させたことで、織田・毛利戦争の火蓋が切られた。

この戦争の前半にあたる天正七年夏頃までは、毛利方優勢で推移し、摂津・淡路・播磨・但馬などが主要な戦いの舞台であった。織田方は反転攻勢の拠点とすべく播磨上月《こうづき》城を奪取し、これに尼子勝久・山中幸盛を送り込んだが、同城は天正六年に毛利方の大軍に攻められて落城し、尼子氏再興の動きは潰えた。

その後、織田方で播磨攻略を担当した羽柴秀吉による切り崩し工作が功を奏し、天正七年に備前岡山城の宇喜多直家、伯耆羽衣石城の南条元続《なんじょうもとつぐ》が相次いで織田方に転じた。これにより二大勢力の攻守が逆転し、主戦場は大きく西に移動した。天正八年六月までに摂津・播磨・但馬が織田方に制圧され、因幡・伯耆・美作・備中および備前の一部での攻防が激化する。

天正八年に因幡に侵攻した羽柴勢は、またたく間に鳥取城などの毛利方諸城を攻略したが、その際、「因伯之間」から四〇〇〇俵余を徴発したほか、苅田による兵粮の調達も行ったという（吉川家文書）。苅田を兵粮確保の手段とする例は、天正九年八月、鳥取城攻めに再出陣した秀吉が鹿野《しかの》城を守備する亀井茲矩《かめいこれのり》（尼子旧臣）に、「其元兵粮おそく候はば、かり田を仕候いて、兵粮已下丈夫に」するよう指示した例でも知られる（亀井文書）。その後秀吉は、鹿野城に配下の前野長康《まえのながやす》を送り込み、苅田で得た兵粮の搬入と城普請を行わせた（鳥取県立博物館所蔵秋田政蔵文庫所収文書［88］）。

一方、織田方に転じた南条元続の居城羽衣石《うえし》城、その弟小鴨元清《おがもときよ》の居城岩倉《いわくら》城の周辺では、天正八年八月、吉川元春配下の軍勢による放火や稲薙が実施された（『萩藩閥閲録』巻一一五）。兵粮が欠乏した羽衣石城内から南条勢が橋津・南条などに苅田に出て、毛利方の山田重直《やまだしげなお》と交戦に及んだ（「山田家古文書」）。

おわりに

稲薙・麦薙と苅田は、敵方の村々の収穫を妨害して村人にダメージを与える点で共通するが、稲薙・麦薙は作物を「薙ぎ捨て」にすること、即ち収穫の妨害そのものを主眼とし、自軍の兵粮確保を目的とする苅田とは明確に区別された。とくに前者は、大規模な軍勢動員により広域的に実施されることが多く、戦略上重要な作戦と位置づけられていたといえる。

刀狩り以前の戦国社会にあっては、食糧（兵粮）の生産者であった村人たちも、戦時には地域防衛などの軍事的役割を担うべきものとされ、しばしば敵国の軍勢の前に立ちはだかった。かかる意味で、戦国合戦は大名領国全体を巻きこむ総力戦としての性格を帯びており、それを反映したのが村人たちの力を削いで戦意喪失させることを主要な目的とした生活破壊戦術の数々であった。

戦争当事国の政府や軍の指導者たちの目線のみでは現代の戦争を論じきれないのと同様、武将たちの知略や武勇、武器や戦法だけに着目していては戦国合戦の一側面しか見ることはできない。名もなき人びとの目線から過去と現代の戦争を見つめ直すことは、戦争の本質を理解し、これからの世界を生きぬく術を知るうえでも、一助となるであろう。

【参考文献】

・山本浩樹「放火・稲薙・麦薙と戦国社会」（『日本歴史』五二一号、一九九一年）
・同『西国の戦国合戦』（吉川弘文館、二〇〇七年）
・藤木久志『刀狩り』（岩波書店、二〇〇五年）

戦乱の時代、軍事施設として全国各地に作られた「城」は、その役割によってさまざまな立地・構造の違いを見せる。時代とともに変貌していく城は、戦いの痕跡を土地に刻んだ存在といえる。

CHAPTER 4

戦乱と城

―戦う城、変貌する城―

（上）狗尸那城跡　復元模型　鳥取県埋蔵文化財センター
（中）吉田郡山城図　安芸高田市歴史民俗博物館
（下）富田城跡　パンドコ　安来市教育委員会

1

山城解剖―発掘された城、古文書が語る城―

現在日本列島の各地には三〜四万を超える数の城があるとされるが、その多くは地山を削り、土を盛り固めてつくられた「山城《やまじろ》」である。今に残る山城の多くは、木々に覆われた山の中でひっそりと眠っており、土地がさまざまな形で再利用される中で姿を消してしまったものも少なくない。それでもなお、一部の城は、発掘調査によって本来の姿が明らかにされつつある。また、古文書の中にも、数は決して多くはないが戦国時代の山城を考える手がかりが潜んでいる。

[90] 狗尸那城跡《くしなじょうあと》 復元模型《ふくげんもけい》

鳥取県埋蔵文化財センター

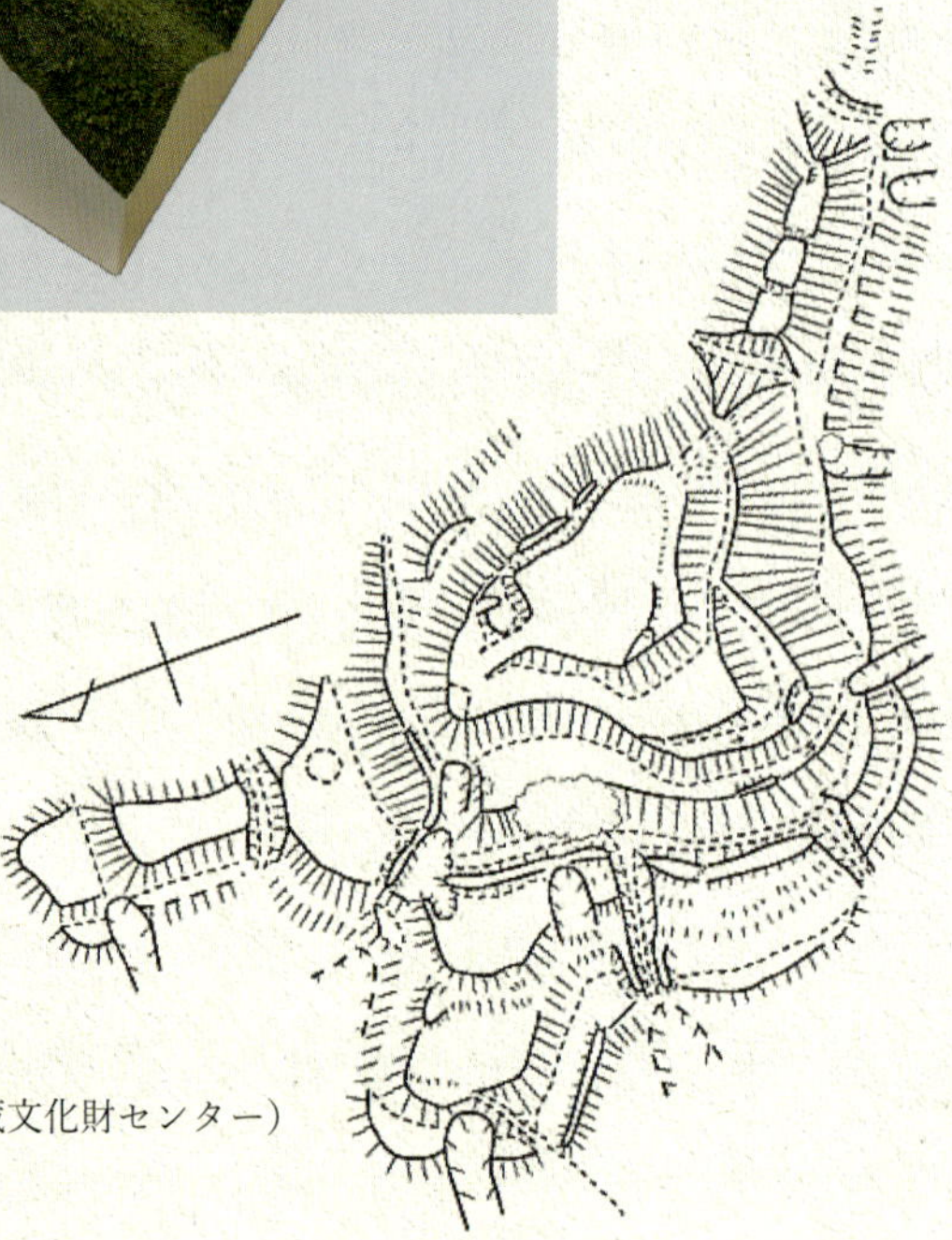

狗尸那城跡　縄張図
（画像提供：鳥取県埋蔵文化財センター）

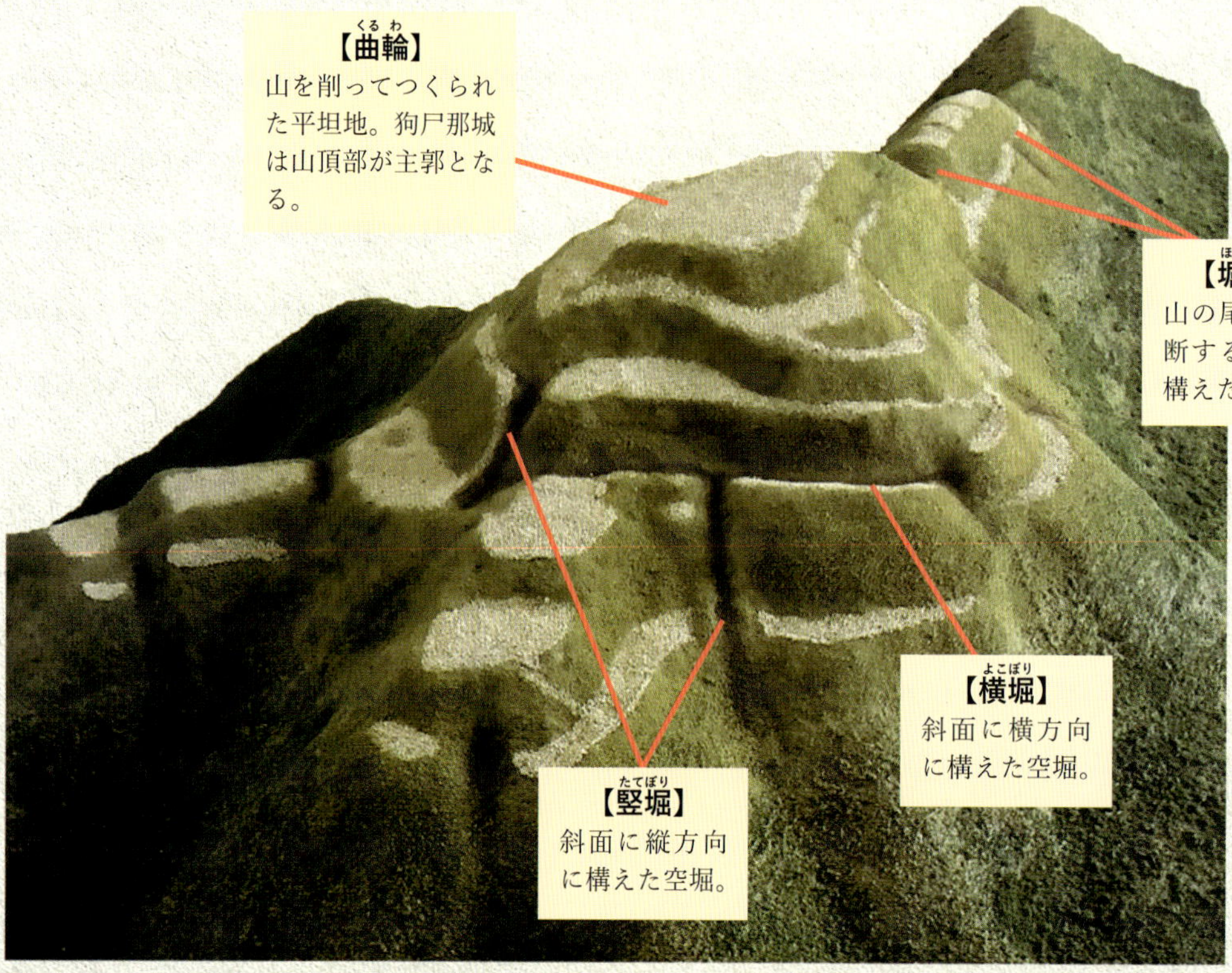
【曲輪《くるわ》】
山を削ってつくられた平坦地。狗尸那城は山頂部が主郭となる。
【堀切《ほりきり》】
山の尾根を切断するように構えた空堀。
【横堀《よこぼり》】
斜面に横方向に構えた空堀。
【竪堀《たてぼり》】
斜面に縦方向に構えた空堀。

模型にみる狗尸那城跡の構造（[90] 部分拡大画像に加筆）

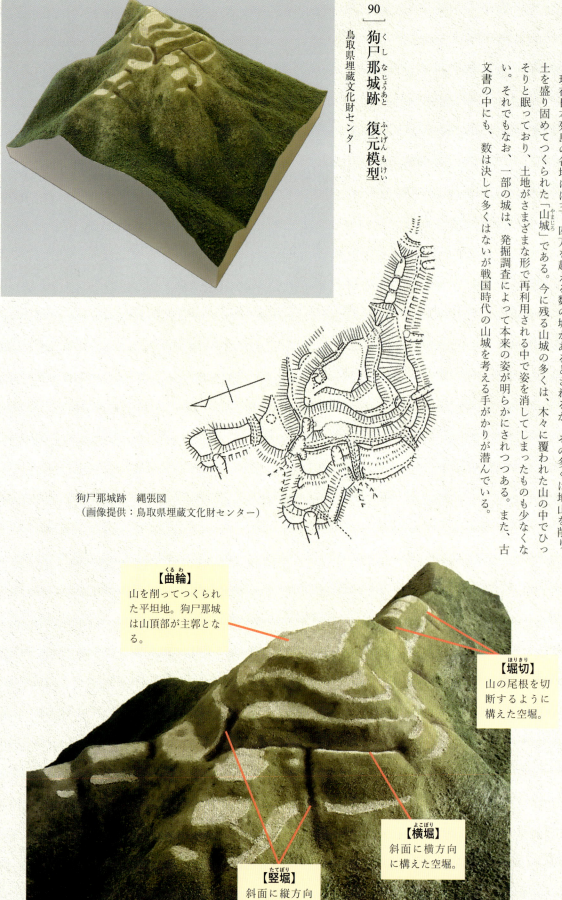

▲［92］

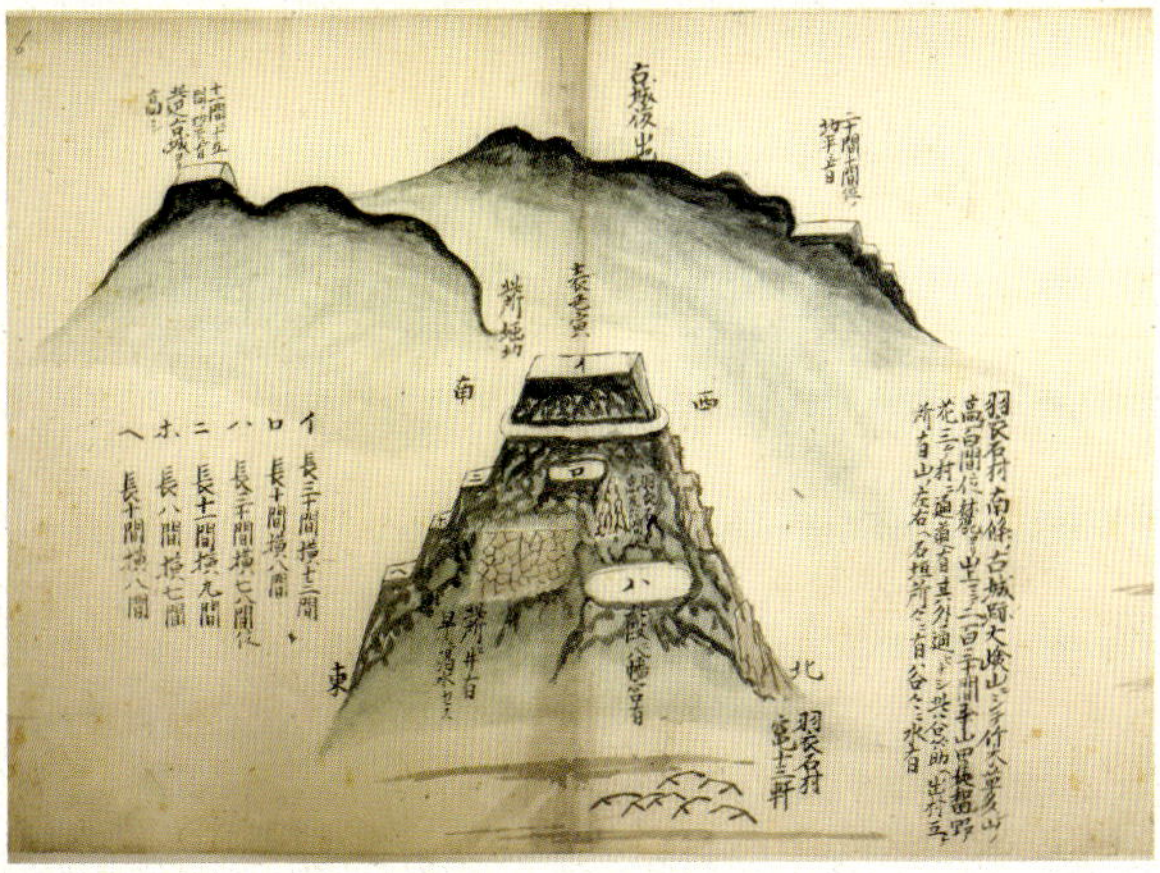

▲［93］

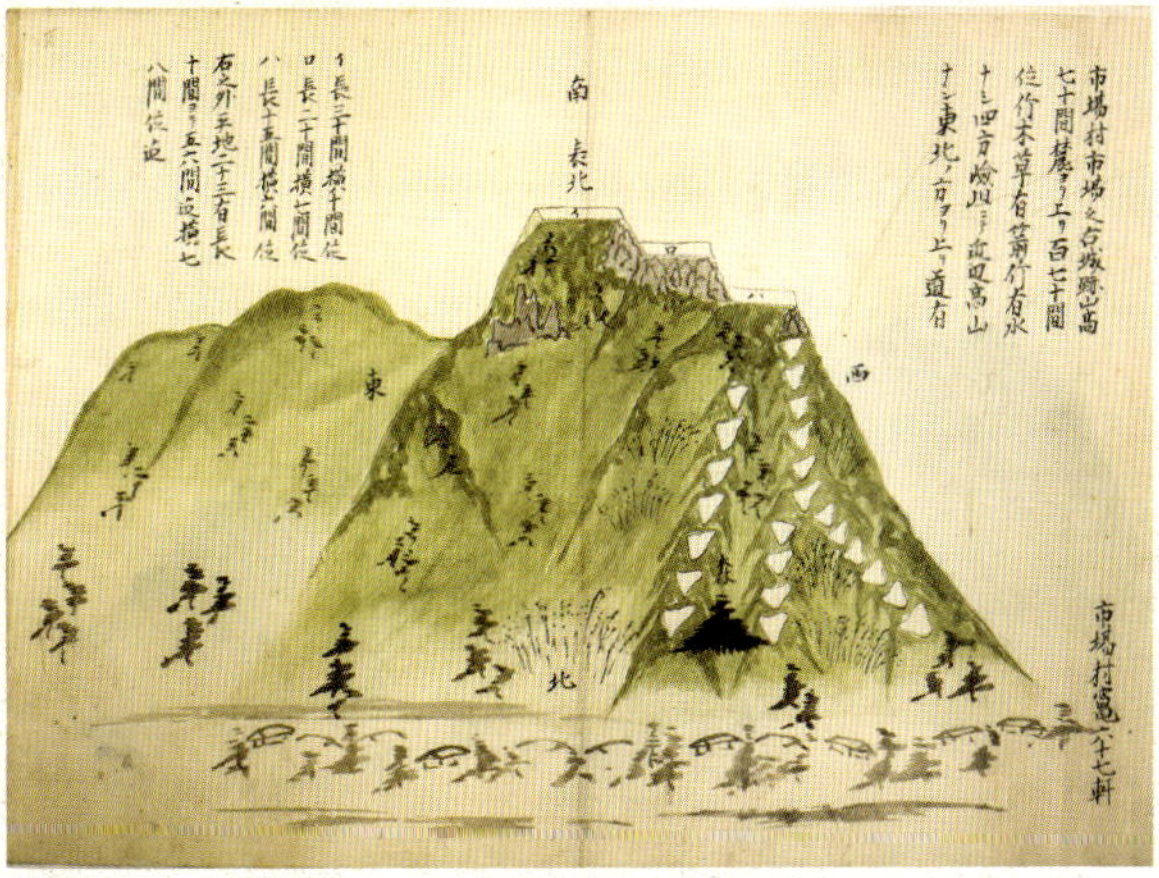

▲［94］

（上段）左から備前擂鉢、白磁碗、美濃天目碗、備前擂鉢
（中央）土師質土器皿
（下段）左から青磁碗（２点）、碁石（７点）土師質土器皿

［91］
狗戸那城跡《くしなじょうあと》　陶磁器《とうじき》ほか
戦国～安土桃山時代（十六世紀）
鳥取県埋蔵文化財センター

因幡・伯耆の城と戦乱

因幡・伯耆両国では、十六世紀を通じて諸勢力の激しい戦いが繰り広げられた。因幡国で再起した尼子《あまご》再興軍の拠点である私部《きさいち》城（市場《いちば》城、鳥取県八頭郡八頭町）・若桜《わかさ》鬼ヶ《おにが》城（鳥取県八頭郡若桜町）や、毛利《もうり》方からの離反によって毛利・織田《おだ》戦争の重大な争点となった東伯耆南条《なんじょう》氏の羽衣石《うえし》城（鳥取県東伯郡湯梨浜町）など、戦乱に関わる重要な城の遺構も数多く残されている。

西因幡の鹿野《しかの》（鳥取県鳥取市）に所在する狗戸那《くしな》城では、近年発掘調査が実施され、曲輪や堀などが巧妙に配置された縄張りと、礎石建物の存在などが明らかにされた。諸勢力による争奪戦の対象として度々文献史料に登場する「鹿野城」が狗戸那城にあたる可能性も指摘されている。

［92］
狗屍那古城跡絵図《くしなこじょうせきえず》
［因伯古城跡図志《いんぱくこじょうせきずし》　因幡国《いなばのくに》］
江戸時代・文政元年（一八一八）
鳥取県立博物館

［93］
羽衣石城跡絵図《うえしじょうせきえず》
［因伯古城跡図志《いんぱくこじょうせきずし》　伯耆国《ほうきのくに》］
江戸時代・文政元年（一八一八）
鳥取県立博物館

［94］
私部城跡絵図《きさいちじょうせきえず》
［因伯古城跡図志《いんぱくこじょうせきずし》　因幡国《いなばのくに》］
江戸時代・文政元年（一八一八）
鳥取県立博物館

【略地図】因幡・東伯耆の城

南山城　山陽の戦いと城

山陰地方東部で毛利《もうり》軍と織田《おだ》軍が衝突した頃、山陽方面でも両軍は激しい戦闘を繰り広げた。特に天正《てんしょう》十年（一五八二）の備中高松城《びっちゅうたかまつじょう》（岡山県岡山市北区）攻めは有名だが、この高松城の西方、高梁川と小田川の合流地点に南山《みなみやま》城という城があった（岡山県倉敷市船穂町・真備町）。

南山城跡では近年発掘調査が実施されている。南山城は小規模な山城であったが、丘陵の背後は三重の堀切《ほりきり》によって遮断されており、曲輪《くるわ》上には高さ三メートルにも及ぶ大規模な土塁が築かれ、近くには櫓台《やぐらだい》も設置されていたことがわかっている。さらに目を見張るのは、山の南側斜面におびただしい数並べられた竪堀《たてぼり》（畝状空堀群《うねじょうからぼりぐん》）である。敵軍の侵入を防ぐ防御施設が周到に設けられたこの城は、織田軍との緊張状態にあった毛利軍が交通の要衝を守るために用いたのであろう。

南山城跡発掘調査の様子（画像提供：岡山県古代吉備文化財センター）

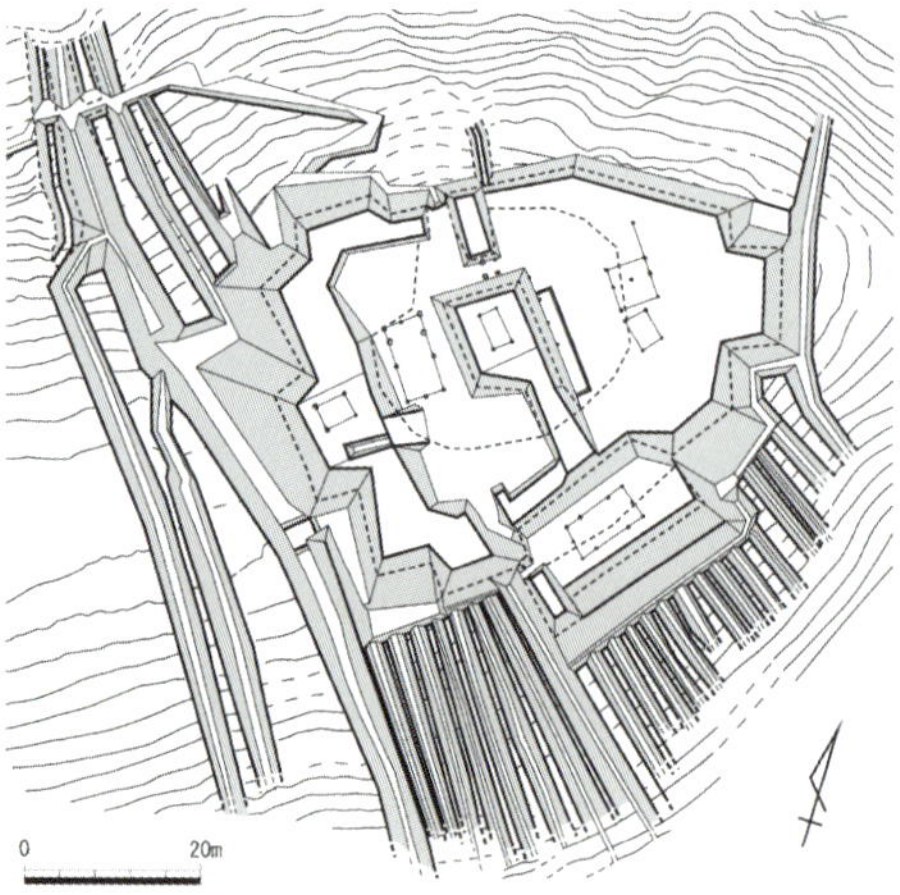

南山城跡の縄張り復元図（画像提供：岡山県古代吉備文化財センター）

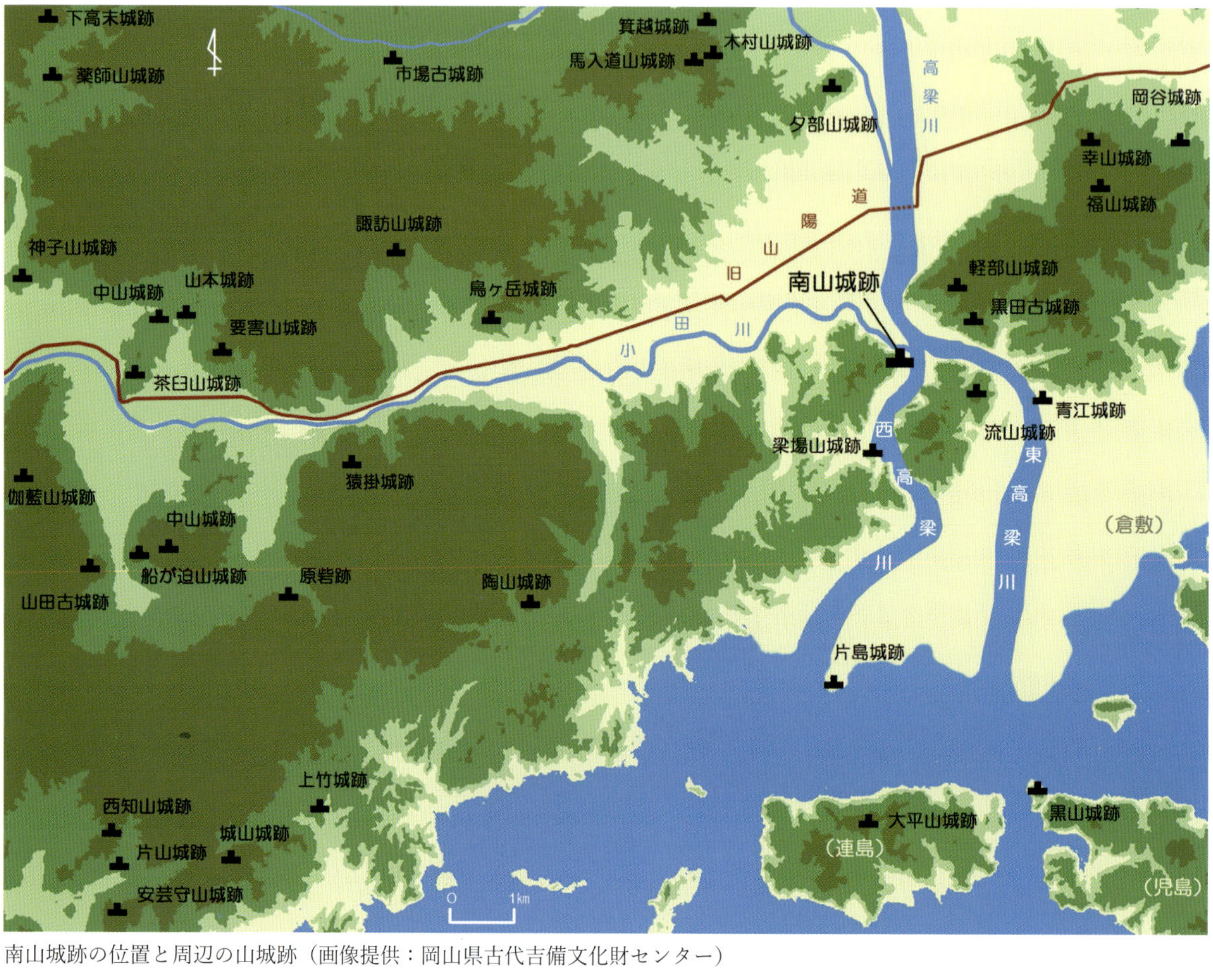

南山城跡の位置と周辺の山城跡（画像提供：岡山県古代吉備文化財センター）

95
南山城跡《みなみやまじょうあと》　復元模型《ふくげんもけい》
岡山県古代吉備文化財センター

96
南山城跡《みなみやまじょうあと》　金属製品《きんぞくせいひん》
戦国～安土桃山時代（十六世紀）
岡山県古代吉備文化財センター

（上段）左から鉄鏃（２点）、鉄砲玉、鍋蓋
（中段）切羽、火打金　（下段）火箸

97
南山城跡《みなみやまじょうあと》　陶磁器《とうじき》・石製品《せきせいひん》ほか
戦国～安土桃山時代（十六世紀）
岡山県古代吉備文化財センター

（上段）左から赤間硯（下関産）、硯、鳴滝砥石（京都産）、アカニシ貝
（中段）青花皿、土鈴　（下段）備前擂鉢、土錘（４点）

南山城の出土資料

南山城の発掘調査では多くの考古資料が発見されている。切羽《せっぱ》などの刀装具が見つかっていることから、ある程度上級の武将がいたことが想像される。鏃《ぞく》や鉄砲玉などは戦いに関わる痕跡であろう。アカニシ貝や土錘《どすい》（網につけるおもり）からは漁労が行われた様子もうかがわれる。茶道具として重宝された美濃天目碗や、青磁・白磁、備前焼などの陶磁器は、破片が少数見つかる程度であるから、基本的に人びとが撤退した時に持ち帰られたのかもしれない。臨時的な山城ではあるが、一定期間城内で人が生活していたのであろう。

▲美濃天目碗

▲火打石

［98］
南山城跡《みなみやまじょうあと》　青磁椀《せいじわん》
戦国～安土桃山時代（十六世紀）
岡山県古代吉備文化財センター

［99］
南山城跡《みなみやまじょうあと》　内耳鍋《ないじなべ》
戦国～安土桃山時代（十六世紀）
岡山県古代吉備文化財センター

［100］
南山城跡《みなみやまじょうあと》　羽釜《はがま》
戦国～安土桃山時代（十六世紀）
岡山県古代吉備文化財センター

静間城

現在の島根県大田市域を流れる静間《しずま》川の左岸には、静間城という小規模な山城があった。近年発掘調査が行われたこの城跡では、低丘陵上の二つの曲輪に建物跡が八棟、交易でもたらされた品を含む多くの陶磁器などが発見された。城の上での日常生活の痕跡がうかがわれるとともに、曲輪上には来客者を迎えて連歌や茶を楽しむ空間があったことも推察される。

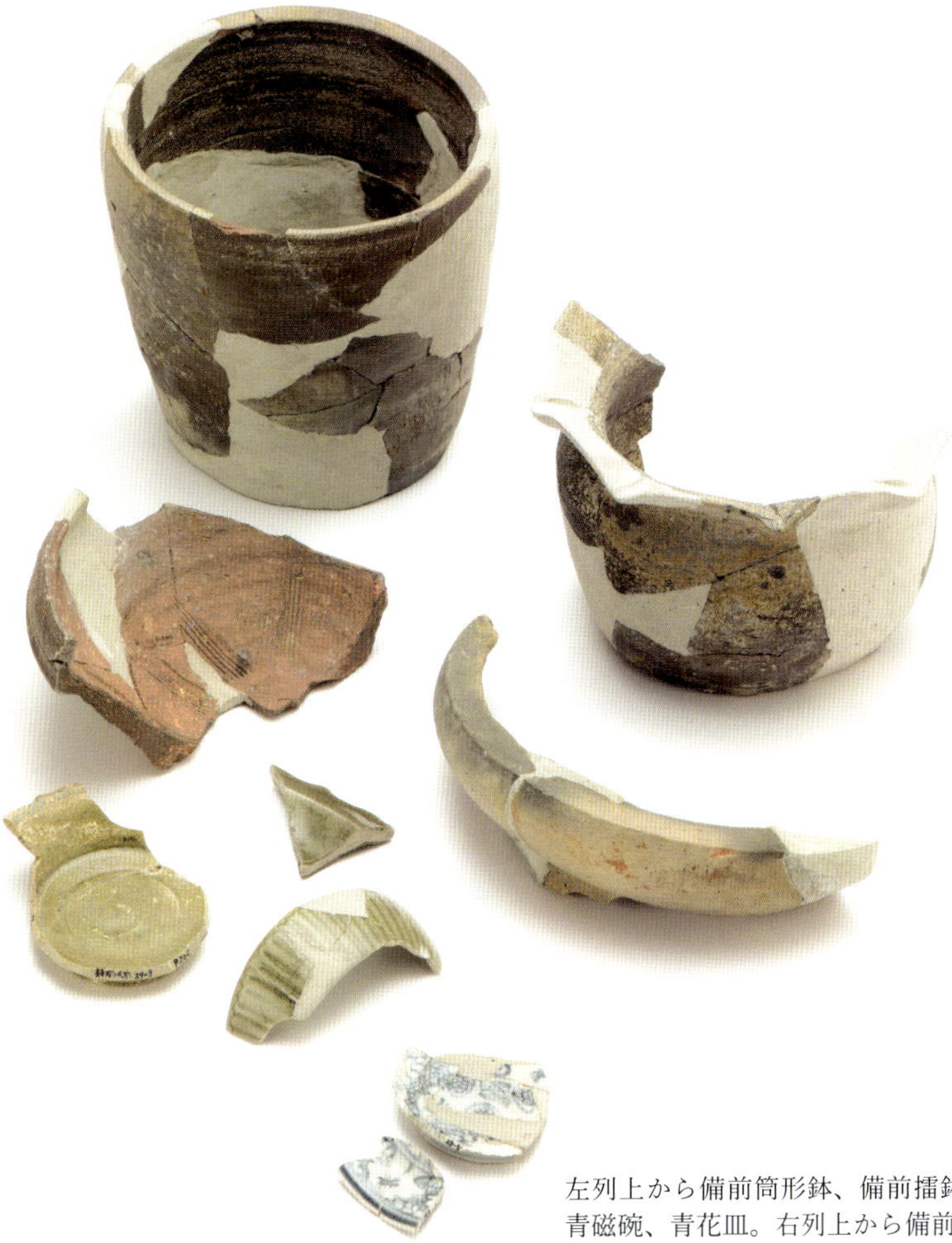

［101］静間城跡《しずまじょうあと》　陶磁器《とうじき》

室町～戦国時代（十五～十六世紀）

島根県埋蔵文化財調査センター

左列上から備前筒形鉢、備前擂鉢、青磁盤、青磁皿、青磁碗、青花皿。右列上から備前輪花鉢、瓦質火鉢。

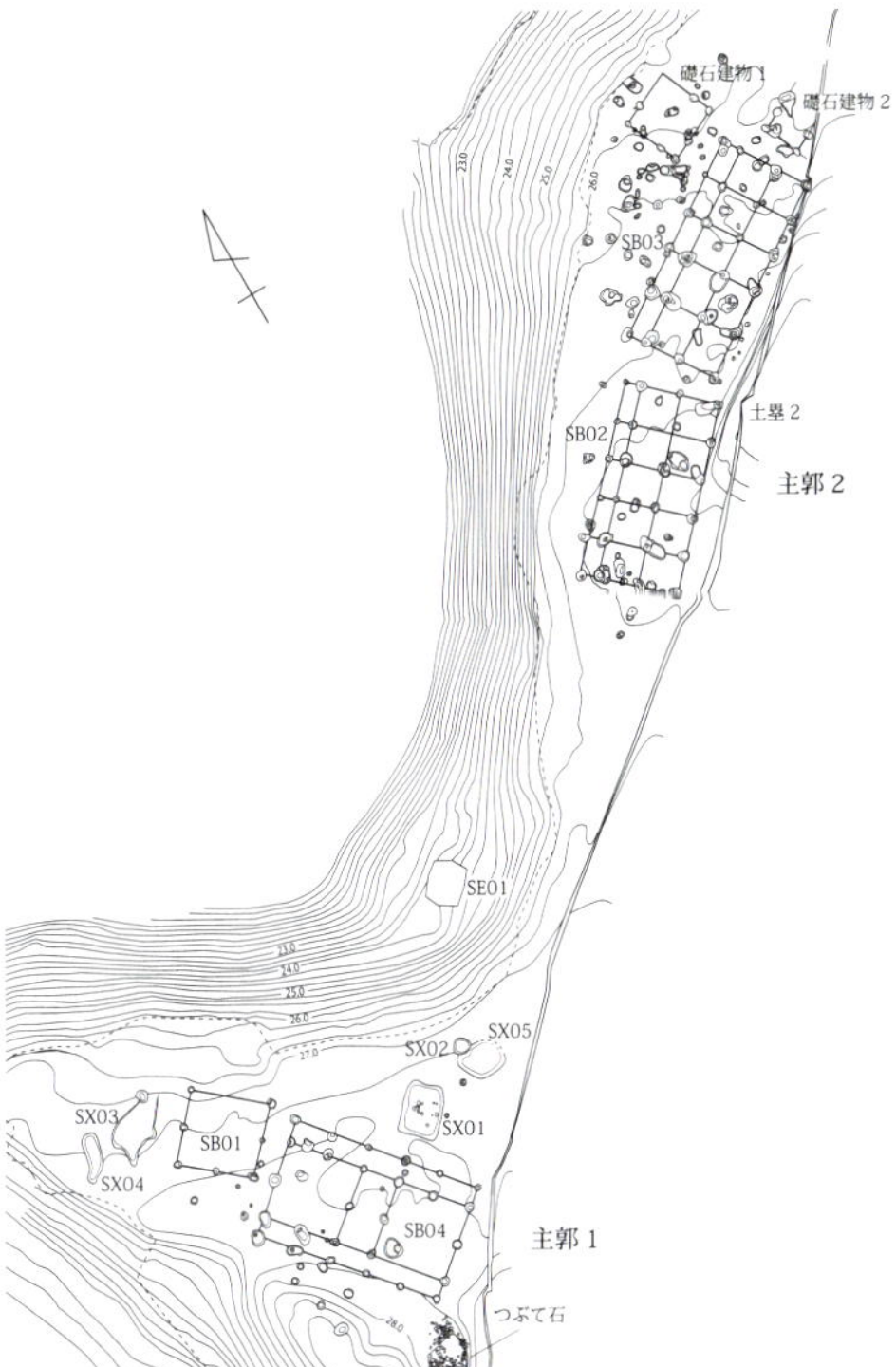

静間城跡　主郭平面図

（画像提供：島根県埋蔵文化財調査センター）

静間城想像イラスト

（画像提供：島根県埋蔵文化財調査センター）

［102］

普源田砦跡《ふげんだとりであと》　陶磁器《とうじき》・石製品《せきせいひん》

戦国時代（十六世紀）
島根県埋蔵文化財調査センター

普源田砦

現在の浜田市と益田市の境界に近い浜田市三隅町岡見地区の丘陵では、普源田砦《ふげんだとりで》と呼ばれる城の全体にわたる発掘調査が実施された。

中心となる曲輪では建物の跡が見つかり、陶磁器や茶臼、硯などの遺物が見つかっている。竪穴建物は居住用ではなく、倉庫や工房などに用いられたのであろう。

軍事施設としての遺構も特徴的である。城の背後は、大きな二本の堀切《ほりきり》と土塁で敵の侵入を遮断、周辺斜面には竪堀《たてぼり》が連続してもうけられている（畝状空堀群《うねじょうからぼりぐん》）。

最上段が瓦質鉢。２段目左から茶臼、擂鉢。３段目２点が青花碗。
最下段左から青花碗、硯、白磁皿。

普源田砦跡から発見された建物跡
（画像提供：島根県埋蔵文化財調査センター）

普源田砦跡の発掘調査現場全景（画像提供：島根県埋蔵文化財調査センター）

［103］毛利元就書状《もうりもとなりしょじょう》［富家文書《とびけもんじょ》］
戦国時代（十六世紀）・
［永禄六年（一五六三）］八月十四日
山口県・毛利博物館

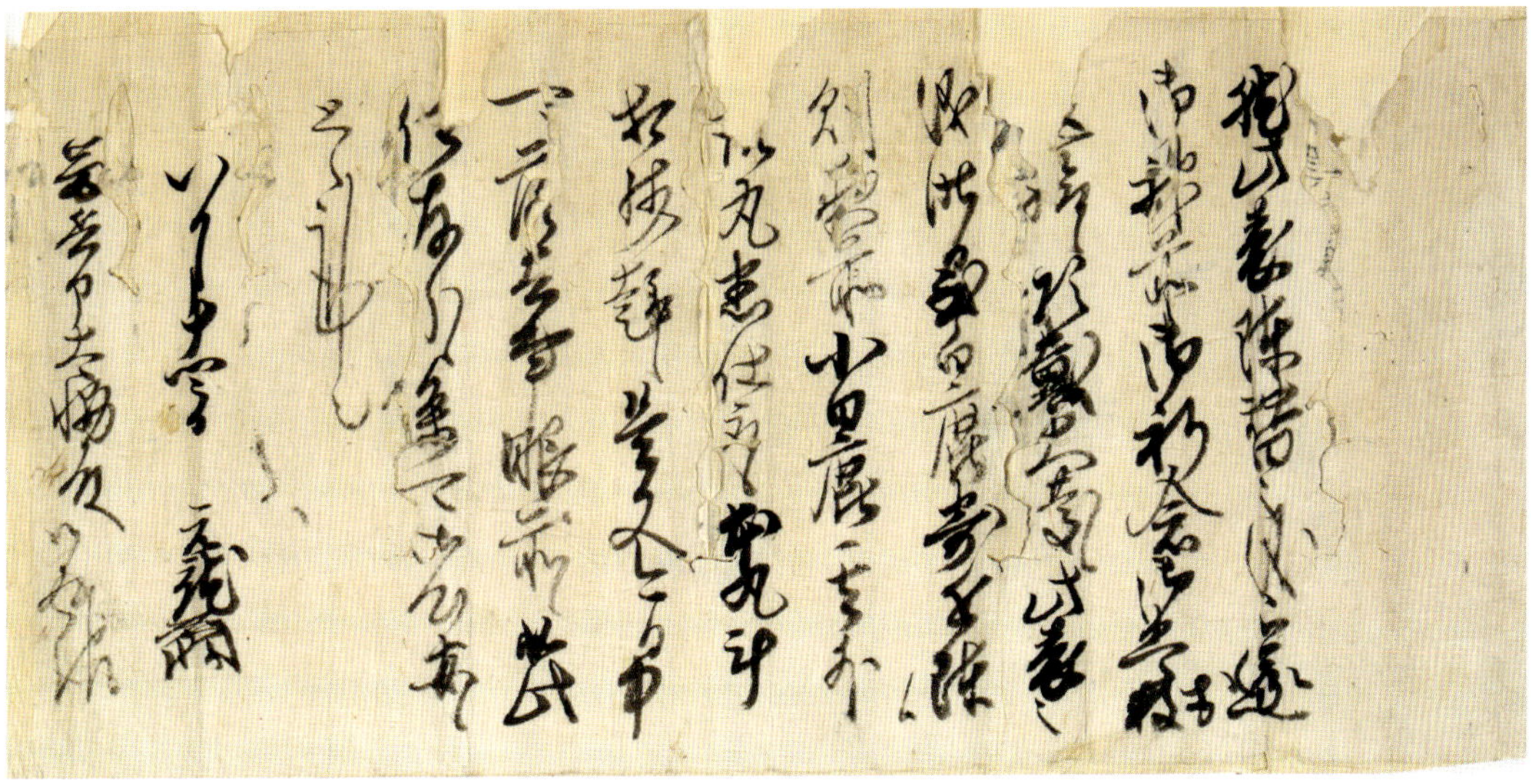

古文書に記される城（一）
―白鹿城と鵜丸城―

尼子《あまご》氏と毛利《もうり》氏の戦いの重要な争点となった白鹿城《しらが》（松江市法吉町）は、しばしば古文書の中に名前がみえる貴重な存在である。例えば［103］では、毛利軍が尼子方の白鹿城に攻め寄せ、「小白鹿」と呼ばれるエリアの他「諸丸」をことごとく攻略、残りは「本丸」を残すのみと記す。城に関わる表現が戦況との関わりで詳しく書き残された珍しい事例である。

また、城の築城（普請《ふしん》）に関わる記述が残ることもある。鵜丸城《うのまる》（大田市温泉津町）の場合、石見国邇摩郡（大田市・江津市）の村々に負担を割り当てる形で普請が実施されていたという記録があるが、［104］も「鵜丸普請」が毛利氏の指示のもとで進められていたことを記す貴重な古文書である。

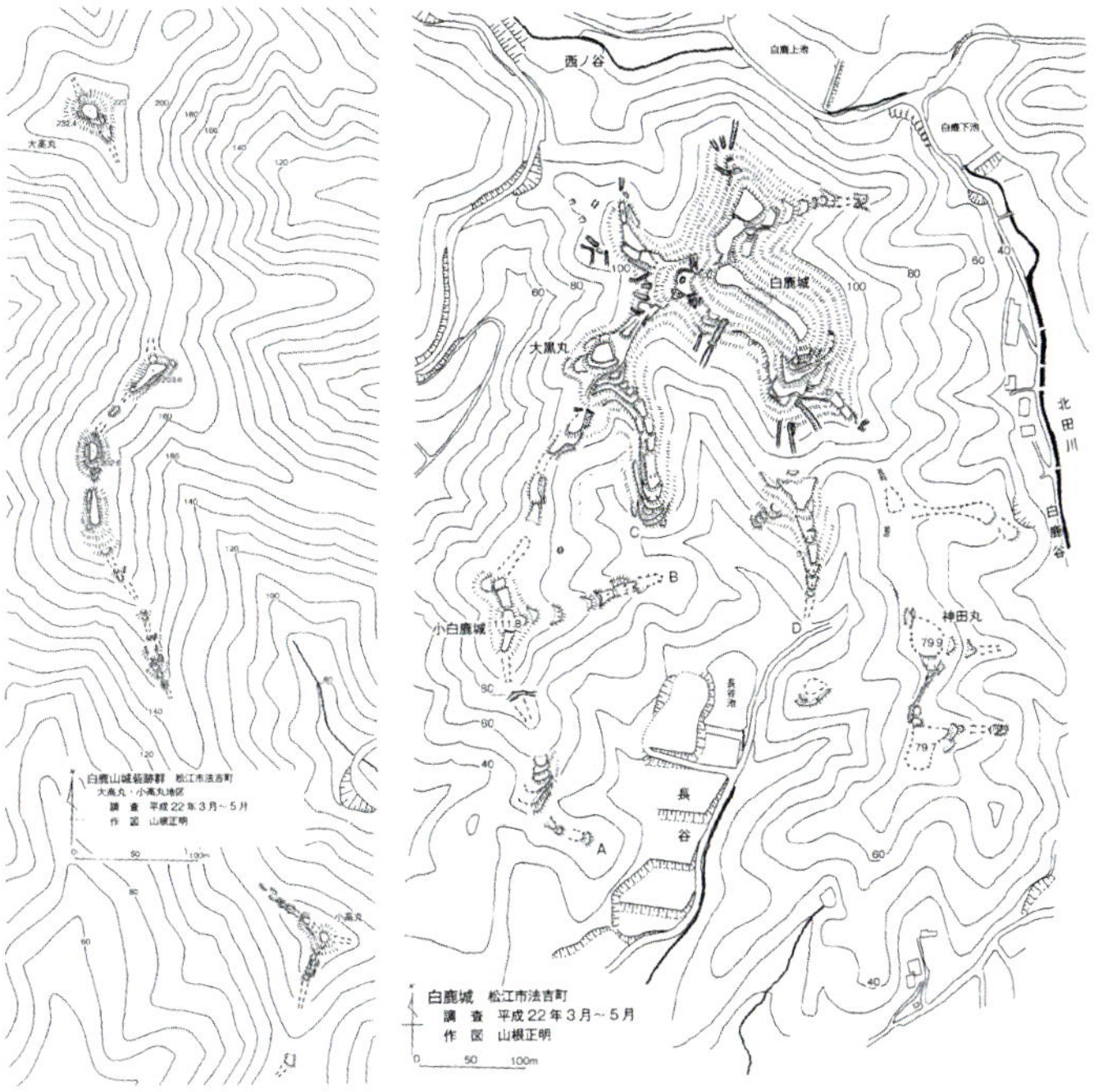

白鹿城縄張図　山根正明氏作図
（藤岡大拙監修『島根県の合戦』いき出版、2018年、137〜138頁より引用）

［104］毛利輝元書状《もうりてるもとしょじょう》
戦国時代（十六世紀）・年未詳三月十一日
安芸高田市歴史民俗博物館

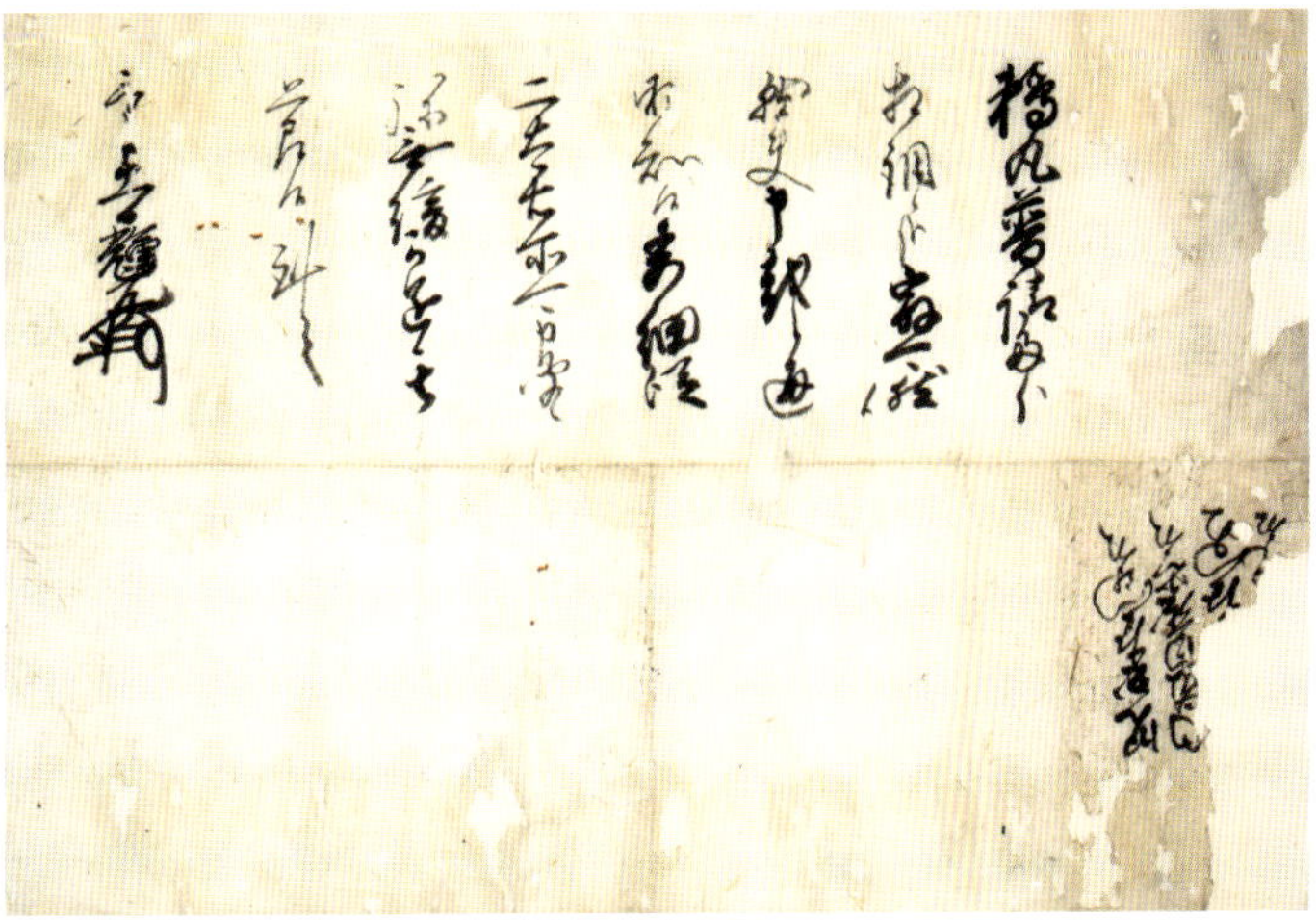

【略地図】白鹿城・鵜丸城の位置

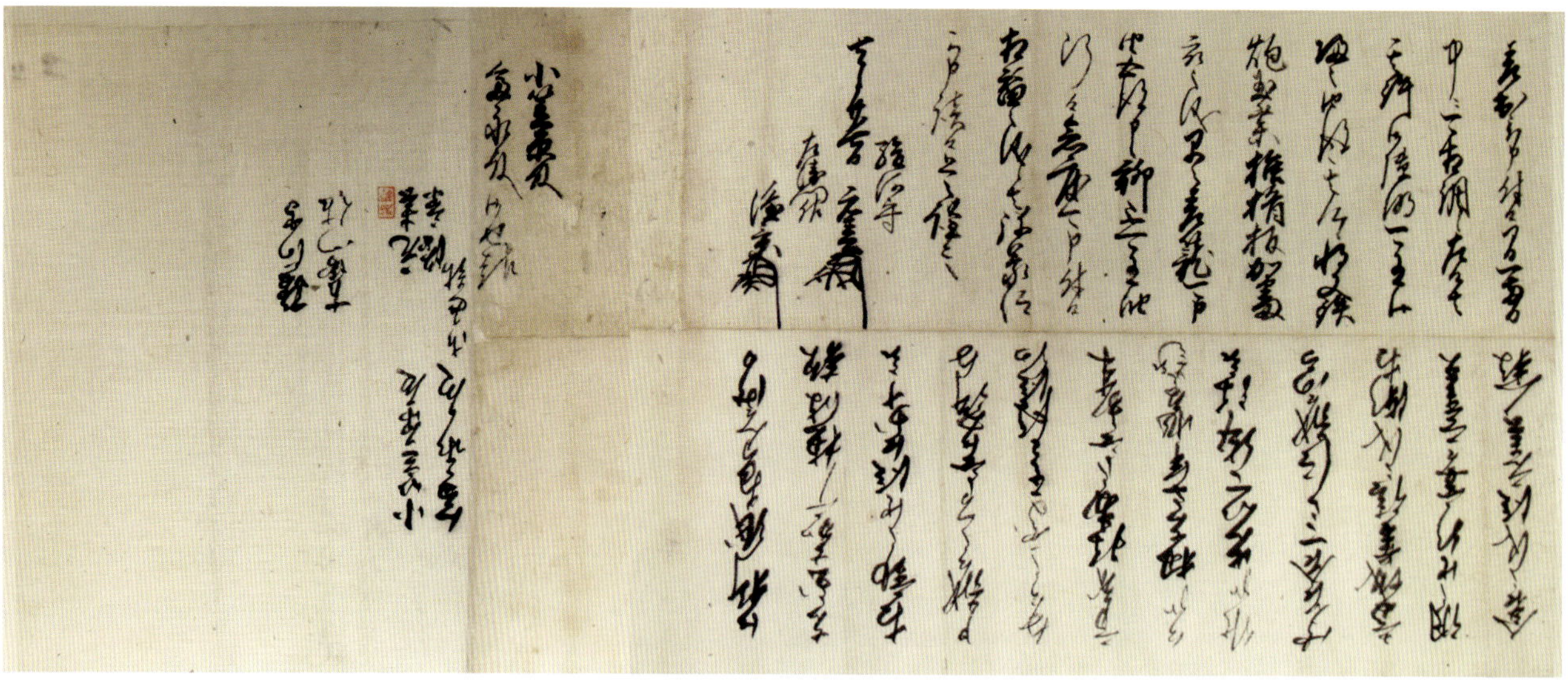

［105］吉川元春《きっかわもとはる》・小早川隆景《こばやかわたかかげ》連署書状《れんしょしょじょう》
［石見小笠原家文書《いわみおがさわらけもんじょ》］
戦国時代（十六世紀）・年未詳七月二十七日
島根大学附属図書館

古文書に記される城（二）

城に関する古文書の記述は断片的ではあるが、城について知るための重要な手がかりは少なからず残されている。毛利《もうり》方が守るある城では、二重櫓《やぐら》の普請が行われるとともに、鉄砲や玉薬（弾丸・火薬）、掻楯板《かいだていた》（矢の防御などに用いられた板）、城に詰める部隊の補充が課題となっている［105］。例えば日本海沿岸の拠点である加賀《かか》城（松江市）でも同様に、兵糧や矢・玉薬の備蓄が行われていた。城には鉄砲をはじめとする武器など、戦いに備えた物資の備蓄が不可欠であったのである。城普請で大量の竹を調達する事例もあるが［75］、矢や柵、鉄砲除けの「竹束」なども城に配備されたのだろう。

そもそも現在私たちが城と呼ぶ軍事施設を、当時の人びとがどう呼んでいたのか、という問題について考える上でも、古文書の中の表現は重要な手がかりになる。例えば［106］では石見西部での戦いにおける軍事施設を「固屋《こや》」と呼んでいる。当時の人びとが、城をさまざまな言葉で表現していたことがうかがえる（詳しくは一〇一頁のコラム4参照）。

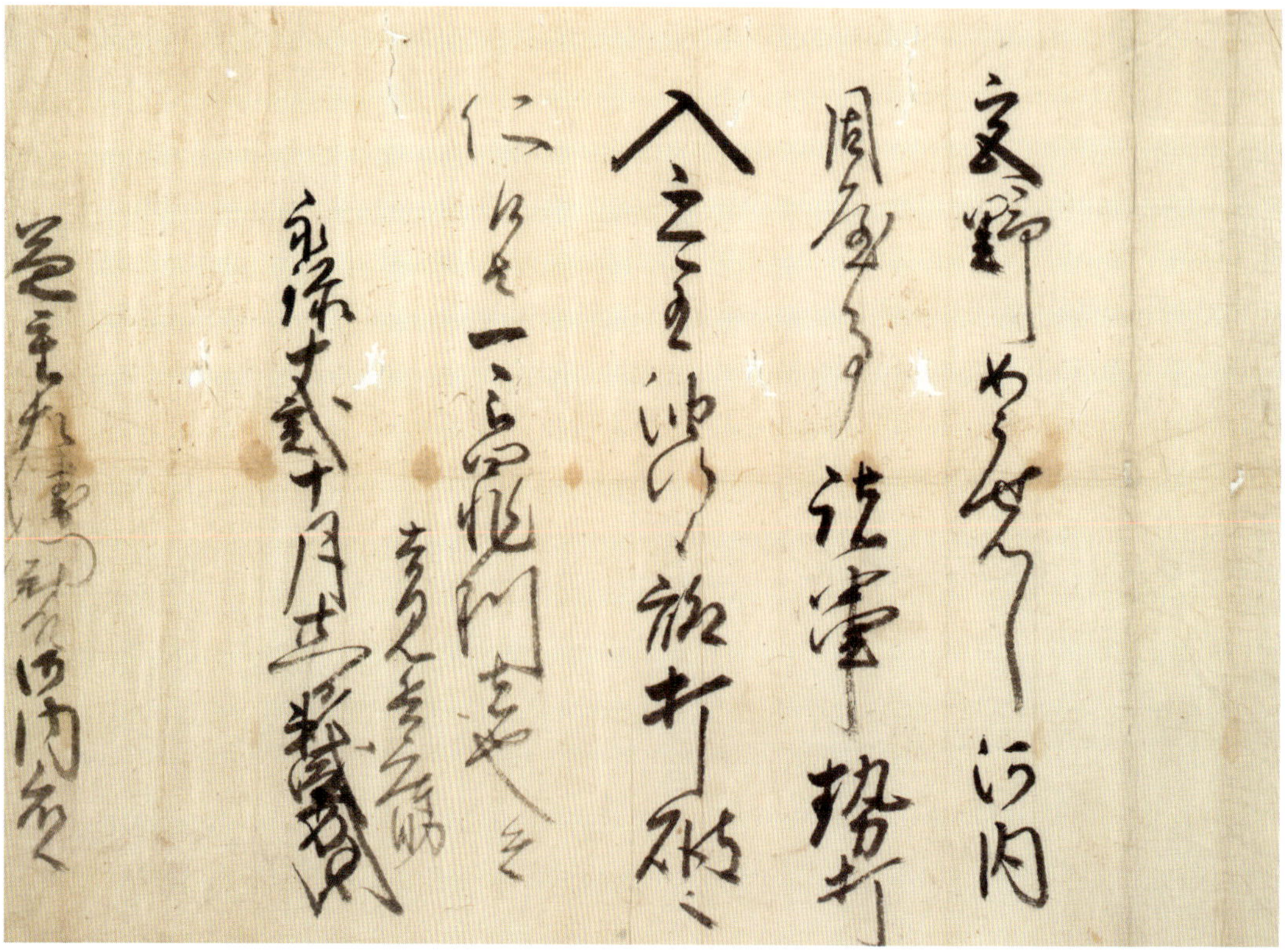

［106］吉見頼盛書状《よしみよりもりしょじょう》
戦国時代・永禄十二年（一五六九）十月二十一日
当館

COLUMN 4

「城」を指すさまざまな言葉

目次 謙一

一、同時代の史料から探る

中世城館跡の大半は同時代史料に全く現れない、文字どおりの名も無い「城」である。それらが当時の軍事情勢や社会で果たした役割を考察する前段として、史料上の「城」を表す言葉・語句を概観してみたい。具体的には、島根県内中近世城館跡分布調査の報告書が載せる島根県内中世城館史料目録や近年の刊行物から、該当する史料を探した。結果は石見約二八〇件・出雲約一九〇件である。

二、さまざまな「城」と言葉の違い

やはり、城は件数が最も多く、石見二二〇件・出雲一二〇件あまりにのぼった。目的・用途に応じた個別の言葉もある。「向城《むかいじろ》」は、攻める対象の城館に相対して攻撃側が築いたものを指す。石見国西部、吉見《よしみ》氏と益田《ますだ》氏の戦いでは、吉見氏領の下瀬山《しもせやま》城（津和野町）に「今城（新城とも）」が築かれた。和平後、益田氏は退陣の前に今城への放火（焼却）を求めている。今城は防衛上重要で、かつ地上構造物が設けられていたと推測される。

次に多いのは要害《ようがい》で、石見・出雲とも全体の二割ほどになる。城と要害、この二つの言葉を同一書状の中で記す例が複数ある。例えば、天正《てんしょう》元年（一五七三）湯原《ゆはら》右京進が加賀《かか》城（松江市）を守っていることは「加賀御要害御番」「加賀御城番」と書かれている。両方とも「城」を指す一般的な言葉として、さほど区別されずに使われた例といえようか。

軍勢の駐屯地を意味する陣《じん》は、城や要害にくらべて臨時のものという認識での用例が多い。だが、荒隈《あらわい》城（松江市）や神西《じんざい》城（出雲市）のように、複数年におよぶ軍事拠点でありつつ、陣が城と併用された例もある。

固屋《こや》の数少ない史料は、天文《てんぶん》二十三年（一五五四）石見三本松《さんぼんまつ》城（津和野町）の戦いや、元亀《げんき》元年（一五七〇）出雲布部《ふべ》（安来市）合戦のものである。本展の吉見頼盛《よりもり》書状[106]にも見え、みな激戦地ということを考え合わせると、固屋は臨時性の強い施設という点にもうなずけよう。

土居《どい》は末次《すえつぐ》（松江市）の二件のみだった。推定元亀元年八月末より後の史料では「末次城」に変わる。同じ城館を指すかは不明だが、これ以降で末次城普請（土木工事）が行われており、言葉の変化との関連が興味深い。

天正九年（一五八一）の鳥取《とっとり》城攻めで羽柴秀吉《はしばひでよし》は、「取出（砦）」を十四～五か所設ける、と述べている。この砦は探した史料内では確認できなかった。「城」を表す言葉は、地域性を反映している可能性があるだろう。さまざまな言葉から「城」の実像を探る試みは、まだまだ続ける必要があるようだ。

【参考文献】

・島根県教育委員会編『島根県中近世城館跡分布調査報告書〈第2集〉出雲・隠岐の城館跡』（島根県教育委員会、一九九八年）
・岡村吉彦『鳥取県史ブックレット1　織田VS毛利』（鳥取県、二〇〇七年）
・拙稿「島根県内中世城館史料における城館を指す語句の検討」（島根県教育庁埋蔵文化財調査センター編『普源田砦跡』島根県教育委員会、二〇二一年）

2

城を攻める　—富田城・郡山城と陣城—

城の機能は、敵からの攻撃を迎え撃つためだけではない。敵方の城を攻撃する際には、攻城戦の拠点となる「陣城《じんじろ》」(付城《つけじろ》、向城《むかいじろ》)が構築された。大規模な城攻めには、多くの軍勢が動員されたため、周辺の山々には広範囲に駐屯空間が確保された。敵軍の反撃を考慮して、要所では手の込んだ防御施設も構築されている。陣城は臨時的な施設であるため、地元の人びととの記憶から消えてしまうものも少なくない。その反面、再利用がされないまま、戦いが行われた当時の姿をとどめている可能性も高い。

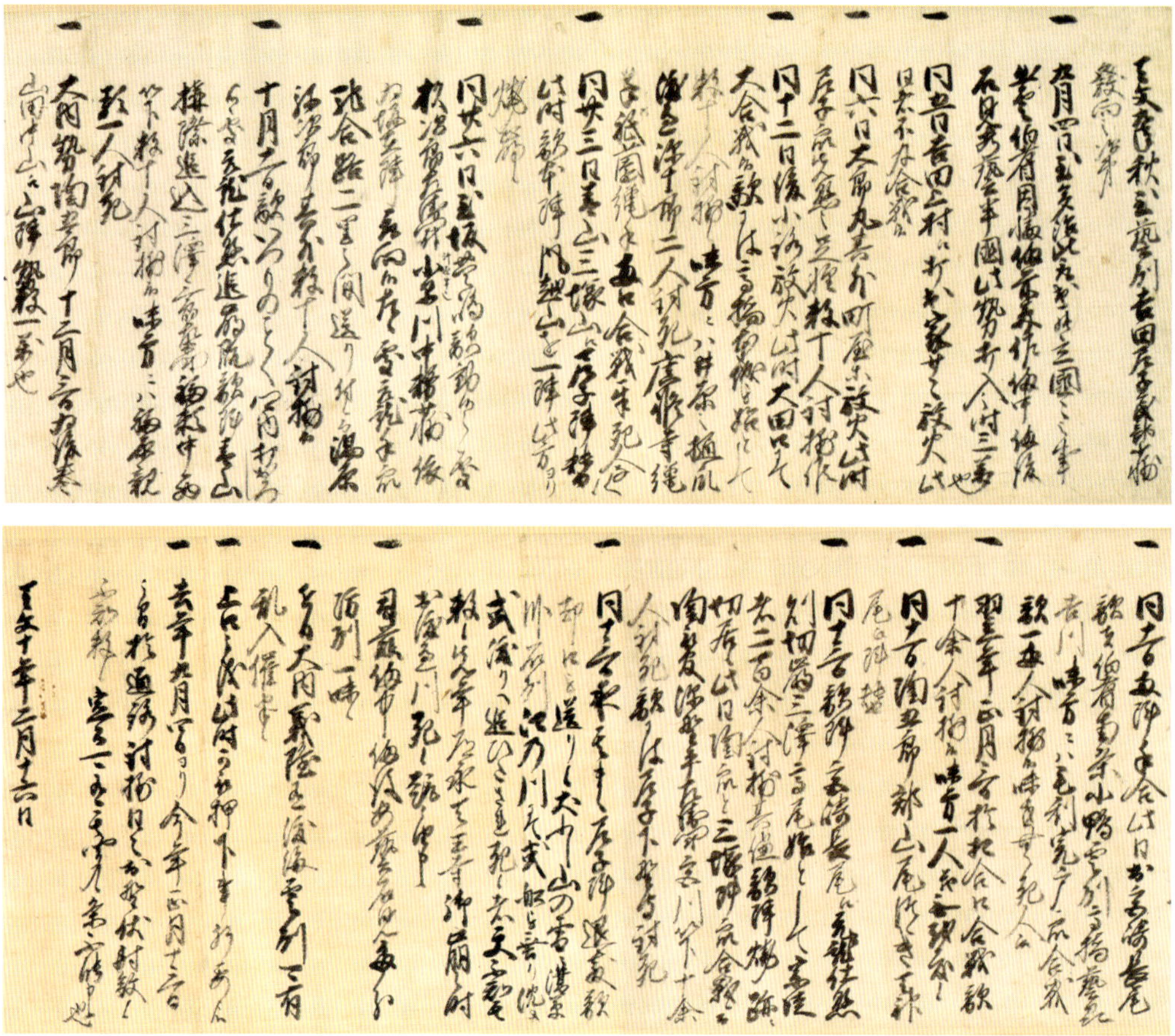

［107］毛利元就郡山籠城日記《もうりもとなりこおりやまろうじょうにっき》［毛利家文書《もうりけもんじょ》］
重要文化財
戦国時代・天文十年（一五四一）二月十六日
山口県・毛利博物館

郡山合戦

天文《てんぶん》九年（一五四〇）、出雲尼子《あまご》氏の軍勢が、毛《もう》利《り》氏の本拠地である安芸国の郡山《こおりやま》（広島県安芸高田市）に攻め寄せた。尼子氏の遠征目的は毛利氏ではなく、大内《おおうち》方に追い詰められていた平賀《ひらが》氏（頭《かしら》崎《ざき》城）や武田《たけだ》氏（銀山《かなやま》城）など安芸国内の尼子方勢力救援のためと考えられている。尼子氏を迎え撃つのは、大内氏や安芸国内の大内方勢力であった。

この戦いは、しばしば「郡山城合戦」と呼称されることもあるが、実態としては郡山城で籠城戦が行われたわけではない。尼子・大内軍は周辺の山々に布陣し、郡山城の周辺各所で戦闘を行ったのであり、必ずしも郡山城自体の攻略が争点ではなかったようだ。最終的には天文十年に尼子氏が退却し、安芸国内の尼子方（反大内氏方）は崩壊を余儀なくされる。

【略地図】郡山城の位置

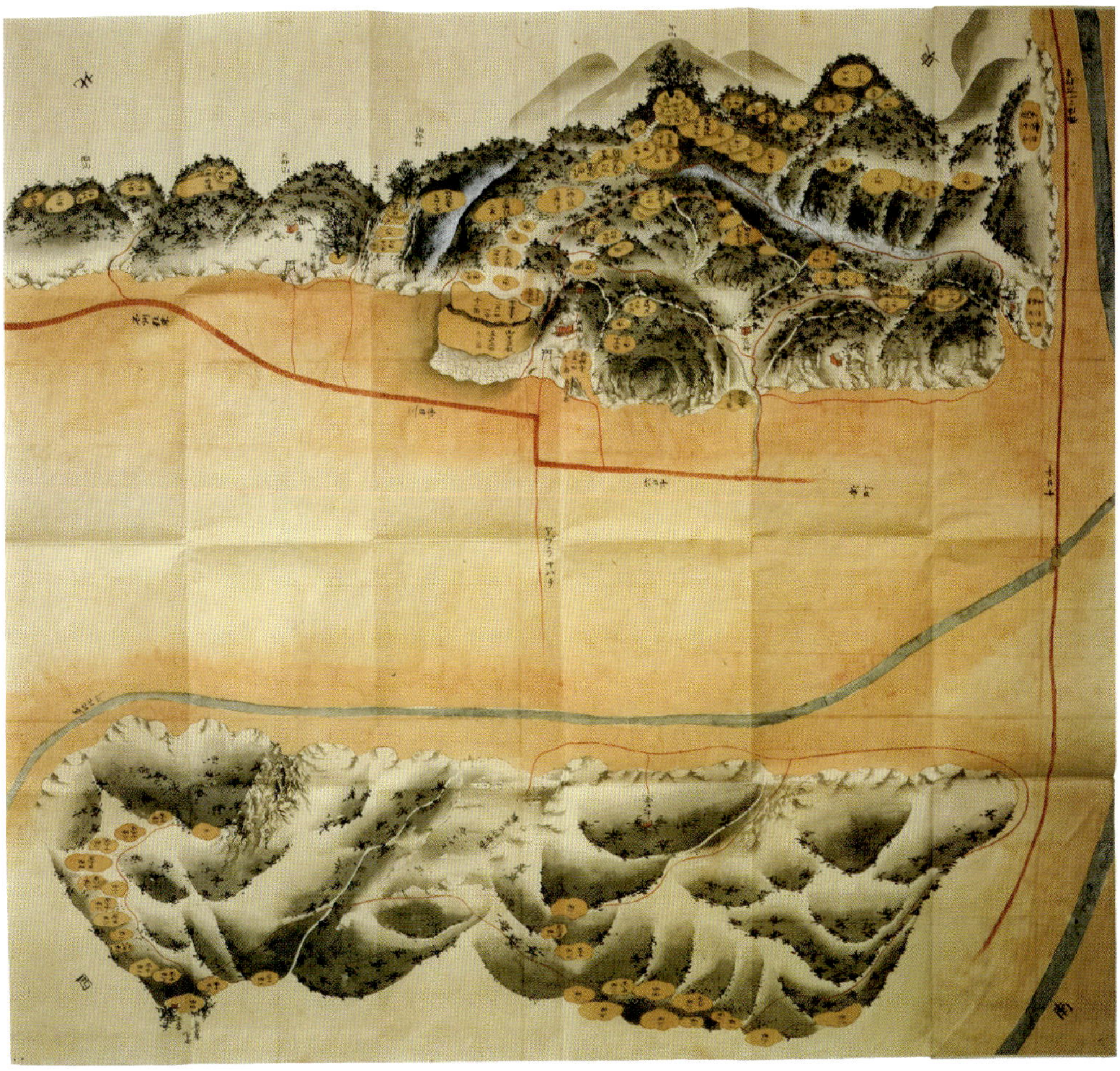

［108］芸州《げいしゅう》吉田《よしだ》郡山城《こおりやまじょう》図《ず》
江戸時代（十七～十九世紀）
山口県・毛利博物館

［109］吉田《よしだ》郡山城《こおりやまじょう》図《ず》
江戸時代（十七～十九世紀）
安芸高田市歴史民俗博物館

多彩な郡山城図

郡山《こおりやま》城と城下を描いた絵図は多く残されている。江戸時代の作成であるため、城や城下の情報は毛利《もうり》元就《もとなり》の時代よりも新しい情報が記されるが、かつて尼子《あまご》氏や大内《おおうち》氏の軍勢が布陣した山上の陣跡の情報が書き込まれている。その記載方法はさまざまで、例えば尼子氏が本陣を移した青山《あおやま》・光井山《みついやま》については、「青山」「光井山」と分けて書くものもあれば[109]、まとめて記すものもある[108][110][111]。中には陣城の曲輪らしき空間を書き記す絵図もある[108]。江戸時代の人びとが郡山合戦の歴史を重視するとともに、さまざまな認識で合戦空間をとらえていたことがうかがえる。

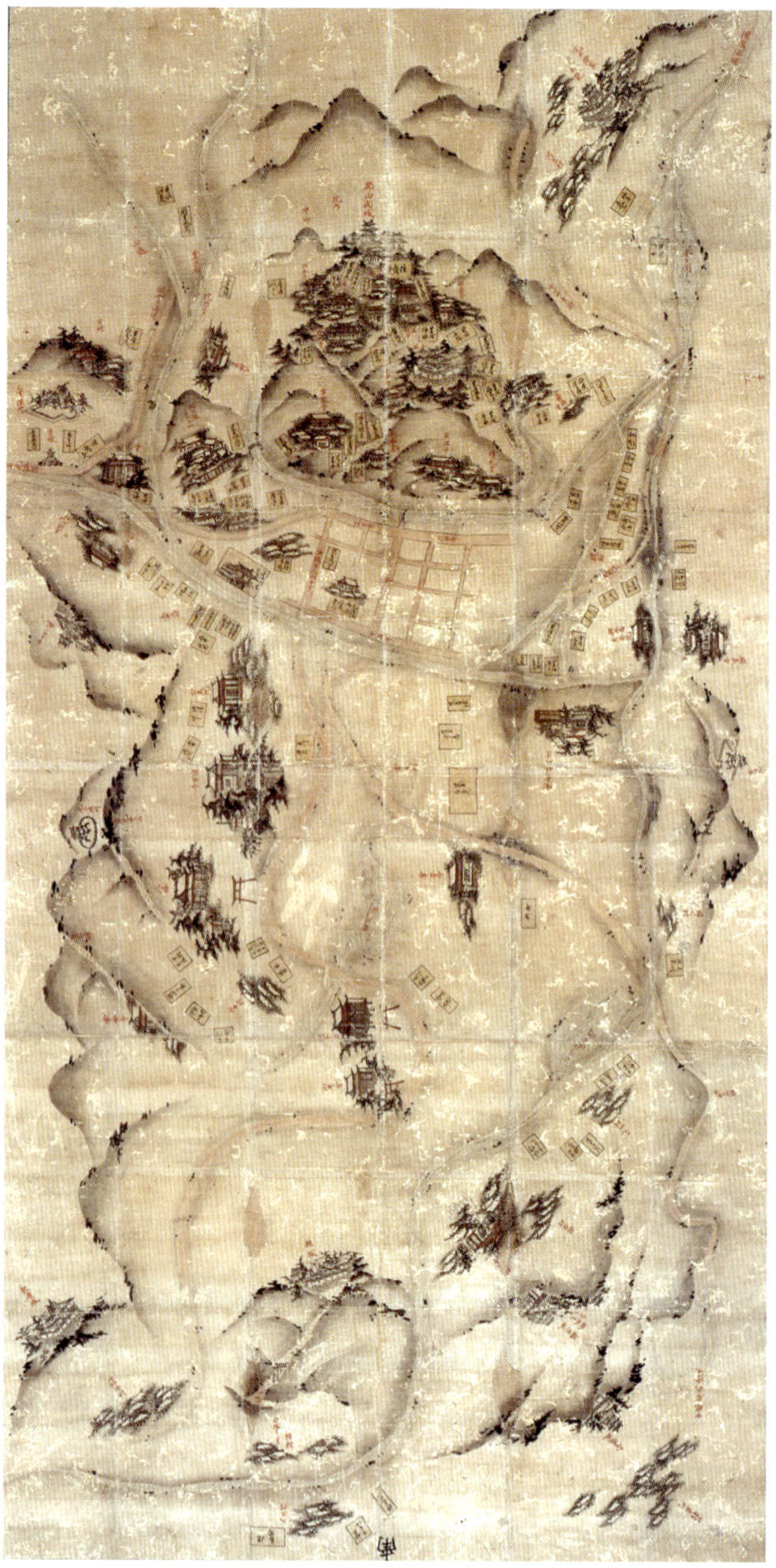

[110] 安《あ》芸《き》吉《よし》田《だ》郡山《こおりやま》城《じょう》古《こ》図《ず》
江戸時代(十七〜十九世紀)
山口県立山口博物館

[111] 郡山《こおりやま》城《じょう》中心《ちゅうしん》一円《いちえん》図《ず》
江戸時代(十七〜十九世紀)
安芸高田市歴史民俗博物館

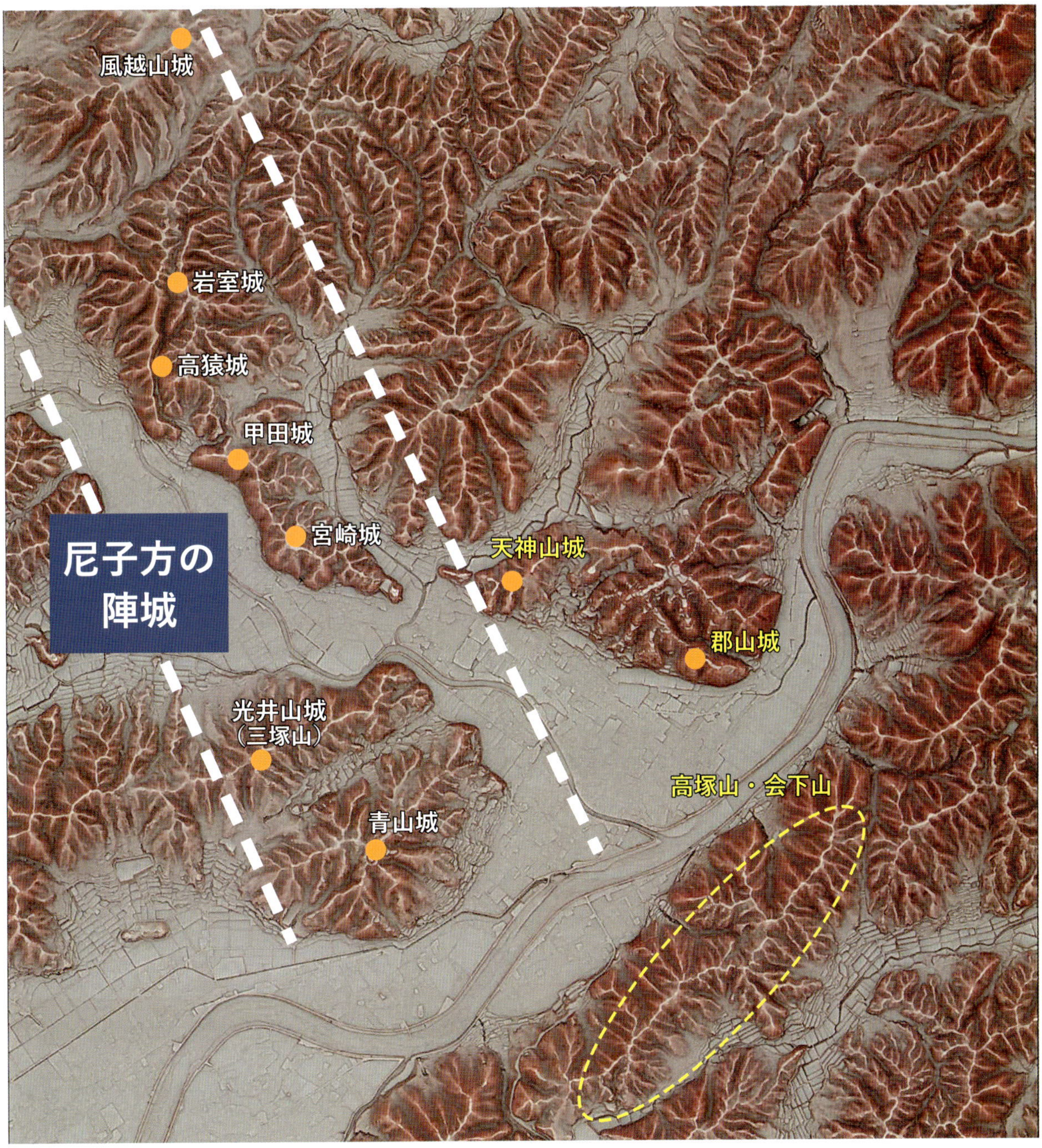

郡山城周辺の赤色立体図（安芸高田市歴史民俗博物館提供画像に加筆）

郡山城周辺の陣城

郡山《こおりやま》城周辺の陣城遺構については、近年「赤色立《せきしょくりっ》体図《たいず》」（※）を活用しながら地元で精力的な調査が実施され、その具体的な姿が明らかにされつつある。ここではその成果を紹介しておきたい。

郡山に遠征した尼子《あまご》氏に関わる遺構の特徴としてまず明らかにされたのは、布陣地が郡山城の西側から南側に集中しており、郡山城の北側には陣城遺構らしきものが確認されていないという点である。郡山合戦が郡山城を「包囲」するものではなかったことがわかる。

また、陣城遺構のうち、風越山《かざこしやま》など多治比《たじひ》一帯の陣城は堀切《ほりきり》など目立った防御施設が少なく、整地の具合も比較的簡易なものである。一方で、青山《あおやま》・光《みつ》井《い》山《やま》や宮崎長尾は丁寧に防御施設が整えられていることが明らかにされた。前者に対して後者が強い緊張状態の中で周到につくられた陣城であることがうかがえる。

対する大内軍は、高塚山《たかつかやま》・会下山《えげやま》の一帯に広く布陣しているが、陣城自体の整地は簡易である。

以上のような陣城遺構の調査成果によって、尼子氏にとっての郡山合戦の主眼が毛利氏の郡山城の攻略ではなく、大内軍との対決であったことがより鮮明になったといえる。

※赤色立体図…航空レーザー測量による詳細な地形情報を可視化したもの。一〇七・一一一・一一三・一一四・一一九～一二一頁の掲載図面はアジア航測株式会社の赤色立体地図作成手法（特許３６７０２７４、特許４２７２１４６）を使用した図面である。

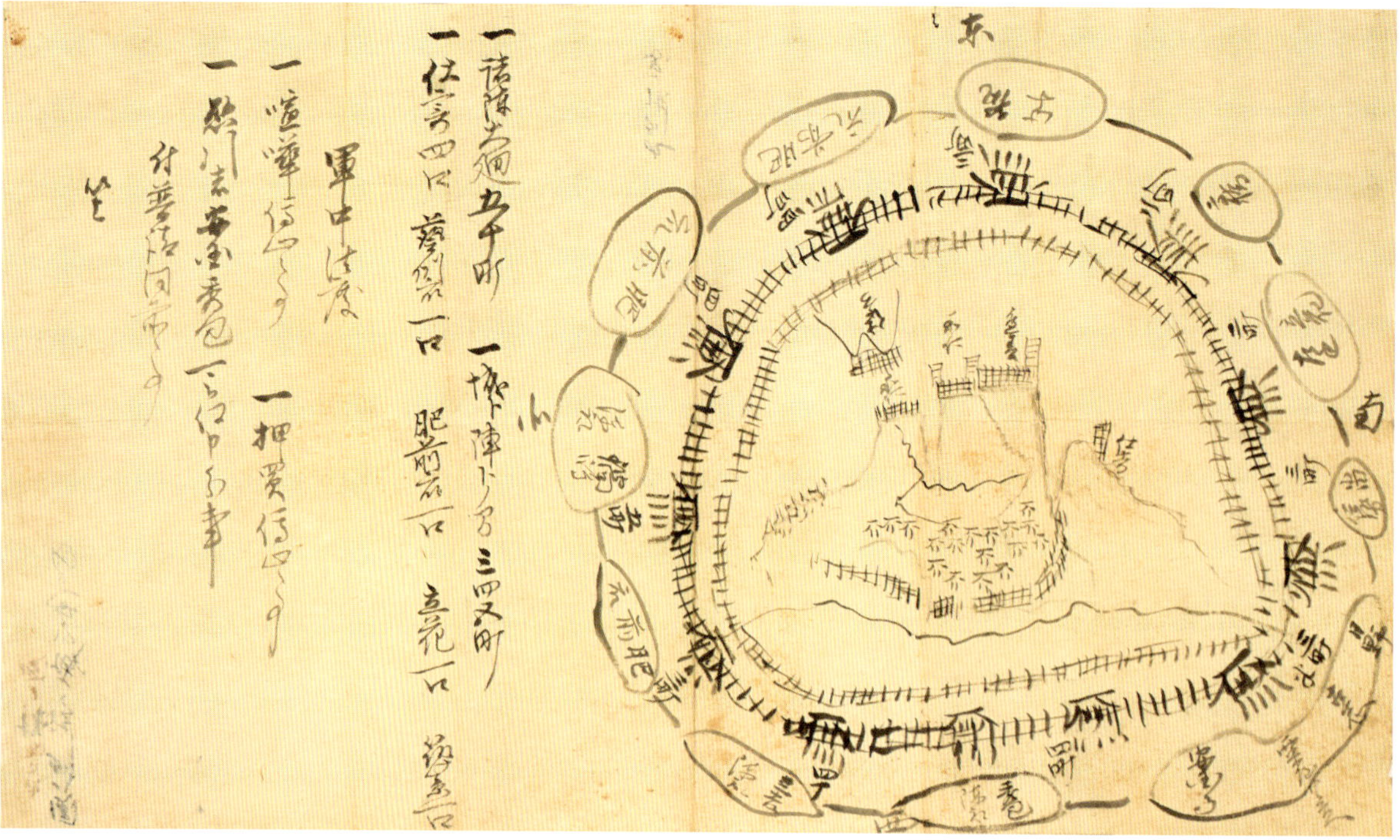

［112］辺春《へばる》・和仁《わに》仕寄陣取図《しよりじんどりず》

江戸時代（十七〜十九世紀）

山口県文書館

（部分拡大）

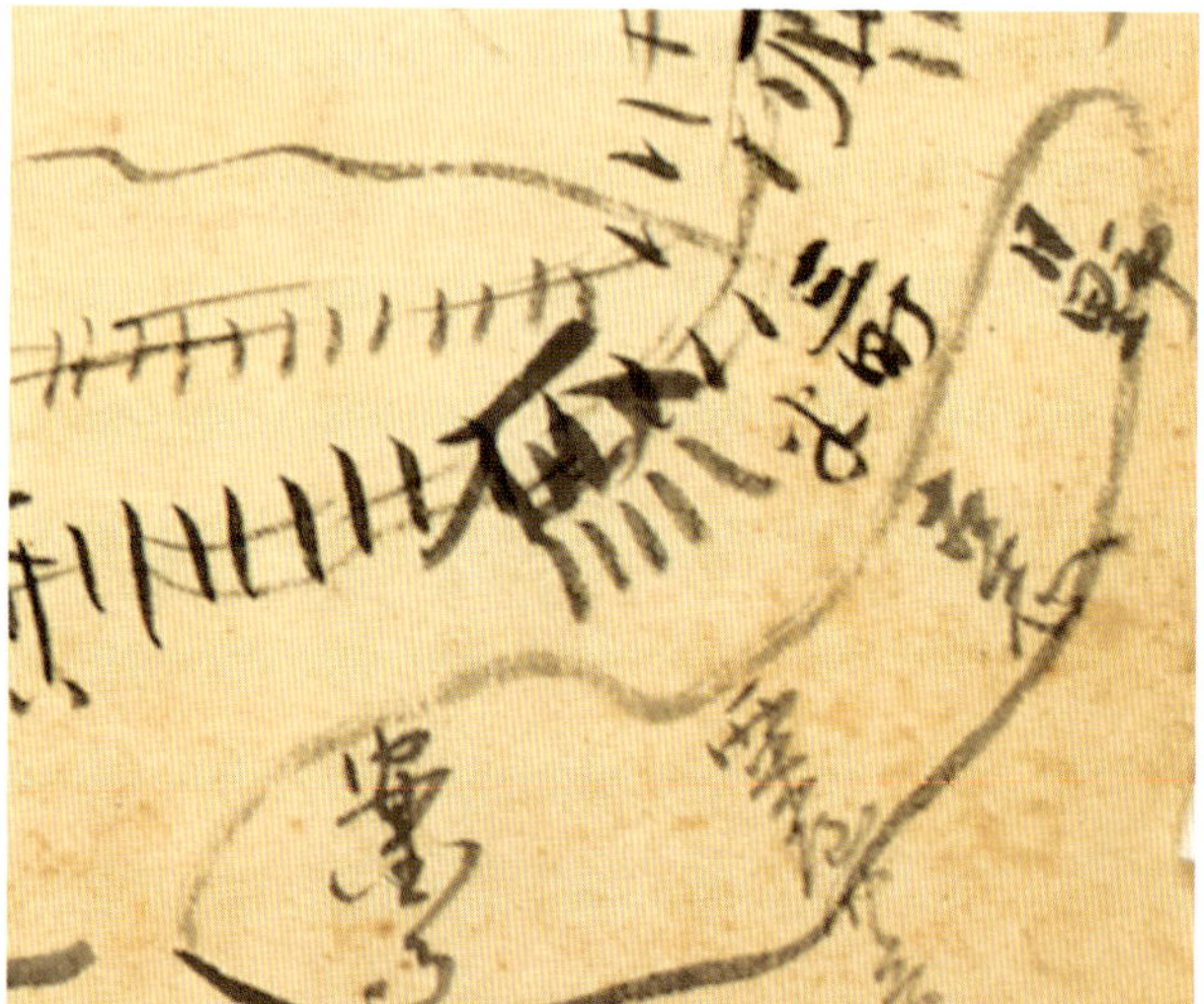

（部分拡大）城を包囲する豊臣軍側の一部。左から「安国寺《あんこくじ》」「粟屋《あわや》四郎兵衛」「古志《こし》」「日野《こし》」と毛利方の配置が記される。古志は古志重信《しげのぶ》であろう。

城攻めを描く

［112］は豊臣《とよとみ》軍が肥後国田中《たなか》城（熊本県玉名郡和水町）を攻めた時の様子を記す絵図である。中央に描かれるのが田中城であるが、頂上部に「辺春《へばる》」「和仁《わに》」と書かれた三つ曲輪が描かれ、柵と櫓らしきものが描かれている。また、周囲を柵で囲まれた山麓部に、多数の小屋らしき建物が密集している。籠城する人びとが駐屯する空間であろう。対する攻撃側は、周囲に陣を敷いて城を包囲している。田中城すぐ近くの東側（絵図上側）と南側（絵図右側）には「仕寄《しより》」の記載がある。井楼や楯などを用いながら城に接近する軍事行動を指すものであろう。具体的な城攻めの様子が表現された貴重な資料である。

［113］二宮佐渡覚書《にのみやさどおぼえがき》［吉川家文書《きっかわけもんじょ》］
重要文化財
安土桃山～江戸時代（十六～十七世紀）
山口県・吉川史料館

大内軍による富田城攻め

　実際の戦いを経験した人物が後年に書き残した軍記《ぐんき》からは、富田城攻めに関する詳細な情報を得ることができる。ここでは二宮俊実《にのみやとしざね》という人物の記録［113］から、天文《てんぶん》十二年（一五四三）の大内《おおうち》軍による富田城攻めの様子をみてみよう。この年の二月中旬、大内軍は「**けうらき**」（京羅木山《きょうらぎ》）を本陣とし（一一一頁図版参照）、重臣陶隆《すえたか》房《ふさ》は「**経塚**《きょうづか》」（経塚山、富田城の南東）に布陣した。三月には「**すが谷蓮池なわて**」（富田城北西の登城口である菅《すが》谷口《たにぐち》の周辺）や「**金尾寺中**《かねお》」（新宮谷を挟んで富田城の北の丘陵上に所在した洞光寺《とうこうじ》のこと）でも合戦があったという。出雲国の多賀《たが》氏は大内方として「**富田之八幡**」（富田八幡宮）に布陣、「**塩谷**《しおたに》」（富田城南西の登城口）でも戦闘が起こる。大内軍は富田城の向かいの山々に軍勢を駐屯させ、登城口（虎口《こぐち》）を中心に山麓各所で尼子軍と戦っていたことがわかる。

▼富田之八幡　けうらき▼　▼経塚

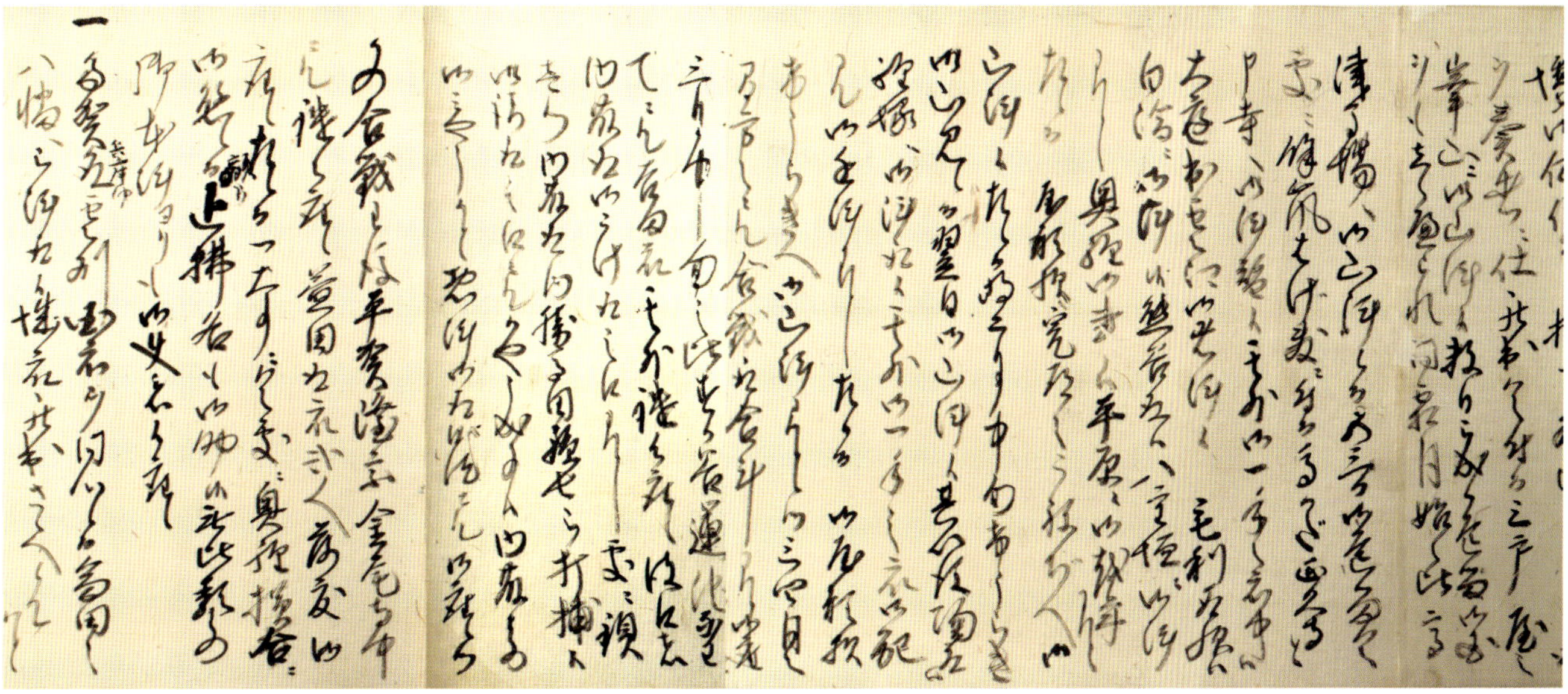

（部分）　▲金尾寺中　▲すが谷蓮池なわて　▲けうらき

▼塩谷

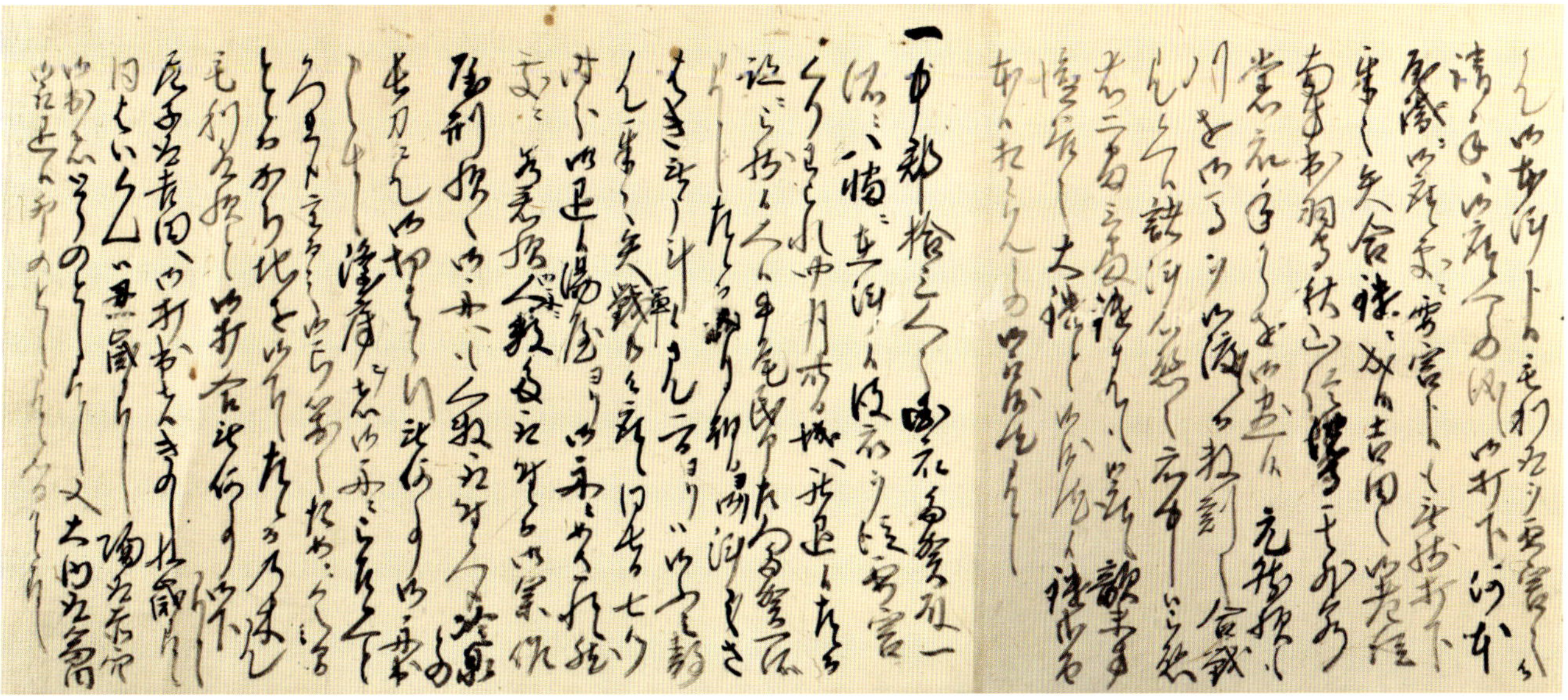

（部分）

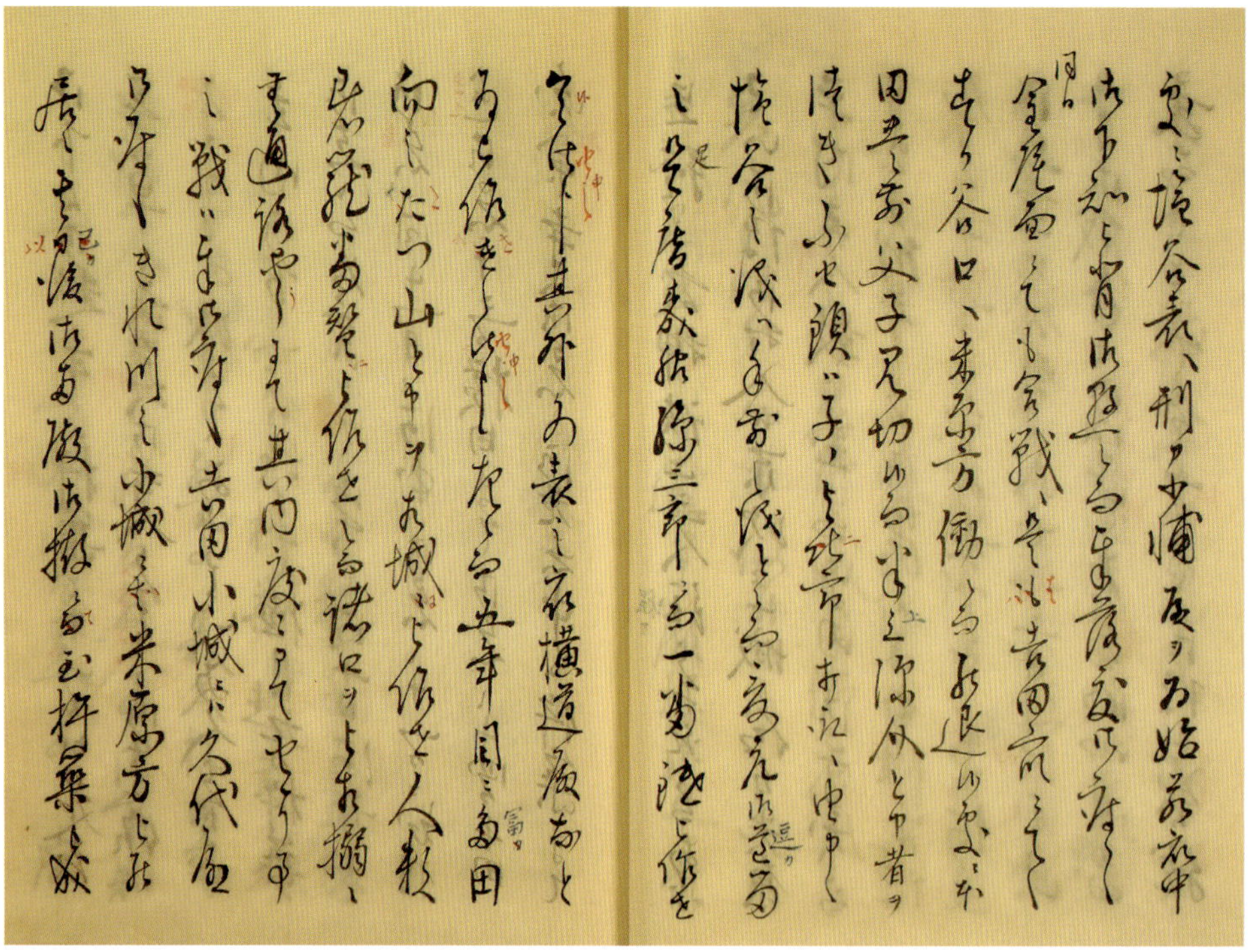

[114] 二宮佐渡覚書《にのみやさどおぼえがき》［三卿伝史料《さんきょうでんしりょう》］
大正～昭和時代（二十世紀）
山口県文書館

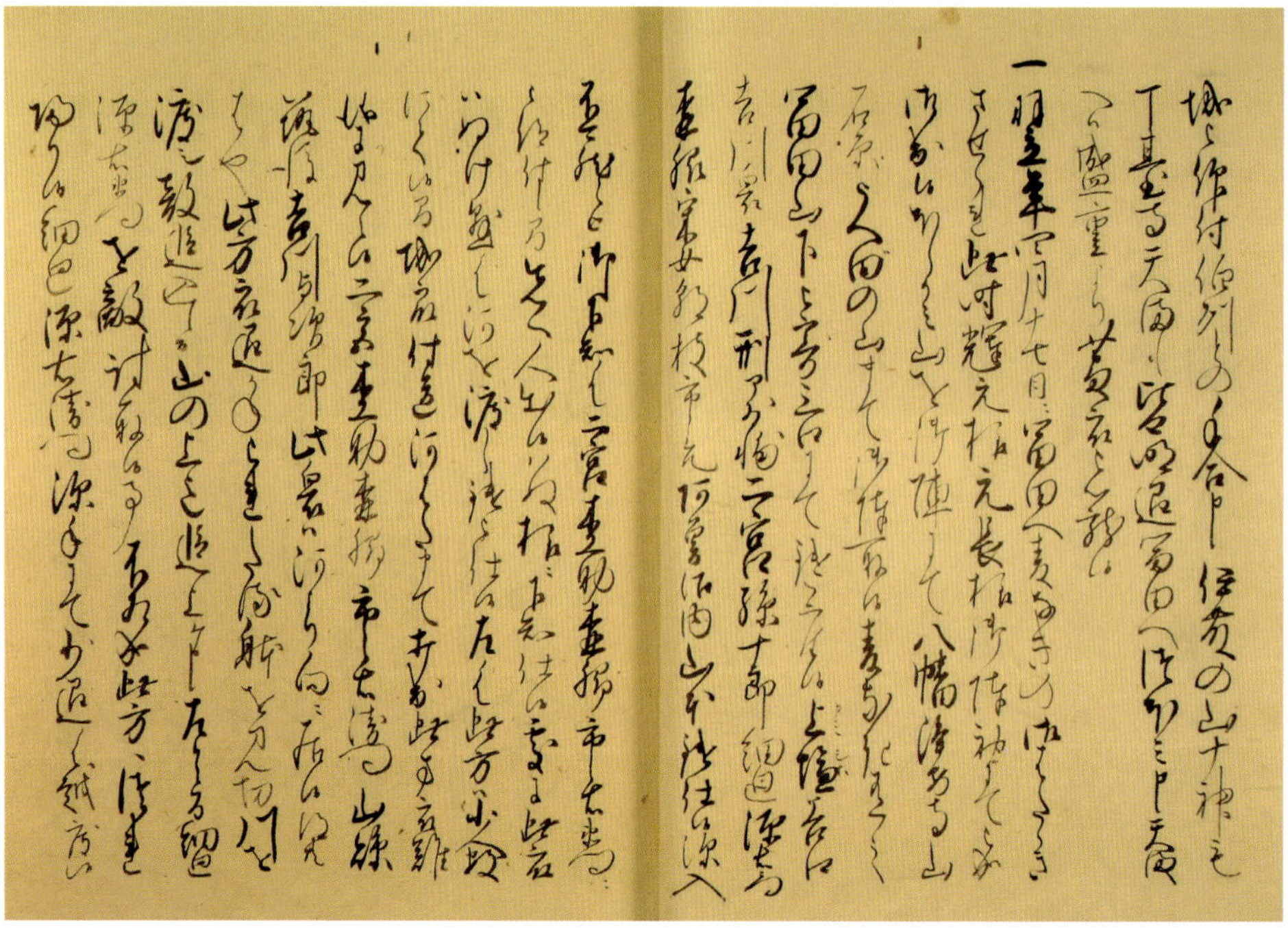

[115] 森脇飛騨覚書《もりわきひだおぼえがき》［毛利家文庫《もうりけぶんこ》］
江戸時代（十七世紀）
山口県文書館

毛利軍による富田城攻め

永禄《えいろく》八年（一五六五）から翌年にかけて行われた毛利《もうり》軍の富田城攻めについても、古い軍記に重要な情報が記載されている。二宮俊実《にのみやとしざね》[114]と森脇春方《もりわきはるかた》[115]の覚書をみてみよう。永禄八年四月に洗合《あらわい》（松江市）から陣を移した毛利軍は、京羅《きょうら》木《ぎ》山や**「ほしかミ山」**（星上山）を中心に、**「八幡」**（富田八幡宮）・**「浄安寺《じょうあんじ》」**（川を挟んで富田城東側山麓の城安寺旧跡）・**「石《いし》原《はら》・うへ（植）田」**（川を挟んで富田城北側）など、富田城の向かいの広範囲に軍勢を配置した。四月には**「富田へ麦なぎ（薙）」**を実施し、籠城する尼子軍を周到に追い詰めている（麦薙については八十九～九十二頁参照）。**「塩谷口《しおたにぐち》（塩谷表）」**（富田城南西の登城口）や**「金尾面《かねおもて》」**（新宮谷を挟んで富田城北側の丘陵周辺）で戦いが行われたこと、**「富田向之たつ山」**（滝山、勝山）に人員を投入して築城を行ったことなども見える。毛利軍も富田城向かいの山々にかなりの軍勢を展開し、登城口（虎口《こぐち》）など山麓・城下で尼子方と戦闘を繰り広げたようだ。

赤色立体図からみる富田城と陣城

大内《おおうち》軍や毛利《もうり》軍による富田城攻めに際しては、京羅木山《きょうらぎさん》上を中心に、かなりの軍勢が富田城周辺の山々に布陣していたものと考えられる。城攻めのために使用された陣城《じんじろ》（付城《つけじろ》、向城《むかいじろ》）は、基本的に臨時的な性格が強く、戦いが行われた当時の姿をとどめやすい一方で、地域の伝承からも抜け落ちていく可能性がある。

従来知られていなかった城の遺構を知る手がかりとして、近年城館調査でも盛んに用いられているのが赤色立体図《せきしょくりったいず》（一〇七頁参照）である。富田城周辺についても、赤色立体図を用いることで、陣城がかなり広範囲に広がっていた可能性が浮かび上がってきた。

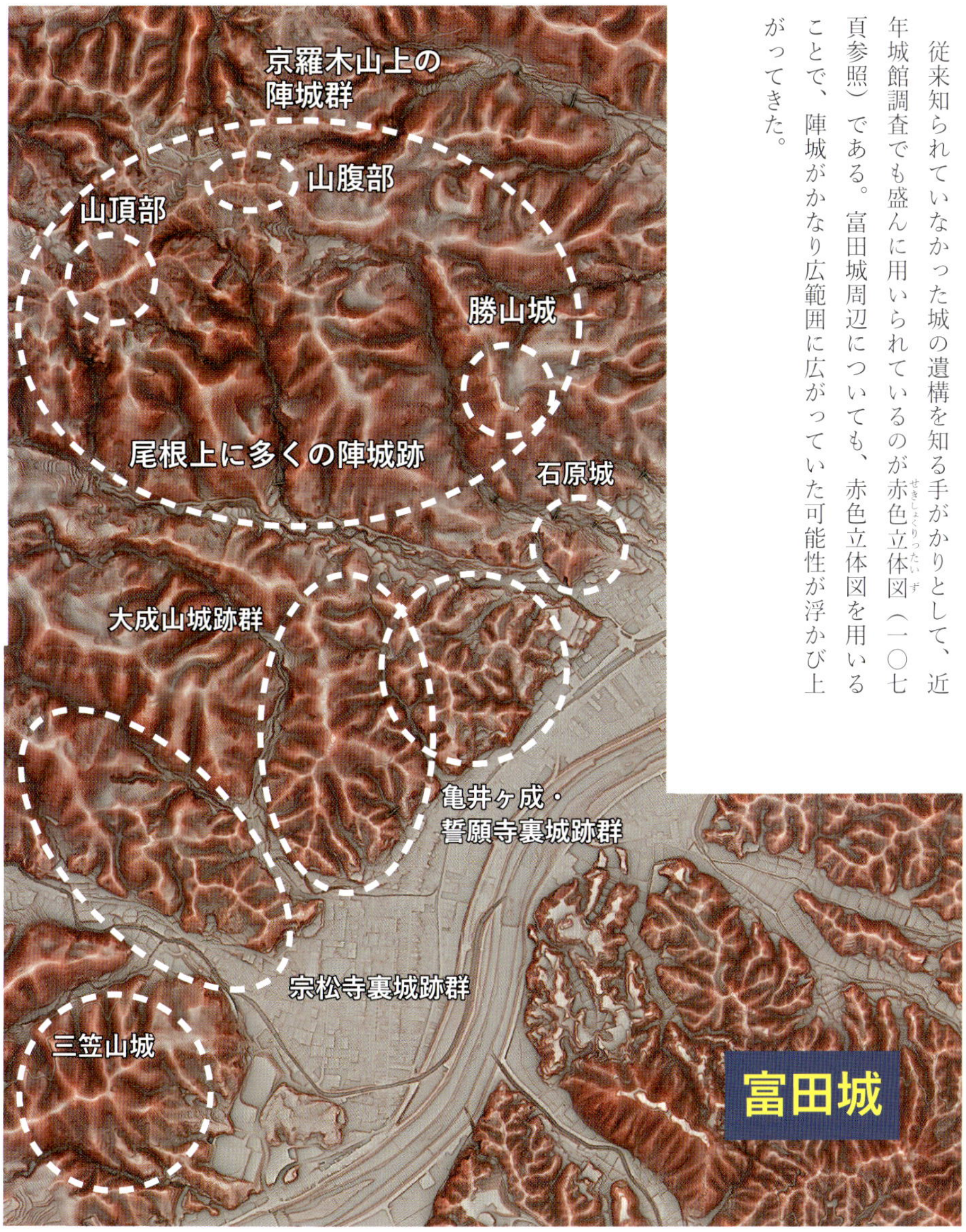

富田城周辺赤色立体図（安来市教育委員会提供画像に加筆、下記画像は部分拡大）

京羅木山の陣城

大内軍や毛利軍が本陣とした山。特に峠越ルートをおさえる山腹部（画像上）や東側の尾根に構築された勝山城《かつやま》（画像下）は、土塁や連続する堀（畝状空堀群《うねじょうからぼりぐん》）など、山上でも突出して丁寧な普請がほどこされている。

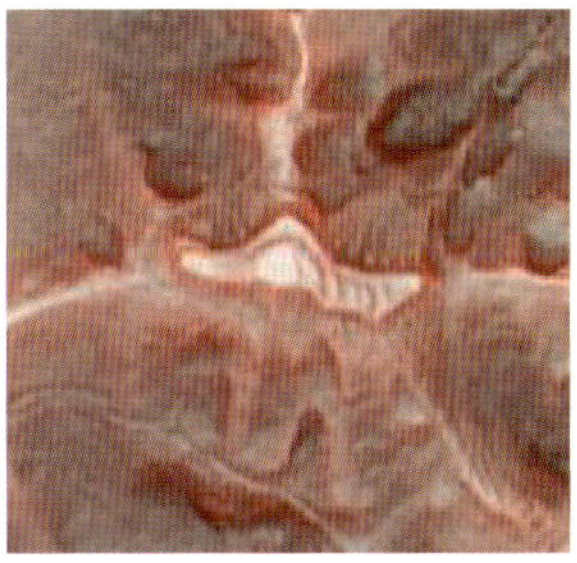

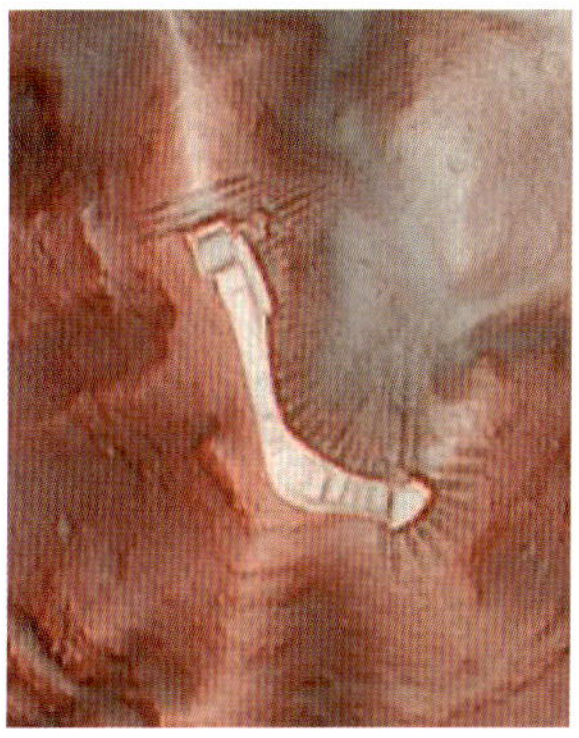

山上を覆う城の痕跡

赤色立体図をみると、これまで城跡と認識されてこなかった山の尾根上にも、陣城跡の可能性がある地形が多く確認できる。基本的には造成が簡易で、小規模な平坦地がいくつも段状につらなっている。軍勢の駐屯空間であろうか。

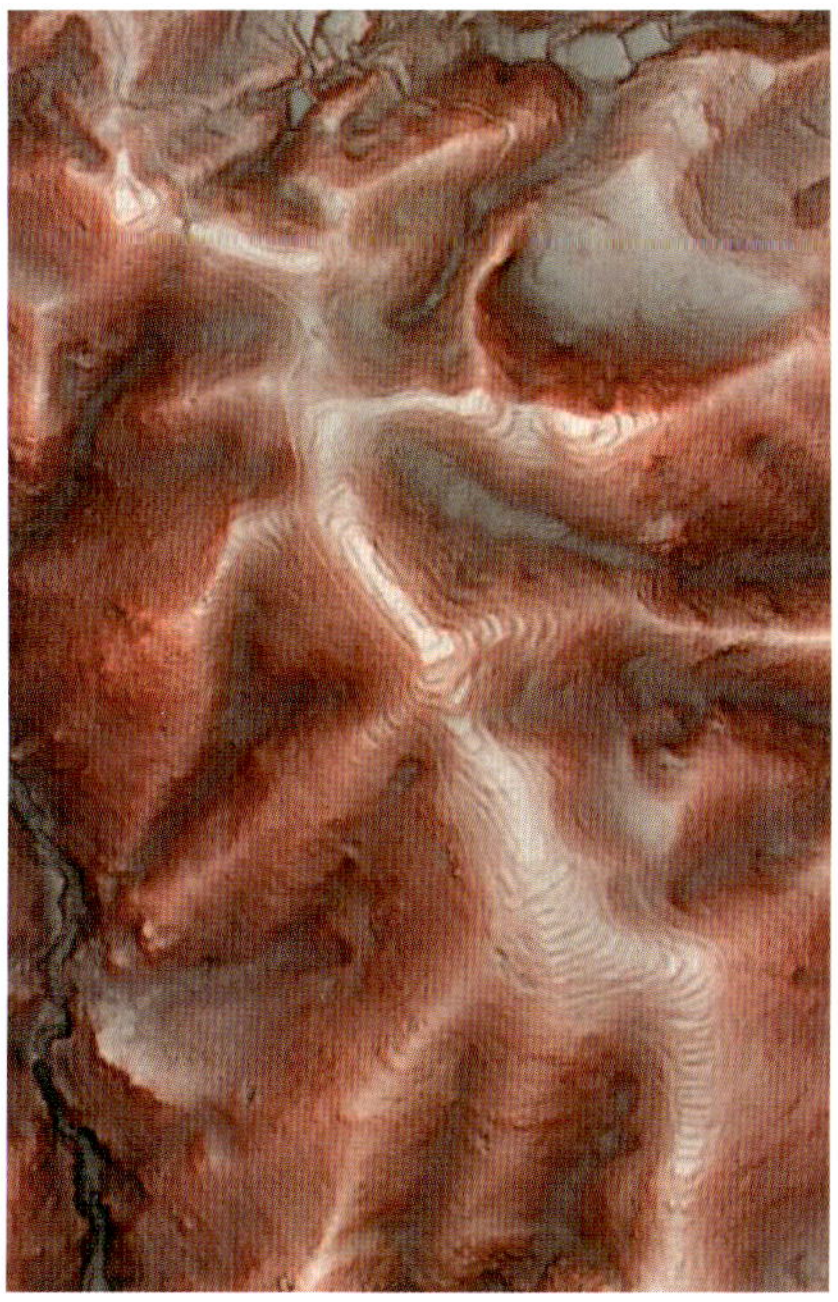

3 変貌する城 ―〝土の城〟から〝石の城〟へ―

近世の城は、巨大な石垣《いしがき》や瓦葺《かわらぶ》きの建物に象徴される重厚な姿を特徴としている。対して中世の山城は、地山を削り、あるいは土を盛り固めることでつくられ、建物も簡易なものが多かったため、しばしば〝土の城〟と表現される。しかしながら、時代が進むにつれ、中世の山城の中にも石垣や瓦葺きの建物を備えた〝石の城〟が登場し、近世の城の前身となった。十六世紀は、〝土の城〟から〝石の城〟へと、城が大きく変貌を遂げた時代でもあったのである。

西伯耆の戦乱と尾高城

富田城のすぐ東にある伯耆国は、出雲尼子《あまご》氏にとって最重要地域である。尼子氏は、経久《つねひさ》・晴久《はるひさ》の二代にわたって徐々に伯耆国内を掌握、特に西伯耆は隣の美作国とともに尼子氏の影響力が強く及ぶ地域となった。大山《だいせん》山麓の段丘上にあって西伯耆一円を見下ろし、東西南北の陸上交通路と日野川水運が交わる位置にあった尾高《おだか》城（鳥取県米子市）は、最重要の城の一つである。永禄《えいろく》五年（一五六二）に始まる毛利氏の出雲国侵攻に際して、毛利軍は早くに尾高城を押さえ、尼子軍と激しい攻防戦を繰り広げる。毛利軍による西伯耆制圧は、富田城を完全に孤立に追い込むことになり、尼子氏敗北の大きな要因となったと考えられる。

【略地図】尾高城の位置

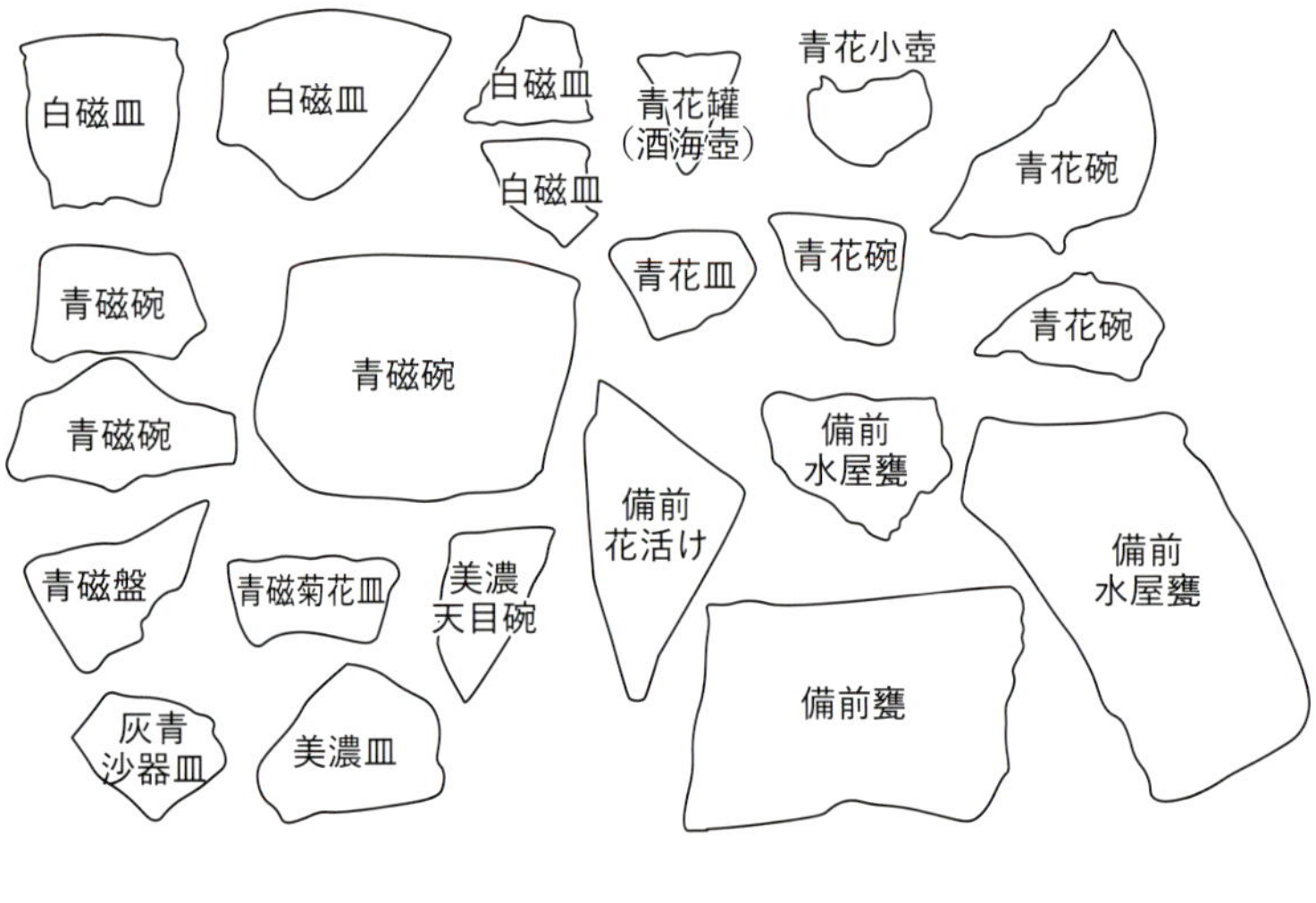

[116] 尾高城跡《おだかじょうあと》 陶磁器《とうじき》
室町～江戸時代（十五～十七世紀）
米子市

尾高城イメージイラスト（画像提供：米子市）

尾高城の変貌

近年の発掘調査によって、尾高《おだか》城の変遷過程が明らかにされている。十五世紀までに方形の居館が整備された尾高城は、十六世紀に入ると周囲に空堀《からぼり》と土塁《どるい》をめぐらせた曲輪《くるわ》が整備され、戦国の城としての形を整えていく。十六世紀の終わり、吉川広家《きっかわひろいえ》が伯耆国を治めた時代には、石垣《いしがき》と石塁《せきるい》（石を積んだ基礎）が築かれ、〝石の城〟に変貌する。さらに十七世紀の初めになると、中村一忠《なかむらかずただ》が入った米子城の支城となり、慶長《けいちょう》二十年（一六一五）の一国一城令《いっこくいちじょうれい》で廃城になるまで使用されたものと考えられている。

本丸で検出された石塁（画像提供・米子市）

本丸北堀の石垣（米子市提供画像に加筆）

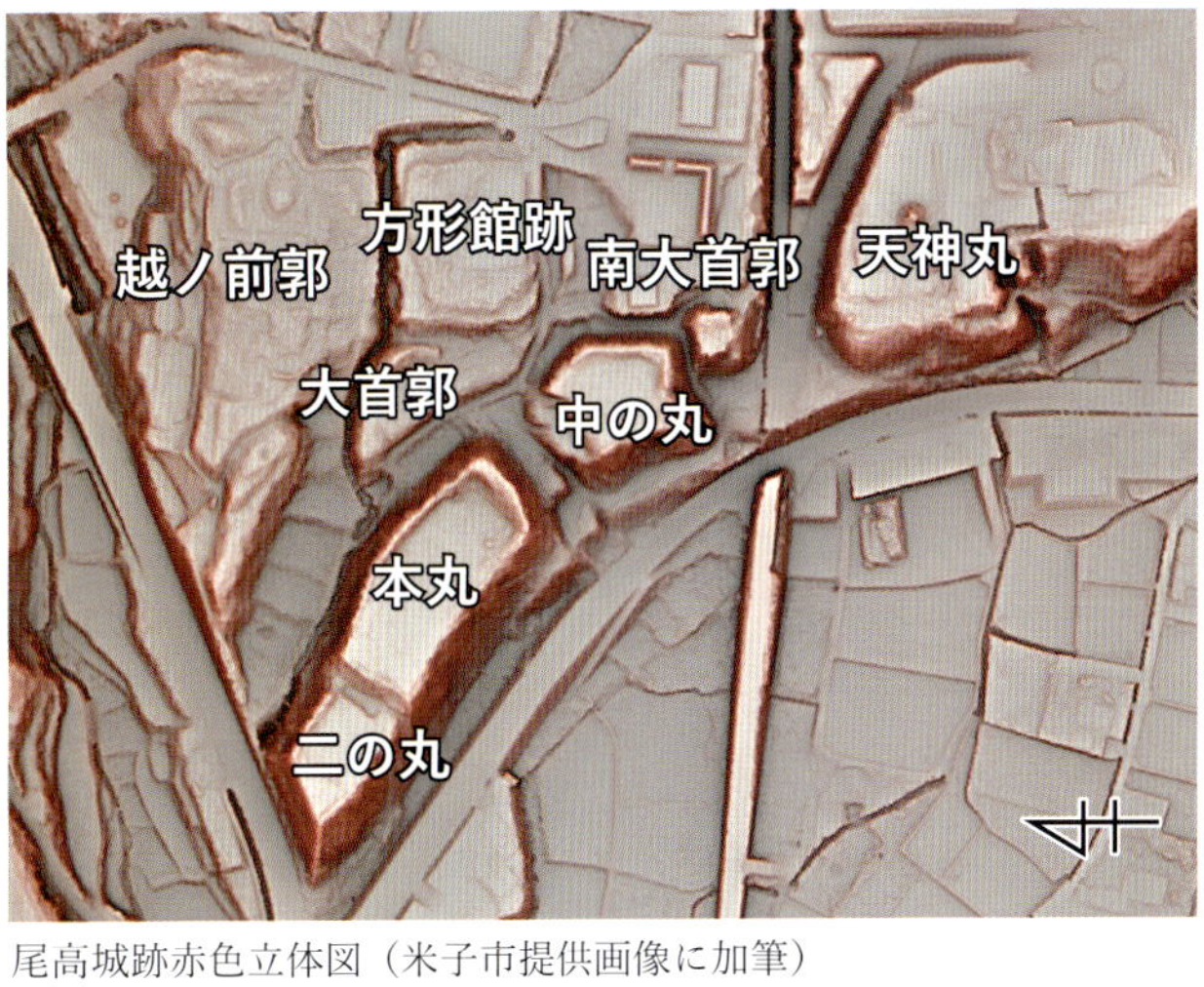

尾高城跡赤色立体図（米子市提供画像に加筆）

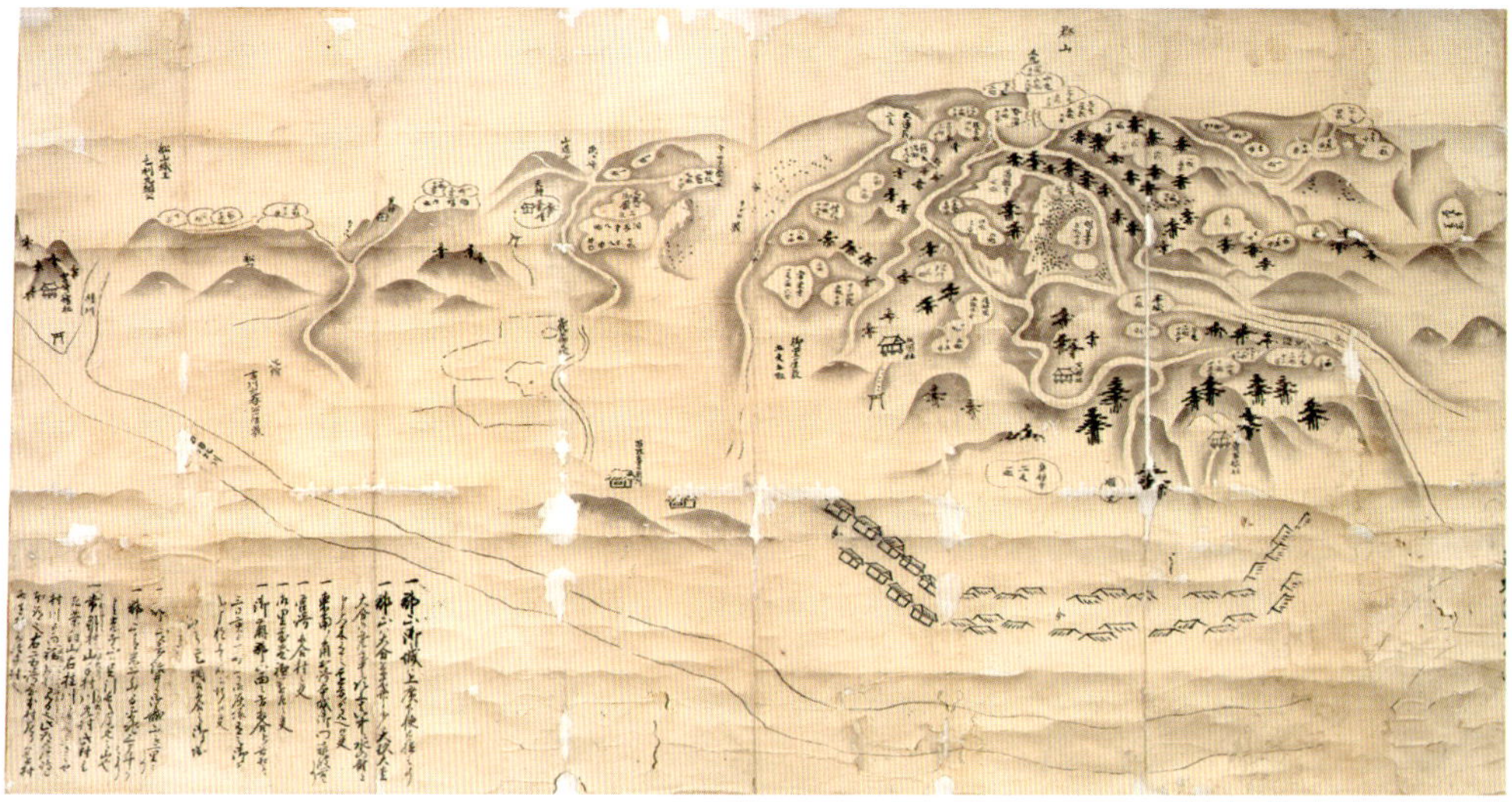

[117]
芸州吉田郡山之図《げいしゅうよしだこおりやまのず》
江戸時代（十七～十九世紀）
安芸高田市歴史民俗博物館

郡山城の変貌

毛利氏の拠点郡山城も、その姿を変貌させていった城の一つである。元就が入城する十六世紀の初めまでの郡山城の城域は、現在「本城」と呼ぶ部分のみであったが、郡山合戦や隆元への家督継承を経て、山頂部（かさ）や南斜面（尾崎丸）に城域が広がる。さらに大内《おおうち》氏・尼子《あまご》氏の滅亡後には山上全域が城として整備され、豊《とよ》臣《とみ》政権の大名となった輝元《てるもと》の時代には石垣や瓦葺の礎石建物が取り入れられ、城下町の整備も進んでいった。広島城の築城後も、しばらくは併存して使用されたという。

三の丸の南側斜面に残る石垣の痕跡
（画像提供：安芸高田市歴史民俗博物館）

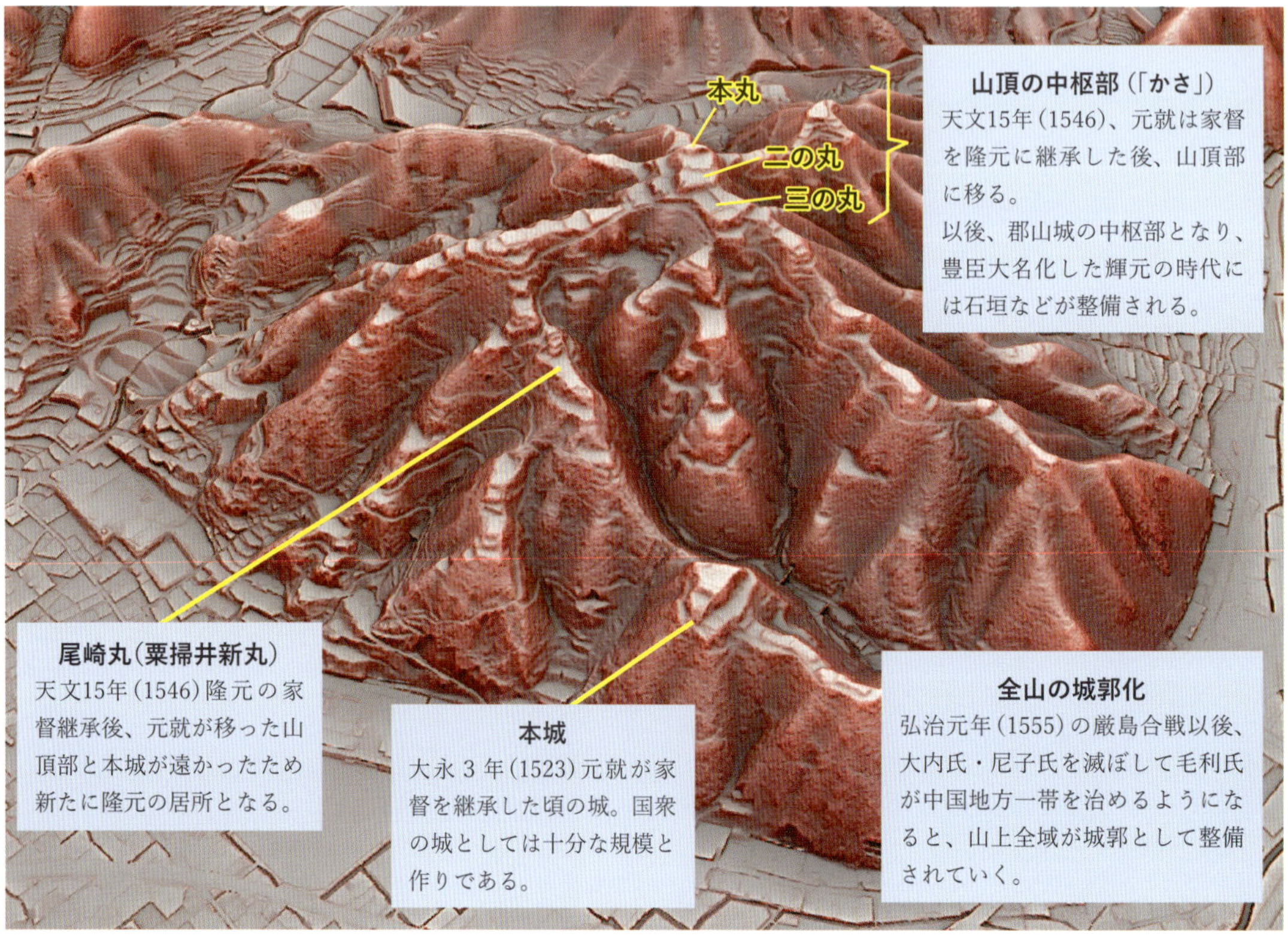
本丸
二の丸
三の丸
山頂の中枢部（「かさ」）
天文15年（1546）、元就は家督を隆元に継承した後、山頂部に移る。
以後、郡山城の中枢部となり、豊臣大名化した輝元の時代には石垣などが整備される。
尾崎丸（粟掃井新丸）
天文15年（1546）隆元の家督継承後、元就が移った山頂部と本城が遠かったため新たに隆元の居所となる。
本城
大永３年（1523）元就が家督を継承した頃の城。国衆の城としては十分な規模と作りである。
全山の城郭化
弘治元年（1555）の厳島合戦以後、大内氏・尼子氏を滅ぼして毛利氏が中国地方一帯を治めるようになると、山上全域が城郭として整備されていく。
郡山城の赤色立体図（鳥瞰図）（安芸高田市歴史民俗博物館提供画像に加筆）

（上段）左から青磁皿、青磁香炉（龍泉窯系）、青磁琮形瓶（龍泉窯系）、青磁盤（龍泉窯系）、青磁皿
（中央）左端中央が白磁皿、全体中央が青花碗
（下段）左から青花皿、青花碗、青花碗２点、青花皿

［118］
郡山城跡《こおりやまじょうあと》　陶磁器《とうじき》
鎌倉～戦国時代（十三～十六世紀）
安芸高田市歴史民俗博物館

郡山城の遺物

郡山城跡では多くの考古資料が採集されており、種類も多様である。特に陶磁器に関しては、国産だけでなく大陸からもたらされた貿易陶磁器が多く含まれており、龍泉窯《りゅうせんよう》（中国浙江省龍泉県周辺の窯）などの高級品も見つかっている。これらは特定の場所で威信財（権威・権力を誇示する財物）として重宝されたのであろう。

【参考画像８】
龍泉窯《青磁琮形瓶》（東京富士美術館）

［119］
郡山城跡《こおりやまじょうあと》　堆黒盆《ついこくぼん》
鎌倉～戦国時代（十三～十六世紀）
安芸高田市歴史民俗博物館

【参考画像９】楼閣人物堆黒盆（東京国立博物館）

富田城の主たち

富田城の主となったのは、出雲国の戦国大名**尼子氏**《あまご》（**経久**《つねひさ》・**晴久**《はるひさ》・**義久**《よしひさ》）だけではない。永禄《えいろく》九年（一五六六）の尼子氏退城後、最初に富田城を預かったのは毛利《もうり》家家臣の**天野隆重**《あまのたかしげ》である。永禄十二年、尼子勝久《かつひさ》ら尼子再興軍が富田城を攻撃した際には、隆重が毛利方として籠城戦を耐え抜いた。翌年再興軍が撤退すると、毛利元就の五男である**毛利**（**富田**）**元秋**《もとあき》が入城する。元秋は、隆重とともに軍事的緊張が続く出雲国支配の一端を担った。天正《てんしょう》十三年（一五八五）に元秋が死去すると、翌年弟の**毛利**（**末次**《すえつぐ》）**元康**《もとやす》が入城した。

天正十九年（一五九一）、**吉川広家**《きっかわひろいえ》は出雲国の一部と伯耆国三郡・隠岐国を与えられ、新たな富田城の主となる。吉川氏は元春以来、毛利氏の山陰支配の担い手であったが、この段階にいたり、豊臣秀吉《とよとみひでよし》政権の意志の下で独立的な大名に近い存在となった。毛利家から城を預かる城代《じょうだい》・城督《じょうとく》ともいうべき存在であった隆重・元秋・元康に対し、彼らとは一線を画す「富田城主」の再登場といえようか。

慶長《けいちょう》五年（一六〇〇）の関ケ原《せきがはら》合戦の後、毛利家は周防・長門両国に減封され、広家は岩国《いわくに》へと移される。新しく富田城に入城したのは、秀吉の死後徳川家康《とくがわいえやす》に仕え出雲・隠岐二カ国を拝領した**堀尾吉晴**《ほりおよしはる》・**忠氏**《ただうじ》父子であった。堀尾氏は、新たな拠点として松江《まつえ》城を築城。富田城はしばらく松江城の支城として用いられた後、慶長二十年（一六一五）の一国一城令《いっこくいちじょうれい》で廃城になったと考えられる。

【参考画像10】吉川広家《きっかわひろいえ》像（部分）（山口県・吉川史料館）

【参考画像11】堀尾吉晴《ほりおよしはる》像（部分）（京都府・妙心寺春光院　非公開寺院）

富田城の変貌

山上の広大なエリアに広がる富田城は、尼子《あまご》氏の在城時代から堀《ほり》尾《お》氏の在城時代にいたるまでに大きな改修が加えられた。尼子氏の時代の富田城は、戦国時代の山城らしく、基本的には堀《ほり》や土塁《どるい》、曲《くる》輪《わ》造成に簡易な防御施設・建物がともなった〝土の城〟であったと考えられるが、特に吉川広家《きっかわひろいえ》や堀尾吉晴《よしはる》が在城した時代になると、石垣や瓦葺の礎石建物を導入した〝石の城〟へと変貌していったと考えられている。

富田城復元イラスト　（上）尼子氏時代　（下）堀尾氏時代
（作画：香川元太郎氏／画像提供：安来市教育委員会）

富田城の出土品

富田城跡では、発掘調査によって多数の考古資料が発見されている。例えば瓦は、尼子《あまご》氏の滅亡後、吉川《きっかわ》氏や堀尾《ほりお》氏が城主となった時代の改修によって瓦葺の建物が多く造られるようになったことを物語っている。

［120］
富田城跡《とだじょうあと》　瓦《かわら》
安土桃山～江戸時代（十六～十七世紀）
安来市教育委員会

［120－1］
軒丸瓦《のきまるがわら》 ▶
右が三巴紋、真ん中は「巴」字、左は矢印状の文様が見える。

［120－2］
鯱瓦《しゃちがわら》 ◀

［120－3］
李朝系瓦《りちょうけいがわら》 ▶
左が軒丸瓦、右が滴水瓦の破片。いずれも菅谷《すがたに》地区から見つかった朝鮮半島で生産されたと考えられる瓦。朝鮮半島に出兵した吉川広家《きっかわひろいえ》軍が持ち帰ったものかもしれない。

［121］富田城跡《とだじょうあと》　バンドコ
安土桃山～江戸時代（十六～十七世紀）
安来市教育委員会

赤色立体図でみる富田城の形

地形の特徴が浮き彫りになる「赤色立体図《せきしょくりったいず》」を用いて富田城を俯瞰してみると、それぞれの遺構の現在の姿がよくわかる。ここでは赤色立体図を手がかりに、富田城の特徴をよく示す代表的な遺構を順に見ていこう。

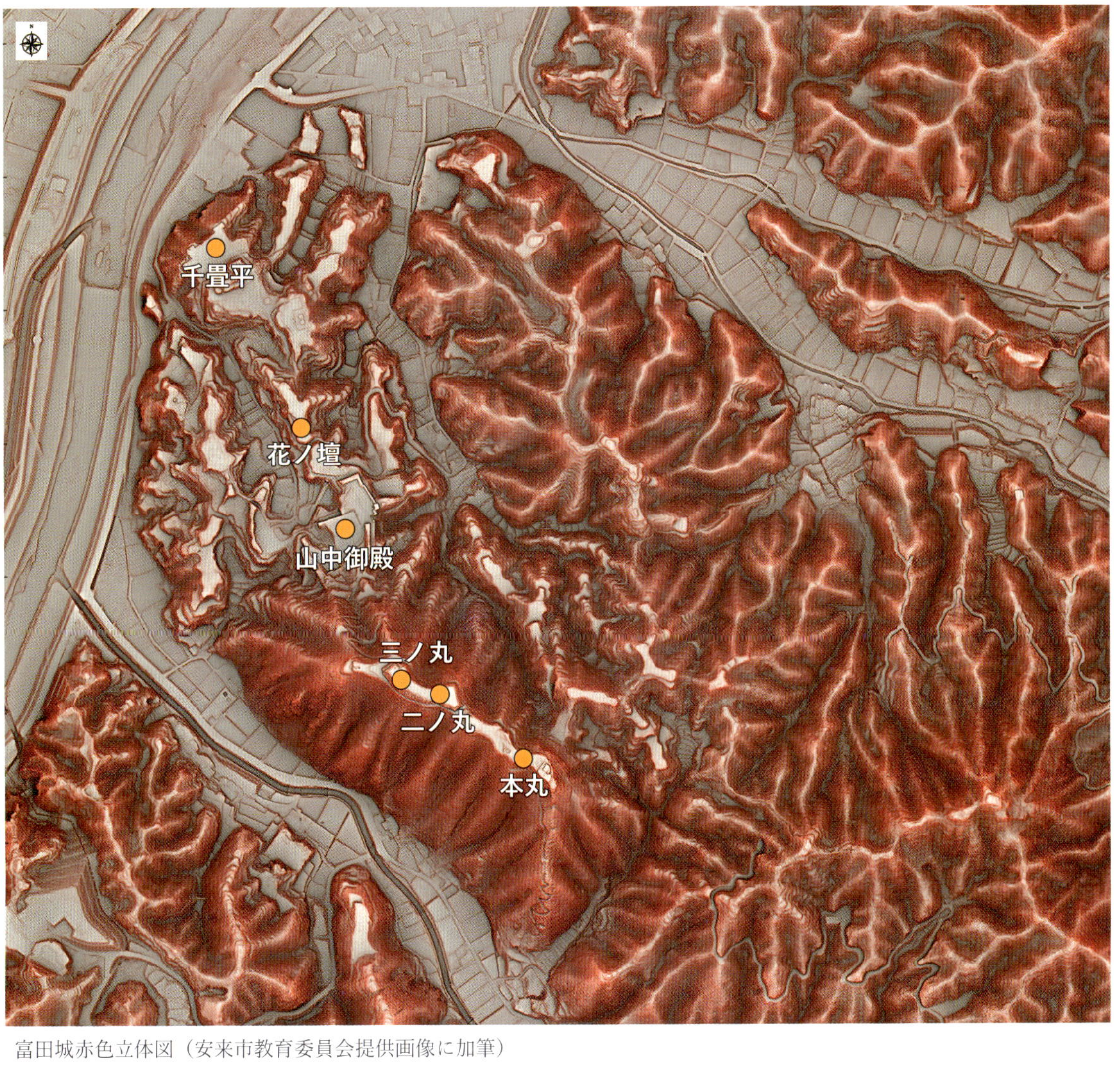

富田城赤色立体図（安来市教育委員会提供画像に加筆）

千畳平

御子守《おこもり》口の登城路入口を見下ろす千畳《せんじょう》平《ひら》は、地形図で見ると角張った形状が際立つ。現地で見ても石垣が築かれ、出隅が設けられていることが実感できるが、発掘調査によって鯱瓦や鬼瓦など多数の瓦が出土している。櫓が敷設されていたのであろう。

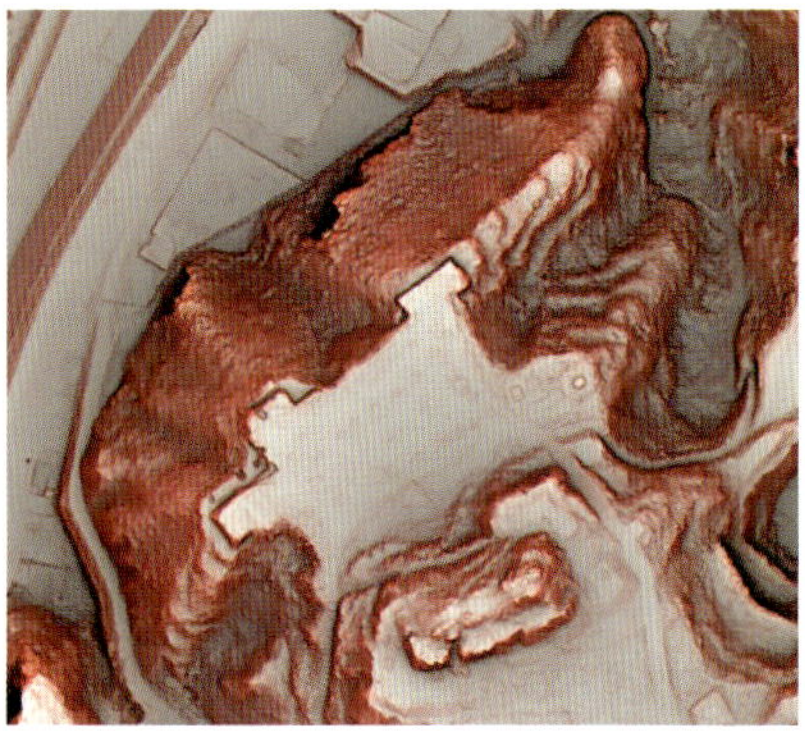
千畳平の現状地形（富田城赤色立体図〈画像提供：安来市教育委員会　以下同〉の部分拡大）

現在の千畳平

花ノ壇

花《はな》ノ壇《だん》には現在現地に建物が復元されている通り、発掘調査によって掘立柱建物跡と塀跡、トイレと推定されるものを含む土坑が見つかっている。また、地形図をみると、南側の山中御殿にいたる尾根が堀切《ほりきり》によって遮断されていることがわかる。

花ノ壇の現状地形
（富田城赤色立体図部分拡大）

花ノ壇の復元建物

山中御殿

城内の中心部にあって最大規模の曲輪である山中御殿《さんちゅうごてん》は、大規模な石垣で囲まれており、吉川《きっかわ》氏以降、特に堀尾《ほりお》期に大きな改修が行われた部分であると考えられる。上御殿と下御殿の二つの曲輪《くるわ》からなり、登城路はここに集約され「七曲《ななまがり》」を通じて山頂部にいたるようになっている。発掘調査によって菅谷《すがたに》口・塩谷《しおたに》口、そして埋められていた新たな虎口《こぐち》が発見された。地形図でみると谷筋の御子守口《おこもりぐち》からみて正面の部分がえぐれており、堀尾期に破城が行われたものと考えられている。

山中御殿から見た月山の山容と七曲

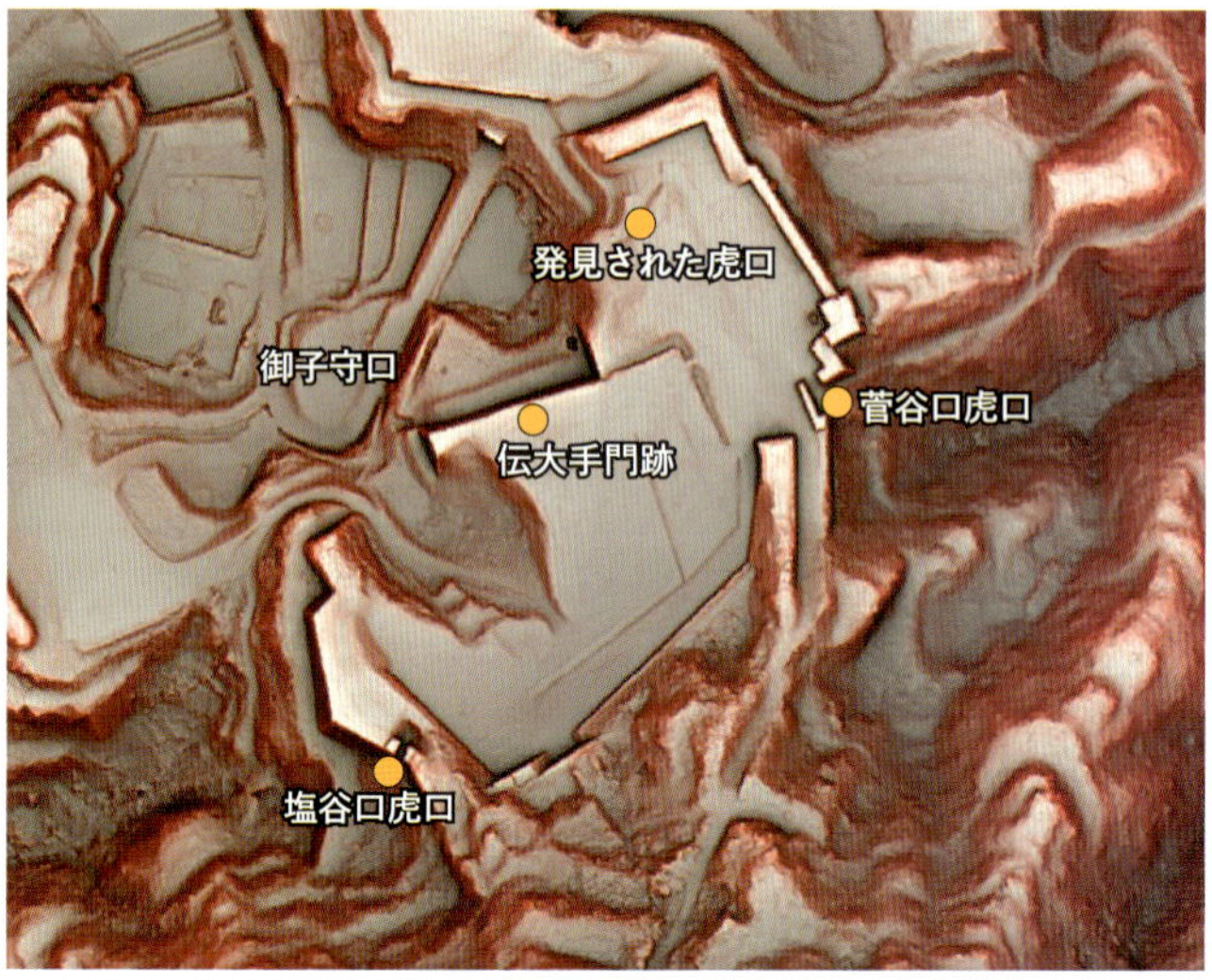

山中御殿の現状地形（富田城赤色立体図部分拡大に加筆）

菅谷口

三ノ丸・二ノ丸・本丸

富田城の山頂部には、本丸《ほんまる》と二《に》ノ丸《まる》・三《さん》ノ丸《まる》がある。山中御殿《さんちゅうごてん》から七曲《ななまがり》をのぼって山頂部にいたると、最初に三ノ丸の石垣がみえる。三ノ丸は東西に長細い曲輪で、東端に二ノ丸が隣接している。二ノ丸の東側は大きな堀切で遮断されており、その向こうにある曲輪が本丸である。本丸も東西に伸びた形状で、東端には勝日高守《かつひたかもり》神社がある。

山頂部では尼子《あまご》氏時代のものと考えられる高級な貿易陶磁器も見つかっている。このエリアは、尼子氏在城中から詰《つめ》の城（最後の拠点となる場所）として重要な意味を持っていたのであろう。一方で、石垣や礎石建物跡、堀切が埋められた痕跡などをみると、毛利氏や吉川広家《きっかわひろいえ》入城以降にも改修が行われたと考えられる。

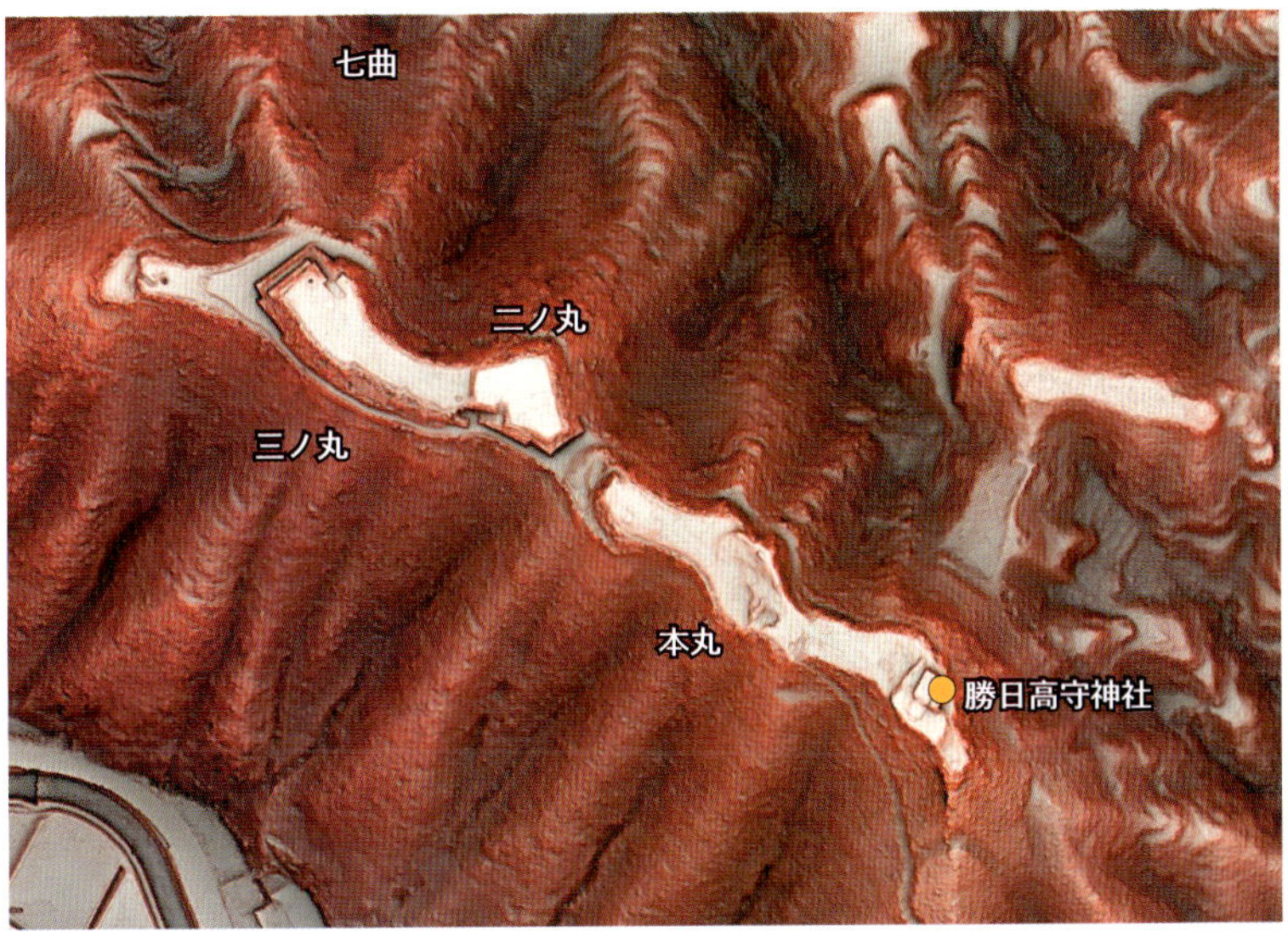

三ノ丸・二ノ丸・本丸の現状地形（富田城赤色立体図の部分拡大）

三ノ丸の石垣

尼子氏時代の遺構

現在城安寺《じょうあんじ》が所在する場所の背面丘陵上にも、城跡と考えられる遺構が数多く残されている。総じて曲輪の普請はあまり手が込んでおらず、小規模な平坦地が多い。富田城山頂部や山中御殿《さんちゅうごてん》などの遺構とは対照的である。おそらくこうした遺構は、富田城攻めが行われた頃、尼子《あまご》氏方の人びとが籠城するために造られた臨時的な施設だったのであろう（あるいは寄せ手の陣城であった可能性もある）。富田城には吉川《きっかわ》・堀尾《ほりお》期に大きく改修が加えられた一方で、再利用されることがなかったために尼子氏在城時代の古い姿をとどめる遺構も多く存在すると考えられる。

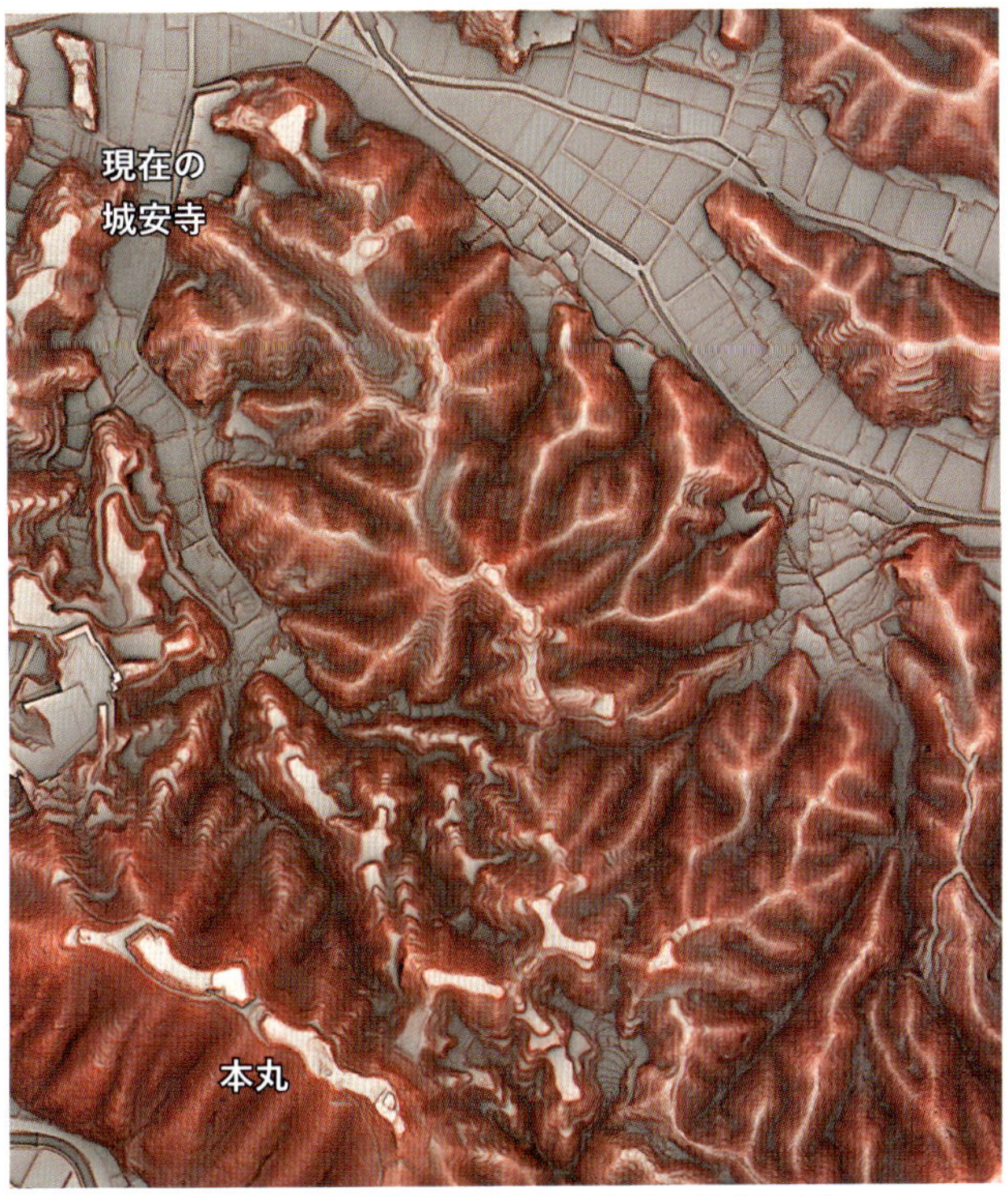

城安寺裏丘陵の現状地形（富田城赤色立体図の部分拡大）

［122］富田《とだ》城跡《じょうあと》　軒平瓦《のきひらがわら》（米子《よなご》城《じょう》・松江《まつえ》城同笵瓦《じょうどうはんがわら》）
安土桃山～江戸時代（十六～十七世紀）
安来市教育委員会

［123］米子《よなご》城跡《じょうあと》　軒平瓦《のきひらがわら》（富田《とだ》城同笵瓦《じょうどうはんがわら》）
安土桃山～江戸時代（十六～十七世紀）
米子市

［124］松江《まつえ》城《じょう》　軒平瓦《のきひらがわら》（富田《とだ》城同笵瓦《じょうどうはんがわら》）
安土桃山～江戸時代（十六～十七世紀）
松江市

（上）米子城跡堅堀出土　［123］
（下）富田城跡三ノ丸出土［122］
中央に小槌、左右に宝珠を配する中心飾りをもつ。

富田城と米子城・松江城

米子《よなご》城と松江《まつえ》城は、それぞれ富田城主であった吉川《きっかわ》広家《ひろいえ》と堀尾吉晴《ほりおよしはる》が新たな拠点として築城をはじめた城である。米子城と松江城からは、発掘調査によってそれぞれ富田城と共通する文様を持つ瓦が見つかっている［122～124］。このような小さな痕跡からも、富田城と米子・松江両城の関係の深さがうかがえよう。

（上）松江城本丸跡出土　［124］
（下）富田城跡千畳平出土［122］
ともに中央に「宝珠」をもつ文様で同じ瓦笵（木の型）を用いている。

松江城（画像提供：（公社）島根県観光連盟）

米子城跡（画像提供：米子市）

堀尾氏と出雲の城

出雲・隠岐両国を拝領した堀尾《ほりお》氏は、富田城にかわって松江城を新たな拠点とした。しかし、富田城がここで役割を終えたわけではない。「本城《ほんじょう》」である松江城に対して、富田城は軍事的な意義を有する「支城《しじょう》」と位置づけられ、城の整備が進められたのである。出雲国内では他にも、かつて赤穴《あかな》氏・三刀屋《みとや》氏の拠点であった瀬《せ》戸山《とやま》城（飯南町）・三刀屋尾崎《おざき》城（三刀屋城、雲南市）が支城となり、石垣が整備されている。また、かつて三沢《みざわ》氏の城であった亀嵩《かめだけ》城・三沢城（奥出雲町）は、石垣整備という点で富田・瀬戸山・三刀屋と差があるものの、国境警備の支城と位置づけられたものと考えられている。関ヶ原の合戦後、すぐさま列島社会に平和が訪れたわけではない。大規模な大名の移封や徳川《とくがわ》・豊臣《とよとみ》間の軋轢によって戦争の危機は継続したのであり、城は軍事的意義を持ち続けたのである。

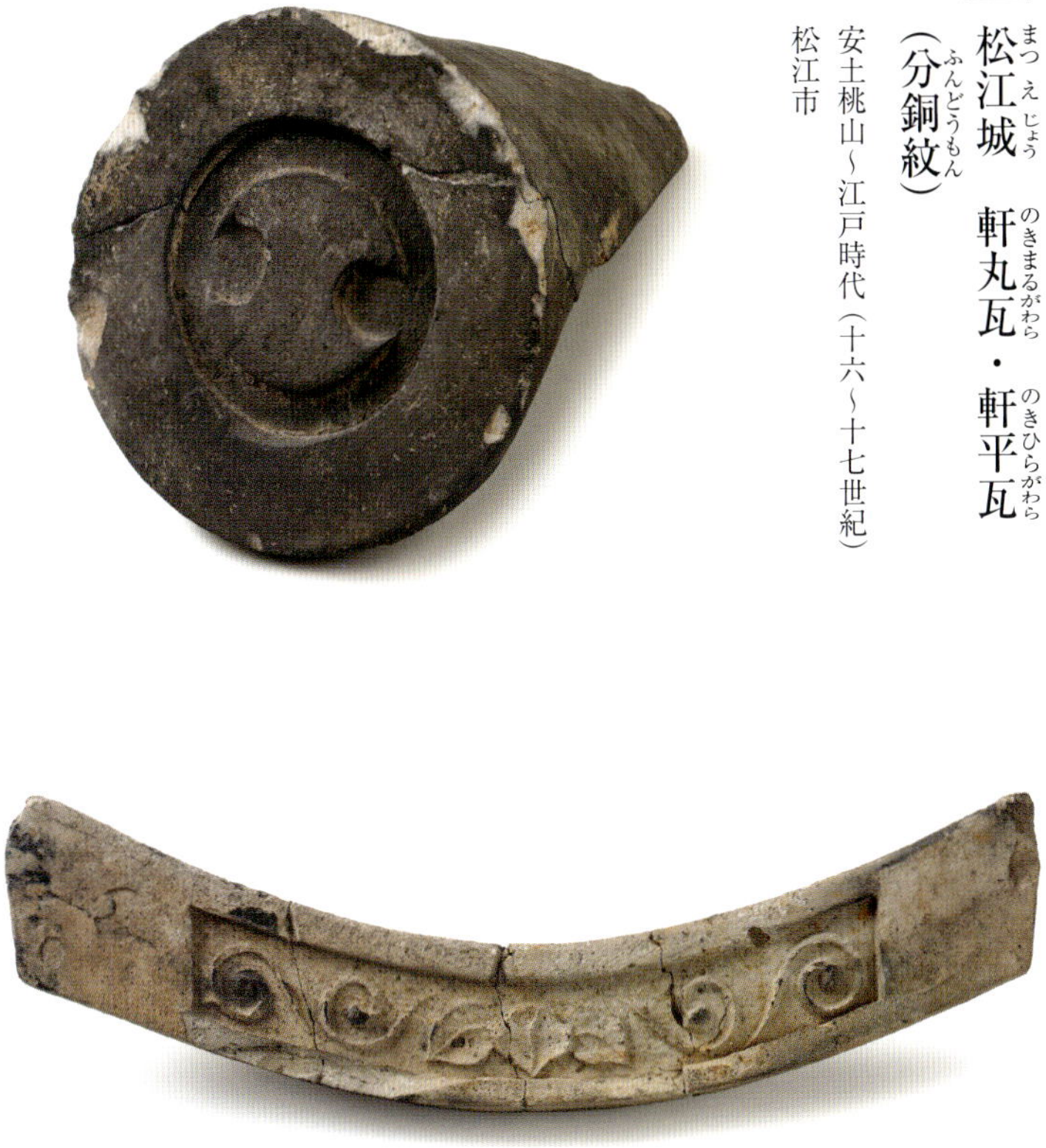

［125］
松江城《まつえじょう》　軒丸瓦《のきまるがわら》・軒平瓦《のきひらがわら》（分銅紋《ふんどうもん》）
安土桃山～江戸時代（十六～十七世紀）
松江市

［126］
出雲国図《いずものくにず》
江戸時代（十九世紀）
当館

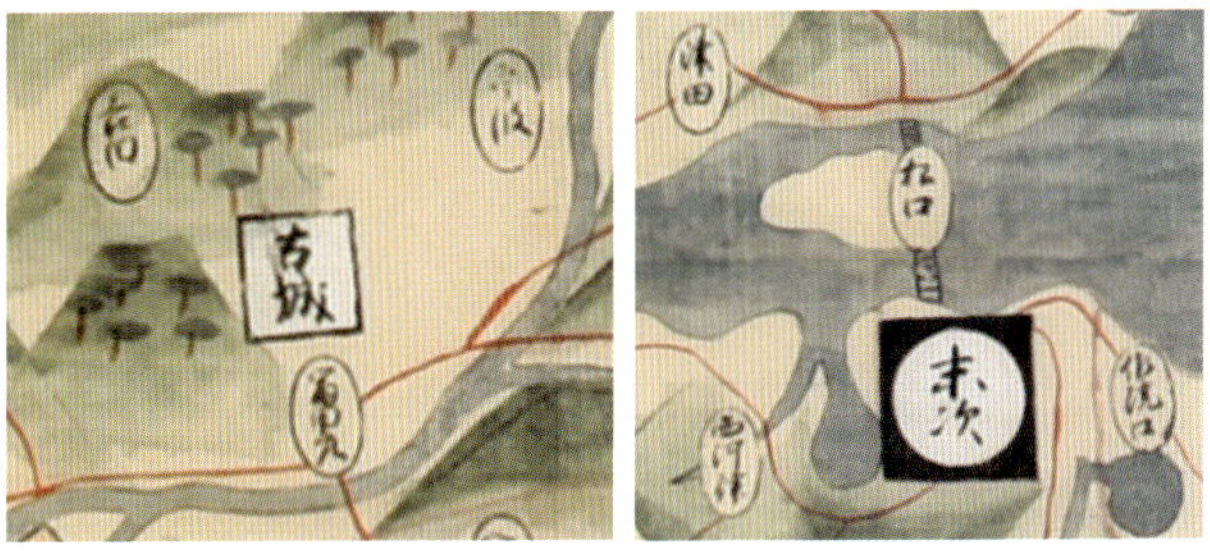

右端から「末次」（松江城）、「富田庄」、「三刀屋」、「亀嵩」、「赤穴」。末次以外には「古城」という記載がある。すでに廃城となったかつての「支城」が古城として把握されたのであろう。

石垣からみる山陰の城

中井 均

一、はじめに

戦国時代の城郭が土から成るという常識はもう古い。近年の分布調査で数多くの山城で石積みの存在が報告されており、土塁と同じく普遍的な城郭施設であることが明らかとなりつつある。さらに戦国時代後半になると築石の背面に裏込石を充填して石垣となる。ここでは出雲、隠岐、伯耆における石積みや石垣を構えた山城の変遷をみてみたい。

二、山陰地方の石垣の城

出雲では三沢《みざわ》城跡、夕景《ゆうげ》城跡、横田山《よこたやま》城跡、高《たか》瀬《せ》城跡、陣ケ丸《じんがまる》城跡、高櫓《たかやぐら》城跡などで、隠岐では国府尾《こうのお》城跡、中村《なかむら》城跡などで、伯耆では羽衣石《うえし》城跡、狗尸那《くしな》城跡などで戦国時代の石積みが確認されている。これらはいずれも自然の小石材を用いて切岸に積み上げるものである。

三沢城は承久の乱の戦功で信濃より出雲に入った三沢氏の居城である。かつては慶長《けいちょう》五年（一六〇〇）の堀尾《ほりお》氏による支城と考えられていたが、自然石を積み上げる構造は戦国時代のものと見てよい。石垣は主郭などには用いられておらず、登城口にあたる大手にのみ構えており、視覚的効果を狙った石垣とみられる（写真1）。

羽衣石城は伯耆の有力国人南条《なんじょう》氏の居城で、部分的に石積みが導入されている。ここでも主郭には石積みは認められず、切岸の土留め用に築かれたものであろう。

戦国時代の石積みは城内の極めて限られた部分にのみ用いられたものである。こうした戦国時代の石積みが大きく変化するのが天正《てんしょう》十九年（一五九一）の吉川広家《きっかわひろいえ》の富田入城である。豊臣秀吉《とよとみひでよし》から出雲三郡、伯耆三郡、安芸一郡、隠岐国を与えられ、富田城を居城とした。さらに同年米子《よなご》城を築いている。これは領国の二城体制と見てよい。両城ともにこの段階で本格的な石垣が築かれることとなる。さらに領国内に江美《えび》城、尾高《おだか》城、八橋《やばせ》城を支城とし、石垣を用いて大改修している。特に尾高城跡では発掘調査によって本丸北堀で新たに石垣を築いたことが明らかになった。

いずれも自然石を積む野面積みであるが、石材は戦国時代の石積みに用いられたものよりはるかに大形となり、長辺一メートル程度の大型石材となる。

（写真1）三沢城跡大手の石垣

三、富田城跡にみる石垣の変遷

出雲の代表的な山城である富田城跡は戦国時代屈指の規模を誇る山城で、一般的には山陰の戦国大名尼子《あまご》氏の居城として有名である。しかし、永《えい》禄《ろく》九年（一五六六）に毛利元就《もうりもとなり》に下ると、出雲における毛利氏の城となる。そして天正十九年には吉川広家の居城となる。さらに慶長五年（一六〇〇）の関ヶ原合戦の戦功により堀尾吉晴《よしはる》・忠氏《ただうじ》が出雲・隠岐の太守として富田城に入城し、松江築城までの間、その居城となった。松江築城後は元《げん》和《な》元年（一六一五）まで、その支城として機能している。

富田城跡の構造を見ると、石垣によって築かれている二ノ丸、三ノ丸、西袖ヶ平、山中御殿、千畳平、馬乗馬場と、石垣を用いない広大な本丸北側地区の山城群に明確に分かれている。恐らく尼子氏時代には石垣は築かれておらず、毛利氏時代、特に吉川広家によって石垣が築かれたようである。

現存する富田城跡の石垣は大きく二時期に区分できそうである。山上部分と山中御殿の石垣は慶長三年（一五九八）頃のものと見られる。この段階で富田城は石垣の城として整備されたようである。

米子城跡では最初に築かれたと考えられる飯山や八幡台で自然石を積む野面積みの石垣が確認されている。これが天正十九年に吉川広家によって築かれた石垣である（写真2）。さらに米子城跡では慶長五年以後に中村一忠《なかむらかずただ》によって矢穴技法で割られた石材を用いるが、それ以前に築かれた可能性の高い石垣が確認できる。これは慶長三年の秀吉死後の軍事的緊張のなかで広家が増築を行った石垣と見られる。このように米子城跡では天正十九年、慶長三年頃、慶長五年の三時期の石垣が認められる。

富田城跡では現在のところ米子城跡の飯山石垣と併行関係にある石垣は認められず、天正十九年の広家による居城の改修については米子築城に集中し、この段階で富田城の改修は大規模なものではなかったと見られる。三ノ丸、山中御殿、千畳平などは慶長三年頃に石垣が築かれたようである。それまでの富田城の規模を大幅に縮小したわけであるが、それは肥大化した尼子氏の富田城を石垣によって遮断線を設けてスリム化を図った結果と評価できよう。

そして堀尾氏の入城によっても改築が施されており、山中御殿正面には広家時代の虎口を埋めて石垣にした痕跡が残されている（写真3）。

（写真2）米子城跡飯山の石垣

四、おわりに

慶長五年の関ヶ原合戦後、出雲には堀尾吉晴、忠氏父子が入国し、伯耆には中村一忠が入国する。出雲では慶長十二年（一六〇七）に松江城が築かれ、三刀屋《みとや》城、赤穴《あかな》瀬戸山《せとやま》城、富田城が支城として改修され、すべて石垣の城となる。一方、伯耆では米子城が中村氏の居城として改修され、八橋城、打吹《うつぶき》城が支城として改修され、やはりすべて石垣の城となる。この慶長期の石垣には矢穴技法によって割られた石材が用いられるようになるのを特徴とする。

戦国時代から近世初頭の城郭石垣を分析することにより石積みや石垣が単に城郭を構成する防御施設というだけでなく、石材の大きさや採石、積み方などから大名の権威や城郭の階層を示す施設であったことは注目してよい。

【参考文献】

・島根県教育委員会編『島根県中近世城館跡分布調査報告書〈第2集〉出雲、隠岐の城館跡』（島根県教育委員会、一九九八年）
・高屋茂男編『出雲の山城』（ハーベスト出版、二〇一三年）
・米子市経済部文化観光局文化振興課文化財室編『尾高城跡Ⅳ』（米子市・米子市教育委員会、二〇二二年）

（写真３）富田城跡山中御殿の石垣

CHAPTER 5

戦乱と城下町

—富田川河床遺跡の世界—

月山富田城の麓、
現在は飯梨《いいなし》川（富田川）が流れるあたりには、
かつて城下町が栄えていた。
川の中から姿をあらわした町の跡には、
城下に生きた人びとの暮らし・
文化を物語るさまざまな手がかりが
残されていた。

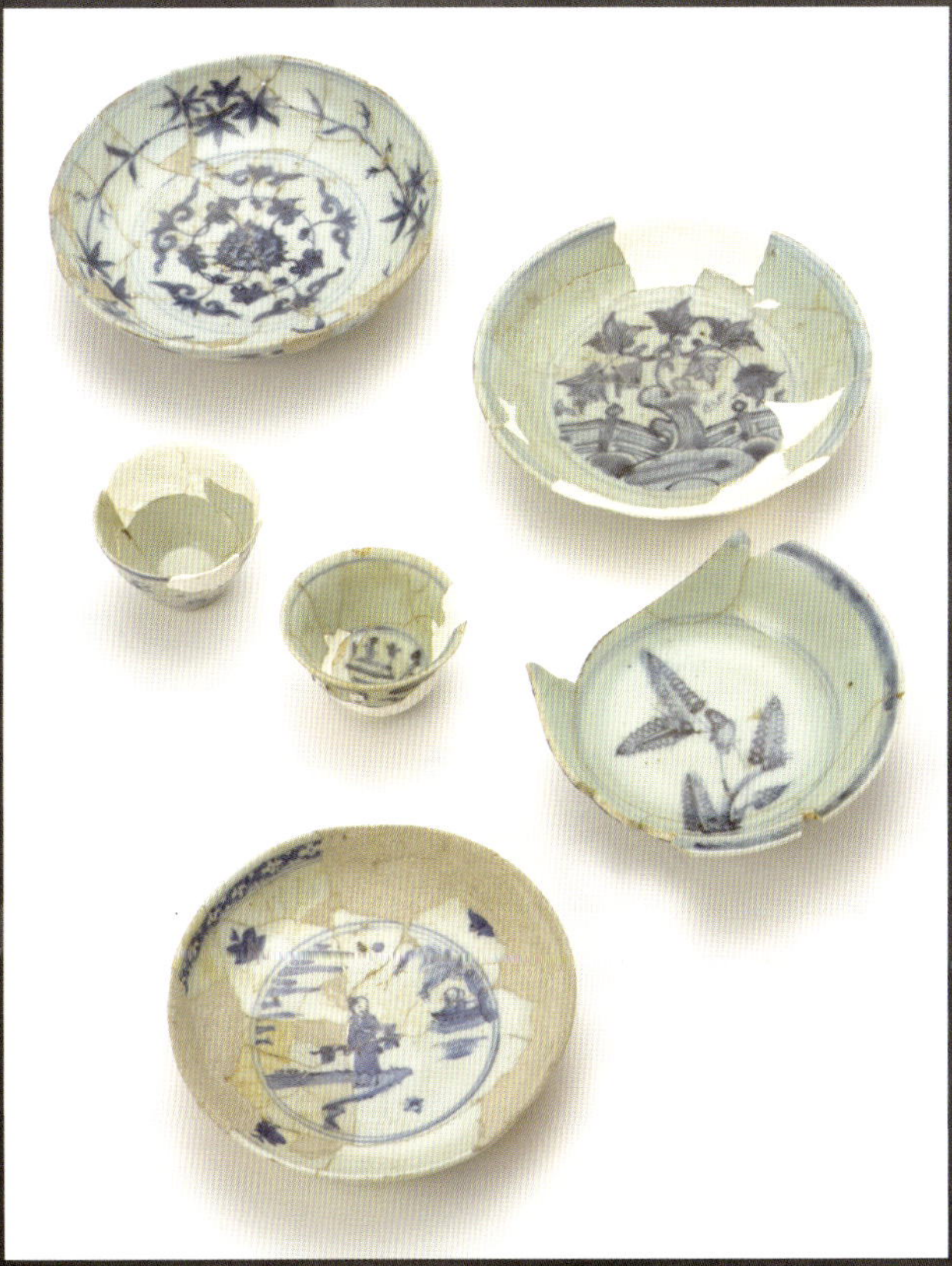

富田川河床遺跡　出土資料　島根県埋蔵文化財調査センター
（上）中国天目碗　（中）青花　（下）鉄釜

幻の富田城下を探る

寛文《かんぶん》六年（一六六六）、洪水によって富田城麓に流れる飯梨川《いいなし》（富田川）の流路は大きく変わり、城下の様子も大きく変貌した。十六世紀の城下の様子を知る手がかりは少ない。洪水以前の城下を描いた江戸時代の絵図は［1］［127］、後世の作品ではあるが一つの手がかりとなろう。古文書の記録がほとんどない中で、同時代の痕跡として最も注目すべきは「富田川河床遺跡」の存在である。

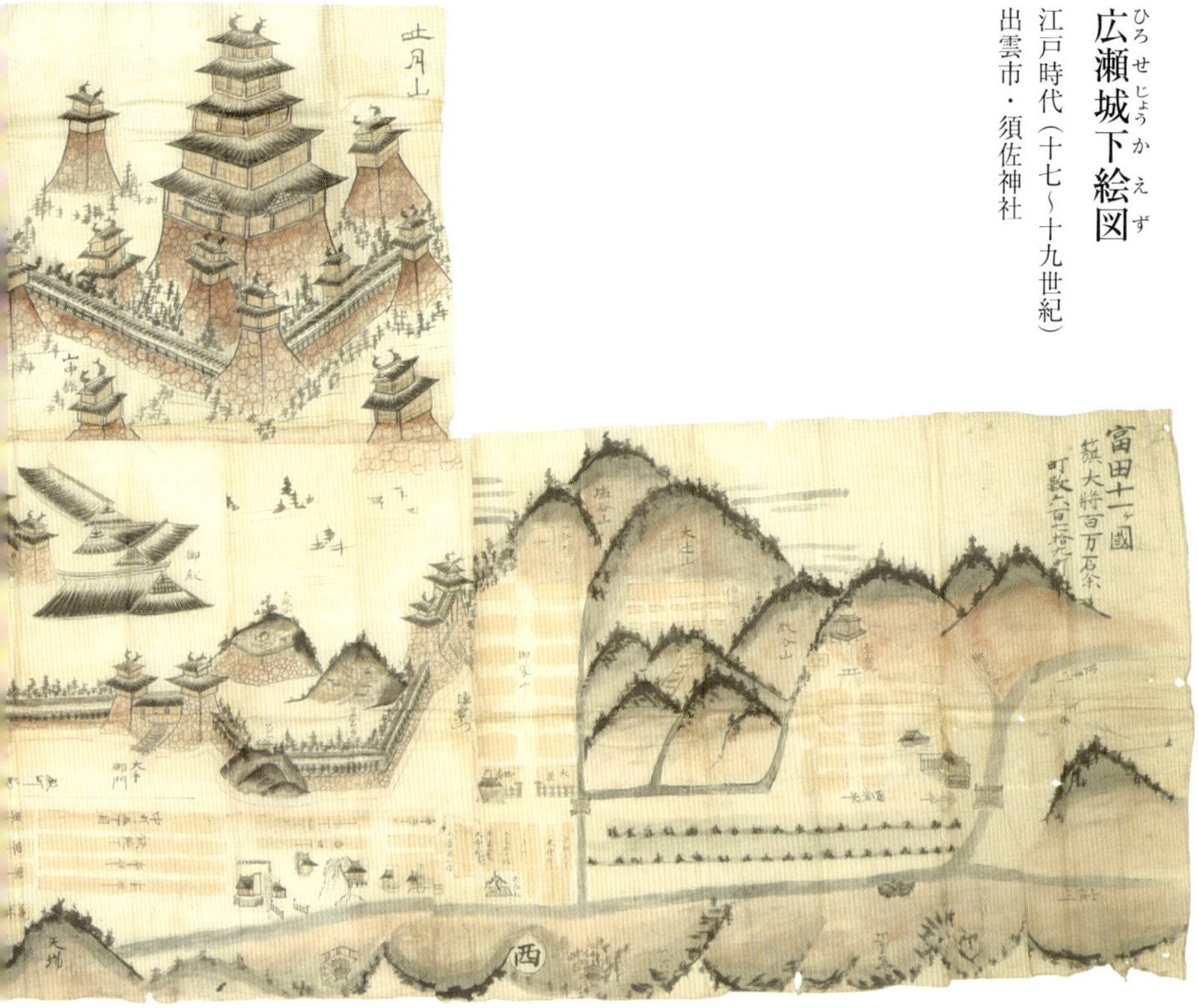

［127］広瀬《ひろせ》城《じょう》下《か》絵《え》図《ず》
江戸時代（十七〜十九世紀）
出雲市・須佐神社

富田川河床遺跡

富田城の麓、現在の飯梨川《いいなし》（富田川）の流路からは、十六世紀から十七世紀の初めにいたる時期の遺跡が見つかった。富田川河床遺跡から発掘された考古資料は、戦国時代から江戸時代の初め、戦乱の時代と終焉を見届けた人びとの貴重な痕跡であるといえる。

［128］富田川《とだがわ》河床遺跡　陶磁器《とうじき》
戦国〜江戸時代（十六〜十七世紀）
島根県埋蔵文化財調査センター

［128－1］青磁《せいじ》 ◀
（上）碗　（右）蓋
（左）菊花皿　（下）碗

［128―2］
白磁《はくじ》◀
右列上から輪花皿、皿、木瓜皿
左列上から菊花皿、八角坏、木瓜皿

尼子氏時代の痕跡

［128―1～9］は「ＳＫ０１５」とナンバリングされた土坑から発掘された資料。最も古い十六世紀中葉の資料がまとまっており、焼けた痕跡が残る。寺院や武家の所有品などが一括廃棄されたのだろう。

128-3
青花《せいか》皿・小坏《こづき》 ▶

128-4
朝鮮《ちょうせん》青灰《せいかい》沙器《さき》碗《わん》

128-5
黒釉《こくゆう》小壺《こつぼ》

128-6
朝鮮《ちょうせん》褐釉《かつゆう》甕《がめ》

128-7
緑釉《りょくゆう》小皿《こざら》

128-8
黒釉壺《こくゆうつぼ》

128-9
タイ壺《つぼ》

［128―10］
越前擂鉢《えちぜんすりばち》 ◀

［128―11］
焼塩壺《やきしおつぼ》 ◀

［128―12］
軒丸瓦《のきまるがわら》 ▶

毛利・吉川〜堀尾時代の痕跡

富田川河床遺跡からは、十六世紀の後半から十七世紀の初頭、つまり尼子《あまご》氏が滅亡して、毛利《もうり》氏・吉川《きっかわ》氏、そして堀尾《ほりお》氏が富田城の主となった時代の遺物も多く見つかっている。

［128―13］
肥前陶器《ひぜんとうき》 ◀
上から浅鉢、片口、碗、皿二点

128-14

中国天目碗《ちゅうごくてんもくわん》

中国天目碗（破片）

中国天目碗（左上破片）の光彩顕微鏡写真
（画像提供：東京電機大学　阿部善也氏／明治大学　村串まどか氏）

[129]
鳥越山《とりごえやま》　美濃天目碗《みのてんもくわん》
戦国時代（十六世紀）
当館

[130]
三太良遺跡《さんたらいせき》　陶磁器《とうじき》
戦国時代（十六世紀）
当館

上から
・備前壺
・美濃天目碗
・白磁皿（皿のうち上五点）
・青花菊花文小皿（皿のうち下五点）

131
富田川《とだがわ》河床遺跡　鉄釜《てつがま》
戦国～江戸時代（十六～十七世紀）
島根県埋蔵文化財調査センター

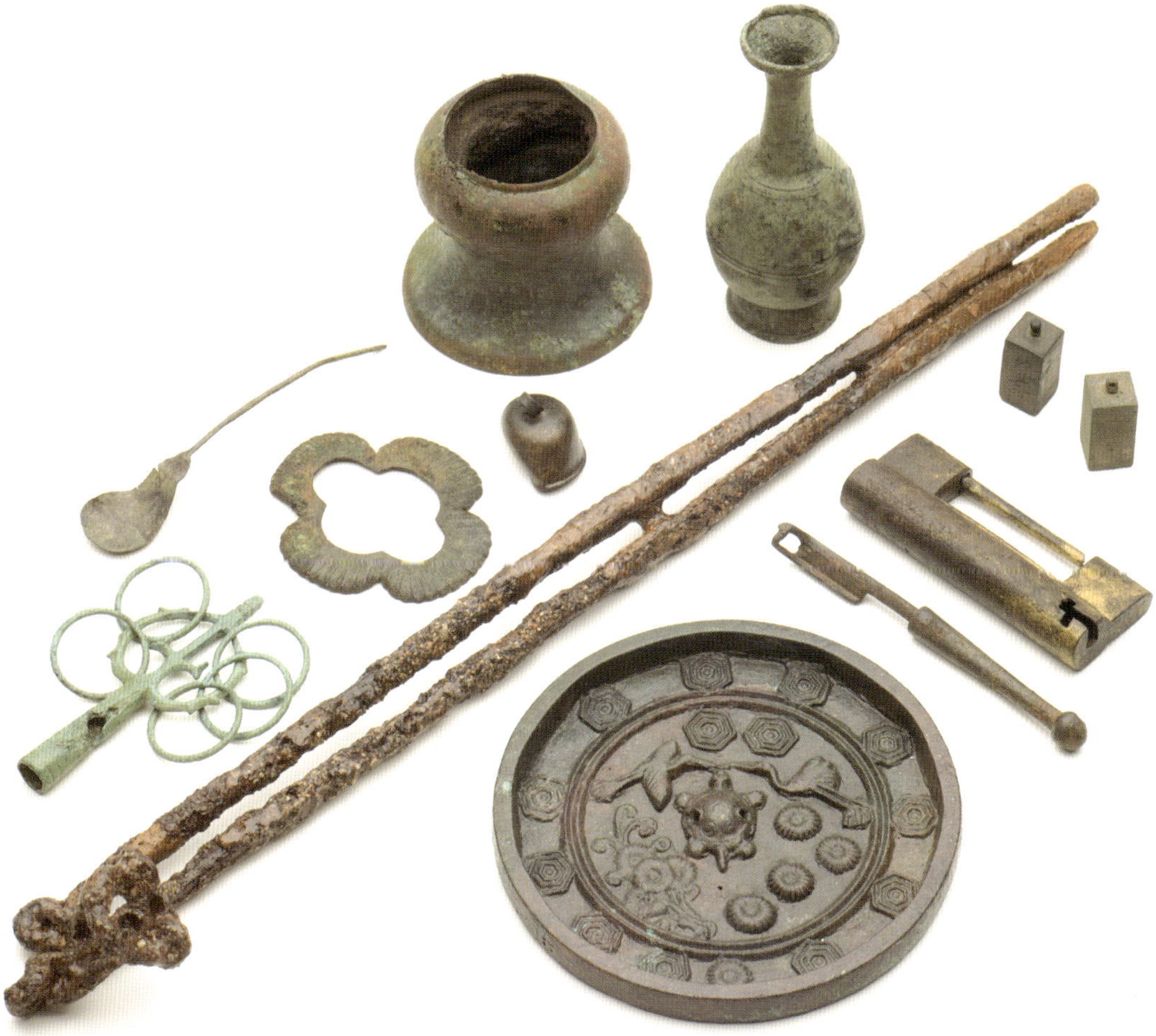

132
富田川《とだがわ》河床遺跡　金属製品《きんぞくせいひん》
戦国～江戸時代（十六～十七世紀）
島根県埋蔵文化財調査センター

中央が火箸
（火箸左上）上から仏花瓶、仏具、鈴、引手金具、匙、仏具
（火箸右下）上から錘（二点）、錠前、鍵（推定）、鏡

［133］

富田川《とだがわ》河床遺跡　銭貨《せんか》

戦国～江戸時代（十六～十七世紀）
島根県埋蔵文化財調査センター

（上段）左から皇宋通寶、洪武通寶、洪武通寶、宋通元寶、無文銭
（下段）左から朝鮮通寶、慶長通寶、開元通寶、永楽通寶、無文銭

［134］

富田川《とだがわ》河床遺跡　切銀《きりぎん》

戦国～江戸時代（十六～十七世紀）
島根県埋蔵文化財調査センター

新発見！　富田城下の切銀

近年実施された富田川河床遺跡の出土品再調査によって、新たに「切銀《きりぎん》」の存在が確認された。

当時貨幣として流通した銀は、重さによって価値が変わる「秤量貨幣《ひょうりょう》」であった。そのため、必要な重さになるようにタガネで切断して利用されており（切遣《きりづか》い）、切られた銀の破片を「切銀」と呼んでいる。

戦国時代から江戸時代にかけて用いられた銀貨は今も多く残るが、発掘調査で切銀が発見されることは極めて稀である。科学分析の結果、見つかった四点の内、槌目《つちめ》が残る切銀（［134］左上）は、石見銀山（大田市）産、円盤状の灰吹銀を切遣いしたと考えられる二点(右上と左下）は吉川氏が押さえた伯州銀山（鳥取県日野郡日野町）産の可能性がある。極印《ごくいん》（丁銀に刻まれた文字・記号）を持つ切銀もあり、「米判」（左下）や「出雲」（右下、分銅形の印の内部）といった文字が刻まれている可能性がある。

富田城下町における銀貨流通を考える上で、非常に重要な手がかりとなる発見である。

富田川河床遺跡の発掘調査

廣江　耕史

一、遺跡の発見・河床に埋もれた町

富田川河床遺跡は、国指定史跡富田城跡の西麓を流れる飯梨川《いいなし》（旧名・富田川）の河床に位置している。飯梨川は、上流で行われたたたら製鉄に使う砂鉄採取の鉄穴流しにより生じた砂が堆積し天井川となっていた。古くから氾濫を繰り返してきたが、江戸時代の寛文《かんぶん》六年（一六六六）に起こった大洪水で城下町が砂で覆われている。能義郡伯太町、西村家の記録に大雨大水が出て母里、富田が流されたと記されている。また、寛文六年に新設された広瀬藩初代藩主の松平近栄は、幕府に提出した文書に水害で被害を免れた五町を広瀬に引っ越すことを報告している。

昭和四十年代になり、上流に布部ダムが建設され、下流で採砂が行われ、水位が低下し河川敷から城下町の建物区画、井戸跡が多くの陶磁器類とともに姿を現した。昭和四十九年から旧広瀬町が補助事業で発掘調査を行い、島根県が昭和五十三年から四次にわたり、その後を安来市（広瀬町）が十四次まで河川改修に伴い発掘調査を実施している。寛文六年の水害による土砂で埋もれた「まぼろしの城下町」と言われた町の様子が少しずつ明らかになっていった。

二、町並みの様子

遺跡は、富田城の前面から下流の鷺ノ湯温泉あたりまで広がっている。県が実施した第七次調査では、上流の寛文六年の洪水堆積層下から第一遺構面(十七世紀中葉)、第二遺構面(十七世紀前葉)、第三遺構面（十六世紀後半）、第四遺構面（十六世紀後葉）、第五遺構面（十六世紀中葉）の遺構面を確認している。ＩＱ、ＩＰ区では幅五メートルの道路に面して、間口三間（総梁長五メートル）、桁行五間（総桁行一〇・五メートル）の細長い掘立柱建物と間口六・三間(総梁行一一・九メートル)の幅広の建物を検出している。この場所の下層では同じように建物が検出されており、十七世紀前葉から寛文六年まで道路に面して建物が連なる街並みが広がっていたと考えられる。ＦＴ区の第四遺構面で検出した三間×四間（三・八×五メートル以上）の掘立柱建物跡から備前焼の大甕が三個体、二列、合計六個並んで埋められていた。内一個に「弐石入」、「捻」と三角形が二つつながる窯印が線刻されていた。この建物は、藍の染色等の工房と考えられる。時期は瀬戸美濃の国産陶器と中国製陶磁器が伴うこと、唐津焼がみられないことから十六世紀後半と考えられる。城下町の建物が間口三間で奥行きの長い区画に間口六間と幅広の区画が混じるという町並みが想定される。各建物区画には石積みの井戸が伴うと思われる。最下層の第五遺構面は、六次調査区全面と七次調査区の一部で確認されている。この面から道路側溝と思われる石積みの溝が確認されており、道路の幅四・五メートルを測る。建物跡は検出されず多数の土壙が確認された。

富田川河床遺跡７次調査区と富田城

三、出土品からみた城下町の変遷

富田川河床遺跡の第六次調査区では、側溝付の道路遺構と土壙群から十六世紀後半の陶磁器類が出土している。

土壙（SK015）から出土した陶磁器類は、二六六個体でその内中国製が九割を占めている。土壙の規模は幅二〜三メートル、長さ七メートル以上、深さ三〇〜四〇センチと大きなものである。出土した中国製青磁菊花皿二五枚、景徳鎮窯の青花牡丹唐草文皿一〇枚、花鳥山水人物文皿二〇枚、白磁菊花文皿二五枚、五輪花皿一〇枚は組物で複数の同一形態の皿がみられる。これらは寺院、武家の所有物で儀礼、茶会等に使用されたものである。この土壙から出土した陶磁器類は火を受けたものがみられ、尼子氏が毛利氏に屈した永禄九年（一五六六）前後の戦闘により焼失し火事場整理されたと考えられる。中国製陶磁器には黒釉の天目茶碗が含まれ、国内では出土例が少ない北方系の天目で、時代は金から元代のものである。中国製以外では朝鮮製雑釉碗（蕎麦風茶碗）が三個体やタイの四耳壺が出土している。国産陶器では、備前焼、瀬戸美濃、越前焼に加えて信楽焼の製品も含まれる。このように国内外の多種多様な製品が富田の城下町に集まっていたことになり、山陰における拠点的な都市に人と物が集まっていたことがわかる。

土壙（SK017）からは、中国製陶磁器、朝鮮陶磁器肥前系陶器を主として、備前焼、瀬戸美濃系陶器、瓦が出土している。肥前系陶器には絵唐津の片口鉢、皿などとともに碗、皿が多くみられ、時期は十六世紀末から十七世紀初頭の時期である。伊万里焼きの製品を含まないことから下限が一六一〇年までとなり、堀尾氏が広瀬に入り松江に移るまでの時期を表していると考えられる。

富田川河床遺跡6次調査で見つかった溝

富田城の城下町では一二五二枚の銭貨と四点の切銀が確認されている。これらはさまざまな取引等の経済活動の証拠となるものである。特に切銀が遺跡の発掘調査で確認されたのは全国でも三例目であり、さらに城下町からの出土は富田川河床遺跡のみである。切銀の使用された時期は十六世紀後半から十七世紀前半と幅があるが出雲国内で銀が流通していた証となる。江戸時代の寛文八年（一六六八）の広瀬町町屋敷帳に「灰吹き屋」の屋号がみられる。また、六次調査出土の坩堝の内面を成分分析したところ、一部から銀、鉛などの成分も確認されたことから、広瀬の町で灰吹き銀を鋳造していた可能性が想定される。

四、戦国時代から江戸時代へ

富田川河床遺跡から出土した中国南部産の焼き締め陶は、大分県の南蛮貿易都市の豊後府内遺跡において多く見られ、外国人の居住地で使用したものとされている。富田川河床遺跡からの出土は戦国時代に石見銀山の銀を求めた人びとの往来の証である可能性もある。また、越前焼に関しては出雲の鉄を求め北陸から日本海水運による移動が想定される。山陰における拠点的な城下町である富田において、出土した品々から戦国時代の人びとの活動が導き出される。

洪水により町が壊滅した後の寛文八年、初代広瀬藩主となった松平近栄が新たに町作りに着手し、現在に続く町が出来上がっていった。

【参考文献】

・島根県古代文化センター編『富田川河床遺跡の研究』（島根県教育委員会、二〇二四年）

EPILOGUE

エピローグ

戦乱の終焉

—富田から松江へ—

十七世紀に入ると、列島を覆った戦乱は徐々に終焉を迎える。出雲の中心地が、富田から松江へと移るのもこの時代であった。月山富田城は、平和な時代への移行を見届けながら、城としての役割を終えていく。

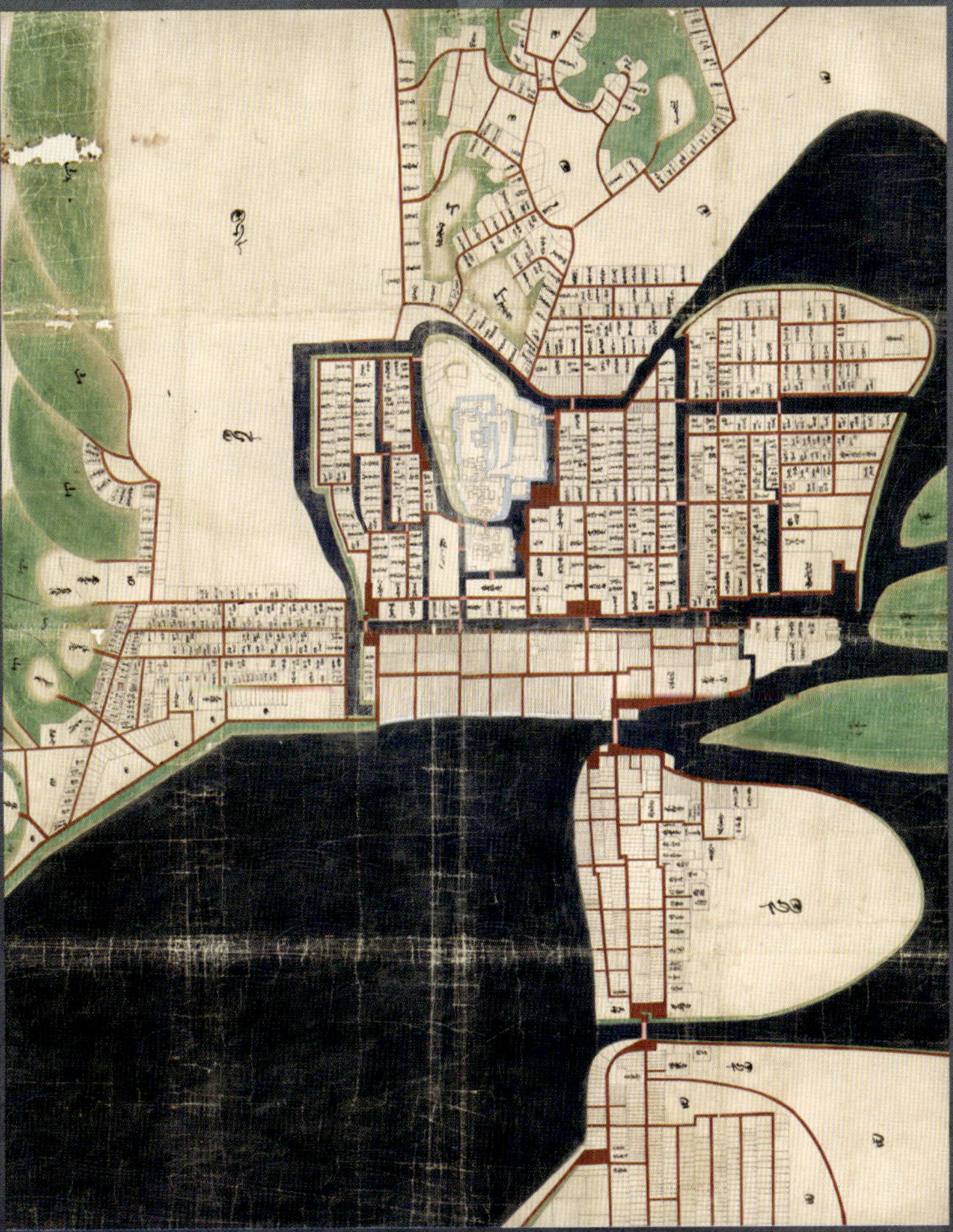

（上）阿弥陀如来坐像　安来市・城安寺
（下）堀尾期松江城下絵図　島根大学附属図書館

富田城下に所在する城安寺《じょうあんじ》には、室町時代（十五世紀）に造像された阿弥陀如来坐像《あみだにょらいざぞう》が安置されている［135］。本像は、天文《てんぶん》八年（一五三九）に康秀という仏師が修理を行っており、この康秀を富田の地に招いたのは尼子経久《あまごつねひさ》であった。天文八年といえば、尼子氏が再び大内《おおうち》氏との戦いを激化させていく時期である。修復後の本像は、富田城下が最も激しい戦いにさらされた時代を乗り越えて、現代にまで伝わった。

［135］阿弥陀如来坐像《あみだにょらいざぞう》
室町時代・応永三十五年（一四二八）
安来市・城安寺

長く過酷だった十六世紀の戦乱は、徳川《とくがわ》・豊臣《とよとみ》の戦争を契機に終焉を迎え、出雲国の中心は富田から松江へと移された。しかし、すぐさま戦争の危機が消え去ったわけではない。松江城や、富田城をはじめとする「古城《こじょう》」が軍事的に再利用される可能性はしばらく消えなかった。それでも、山陰地域は江戸時代末期にいたるまで戦場になることはなく、平和な時代を享受することとなる。

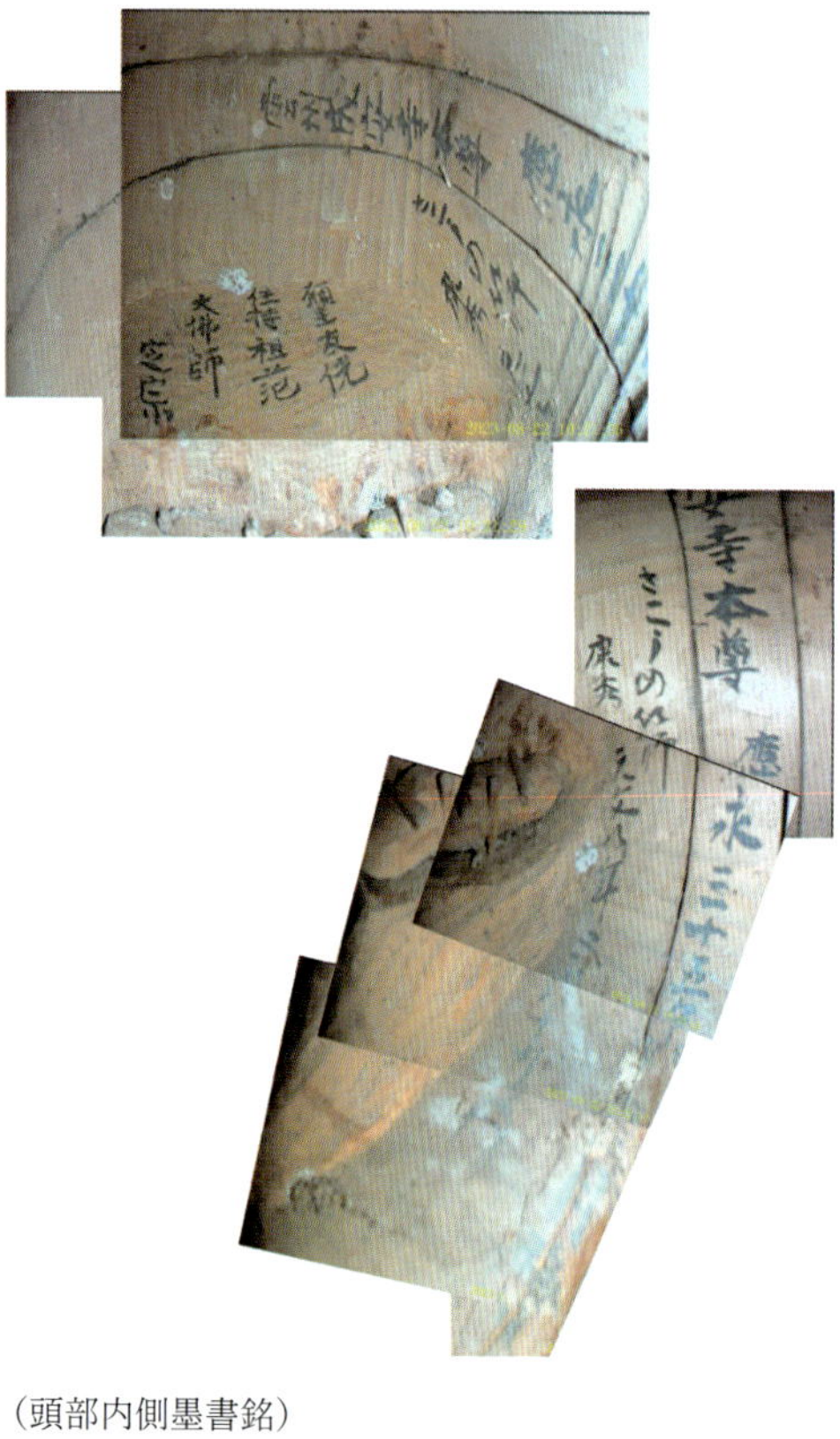

（頭部内側墨書銘）

（左側面）

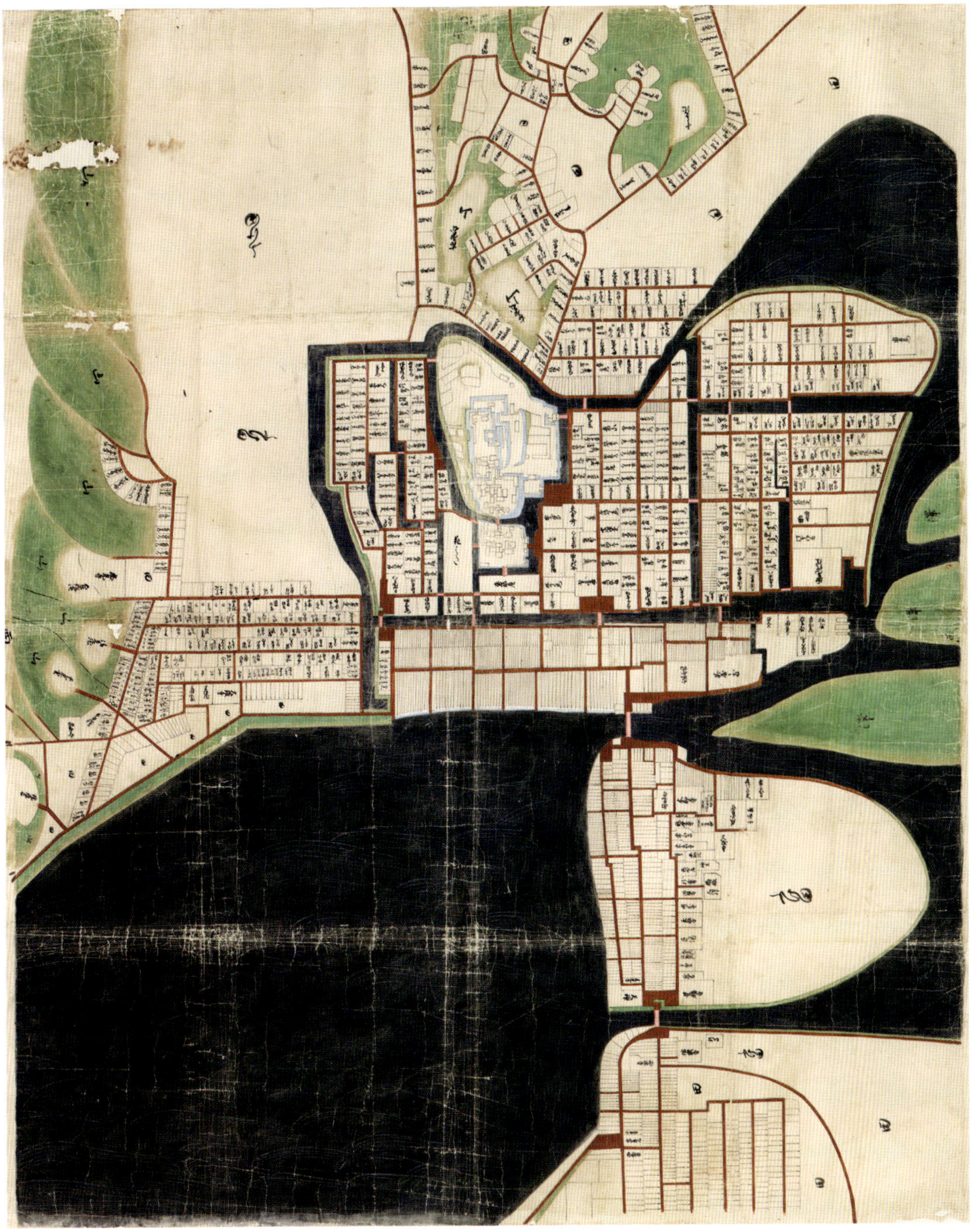

136

堀尾期松江城下絵図《ほりおきまつえじょうかえず》

江戸時代（十七世紀）
島根大学附属図書館

137

松江城下町遺跡《まつえじょうかまちいせき》（殿町）
陶磁器《とうじき》

安土桃山～江戸時代（十六～十七世紀）
松江市

左から［137-1］黒織部沓形茶碗
［137-2］唐津鉄絵四方向付
［137-3］志野四方向付

月山富田城の時代
──富田城から戦乱の実像を描く──

山陰地域の戦乱に焦点を当てた本企画展は、副題を「月山富田城の時代」とした。その理由は、山陰地域における戦乱の実像に迫る上で、富田城が重要な手がかりになるためである。

山陰が戦場となった時代

16世紀半ばは、山陰地域が最も激しい戦いの舞台となった時期である。大内《おおうち》氏・毛利《もうり》氏が尼子《あまご》氏の拠点である富田城に迫った２度の攻城戦は、代表的な戦いのひとつといえよう。

近年、富田城の周辺では、赤色立体図を利用した現地踏査により、従来知られていなかった広範囲に陣城跡と考えられる遺構が確認されている。大規模な軍勢の駐屯が想定される富田城攻めの緊迫した状況を、よりリアルにイメージできるようになったのである。さらに、富田城麓の遺跡（富田川河床遺跡）の再検討が進み、城下町の人びとの豊かな暮らしの痕跡が明らかになってきた。

攻城戦においては、城の麓で特に激しい戦闘が行われた。城下の町屋や寺院も戦火にさらされたであろう。また、寄せ手の毛利軍は城下で麦の刈り取り（麦薙《むぎなぎ》）などを実施し、富田城内に籠城していたと考えられる城下の人びとを精神的に追い詰めていった。戦場では、さまざまな立場の人びとが武具や武器を用いて戦い、時に負傷し、あるいは戦死した。進軍ルートの村々や城下町の人びとも戦禍を蒙《こうむ》り、社寺や商人なども戦いの当事者となった。これは地域を問わない一般的な戦乱の実情であり、山陰地域の人びとも例外ではなく過酷な戦場を経験していたのである。近年の調査研究により明らかになった戦乱の実態を描き出すことが、本展のねらいのひとつである。

終わらない戦乱　平和への長い道のり

16世紀後半に入ると、山陰地域が直接の戦場となる時代は終焉していく。しかし、山陰地域にとっての戦乱が終わるわけではない。毛利・織田《おだ》戦争に際して、島根県域が前線に兵員・物資を送り込む後方支援の役割を担ったように、交通網・流通網の発達に伴って、人やモノが大量に各地の戦場へと動員されるようになる。特に豊臣政権の時代、山陰地域の人びとは毛利軍（吉川《きっかわ》軍）の一員として、国内外の大規模な戦争にかり出されていった。

尼子氏の滅亡後、富田城は毛利氏・吉川氏、堀尾《ほりお》氏へと引き継がれていく。富田城下が戦場となることはなかったが、軍事施設としての役割を失うことはなく、むしろ石垣などの整備が進んでいく。一国一城令によって松江城を除く出雲国内の城の利用が停止された後でさえも、富田城などの「古城」が軍事的に再利用される可能性はしばらく残り続けた。

「山陰の戦乱」というタイトルからは、山陰地域での戦いをイメージするであろう。しかし、直接の戦場とならなかった時代であっても、山陰地域は戦乱の当事者であり続けたのである。平和な江戸時代にいたるまで、山陰地域は長い道のりをたどった。本展は、最新の研究成果に基づき、その実像に迫ろうとしたものである。

月山富田城（画像提供：安来市観光協会）

列品解説

プロローグ

［1］富田城図《とだじょうず》　二巻

紙本著色
江戸時代・文久三年（一八六三）
（上巻）四一・八×五八四・〇センチ
（下巻）四一・八×四三三・五センチ
安来市・城安寺

江戸時代末期の絵師である堀江友聲《ほりえゆうせい》が、尼子《あまご》氏の全盛期をイメージしながら富田城とその周辺一帯を描いた長大な画巻。

友聲は享和《きょうわ》二年（一八〇二）、出雲国大東《だいとう》（雲南市大東町）生まれの絵師で、京都で山本探淵《やまもとたんえん》に師事し、諸国を遊歴しながら研鑽を積んだ。嘉永《かえい》四年（一八五一）、松平直諒《まつだいらなおあき》が広瀬藩《ひろせはん》の九代藩主となって国入りし、藩邸の拡張や建具類の新調が必要となったが、この時に友聲が抜擢され、翌嘉永五年に広瀬藩の御用絵師《ごようえし》となった。友聲は、広瀬藩邸や江戸屋敷で用いる掛軸・襖・額絵や、藩主が広瀬から江戸へ帰る際に土産とする団扇《うちわ》絵などの制作を行った他、藩主直諒への絵画指導を行った。

富田城図は、広瀬藩御用絵師時代の友聲を代表する作品の一つである。上巻では、冒頭で「尼子経久公像並曾孫晴久近臣十有助屯図」と題して尼子経久《あまごつねひさ》と、山中幸盛《やまなかゆきもり》をはじめとする十勇士を描いており、続けて富田城と麓の城下町が、安来《やすぎ》・弓ヶ浜《ゆみがはま》・美保関《みほのせき》まで鳥瞰する形で描かれている。下巻では富田川対岸の城下町と京羅木山《きょうらぎさん》などの山々が描かれる。

広瀬藩の儒臣であった岩崎澹《いわさきしずか》の序文（「月山城図序」）によれば、藩主直諒の命により、尼子氏全盛期の富田城と尼子十勇士の図を描くことになったという。尼子氏時代の面影がなくなった幕末期にあって、創意を凝らして富田城が描かれているが、別に残された画稿によって幾度も考証・修正が行われたことも知られる。本作品は直諒存命中には完成せず、直諒没後二年経った文久三年（一八六三）に完成、直諒の墓所がある城安寺《じょうあんじ》に奉納された。

（田村）

［2］鉄錆地《てつさびじ》三十一枚張《さんじゅういちまいばり》三十二間筋兜鉢《さんじゅうにけんすじかぶとばち》　銘《めい》　雲州住明珍紀宗弘真鍛之《うんしゅうじゅうみょうちんきのむねひろしんにこれをきたう》　一頭

鍛鉄
江戸時代（十七世紀）
（鉢高）一四・九センチ
当館

富田城の周辺で採取された江戸時代初期のものと考えられる筋兜《すじかぶと》。考古学研究者山本清《やまもときよし》氏の拓本によれば、昭和十年代に旧制松江中学校（現在の島根県立松江北高等学校）の生徒が「能義郡広瀬町方面《のぎぐんひろせちょう》」の「河中」で採取した遺物とされる。その後、社会事業家で美術工芸品の蒐集家としても知られる桑原羊次郎《くわばらようじろう》氏のコレクションとなり、当館に寄贈された。

三一枚の矧板《はぎいた》によって構成されており、板金の側縁を立てることで継ぎ目を三二本の筋にみせる「三十二間《けん》筋兜」である。内側には「雲州住明珍紀宗弘真鍛之」という銘があり、出雲国に移住した明珍《みょうちん》系甲冑師の手によるものとわかる。表面には漆塗も残存するが、痕跡が一部分にとどまっており、全面的には鉄錆地《てつさびじ》（鉄の風味を活かした仕上げ）であった可能性が高い。明珍系の甲冑師は特に江戸時代に入って全国各地に展開し、鍛鉄を得意として錆地の甲冑を多く製作した。

（田村）

［3］懐橘談《かいきつだん》　乾　一冊

紙本墨書
江戸時代（十八世紀）
（表紙縦）二七・〇×（横）一九・五センチ
当館

松江藩の藩儒であった黒澤石斎《くろさわせきさい》（弘忠《ひろただ》）が編集した私撰地誌的随筆。石斎は伊勢外宮の祠官與村《よむら》家の出身であったが、江戸に出て旗本黒沢氏の養子となった後、林羅山《はやしらざん》に入門、松江藩主であった松平直政《まつだいらなおまさ》の求めに応じて藩政のブレーンとなった。

本書の内、「意宇郡　附能儀郡」には「富田」の項目が設けられており、富田城に関する歴史が叙述されている。その大半を永禄《えいろく》二年（一五五九）の毛利《もうり》軍石見国攻めから永禄九年（一五六六）の富田城落城までの記述に費やしており、尼子《あまご》軍と毛利軍の戦いが富田城の歴史の主軸として捉えられていたことがわかる。

（田村）

第1章

［4］色々威胴丸《いろいろおどしどうまる》　兜《かぶと》・大袖付《おおそでつき》　一領

重要文化財
鍛鉄・皮革・絹・漆
室町時代（十五世紀）
（胴高）五六・九センチ、（兜鉢高）一四・三センチ
松江市・佐太神社（当館寄託）

尼子経久《あまごつねひさ》の奉納と伝わる甲冑。胴体を守る鎧（胴丸《どうまる》）と頭に装着される兜、両肩を覆う大袖《おおそで》の三《み》つ物皆具《ものかいぐ》である。

胴丸は、もともと歩兵用として登場した右脇腹を引合《ひきあわせ》とする甲冑。甲冑を構成する小札《こざね》（鉄・革製の板）は黒漆塗で厚く仕上げられた盛上本小札《もりあげほんこざね》であり、胴部分は鉄小札と革小札を交互に組み合わせた鉄交《かなま》ぜ。草摺《くさずり》は八間五段下がりで革札のみを用いている。小札をつなぎあわせる威《おどし》は、絹八畝《うね》平組紐を用いており、糸目を細かくして一面にぎっしりと綴る毛《け》引威《びきおどし》。浅葱《あさぎ》・白・紅の威糸を用いた色々威《いろいろおどし》が鮮やかである。

兜は鉄黒漆塗で、筋に覆輪《ふくりん》をほどこした総覆輪、前頭部と後頭部が丸く膨れた阿古陀形《あこだなり》の筋兜《すじかぶと》である。兜鉢自体は鉄板一六枚張だが、覆輪を付け加えて外見を四四間としている。鞠《しころ》は五段下がりの笠鞠《かさじころ》（傾斜が少なく平たい形状の鞠）で、革小札のみ用いている。吹返《ふきかえし》は強く反る。立物《たてもの》は中央を剣形とする三鍬形《みつくわがた》で、「春日大明神」「八幡大菩薩」「天照皇大神宮」の神号を透かし彫りにしている。大袖は、もともと平安時代に騎射戦を想定して登場した大鎧《おおよろい》に附属した袖（肩から腕上部を守る防具）であり、本品は七段下がりで革小札のみを用いている。

（田村）

［5］色々威腹巻《いろいろおどしはらまき》　兜《かぶと》・大袖付《おおそでつき》　一領

重要文化財
鍛鉄・皮革・絹・漆
室町〜戦国時代（十五〜十六世紀）
（胴高）五六・八センチ、（兜鉢高）一四・三センチ
松江市・佐太神社（当館寄託）

尼子経久《あまごつねひさ》所用と伝わる甲冑。胴体を守る鎧（腹巻《はらまき》）と頭に装着される兜、両肩を覆う大袖《おおそで》の三点がセットとなった三つ物《みつもの》皆具《かいぐ》である。同じく佐太神社に伝来する色々威胴丸［4］よりやや新しい時期の製作と考えられる。

腹巻は、もともと胴丸《どうまる》よりさらに軽便な歩兵用として登場した背中を引合《ひきあわせ》とする甲冑。甲冑を構成する小札《こざね》（鉄・革製の板）は黒漆塗で厚く仕上げられた盛上本小札《もりあげほんこざね》であり、胴部分は鉄小札と革小札を交互に組み合わせた鉄交《かなま》ぜ。草摺《くさずり》は七間五段下がりで革札のみを用いている。小札をつなぎあわせる威《おどし》は、絹八畝《うね》平組紐を用いており、糸目を細かくして一面にぎっしりと綴る毛引威《けびきおどし》。紫・白・紅を組み合わせた色々威《いろいろおどし》が特徴的である。

兜は鉄黒漆塗で、筋に覆輪《ふくりん》をほどこした総覆輪、前頭部と後頭部が丸く膨れた阿古陀形《あこだなり》の筋兜《すじかぶと》である。三二枚の矧板《はぎいた》によって構成されており（三十二枚張《ばり》）、筋を二十八本にみせる「二十八間《けん》」に仕立てる。䩊《しころ》は三段下がりの笠䩊《かさじころ》（傾斜が少なく平たい形状の䩊）で、革小札のみ用いている。吹返《ふきかえし》には枝《えだ》菊透彫《ぎくすかしぼり》に重菊高彫の据文金物を飾る。ひときわ特徴的な立物《たてもの》は、魚々子《ななこ》地枝菊高彫の鍬形台に、神聖な木とされる梶の葉をかたどった鍬形を立てる。大袖は、七段下がりで革小札のみを用いている。（田村）

［6］黒漆三十八間筋兜《こくしつさんじゅうはっけんすじかぶと》　一頭

鍛鉄・皮革・絹・漆
戦国時代（十六世紀）
（鉢高）一九・〇センチ
山口県・吉川史料館

吉川元春《きっかわもとはる》の所用と伝わる筋兜《すじかぶと》。前頭部と後頭部が膨らんだ阿古陀形《あこだなり》で、表面を黒漆塗で覆い、三二間ある筋には鍍金《ときん》の覆輪《ふくりん》がつけられている。前立《まえだて》は三鍬形《みつくわがた》で、中央は三鈷剣《さんこけん》をかたどっている。鍬形台には唐草模様が彫られ、吉川家の家紋である三引両《みつひきりょう》を十三個打つ。䩊《しころ》は鉄板札五段を紅色の糸でびっしりと威《おど》す毛引威《けびきおどし》であり、裾板には熊毛が植え込まれている。吹返《ふきかえし》には朱塗地に牡丹花の金蒔絵をほどこす。このように豪華な仕立ての阿古陀形筋兜は、室町時代以降上級武士に流行したもので、しばしば胴丸《どうまる》・腹巻《はらまき》や袖《そで》とセットで着用された（三《み》つ物皆具《ものかいぐ》）。吉川家旧蔵品が明治期になって旧臣に分配されたものと伝わるが、伝来経緯の詳細は不明である。（田村）

［7］色々威五十八間筋兜《いろいろおどしごじゅうはっけんすじかぶと》　一頭

重要文化財
鍛鉄・皮革・絹・漆
室町〜戦国時代（十五〜十六世紀）
（鉢高）一〇・五センチ
松江市・佐太神社（当館寄託）

室町時代の製作と考えられる筋兜《すじかぶと》。鉢の形状は前頭部と後頭部が膨らんだ阿古陀形《あこだなり》で、五八間ある筋には鍍金《ときん》の覆輪《ふくりん》がつけられている（総覆輪《そうふくりん》）。頭頂部の八幡座《はちまんざ》は五重、八幡座からつながる筋金（鎬垂《しのだれ》）は前面に三条、後方に二条垂れる。眉《ま》庇《びさし》や吹返《ふきかえし》は獅子牡丹文《ししぼたんもん》の染韋包《そめかわづつみ》で、花びらのような五星紋《ごせいもん》を配した紅五星韋《べにごせいがわ》の小縁《こべり》をめぐらしている。鍬形《くわがた》台には室町時代以降の甲冑金物によく用いられた枝菊《えだぎく》文の透かし彫りがほどこされており、鍬形は鍍金で「八幡大菩薩《はちまんだいぼさつ》」「春日大明神《かすがだいみょうじん》」「天照皇大神宮《あまてらすこうたいじんぐう》」と切り透かしがある。黒漆塗《くろうるしぬり》で厚く仕上げられた盛上本小札《もりあげほんこざね》を用いており、䩊《しころ》は五段下がりの笠䩊《かさじころ》（傾斜が少なく平たい形状の䩊）で、吹返は四段。紫・白・紅・萌葱《もえぎ》の糸で威《おど》す色々威《いろいろおどし》である。技術的に優れた意匠で飾られた上級武士にふさわしい兜である。（田村）

［8］櫨匂威鎧残闕《はじにおいおどしよろいざんけつ》　一括

重要文化財
鍛鉄・皮革・絹・漆
平安時代（十二世紀）
（胴高）二六・五センチ、（草摺長）二八・三センチ
江津市・甘南備寺（当館寄託）

江津市桜江町、江の川流域に所在する甘南備寺《かんなみじ》の寺宝。寺伝によれば、天正《てんしょう》十七年（一五八九）丸山城主《まるやまじょうしゅ》小笠原長旌《おがさわらながあき》が先祖伝来の宝物を寄進したものの一つといい、また佐々木高《ささきたか》綱《つな》（一一六〇〜一二一四）所用とも伝わるが、実際の制作年代は高綱の活躍した時代を遡ると考えられている。

作品名は、ハゼノキ（櫨）が紅葉したようなグラデーション（匂）の糸で札を綴じ合わせた（威）鎧の残闕、の意。ここでいう鎧は、騎射戦（騎馬による弓矢の射撃戦）に特化した大鎧のことを指す。平安時代以来、騎馬の上級武士が着用した大鎧は、正式な鎧という意味で「式正《しきしょう》の鎧」とも呼ばれる。正面と左側面（左向きに射撃とするため射向《いむけ》と呼ぶ）・背面までがひと続きで、右側面（馬手《めて》と呼ぶ）を脇楯《わいだて》というパーツで塞ぐ構造が特徴。

現状では胴の前後と栴檀板《せんだんのいた》、袖と兜の䩊《しころ》の一部が残る。栴檀板は、大鎧の両脇の隙間を埋めるパーツの内、右脇側の装備を指す。左脇の鳩尾板が一枚板なのに対し、栴檀板は冠板に小札を数段威す形態であるが、これは矢をつがい弦を引く際の右手・右腕の運動を妨げないためである。本品は冠板《かんむりいた》を除く三段の小札が残る。

袖（両肩を保護する装備）は大鎧に付属する大袖《おおそで》であり、兜は䩊が数段分残る。胴の正面は前の草摺《くさずり》（腰部分を守る）のほぼ全体から腹部にかけてが残り、革製の小札に鉄製の小札が交ざる。背面は押付板《おしつけのいた》の下段から草摺にかけてが残る。大鎧の草摺は前後左右の四間に分かれているが、これも騎馬を想定した形状であり、草摺の間数が増える胴丸《どうまる》・腹巻《はらまき》との大きな違いの一つである。

全体に小札や威糸は幅広・肉厚で、威糸の鮮やかな色彩がほぼ制作当初のまま色褪せずに残っており、当初は豪壮華麗な大鎧であったことをじゅうぶんに伝えている。令和三年（二〇二一）度に修理が施され、クリーニングに加えて収納箱の新調と残闕の再配置が行われ、当初の様子をより想像しやすくなった。（田村）

［9］紺糸威腹巻《こんいとおどしはらまき》　色々威広袖《いろいろおどしひろそで》　一括

出雲市指定文化財
鍛鉄・皮革・絹・漆
戦国時代（十六世紀）
出雲市・比布智神社（当館寄託）

出雲国の古志《こし》佐々木氏の寄進として伝わる甲冑残闕《ざんけつ》のうち、戦国時代のものと考えられる腹巻《はらまき》と大袖《おおそで》。胴部分は、胸板と両側の脇板につづく小札が一部残り、腰

部分を守る草摺《くさずり》は七間すべて残る。背面は左右の肩上《わたがみ》・押付《おしつけの》板《いた》と後立挙《うしろたてあげ》・長側《ながかわ》から草摺にかけてほぼ一続き残存する。全体を構成する小札《こざね》は黒漆塗《くろうるしぬり》で厚く仕上げられた盛上本小札《もりあげほんこざね》であり、濃紺の紐で威されている。背中で引き合わせる形式の腹巻である。

両肩の袖は広袖《ひろそで》と呼ばれる種類であり、冠板《かんむりのいた》（袖最上段の板）が直角に折れ曲がった折冠である他、全体が裾広がりの形状である点が大きな特徴である。

残闕ではあるが、細部に高度な技術を用いて製作されており、戦国時代の有力武士が着用した甲冑の特徴を有した貴重な伝来品である。

（田村）

[10] 益田元祥像《ますだもとよしぞう》　一幅

重要文化財
絹本著色
安土桃山時代（十六世紀）
（本紙縦）一〇八・四×（横）五一・七センチ
島根県立石見美術館
（展示は複製品〈当館蔵〉）

戦国時代の石見益田《いわみますだ》氏当主であった益田元祥《ますだもとよし》（一五五八〜一六七〇）の肖像画。益田氏は石見国益田（益田市）を拠点とした国衆《くにしゅう》であり、元祥は毛利・吉川軍の配下としてさまざまな戦いに参加した。豊臣《とよとみ》政権が大陸に侵攻した文禄《ぶんろく》・慶長《けいちょう》の役《えき》（壬辰戦争《じんしんせんそう》）では、吉川広家《きつかわひろいえ》に従って朝鮮に渡っている。関ヶ原合戦《せきがはらかっせん》では広家とともに徳川家康《とくがわいえやす》に内応、その後毛利輝元《もうりてるもと》に従って長門国須佐《ながとのくにすさ》（山口県萩市）に移った。

本肖像画は、元祥を甲冑騎馬姿で描いている点が大きな特徴である。頭部の兜は前立《まえだて》の龍が際立つ笠鞠《かさじころ》（傾斜が少なく平たい形状の鞠）で、黒漆塗《くろうるしぬり》の鉢の筋に鍍金《ときん》の覆輪《ふくりん》を付した総覆輪《そうふくりん》（十六間《じゅうろつけん》カ）、阿古陀形《あこだなり》の形状と考えられる星兜（板金をとめる鋲頭が特徴的な兜）である。胴は背引合《ひきあわせ》の腹巻《はらまき》で、両肩の大袖《おおそで》とともに全体は銀小札《こざね》を萌葱《もえぎ》糸で威《おど》しており、籠手《こ て》・佩楯《はいだて》・大立挙脛当《おおたてあげすねあて》の金色（白壇塗《びゃくだんぬり》カ）も華やかである。胴の前面には、禅僧が用いる掛絡《から》がかかる。兜の吹返《ふきかえし》や大袖の化粧板《けしょうのいた》、馬具（鞍《くら》・鐙《あぶみ》）、太刀拵《たちごしらえ》には益田家の家紋である上り藤に久字紋が金泥で描かれている。

左下の壺印（「直信」）によって狩野派の絵師である狩野松竹の作とわかる。賛文は毛利元就の菩提寺である洞春寺の第四世、如天玄勳による。

（田村）

【賛文翻刻文】
全牛紹罔大居士肖像
功名汗馬幾爭雄
勢得三玄戈甲風
咄咄丹青無相宅
蕭然物外主人公
正宗住山野釋奇雲叟玄勳拜贊
（印文不明）（朱文方印）（印文「玄勳」）（朱文圓印）

[11] 大内義興像《おおうちよしおきぞう》（模写）　一幅

紙本著色
大正時代（二十世紀）
（本紙縦）一〇〇・〇×（横）五一・五センチ
山口県立山口博物館

西国の有力大名である大内義興《おおうちよしおき》の甲冑騎馬姿を描いた肖像画。義興は戦国時代に中国地方の西部と北九州の一部を領国とした大内氏の当主であり、足利将軍家《あしかがしょうぐんけ》が分裂する中で将軍の地位を追われた足利義稙《よしたね》を保護し、上洛して再度将軍に擁立した。

本作品は大正期の模写であるが、原本は永正《えいしょう》八年（一五一一）十月に作成されたことが賛文からわかる。この年の八月、京都にのぼった義興の軍勢は義稙と対立する細川澄元《ほそかわすみもと》の軍勢と船岡山《ふなおかやま》（京都府京都市）で戦い、勝利して澄元を四国に退けている。本作品の原本は、船岡山の戦いを制した義興を讃え、武装した威容を示すものである。

義興が着用する鎧は、右引合《ひきあわせ》の胴丸《どうまる》であり、肩二段を白糸、その下を紺糸で威す紺糸肩白威《こんいとかたしろおどし》である。兜と大袖も同様に白糸と紺糸で仕立てられている。兜の鉢は黒漆塗《くろうるしぬり》、筋に鍍金《ときん》の覆輪《ふくりん》をほどこした総覆輪で、阿古陀形《あこだなり》と考えられる形状の筋《すじ》兜《かぶと》である。兜の三鍬形台《みつくわがただい》の中央には笠印《かさじるし》が立てられており、大内家の家紋である大内菱《おおうちびし》がみえる。

甲冑の小具足《こぐそく》（付属具）としては、首元から胸周りを保護する喉輪《のどわ》や、両腕の瓢籠手《ふくべごて》、太腿《ふともも》部分を守る宝幢佩楯《ほうどうはいだて》、脛周辺を覆う大立挙《おおたてあげ》の脛当《すねあて》などが装着されている。また、右腰には黒漆塗研出鮫鞘《くろうるしぬりとぎだしさめざや》の太刀と打刀を装着している。西国最有力の大名にふさわしい完全武装の装いである。

（田村）

【賛文翻刻文】
大内府君甲冑寿容（像イ）、于時公三十五（イナシ）歳
時秋之仲、辛未之年（永正八年）、左京兆義興、擁万騎」屯丹陽、弓刀耀日、大将軍（足利）義尹、率諸侯」発碧洛、旌旗亘天、空群者黄毛黒髯（鬚）、臨場」而玉勒錦韉、卜日合戦、得時凱旋、運籌決」勝、一以当百、斬首捕虜級其幾千、如陵変」谷、有岡日船、鬼神泣兮雲羃（冪イ）々、寒鴉尽兮」水潺々、四方両虎穴中、指三軍、揮■（白羽イ）、一日」五鳳楼下、賀太平、握金鞭、謹記厥事、具陳（〇〇イ）」其先、北極拱（共イ）北辰、初降多（多イ）々良之氏、西周」帰西伯、併披都郁乎之篇、在昔紀泉二州、」賞功領守、至今将相両府、伴食当擁、香積」界喚起、維摩居士、国清寺追陪（〇〇イ）豊干老禅、」奉主致身、澄清天下、祭神如在、配祠広前、」築山雖有累土矣、観海者難為瀾焉、彼法」泉出山口、譬瀑布懸廬巓、蓋夫祖考之美」誉、係乎子孫之英賢、頻升四位三品、寵越」一日九遷、風塵三尺、社稷一戎、威振夷夏、」寿考万年、本支百世、化行山川、舜何人也、」禹無間然、」（以下イナシ）
永正八年孟冬（十月）吉日、宜竹景徐周麟謹賛

[12] 富田川《とだがわ》河床遺跡　甲冑部品《かっちゅうぶひん》　一六点

戦国〜江戸時代（十六〜十七世紀）
鍬形　一点／鐶付金具　一点／飾金具　一点／覆輪　二点／八双金具　七点／茱萸　一点／責鞐　一点／笠鞐　一点／小札　一点
島根県埋蔵文化財調査センター

富田川河床遺跡（安来市広瀬町）は富田城の西麓に位置する。発掘調査により堆積している砂層を撤去すると、その下層から江戸時代の幅六メートルの道路に面した建物が発見された。戦国時代から江戸時代初期にかけての複数の遺構面が確認される。富田城下の町並みは、最終的には寛文六年（一六六六）の洪水により、被害を受け、残った一部は移転している。

今回展示している甲冑部品は、第六次及び第七次調査で出土した資料の一部である。甲冑は多くの部品から構成されているが、多くはばらばらの状態で出土している。鍬形《くわがた》は兜の正面に装着され、所有者の象徴とされるものである。形状や反りから三鍬形の左側先端付近に復元される。猪目孔が確認でき、端部は鍬形台《くわがただい》に差し組めるよう窪む。鐶付金具《かんつきかなぐ》は、鐶具表面に格子状の刻みにより装飾されている。甲冑などに使用

されたか。飾金具は菊枝文透彫で、長さ七・四センチ、幅二六センチを測る。三つの菊花と枝葉が表現されている。鍬形台などに留めたものか。覆輪《ふくりん》は装飾や補強のために金属部や木部などの端部に付けられた金属製品。展示品は、形状から甲冑に使用された可能性がある。八双金具《はっそうかなぐ》は、先端が二股に分かれた方形の金具。表面に草花文とその隙間を円鏨状の鏨を密に打ち付ける魚々子《ななこ》文を持つものや無文のものなど、大きさや表面の装飾具合など種類は豊富で、甲冑以外にも使用されている。長さ二・一センチ、直径一センチ程度の円筒状の茱萸《ぐみ》は、袖の緒を結ぶための金具。紐を通す鞐《こはぜ》には、8の字形をした責鞐《せめこはぜ》や菱形の中央に二つの孔があく笠鞐《かさこはぜ》がある。小札《こざね》は富田川河床遺跡の各調査区から見つかっている。一枚の大きさは幅二センチ程度、長さ五から六センチ程度である。時代や使用部位により形態が異なるという。武具の出土は、その所有者の地位や性格を示すことがあり、遺跡の性格を考える上で重要である。

（守岡）

[13] 富田川《とだがわ》河床遺跡　鉄鏃《てつぞく》　三点

鉄製
戦国〜江戸時代（十六〜十七世紀）
島根県埋蔵文化財調査センター

富田川河床遺跡（安来市広瀬町）からは甲冑部品などの武具の他に武器も発見されている。今回展示した鉄鏃は、第六次調査で出土し、大きさや形態が異なる大型、中型、小型の三点である。大型の鉄鏃は幅二・九センチ、長さ一四・三センチを測り、平面系は柳葉状を呈する。大型と中型は、厚さ〇・五センチ程度と薄く、扁平で切ることを目的にしていると考えられる。小型の鉄鏃は幅一・二センチ、厚さ〇・八センチとやや厚く、立体的な作りで、長さ八・七センチで、突き刺すことを目的にしていると考えられる。身を守るための甲冑の形状は鉄鏃などの攻撃するための武器との関連性が高い。

（守岡）

[14] 富田川《とだがわ》河床遺跡　押付板《おしつけのいた》　一点

鍛鉄・漆
戦国時代（十六世紀）
（縦）一二・〇×（横）一一・〇センチ
島根県埋蔵文化財調査センター

昭和五十六年（一九八一）に島根県教育委員会が実施した富田川河床遺跡（安来市広瀬町）第七次調査で出土した腹巻《はらまき》の背側につく押付板。肩に懸ける肩上《わたがみ》に繋がる部分。飯梨川左岸の第四遺構面の柱穴から出土。押付板は、方形を呈し、幅一一・五センチ、高さ七・五センチの札板の下に小札を六枚並べ、紐で組み、その表面を黒漆で塗り固めている。札板の中央上方には四か所にやや大きな孔があき、斜めに交差させたと考えられる紐状痕跡がある。札板の端部には幅数ミリの窪みがあり、覆輪などが装着されていた可能性がある。小札には幅が広く孔が縦に三列に並ぶものと、幅が狭く二列に並ぶものがある。両端の小札には、先割れの鋲止め金具が残存する。第四遺構面からは、肥前陶器は出土しないが、貿易陶磁器や瀬戸美濃焼、備前焼などが出土していることから年代は十六世紀後半と推定されている。

（守岡）

[15] 富田川《とだがわ》河床遺跡　脇板《わきいた》　一点

鍛鉄・漆
安土桃山〜江戸時代（十六〜十七世紀）
（縦）一五・〇×（横）一五・〇センチ
安来市教育委員会

昭和六十二年（一九八七）年に広瀬町（安来市）教育委員会が実施した富田川河床遺跡（安来市広瀬町）第一三次調査で出土した当世具足《とうせいぐそく》の脇板。飯梨川左岸のI区第二遺構面から出土。脇板は、L字形で中央が盛り上がっている。胴丸形式の脇板と考えられ、左側面（射向《いむけ》）である。表裏面に漆が塗布される。脇板端部は盛り上がり、下部には横方向に規則的な間隔で円孔があき、小札を連ねた札板に繋がるものと考えられる。その他に上下二か所に立挙《たてあげ》と接合するためのやや大きい円孔が各三つあく。

該当調査区の第一遺構面は、昭和四九年から五一年に発掘調査された遺構面で、出土遺物の様相から第一遺構面は十七世紀半ば頃に推定されている。脇板が出土した第二遺構面は、肥前磁器は小片で、肥前陶器が多いことから、十七世紀初頭と考えられている。

（守岡）

[16] 広ノ下荒神塚《ひろのしたこうじんづか》　大袖《おおそで》　一括

鍛鉄・漆
戦国時代（十六世紀）
雲南市教育委員会

雲南市三刀屋町坂本桧杉谷山腹に巨木三本を標樹とする三宝荒神が祀られていた。石鉢が伏せられた状態で見つかり、中には鎧の大袖、土師器、宋銭が埋納されていた。大袖の冠板が左右両方分あり、右袖は幅三三センチ、高さ七センチ、一番上の小札が金物で留められ、一箇所を二つの金具で留めるもので三対あったと考えられ、小札の幅は三〜三・五センチである。小札は複数枚が重なった状態で総数五〇枚確認できる。銭貨は、宋銭が十一枚、永楽通寳一枚である。土師器坏は大小二法量で体部が直線的に開くことから十四世紀後半から十五世紀前半の時期である。

（廣江）

[17] 刀《かたな》　銘《めい》　雲州住冬廣作《うんしゅうじゅうふゆひろさく》　一口

鍛鉄
戦国時代（十六世紀）
（全長）八九・三センチ
当館

出雲国の刀工冬廣《とうこうふゆひろ》作の銘が入った刀（打刀《うちがたな》）。地鉄は板目《いため》肌に丸い杢目《もくめ》が交じる。刃文は一定間隔で山と谷を織りなすような「互《ぐ》の目」に、丁子《ちょうじ》の実を想起させる刃文が入った互の目丁子。

冬廣は、富田城が所在する広瀬《ひろせ》（安来市広瀬町）に住んだ刀工で、天文《てんぶん》六年（一五三七）の作刀例がある。広瀬には古くから金屋子《かなやご》神（鍛冶・鋳物師に信仰される神）を祀る神社があり、鍛冶職人や刀工が数多く住んだ。

本作は、第二次大戦後に連合国軍最高司令官本部（GHQ）が接収して東京都北区赤羽の保管所に集めたいわゆる「赤羽《あかばね》刀《とう》」のうちの一振である。

（田村）

［18］**刀《かたな》　銘《めい》　石州長浜住続弘作《せきしゅうながはまじゅうつぐひろさく》**　一口

鍛鉄

戦国時代・天文三年（一五三四）十一月

（全長）七八・九センチ

当館

石見国の刀工続弘《とうこうつぐひろ》作の刀（打刀《うちがたな》）。地鉄は板目《いため》文様が小さく入る小板目に杢目《もくめ》が交じる。刃文はゆったりとした湾《のた》れ調に互《ぐ》の目丁子《ちょうじ》が交じる。戦国時代の天文《てんぶん》三年（一五三四）の銘を持つ。

続弘は、石見国長浜《ながはま》（浜田市長浜町）に住した刀工で、林《もり》喜《よし》や諶貞《のぶさだ》といった長浜鍛冶と同時期に活躍した。

本作も、いわゆる「赤羽刀《あかばねとう》」のうちの一振である。（田村）

［19］**富田川《とだがわ》河床遺跡　刀装具《とうそうぐ》**　一九点

戦国～江戸時代（十六～十七世紀）

目貫　七点／柄縁　一点／鋺　二点／大切羽　一点／

切羽　二点／栗形　一点／太刀足金物　一点／

笄　一点／小柄刀子　一点／小柄袋　一点／冑金　一点

島根県埋蔵文化財調査センター

武器である刀剣を飾る刀装具は、富田川河床遺跡（安来市広瀬町）の各調査区から出土している。今回の展示品は第六次及び第七次調査で出土した資料の一部である。刀装具には鍔《つば》、鞘《さや》や柄《つか》などの拵《こしら》えなどがある。その中でも三所物《みところもの》といわれる目貫《めぬき》・笄《こうがい》・小柄《こづか》は装飾性の豊かなものである。目貫は小さいが、細工が細かいものも多い。切羽は鍔を表裏から挟むように装着する金具で、展示した大切羽は長さ五・二センチ、幅五・六センチを測る大型で、四か所に猪目孔が施される。表面が無文の小柄は、数多く出土している。刀装具は銅製が多いが、金製品・真鍮《しんちゅう》製品や表面を金色に着色した製品もある。下緒を結ぶために鞘に装着する栗形《くりかた》の表面には数条の溝で文様が表現されている。（守岡）

［20］**鉄砲《てっぽう》　清尭作《きよたかさく》**　一挺

島根県指定文化財

鍛鉄

江戸時代・慶長十七年（一六一二）

（全長）六六・二センチ

出雲市・日御碕神社（出雲文化伝承館寄託）

野田善四郎清尭《のだぜんしろうきよたか》の作による火縄銃。清尭は徳川家康《とくがわいえやす》・秀忠《ひでただ》に仕えた江戸の鉄砲師である。銘文に「奉納　出雲国　日御碕霊前御宝前　野田善清尭（花押）／慶長十七年十月吉祥日／日本六拾余州大社寄進之内」と刻んでいる通り、慶長《けいちょう》十七年（一六一二）に江戸幕府が全国の有名神社に鉄砲を寄進した際の一艇。清尭から日御碕宛ての書状が二通付属して残っており、「日御碕霊神」「杵築大明神」「隠岐大宮」「龍宮」に火縄銃が奉納されたことがわかる。出雲大社寄進の火縄銃も現存する。

銃身《じゅうしん》は鉄製で八角形に形づくる。銃床《じゅうしょう》は樫製で、前後二カ所の目当金《めあてがね》（照準器、前目当と先目当）は鉄製、その他の部品はほぼ真鍮製。火挟《ひばさみ》が欠損しているが、弾き金が外側に露出する外カラクリ式である。実用に適した初期の火縄銃の姿を残している。（田村）

［21］**富田川《とだがわ》河床遺跡　火縄銃《ひなわじゅう》・鉄砲玉**　三点

戦国～江戸時代（十六～十七世紀）

島根県埋蔵文化財調査センター

［21－1］**火縄銃**　一点

（銃身）銅製・（銃床）木製

（全長）八五・〇×（幅）五・五センチ

［21－2］**鉄砲玉**　二点

鉛製

（各直径）一・二センチ

火縄銃は、昭和五十七年（一九八二）に島根県教育委員会が実施した富田川河床遺跡（安来市広瀬町）第八次調査で出土。飯梨川左岸の第三遺構下層から出土。火縄銃の銃身は、断面八角形、銃口径一・五センチ、銃身の側面に真鍮製の火皿が付属する。火皿は長さ三・六センチ、幅二・二センチ、厚さ一・六センチ。銃床は木製で約七三センチが残存していた。銃身に銃床を繋ぎ止めるしのぎ目は四か所あり、金具は真鍮製で、径一・二センチを測る。報告書によると時代は慶長の中ごろから元和頃と考えられており、調査区から出土した陶磁器の年代と整合している。

鉄砲玉は、第六次調査で出土。直径一・二センチ、重量六グラム前後である。一つは鉛製の可能性がある。鉄砲玉は、富田川河床遺跡の他の調査区や富田城の南側に位置する塩谷《しおたに》遺跡、松江市の布田《ぬのでん》遺跡出土や夫敷《ふしき》遺跡など、県内の遺跡から出土しているが、時期が明確なものは少ない。直径一〇センチ前後、重さは風化しているため正確ではないが六から一一グラムが多い。文献史料には出雲地域において永禄年間頃から鉄砲の使用が記載されるようになる。（守岡）

［22］**尼子勝久書状《あまごかつひさしょじょう》**　一通

紙本墨書／折紙

戦国時代・［永禄十三年（一五七〇）］四月十九日

（本紙縦）二四・五×（横）三七・八センチ

当館

尼子勝久《あまごかつひさ》が、片寄兵部丞《かたよせひょうぶのじょう》・島川美濃守《しまかわみののかみ》両名に対して、味方に与したことを賞賛し、愁訴を聞き入れる旨を伝えた書状。尼子家再興を掲げて蜂起した勝久は、永禄《えいろく》十二年（一五六九）、丹後《たんご》国・但馬《たじま》国方面から出雲国内に入って毛利軍と対峙した。出雲国西部では、高瀬城《たかせじょう》（出雲市斐川町）に入った米原綱寛《よねはらつなひろ》が毛利軍から離反して尼子方につくなど、両軍の激しい攻防戦が展開したとみられるが、本史料によって、戸倉城《とくらじょう》（十倉城、出雲市稗原町）にも勝久方の軍勢が入ったことがわかる。特に、勝久軍が鉄砲（火縄銃）を積極的に用いた戦闘を行っていた点が注目される。また、勝久が両名の愁訴を聞き届けることを約束している通り、現地の権益をめぐる尼子・毛利の権力交代期の混乱や不満が、勝久軍の求心力の一端を担ったこともうかがわれる。（田村）

【翻刻文】

此節十倉令入城、鉄炮可放之由、祝着候、以其上愁訴可相達候、恐々謹言、

（永禄十三年）卯月十九日　　勝久（花押）

片寄兵部丞殿
嶋川美濃守殿

[23] フランキ砲《ほう》（仏郎機砲《ふらんきほう》） 一門

青銅
安土桃山～江戸時代（十六～十七世紀）
（全長）二一五・五センチ
津和野町教育委員会

津和野《つわの》藩亀井《かめい》家に伝来したフランキ砲。フランキ砲とは、十五世紀頃にヨーロッパで登場した大砲であり、十六世紀初頭にはポルトガル海軍が用いた西洋式後装砲が中国（明《みん》）に伝来して「仏郎機砲」と呼ばれるようになった。日本ではこれを「石火矢《いしびや》」と呼んだが、永禄《えいろく》三年（一五六〇）に大友宗《おおともそう》麟《りん》（義鎮《よししげ》）が将軍足利義輝《あしかがよしてる》に進上した事例が史料上の初見とされる。豊臣秀吉《とよとみひでよし》による朝鮮半島侵攻に際しては多くの大型火砲が投入され、徳川家康《とくがわいえやす》も駿河国で石火矢を鋳造して大坂冬の陣などで積極的に利用した。この頃諸大名も競って石火矢を装備している。

本砲は、南蛮様式の影響を受けた和製砲であり、同じく津和野町教育委員会が所蔵するもう一門も同様である。元和《げんな》三年（一六一七）に因幡国から津和野に移封された亀井茲矩《これのり》は、シャムで南蛮製の船を購入するなど朱印船《しゅいんせん》貿易に積極的であった人物である。本品は茲矩所蔵であった可能性が考えられる。なお、津和野神社には三門のフランキ砲が残されているが、これらは南蛮様式を脱した段階の日本様式を呈している。こちらは亀井家の前に津和野を拝領していた坂崎直盛《さかざきなおもり》が大坂夏の陣の前後に家康から下賜されたものである可能性が高い。この三門が、津和野城の引き渡しとともに坂崎家から亀井家に渡った「石火矢　三挺」に該当するものであろうか[24]。

（田村）

[24] 酒井出羽守《さかいでわのかみ》城《しろ》鉄炮《てっぽう》并《ならびに》武具《ぶぐ》目録《もくろく》［亀井家文書《かめいけもんじょ》］ 一通

紙本墨書／継紙
江戸時代・元和三年（一六一七）八月二十二日
（本紙縦）三七・〇×（横）二九一・五センチ
当館

津和野《つわの》城の城付武具目録。元和《げんな》三年（一六一七）、それまで津和野城主であった坂崎直盛《さかざきなおもり》（酒井出羽守《さかいでわのかみ》）に代わり、亀井《かめい》氏が新たな城主となるが、城とそれに付属する武具の引き渡しにあたって目録が作成された。本史料は亀井正矩《まさのり》が、江戸幕府の上使であった柳生《やぎゅう》・小笠原《おがさわら》・駒井《こまい》に宛てて提出しているが、ほぼ同内容で上使三名から亀井氏に宛てた目録も残されており、相互に目録を取り交わして確認していることがわかる。

元和元年四月九日、江戸幕府は大名改易の際における城付武具の処置方針について、「弓・鉄炮・玉薬・長柄・其外武具城中可残置事」と定めており、城付武具は幕府上使のもとで新たな城主に引き渡されることとなった。本史料もこの幕府方針に則った城付武具の引き渡しに関わる目録である。

冒頭には「石火矢《いしびや》」三挺の記載があり、玉と玉薬を装填する入れ子は四つあるとされる。石火矢三門は現在津和野神社に伝来するフランキ砲に対応する可能性がある。火器類については、銃身のみの「台なし（台無筒）」の他、玉目（玉の重さ）ごとに大筒・鉄砲が列挙され、「いふう（異風）物」と呼ばれる通常の形状と異なった鉄砲も確認できる。硫黄や焔硝、玉薬や火縄なども記録されている。火器だけでなく、弓矢や長刀・鑓などの刀剣類、旗竿や武具など多様である。（田村）

【翻刻文】

酒井出羽守
城鉄炮并武具之目録

一石火矢　但、入子四ツ　三丁
一台なし　弐丁
一六拾五匁筒　壱丁
一六拾目筒　壱丁
一五拾目筒　弐丁
一三拾目筒　但、台なし　新地五丁
一三拾目筒　四丁
一廿目筒　但、筒長さ不同有　五丁
一十五匁筒　同　六丁
一拾弐匁筒　同　六丁
一古筒　但、中筒　廿丁
一拾匁筒　但、筒ノ長さ不同あり　六十四丁
一拾匁筒　同　九丁
一六匁筒　但、みじかき　七十四丁
一六匁筒　但、長筒　七十弐丁
一六匁筒　但、台なし　新地廿弐丁
一拾匁筒　但、持筒　壱丁
一六匁筒　同　壱丁
一六匁筒　但、壱尺弐寸ノいフウ物小筒也　弐百八十五丁
一三匁五分筒　右之小筒同前　内壱丁不足六十丁
一三匁五分筒　但、はしゆう筒　六十壱丁
一三匁五分筒　但、古キも有　廿七丁
一三匁筒　但、古キ也　弐百七十五丁
一三匁筒　但、台なし古筒　十四丁
大小筒数　合千廿丁也
一弓　但、しけどうの弓　三百廿九丁
一弓　但、二弓しらき　三十丁
一弓　但、しらき　百八十六丁
合五百四拾五丁
一鑓　但、大鳥毛長味朱立　五十本
一鑓　但、長立鳥毛　弐百九十五本
一鑓　但、番鑓　百九拾七本
一鑓　但、長み　三本
合五百四拾五本
一うつほ　但、黒キ也　百四つ
一同　但、しり毛　四十
一同　但、古キとらのかわ　四つ
合百四拾八
一くわ　九十五丁
一すき　十七丁
一甲立　但、かしらなしも有、古キ也、石つきハすき也　五十三
一わぬけ竹　十弐束
一ゐすり竹　弐百五十本
一のほりさお　三十本

一うけ筒　　但、のほりノ　　三十
一わぬけのいた　　　　小数三十
一矢筒　　但、ふ有　　大小十九
一薬箱　　内玉も有り　但、白キ箱　　弐百
一玉薬箱　　但、五百はなし入　ふ有　　百廿三
一薬つほ　　大小有　　同　　九ツ
一薬樽　大小　　　　廿七
一薬硫黄入箱　　　　大小八ツ
一薬箱　　但、しんにぬりゆたん有　　廿五
一玉薬筒　　但ふ有り　　十四
一同薬入箱　　同　　壱ツ
一矢立箱　　但、しん二ぬりかわゆたん有　　壱ツ
一玉箱　　但、赤キ箱入ふあり　　壱ツ
一塩硝桶　　同　ふあり　　壱ツ
一からかね玉桶　　同　　壱ツ
一なまり玉桶　　同　　壱ツ
一具足箱　　但、番具足箱壱ツ十両入　　廿五
一いかた箱　　ふ有　　壱ツ
一とうらん箱　　黒キはこ同　　廿壱
一とうらん箱　　ふ有　白キはこ　　壱ツ
一長枝　　但、玉入　ふ有　　壱ツ
一ちゆうちん箱　　同　　五ツ
一つる箱　　同　　壱ツ
一長刀　　　　廿えた
一碁番　　同ふ有　　壱ツ
一金之笠箱　　但、まけ物入　　八ツ
一長枝　　但、金ノ笠入　　弐ツ
一からかね玉　　但かまきツ、ミ　ふ有り　　百廿五
一忍返　　　　千七百
一を縄　　但、壱すしハあらを也　　三すし
一を縄　　但、同□りニテ請取　　七十束
一さし物うちわ　　但、黒キ也　　壱本
一長枝　　但、金ノ馬よろい金ノ笠有、但、切ふあり　　四ツ
一長持　　但、古キ具足有　　弐ツ
一うけ筒箱　　切ふ有　　壱ツ
一陣かまの箱　　同　　壱ツ
一鉄炮袋ノ箱　　同　　弐ツ
一金ノよろい箱　　同　　大小三ツ
一とうらん箱　　同　　壱ツ
一備前かめ　　　　大小十三
一ほし飯　　　　八拾壱俵
一くづのこ　　　　七俵
一塩　　　　百俵
一門のひじ　　　　七ツ
一同つほ　　　　六ツ
一門の中つな　　　　三ツ
一同中ひぢ　　　　四ツ
一同かんかうほうあて　　　　十四
一鉄のいた　　　　百四拾五枚
一帳箱　　　　五十
一長持　　但、帳入　　壱ツ
一やけん　　　　壱ツ
　以上
右之道具改請取候、但箱之分者封之まゝ預り置申所実正也、
　元和三年巳　　　　亀井豊前守
　　八月廿二日　　　　正矩（花押）
　柳生又右衛門殿
　小笠原市左衛門殿
　駒井右京正殿

［25］防《ぼう》長《ちょう》古《こ》器《き》考《こう》　有《ゆう》図《ず》第《だい》十《じゅう》四《よん》　一冊

紙本墨刷
江戸時代・安永三年（一七七四）
（表紙縦）二七・五×（横）二〇・〇センチ
山口県文書館

防長古器考は萩藩諸家に伝来したさまざまな器物の調査記録であり、同藩歴史資料収集事業の成果の一つと評価されている。全体は総目録一冊・有図の部（挿図あり）九二冊・無図の部（挿図なし）六八冊の合計一六一冊で構成されている。本書「有図第十四」は有図の部の一冊で、萩藩士で益田家一門の益田図書就白家が所蔵していた「南蛮筒鉄炮」の図を載せる。

その長さは四尺七寸七分（約一・四五メートル）、口径二寸七分（約八・二センチ）で、砲尾部上面は大きく開口して中空になっており、砲身部の数か所に文様がほどこされている。側面図中には、朱の引出線を用いて各部の寸法や内部構造が細かく記され、図を補う。「此設ハ台ニ居ル時ノ用ナルヘシ」、「前目当卜覚シキ所」などの注記からは、砲の設置や照準使用といった具体的な場面を念頭に置く、観察者の姿勢が読み取れよう。

十六世紀後半に日本へ伝来したとされる、ヨーロッパ産の青銅製鋳造火砲は、フランキ砲・仏狼機《ふらんき》・石火矢などと呼ばれた。挿図を一見すれば明らかなように、本書の「南蛮筒鉄炮」は本展出陳の「フランキ砲」と同様のものとみてよい。挿図中では益田図書就白家に伝来した経緯を不明とするものの、同氏が「南蛮筒鉄炮」を入手したことは確かである。本書から、このような火砲が広まった状況の一端がうかがえる。

（目次）

【翻刻文】
防長古器考有図第十四前集
　益田図書藤原就白家蔵
鉄炮　一
筒摠長サ四尺七寸七分、巣口指渡二寸七分、玉入ノ所分一相九分有之、唐金ヲ以テ制之、南蛮制作之大筒タル由云伝ヘ、古来ヨリ所持ス、然共先祖何某世ヨリ持伝ヘシナト云コトハ審ラカナラスト也、左ニ図之、
（上段、右から左に）
此所丸ク大サ五分許、厚サ二分許、中ニ穴ヲ彫貫タリ、
此所形如図、内穴虚ナル所ノ留リ也、跡先同前也、
此間形丸シ、
跡先苍形ノ間一尺許アリ、此所八角ナリ、
（下段、右から左に）
此金物鉄也、和制ニテハ子《ネ》チ金ノ所也、内ヨリ是ヲ見レハ、必摠金共見エス仕付シ様ニ見フルナリ、長四寸也、
此所鋳留マテハ唐金也、
此所大サ指渡三寸九分アリ、
此穴竪七分横長サ一寸二分、座アリ左右同前ナリ、
底ニ穴三ツアリ、内一ツハ長サ一寸七分、竪ニ彫貫タリ、残リ二ツノ穴ハ右竪ニ設ケシ穴左右ニ小ク丸ク彫留ナリ、
此所長サ七寸六分、横指渡三寸八分、左右ノ線一方ノ厚サ七分五厘、此所内ハ空虚ニテ底ニモ穴アリ、外ニ有之具欠失タルナルヘシ、

此筋模様也、
此金物八分許、小口モ同前也、此設ハ台ニ居ル時ノ用ナルヘシ、
前目当ト覚シキ所、前花形ノ本ヨリ二寸七分余アリ、
此間丸形也、巣口其外如レ図、

第2章

［26］尼子経久像《あまごつねひさぞう》　一幅

山口県指定文化財
紙本著色
戦国時代（十六世紀）
（本紙縦）五六・〇×（横）三二・〇センチ
山口県立山口博物館

出雲国《いずものくに》富田城《とだじょう》を拠点とした戦国大名尼子経久《あまごつねひさ》の肖像画。黒衣の直垂《ひたたれ》姿であり、髷《まげ》を結い上げているが烏帽子《えぼし》を着用していない。晩年の経久の姿を描いたものと考えられる。

肖像画には、江戸時代中期（十八世紀）の僧である永明《えいめい》という人物の賛が書き記されている。永明は、毛利元就の菩提寺であった洞春寺《とうしゅんじ》（山口県山口市）の九世にあたる。賛文によれば、経久の子孫である時久という人物がこの経久自画像を示して賛を求めたとある。

経久の曾孫にあたる義久《よしひさ》・倫久《ともひさ》・秀久《ひでひさ》兄弟は毛利氏に敗れ幽閉された後、防長《ぼうちょう》二カ国に転封となった毛利氏に従って長門国奈古《ながとのくになご》（山口県阿武町《あぶちょう》）に領地を与えられることとなる。三兄弟のうち、倫久の子である久佐元知《くざもとさと》が跡を継ぎ、その養子就易《なりやす》の時代に佐々木に改姓した。当肖像画は、この佐々木家に長く伝わったものであろう。

（田村）

【賛文翻刻文】
月叟省心大居士画像賛并序
省心居士、諱経久、字伊予守、姓尼子、雲州富田城主也、其先宇多天皇」第八王〔皇〕子敦実親王二十一代之苗裔矣、保元・平治之間、有佐々木冠」者秀義者、即其後胤也、父清定、娶馬木上野介女、生経久於長禄二戊寅」十一月廿日、字又四郎、及長、称民部少輔、実絶倫奇才、姿度広大、浩々焉、洋」洋焉、淵乎不可量而已矣、爰考其行事、志慕周武、気傚殷湯、率衆以信、」待士以礼、是以上下交和、老幼以康、雖古代已謝、亦異世之一時也、」義旗一挙、士卒林会、抜中北国、終守十一州矣、功勲多々、不可」備論也、春秋八十有四、天文十辛丑仲冬（十一月）十三日逝矣、令孫時久、」一日敲禅扉、示以経久自画像、請賛、予雖不文、以交誼之厚、」不辞、応其需云爾、
邈乎遠祖　糸自天皇　具六軍勇　為千夫望
臨民以信　労士有方　気不可奪　力誰敢当
名播四海　威振八荒　暑往寒至　二百星霜
蘋蘩行潦　式煎式湘　嘉声不朽　奕世弥光
前真如見洞春永明筆獅子窟中（朱印）

［27］尼子経久像《あまごつねひさぞう》　一幅

鳥取県指定保護文化財
絹本著色
戦国時代（十六世紀）
（本紙縦）六七・八×（横）二五・六センチ
鳥取県・定光寺

出雲国《いずものくに》富田城《とだじょう》を拠点とした戦国大名尼子経久《あまごつねひさ》の肖像画。画像は判然としないが、直垂《ひたたれ》を着し、髷《まげ》を結っているが烏帽子《えぼし》はかぶっていない。延徳《えんとく》二年（一四九〇）の春浦宗熙《しゅんぽそうき》の賛がある。春浦宗熙は京都の臨済宗大徳寺《りんざいしゅうだいとくじ》の住持《じゅうじ》をつとめた禅僧。

定光寺《じょうこうじ》は鳥取県倉吉市に所在する曹洞宗《そうとうしゅう》寺院で、鎌倉時代創建の律院《りついん》を明徳《めいとく》三年（一三九二）に源賛《げんさん》（山名氏之《やまなうじゆき》）を開基、機堂長応を中興開山として復興している。機堂長応は、南北朝時代に出雲国守護をつとめた佐々木塩冶《えんや》氏を祖とする伯《ほう》耆《き》国人南条氏《こくじんなんじょうし》の一族である。定光寺は富田城下の洞光寺《とうこうじ》（金尾寺）の本寺となって尼子氏の庇護をうけた。定光寺には、尼子氏による寄進状・安堵状などを含む中世文書が残されている。

（田村）

【賛文翻刻文】
佐々木［（戸部侍）］郎［（経久）］月叟省心居士讃
忠功懿矣、機鋒凛然、安撫雲州庶黎、振威風於万世、佐輔皇家聖運、捧杲日於九天、重城負嶮、萬夫無前、一剱在傍、則仏祖乞命、千牛備身、則鬼神失便、加之、知言下無多子、信教外有別伝、劃破円相、截断陳操脚跟下、吸尽江水、併却龐老口皮邊、正与麼時、以何為験
丹青難図、本来面、一段光明照八挺普
延徳二祀季春上澣日
前大徳春浦叟宗熙書

［28］尼子晴久像《あまごはるひさぞう》　一幅

山口県指定文化財
絹本著色
戦国時代（十六世紀）
（本紙縦）七九・〇×（横）四〇・五センチ
山口県立山口博物館

［29］尼子晴久像《あまごはるひさぞう》　一幅

紙本著色
江戸時代（十七〜十九世紀）
（本紙縦）五四・五×（横）二八・〇センチ
当館

出雲国《いずものくに》富田城《とだじょう》を拠点とした戦国大名尼子晴久《あまごはるひさ》（詮久《あきひさ》）の肖像画。二幅とも同様の構図で晴久を描く。緋色の下着に花染め風の肩裾《かたすそ》の小袖《こそで》、直垂《ひたたれ》を重ねており、烏帽子《えぼし》をかぶらない姿である。［29］では直垂に紋が描かれているが、［28］では意図的に剥がされている。また、成立事情は不明であるが［29］には賛文が記されている。ともに尼子氏の子孫佐々木家に伝来したものと考えられる。

（田村）

【［29］賛文翻刻文】
釼治不平
語忌十成
丈夫威気
渕黙雷轟
為天威心勢居士
前慈眼龍岳叟筆之

［30］大内義隆像《おおうちよしたかぞう》（模写）　一幅

紙本著色
大正三年（一九一四）
（本紙縦）九五・〇×（横）四九・七センチ
当館

中国地方西部と北九州の一部を領国とした西国大名大内氏《おおうち》の当主大内義隆《よしたか》の姿を描いた肖像画。

表装には大正三年（一九一四）四月の作成とあり、「九鬼男爵閣下御撰定」と記す。九鬼男爵《くきだんしゃく》とは明治期の美術行政で手腕を発揮した九鬼隆一《くきりゅういち》のことであるが、九鬼は日本美術の復興活動の一環として、日本史上の偉人顕彰のための肖像画作成に取り組んでおり、本作品もその中の一巻である。

本作品は衣冠束帯《いかんそくたい》姿で義隆の上半身を描いている。左右は反転しているが、おそらく享和《きょうわ》元年（一八〇一）の義隆二百五十回忌に際して毛利家が大寧寺《たいねいじ》（山口県長門市）に安置した義隆像を模写して作成されたものと考えられる。（田村）

【賛文翻刻文】

大内義隆ハ義興ノ長子ナリ、父祖ノ封ヲ承ケテ声名次第ニ重ク、周長豊筑石芸備七州ノ守護トナル、天文五年奏請シテ 後柏原天皇即位ノ費用ヲ弁シ、功ニヨリテ大宰大弐ニ叙セラレ昇殿ヲ聴サル、同七年書ヲ朝鮮ニ寄セテ大蔵経ヲ請ヒ尋イテ朱註五経及ヒ漏刻ノ器ヲ請フ、爾来海舶相往来ス、義隆ノ名此ノ如ク内外ニ著聞スルニ至レリト雖モ、其意漸ク驕リ、置酒設宴武事ヲ怠リテ詩歌ヲ弄レ、又茶ヲ嗜ミテ珍器ヲ貯聚シ大金ヲ擲テ之ヲ求ム、而シテ嬖臣相良武任等機ニ投シテ寵ヲ専ニシ、宿臣目ヲ側ツ、十二年尼子氏ヲ討チテ勝タズ、国威次第ニ衰ヘ又武任ノ讒ニヨリテ老臣陶晴賢ノ諌ヲ疎ンス、二十年晴賢遂ニ叛シ之ヲ深川大寧寺ニ囲ム、義隆脱ルル能ハス、戒ヲ寺僧ニ受ケテ自裁ス、年四十五、

［31］毛利《もうり》元就《もとなり》像《ぞう》　一幅

重要文化財
絹本著色
戦国時代（十六世紀）
（本紙縦）八九・四×（横）三七・二センチ
出雲市・鰐淵寺（当館寄託）

尼子《あまご》氏や大内氏《おおうち》と戦い、山陰地域を含む中国地方一帯を支配した毛利元就《もうりもとなり》の肖像画。永禄《えいろく》九年（一五六六）の富田城落城後に元就の指示で描かれ、鰐淵寺和多坊《がくえんじわだぼう》の栄芸法印《えいげいほういん》に贈られたとされる。栄芸は元就と親交が深く、毛利軍が出雲国に進軍した際にはこれを積極的に援助した。栄芸は元就没後に彼の追悼のため寺内の極楽院《ごくらくいん》旧跡に日頼院《にちらいいん》を建立し、画像を安置したという。

頭に侍烏帽子《さむらいえぼし》をかぶり、毛利家の家紋である一ニ三ツ星紋が大きく入った大紋の直垂《ひたたれ》を着用する。白髪・白髭が目立つ老年の姿であり、息子隆元《たかもと》などを失うという悲劇に直面しながら尼子氏との戦いを乗り切った直後の元就が偲ばれる。出雲国における元就の戦いを象徴する作品といえよう。（田村）

［32］毛利《もうり》元就《もとなり》像《ぞう》　一幅

安芸高田市指定重要文化財
紙本著色
江戸時代（十七～十八世紀）
（本紙縦）六三・〇×（横）三五・五センチ
個人蔵（安芸高田市歴史民俗博物館寄託）

安芸国吉田《よしだ》（広島県安芸高田市）の領主から、山陰地域を含む中国地方一帯を治める戦国大名へと成長した毛利元就《もうりもとなり》の肖像画。頭上には金色の烏帽子をかぶり、唐草模様があしらわれた赤色の狩衣《かりぎぬ》と、薄い紺色の奴袴《ぬばかま》を着用するという、元就像には珍しい姿で描かれている。腰には金色の拵の太刀と刀、右手に軍扇を持ち、床几に腰をかけている。眼光鋭く描かれた表情も印象的である。江戸時代の軍記物である『陰徳太平記《いんとくたいへいき》』にある「元就今日は、如何思ひ給ひけん、鎧をば着給ず、楪色の小袖を着て、床几に腰を懸け、敵陣を見渡して御坐す」という一説によって描かれたものと考えられる。（田村）

［33］毛利《もうり》元就《もとなり》・隆元《たかもと》感状案《かんじょうあん》［毛利家文書《もうりけもんじょ》］　一通

重要文化財
紙本墨書／継紙
戦国時代・天文十二年（一五四三）四月十二日
（本紙縦）一四・三×（横）三四〇・五センチ
山口県・毛利博物館

毛利元就《もうりもとなり》とその子・隆元《たかもと》が発給した感状十六通をまとめた案文（控え）。天文《てんぶん》十一～十二年（一五四二～三）に行われた大内《おおうち》軍の出雲国攻めに関わる感状が多くを占める。

十六通の内、後半八通は富田城攻めで毛利軍の勲功を記しているが、八通とも四月十二日の「雲州富田要害塩谷口《しおたにぐち》合戦」に関する内容である。富田城南東の虎口である塩谷口で大規模な戦闘が行われたことがわかるが、同月三十日には出雲国衆が大量に大内軍から離脱していることから（『二宮佐渡覚書』）、大内軍にとって戦況は芳しくなかったのであろう。

五月には大内軍が撤退を開始しており、案文の内五通は七日と八日に行われた撤退戦に関わる内容である。その他、三通は、出雲国遠征後に行われた天文十三年の備後国田総《たぶさ》（広島県庄原市）、そして天文十七年の備後国神辺《かんなべ》城（広島県福山市）での合戦に関する感状である。ここでは大内軍が尼子方の山名理興《やまなただおき》の排除に成功している。（田村）

【翻刻文（一部抜粋）】

御感状案（天文十七年六月合戦）
今度神辺表、豊澄同前ニ御馳走、誠畏入候、殊両日固屋懸御粉骨、更無申計候、検使杉甲斐守、弘中、小原（隆言）ニ具申達候、定従防州可被申候、猶使者可申入候、恐々謹言、
　　　　隆元
門田
湯浅（元宗）

去十一日至田総相動、於固屋口合戦之時、太刀打御高名、殊被被鑓疵之条、誠神妙無比類候、此田小法師殿へ可申達候、弥可被抽軍功之状如件、
天文十三
　三月十三日　　元就
　　　　　　　　隆元
　武広新左衛門尉殿
　妻鹿谷 左京亮 殿
　伊　藤　神　六殿
　妻　鹿　谷　与　七殿

去十一日至田総相動、於固屋口合戦之時、小者今若中間高名、剰被疵之条、神妙之至候、能々可被加褒美之状如件、
天文十三
　三月十三日　　元就
　　　　　　　　隆元
両人僕従御感状也
　武広新左衛門尉殿
　萱　瀬　信　濃　守殿

去七日雲州陣取退之砌、於陣山尾首敵相付候処、井上与三右

衛門尉同前ニ返合、粉骨高名、無比類候、感悦之至候、弥可抽忠節之状如件、

天文十二
五月十二日　元就
隆元
井上大蔵左衛門尉とのへ

去七日雲州陣取退之砌、於陣山尾首敵相付候処、井上与三右衛門尉同前返合、粉骨高名、無比類候、感悦之至候、弥可抽忠節之状如件、

天文十二
五月十二日　元就
隆元
三戸五郎右衛門尉とのへ

去八日従雲州取退之砌、於古志後浜伏勢時、通良中間助五郎、敵一人討取候、粉骨高名、無比類候、感悦無極者也、弥可抽軍忠之由、可被申聞之状如件、

天文十二
五月十二日　元就
隆元
志道刑部大輔（通良）殿

去八日従雲州取退之砌、於古志後浜伏勢之時、敵討取候、誠高名無比類、神妙之至候、感悦無極者也、弥可抽戦功之状如件、

天文十二
五月十二日　元就
隆元
中村助五郎殿

去七日雲州陣取退之砌、於陣山尾首敵相付候処、返合粉骨之段、高名無比類候、感悦無極者也、弥可抽戦功忠節之状如件、

天文十二
五月十二日　元就
隆元
井上与三（有景）右衛門尉殿

四月十二日於雲州富田要害塩谷口合戦之時、一鑓、誠高名之至、神妙候、感悦無極者也、弥可抽戦功状如件、

天文十二
四月十二日　元就
隆元
粟屋与一（元連）殿

四月十二日於雲州富田要害塩谷口合戦之時、能矢を射候、尤神妙之至候、感悦無極候、弥可抽忠節之状如件、

天文十二
四月十二日　元就
隆元
井上玄蕃允殿

四月十二日於雲州富田要害塩谷口合戦之時、一高名、無比類候、感悦無極者也、弥可抽忠節之状如件、

天文十二
四月十二日　元就
隆元
三宅寂阿弥（元重）

四月十二日於雲州富田要害塩谷口合戦之時、太刀打高名、剰殿、并被鑓疵之条、誠神妙、無比類候、感悦無極者也、弥可抽戦功之状如件、

天文十二
四月十二日　元就
隆元
国司右京亮（元相）殿

四月十二日於雲州富田要害塩谷口合戦之時、一高名、無比類候、感悦無極者也、弥可抽忠節之状如件、

天文十二
四月十二日　元就
隆元
大中源兵衛尉殿

四月十二日於雲州富田要害塩谷口合戦之時、一高名、無比類候、感悦無極者也、弥可抽忠節之状如件、

天文十二
四月十二日　元就
隆元
井上宗（就綱）右衛門尉とのへ

四月十二日於雲州富田要害塩谷口合戦之時、太刀打御高名、無比類候、感悦無極候、弥可被抽忠節之状如件、

天文十二
四月十二日　元就
隆元
南方出羽守（親定）殿

四月十二日於雲州富田要害塩谷口合戦之時、太刀打御高名、無比類候、感悦無極候、弥可被抽忠節之状如件、

天文十二
四月十二日　元就
隆元
秋山掃部助（元継）殿

［34］大内義隆書状《おおうちよしたかしょじょう》［石見小笠原家文書《いわみおがさわらけもんじょ》］　一通

紙本墨書／切紙
戦国時代・［天文十二年（一五四三）］二月六日
（本紙縦）二一・八×（横）四八・八センチ
島根大学附属図書館

天文十一年から始まった大内義隆による富田城攻めに参陣した石見国川本の国人・小笠原長徳に対して、大内義隆が謝意を表した文書。天文十一年六月頃から、出雲国の南部と西部に大内氏の軍勢は侵攻を開始し、本史料が出された頃には月山富田城を見下ろす京羅木山《きょうらぎさん》（松江市・安来市）に布陣して、同城の攻略に取り掛かっている。本史料に見える「富田陣執」とは京羅木山での陣地構築を指すのだろう。

しかし、大内氏はついに富田城を陥落させることができず、いちど大内氏に味方した出雲国や近隣諸国の国人が再び尼子氏に転じたために撤退に追い込まれ、尼子氏から激しい追撃を受けた。その結果、義隆の養子で後継者であった晴持《はるもち》、安芸国の有力国人の小早川正平《こばやかわまさひら》が戦死するなど、大きな損害を被った。なお、毛利元就も石見国を経由して安芸国に撤退したが、その途中の川本（川本町）で小笠原氏に歓待されている。

出雲出兵の失敗は大内義隆と家臣の関係を悪化させ、陶隆房の反乱を招いた。　（倉恒）

【翻刻文】
至富田陣執之間、別而御馳走、可為喜悦候、慶事期後信候也、
恐々謹言、
二月六日　義隆（花押）
小笠原弾正少弼殿

［35］坪内重吉父子証状《つぼうちしげよしおやこしょうじょう》［坪内家文書《つぼうちけもんじょ》］　一通

紙本墨書／竪紙
戦国時代・永禄五年（一五六二）七月二十七日
（本紙縦）二五・七×（横）四〇・〇センチ
個人蔵

［36］尼子義久書状《あまごよしひさしょじょう》［坪内家文書《つぼうちけもんじょ》］　一通

紙本墨書／切紙
戦国時代（十六世紀）・年未詳十月九日
（本紙縦）一二・七×（横）三九・四センチ
個人蔵

［37］尼子倫久書状《あまごともひさしょじょう》［坪内家文書《つぼうちけもんじょ》］　一通

紙本墨書／折紙
戦国時代（十六世紀）・年未詳六月二十一日
（本紙縦）二六・七×（横）四〇・五センチ
個人蔵

永禄《えいろく》五年（一五六二）に始まった毛利《もうり》軍の出雲国侵攻に際して、出雲国杵築《きづき》（出雲市）の有力商人であった坪内《つぼうち》氏が尼《あま》子《ご》方として富田城籠城に加わったことに関係する史料。

［35］は坪内重吉とその子息である孫二郎・二郎が大社の上官《しょうかん》（神官）長谷氏に宛てて提出した証状。杵築の領主である国造千家慶勝《こくそうせんげよしかつ》の証状に対して謝意を示すとともに、重吉がこの後富田城に籠城することを述べ、二人の子息のことを頼みながら帰還後の奉公を約束している。永禄五年の七月は、毛利軍が出雲国内に入り赤穴《あかな》（飯南町）に進駐した時期である。軍事的緊張が高まる中、尼子氏配下にあった重吉は富田城籠城を決意するが、後顧の憂いをなくすために千家氏に保証を求めたのであろう。

［36］は、富田城主であった尼子義久《よしひさ》が千家氏に宛てた書状。坪内氏が富田城籠城に加わったことを賞するとともに、領主である千家氏から褒美を与え、所望があれば叶えてやるよう求めた内容である。［37］は、義久の弟である倫久《ともひさ》が坪内氏に宛てた書状で、富田籠城の忠義を賞する義久判物《はんもつ》を確認している。

有力商人として商業活動を展開するとともに、大社御師《おし》・室《むろ》（参詣宿）の経営者でもあった坪内氏が、尼子氏・毛利氏の戦争に際しては富田城籠城にも加わっていたことを示す重要な史料である。
（田村）

【翻刻文】
［35］
（端裏書）「坪内次郎衛門尉仕候捻也」
畏而申上候、今度慶勝様御おん性被下候、生々世々忘申間敷候、就其、我等事ハ富田へ罷上籠城仕事候間、子候孫二郎、同弟の二郎か事、何も〳〵普代御□□□□□□□末代可被下遣候、自然我等罷帰候ハヽ、我等も相共（綬）御奉公いたすへく候、諸事自余之御□□□□□猶以懇ニ無官怠御奉公いたすへく候、若少も不儀候ハヽ、此以捻堅可被仰付候、為其如此申上候、仍如件、
永禄五年七月廿七日
坪内次郎衛門尉
重　吉（花押）
同　孫二郎（花押）
同　二　郎
進上　長谷殿

［36］
此坪内事、最前以来遂籠城候、神妙之条、於其方不准自余、御褒美肝要候、所望等之儀、毎々被相叶候者、此方迄可為快然候、委細其身可令演説候、恐々謹言、
十月九日　義久（花押）
国造千家殿

［37］
就籠城、彼是以忠儀、自義久被遣御判形両通、何茂存候、
恐々謹言、
六月廿一日　倫久（花押）
坪内次郎右衛門尉殿

［38］尼子義久宛行状《あまごよしひさあてがいじょう》［笠置家文書《かさぎけもんじょ》］　一通

島根県指定文化財
紙本墨書／折紙
戦国時代・永禄八年（一五六五）五月六日
（本紙縦）三〇・四×（横）四五・三センチ
当館

白鹿《しらが》城（松江市）・十神《とかみ》城（安来市）に詰めて毛利氏の軍勢と戦った笠木与三左衛門尉の忠節に応えるため、疋田左近丞《ひきたさこんのじょう》の給地であった隠岐国の荒（有）木（隠岐の島町）を同人に与えると記す尼子義久の文書。

笠置（木）氏は隠岐国美多荘（西ノ島町）の公文（荘園の現地管理責任者）の地位にあった一族。隠岐国内には、尼子氏・三沢氏など、出雲国の大名・国人の所領が点在しており、笠置氏が拠点としていた美多荘は尼子氏の直轄領であった。このため、笠置氏は、戦国時代になって隠岐国内に勢力を伸ばしつつあった同国守護代隠岐氏ではなく、本史料に見えるように尼子氏に属して活動した。笠置氏は永禄十二年（一五六九）に蜂起した尼子勝久にも味方しており、両者の強い主従関係がうかがえる。
（倉恒）

【翻刻文】
今度籠城、白鹿・十神山在番、殊敵動之節、中井平三兵衛同前ニ新丸在城神妙、然間隠州之内荒木・疋田左近丞抱分之事、為給所遣之候、向後全相抱、弥奉公可為肝要者也、仍状如件、
永禄八
五月六日　義久（花押）（黒印）
笠木与三左衛門尉殿

［39］吉川元春像《きっかわもとはるぞう》　一幅

岩国市指定文化財
絹本著色
安土桃山時代（十六世紀）
（本紙縦）五一・五×（横）三七・〇センチ
山口県・吉川史料館

戦国時代の毛利《もうり》氏領国の中で山陰地域の支配を担当した吉《きっ》川元春《かわもとはる》の肖像画。吉川家の下り藤内三引紋があしらわれた黒地の素袍《すおう》姿で、頭上に烏帽子《えぼし》をかぶり、左脇には糸巻太刀《いとまきのたち》を

置いている。文化《ぶんか》元年（一八〇四）に改修された表装の裏には「吉川駿河守元春公尊影、自現山福光寺、万徳院常什」とある。

（田村）

［40］吉川元春像《きっかわもとはるぞう》　一幅

岩国市指定文化財
絹本著色
江戸時代（十七世紀）
（本紙縦）一一〇・五×（横）七〇・〇センチ
山口県・吉川史料館

戦国時代の毛利《もうり》氏領国の中で山陰地域の支配を担当した吉《きっ》川元春《かわもとはる》の肖像画。衣冠束帯《いかんそくたい》姿で腰に黄金造りの太刀《たち》を佩《は》く。面貌は穏やかな表情をもたせ、どっしりと上畳に座す。作者は京都で活躍した絵仏師として知られる絵所左近貞綱である。

（田村）

［41］天野隆重書状《あまのたかしげしょじょう》［賀儀家文書《かぎけもんじょ》］　一通

紙本墨書／切紙
戦国時代・永禄十二年（一五六九）九月二十七日
（本紙縦）二八・二×（横）四四・五センチ
当館

［42］毛利元就《もうりもとなり》・輝元連署感状《てるもとれんしょかんじょう》［賀儀家文書《かぎけもんじょ》］　一通

紙本墨書／小切紙
戦国時代・［永禄十二年（一五六九）］十二月二十日
（本紙縦）一四・二×（横）二二・五センチ
当館

永禄《えいろく》十二年（一五六九）、尼子勝久《あまごかつひさ》らの軍勢（尼子再興軍）による富田城包囲が行われた際、毛利方として籠城した賀儀《かぎ》太郎右衛門尉の功績を賞する文書二通。同年六月、勝久たちは但馬国から島根半島に渡海、七月には富田城への攻撃を開始している。富田城では城番の天野隆重《あまのたかしげ》や野村士悦《のむらしえつ》らが籠城しこれを守備した。

当時毛利元就《もとなり》・輝元《てるもと》を中心とする毛利軍本隊は北九州で大《おお》友《とも》方の軍勢と対峙しており、出雲国の毛利勢は苦境に立たされていた。［41］に記される通り、毛利方の富田城衆の中には馬木《まき》氏・河本《かわもと》氏・湯原《ゆはら》氏など再興軍方に投降するものもあり、城衆のさらなる離反を防ぐことは急務であった。

［41］は朝山郷《あさやま》（出雲市）の豪族であった賀儀太郎右衛門尉の籠城を賞する隆重の書状であるが、神門《かんど》郡・能義《のぎ》郡内の給地に関する賀儀氏の愁訴を元就・輝元に取り次いでいる。［42］は元就・輝元が小切紙《こきりがみ》で発給した感状で、［41］の内容に対応して籠城の忠義を賞するとともに賀儀氏の権益を保証する内容である。富田城に籠城する毛利軍が窮地に立たされる中で、隆重が毛利氏本宗との仲介役になりながら城番衆をつなぎとめようとする様子が見て取れる。

（田村）

【翻刻文】

［41］

今度敵令乱入、去七月已来及籠城候、旁無二之馳走無比類候、殊馬来・河本・湯原以下之者共手返之刻、依堅固覚悟無異儀候、御忠儀此事候、仍神門郡朝山之内坪内名弐拾五貫目田畠共ニ、并高尾給阿多気名田畠共ニ拾五貫目、能義之内藤那名三十貫目、右三ヶ所之事、愁訴之通得其心候、即遂披露調候而進之候、弥忠義肝要候、恐々謹言、

永禄十弐　　　　　天野
九月廿七日　　　　隆重（花押）
賀儀太郎右衛門尉殿

［42］

今度籠城忠儀之至候、然間望之地事、無別儀遣之候、仍一行如件、

十二月廿日　　　　輝元（花押）
　　　　　　　　　元就（花押）
賀儀太郎右衛門尉殿

［43］毛利元就書状《もうりもとなりしょじょう》［石見石田家文書《いわみいしだけもんじょ》］　一通

紙本墨書／折紙
戦国時代・［永禄十三年（一五七〇）］二月十七日
（本紙縦）二八・〇×（横）三八・七センチ
当館

永禄十三年（一五七〇）二月十三日から翌十四日にかけて、富田《とだ》城の南に位置する布部《ふべ》（安来市）の要害をめぐり尼子《あまご》氏（勝久《かつひさ》軍）と毛利氏双方の主力が激突し、毛利氏が勝利した。その戦いの直後となる本書状で毛利元就は、布部近くの山《やま》佐《さ》・宇波《うなみ》（安来市）にいた尼子氏方に加えて、新山《しんやま》（松江市）から出陣した「後巻」も掃討したと述べている。宛所の武安《たけやす》就安《なりやす》・児玉就久《こだまなりひさ》には、温泉津衆《ゆのつ》や銀山衆の至急の動員を強く命じている。両名は毛利氏直轄港温泉津（大田市）の奉行で、石田氏ら船で軍事行動を行う人びとを編成していた。尼子氏方が軍船を用いて出雲国各地へ侵攻した点を考慮すれば、温泉津奉行に動員を命じたのは適切な手段による対抗策と評価できよう。本書状が石田家文書にあるのは、石田氏が温泉津衆として軍事行動し、その証拠に与えられたからと推測される。

また、元就が武安・児玉両名に石見国波根《はね》（大田市）の領主富永《とみなが》氏と協力して、「武略」を用いることの重要性を説く点も注目される。同氏は出雲国にも勢力を広げていたとされる。永禄四年（一五六一）時点では尼子氏方であって、少なからぬ接点を有していたと推測されるがゆえに、謀略を用いて相手を切り崩すのには適した人物と考えられたのだろう。合戦直後から次の戦略を指し示す、元就の慧眼が読み取れる。

（目次）

【翻刻文】

急度申遣之候、去十三日布部（出雲国）表相動、則彼要害落去候、就其、山佐（同国）・宇波之儀者不及申、従島根為後巻罷出対陣候者共之事、（温泉津）切崩悉討捕候、左候条、此節之儀、敵方可為気遣之候条、其表衆悉追立ニ申付、両人同道候て罷出、富永申談、武略肝要候、銀山衆之事も無残可罷出候通申付候、何篇差急候ハね（ハ脱カ）不可然候、猶此者ニ申聞候、謹言

（永禄十三年）二月十七日　　　　（毛利）元就（花押）
武安木工（就安）允殿
児玉（就久）美濃守殿

［44］毛利元就《もうりもとなり》・輝元連署書状《てるもとれんしょしょじょう》　一通

紙本墨書／切紙
戦国時代・［元亀元年（一五七〇）］五月四日
（本紙縦）一七・〇×（横）五一・五センチ
当館

毛利元就《もうりもとなり》・輝元《てるもと》が、多賀元竜《たがもとたつ》・長屋元定《ながやもとさだ》に宛ててその戦功を賞した書状。

永禄《えいろく》十二年（一五六九）六月、尼子勝久《あまごかつひさ》らの軍勢（尼子再

興軍）が出雲国内に上陸、城番であった元竜らを追い出して新山城《しんやま》（真山城、松江市西持田町）を拠点とし、富田城への攻撃を開始する。翌元亀《げんき》元年（一五七〇）には輝元が毛利軍本隊を率いて出雲国内に入り、二月には布部山《ふべさん》（安来市）の合戦で再興軍を破って富田城の包囲を解いている。

本史料は、毛利軍本隊が出雲に入国した年の四月、羽倉城《わくら》（和久羅城、松江市朝酌町）を守備していた元竜・長定が、新山城から打って出た再興軍を迎え撃ってこれを撃退し、水草川（朝酌川）の轟橋まで追いやったことを記す。この頃、森山城《もりやま》（松江市美保関町）の秋上庵介《あきあげいおりのすけ》が毛利方に転じ、美保関《みほのせき》や佐陀《さだ》など島根半島の要地を毛利軍が確保して再興軍を新山城一城に追い詰めつつあった。毛利方による羽倉城確保もこの一環として非常に重要な軍事的意義を有したものと考えられる。本史料は、尼子再興戦争の戦況が大きく動きつつあった時期における、具体的な戦闘の情報を記した貴重な一次史料である。

（田村）

【翻刻文】

去月廿九日、従新山至当城相動候処、数剋被及防戦、則時被仕崩、轟橋迠付送、数人手負、物具被追落勝利之由候、誠大慶候、此方申付番衆之儀茂相構候、自由城中無人之処、旁以御手柄如此之儀無比類次第申疎候、番衆之事、弥申付追々差出候、可御心安候、御心遣之段令察候、重畳之趣示預可得其心候、猶此者可申候条不能詳候、恐々謹言、

五月四日　(毛利)輝元（花押）

(毛利)元就（花押）

多賀(元竜)左京亮殿

長屋左近大夫殿　御陣所

［45］羽柴秀吉鳥取城攻布陣図《はしばひでよしとっとりじょうぜめふじんず》　一舗

紙本著色

江戸～明治時代（十九世紀）

（縦）五五・三×（横）八〇・四センチ

鳥取市歴史博物館

［46］旧塁鑿覧画図《きゅうるいさくらんがず》　一（鳥取城図《とっとりじょうず》）　一舗

紙本著色

江戸～明治時代（十九世紀）

（縦）五五・三×（横）一二二・〇センチ

鳥取県立博物館

天正《てんしょう》九年（一五八一）の羽柴秀吉《はしばひでよし》軍による鳥取《とっとり》城攻めを描いた絵図。［46］は江戸後期の鳥取藩士・岡島正義《おかじままさよし》が記した『旧塁鑿覧《きゅうるいさくらん》』に付属する画図二舗の内の一つであり、［45］はその写本と考えられる絵図である。鳥取城背後の秀吉本陣（いわゆる太閤ケ平《たいこうがなる》）をはじめとして、主に秀吉軍の陣所が復元的に記されているが、『因幡民談記《いなばみんだんき》』によるところも多い。

（田村）

［47］山名氏政感状《やまなうじまさかんじょう》　［古志家文書《こしけもんじょ》］　一通

出雲市指定文化財

紙本墨書／切紙

安土桃山時代・［天正六年（一五七八）］五月十九日

（本紙縦）一七・六×（横）五二・〇センチ

出雲市

但馬国守護の山名氏政《やまなうじまさ》が古志重信《こししげのぶ》に宛てた感状。天正《てんしょう》六年（一五七八）四月、毛利方であった但馬国の轟城主垣屋豊続《かきやとよつぐ》が、対立する垣屋越中守家の居城宵田《よいだ》城を攻めようとしたところ、宵田城北側の水生古城《みずのおこじょう》で織田方の軍勢とぶつかり、苦戦の末豊続が勝利している。本史料は毛利氏配下から但馬国に派遣された古志重信の軍勢の戦功を賞するものである。

古志重信は、出雲国神門郡古志郷（出雲市）を名字とした出雲古志氏に出自を持つ。古志氏は、永禄五年（一五六二）の毛利軍による出雲国内への進軍に際して討滅され、古志郷を失ったものと考えられる。重信は、十六世紀前半の古志氏当主であった宗信の息子であるが、嫡流ではない。一時尼子再興軍に与した後、元亀元年（一五七〇）に毛利方に転じてからは毛利軍配下として活動している。本史料からは、但馬国における織田方軍勢との戦いにも動員され、同名（古志氏）の左衛門尉が戦死していたことがわかる。

（田村）

【翻刻文】

「(包紙ウハ書)
古志因幡守殿　　氏政　」

「(端裏切封)
（墨引）」

去四月十八日於此国水生表、織田勢与竹野衆合戦之時、同名左衛門尉討死之段、不及是非候、乍去被得勝利之条尤神妙候、猶下津屋丹後守可申候、恐々謹言、

五月十九日　　氏政（花押）

古志因幡守殿

［48］伝・吉川経家采配《きっかわつねいえさいはい》　一点

（総）紙製・（柄）木製漆塗・（装飾）金属製

［安土桃山時代（十六世紀）］

（全長）六七・五×（横）九・〇センチ

鳥取市歴史博物館

天正《てんしょう》九年（一五八一）の鳥取《とっとり》城攻めに際して、鳥取城の城番となった吉川経家《きっかわつねいえ》が使用したと伝わる采配。采配は戦場で大将が軍勢を指揮する際に用いた道具で、木や竹の柄につけた総《ふさ》を振って用いる。本品の総は紙を細長く切って作られており、柄は木製で漆塗り、柄の上下に金属装飾がほどこされている。なお、吉香《きっこう》神社（山口県岩国市）には、経家の子孫で岩国藩家老となった石見吉川家に伝来したものとして、武具・笛とともに采配が納められている。

（田村）

［49］吉川経家自筆書状《きっかわつねいえじひつしょじょう》　［石見吉川家文書《いわみきっかわけもんじょ》］　一通

重要文化財

紙本墨書／折紙（四枚）

安土桃山時代・［天正九年（一五八一）］三月二十日

【一紙目】（本紙縦）二八・二×（横）四一・四センチ

【二紙目】（本紙縦）二八・二×（横）四一・五センチ

【三紙目】（本紙縦）二八・二×（横）四一・四センチ

【四紙目】（本紙縦）二八・二×（横）四〇・八センチ

山口県・吉川史料館

羽柴秀吉率いる織田氏方の軍勢を迎撃するために因幡国（鳥取県東部）の鳥取城に派遣された石見国福光城（大田市）の城主の吉川経家が、鳥取城入城の様子などを石見国の家族に伝えた書状。

鳥取城は毛利氏方の因幡国守護山名豊国《やまなとよくに》の城であったが、天正八年（一五八〇）六月に秀吉に攻められて降伏した。豊国は秀吉に在城を許されたが、九月に城内の親毛利氏方が豊

国を追放して鳥取城を占拠し、指揮官の派遣を毛利氏に求めた。経家の派遣はこれに毛利氏が応じたものである。

他の史料に記された情報も総合して経家の鳥取城派遣の経緯を整理すると、天正九年一月十四日に吉川元春から鳥取城在番を命じられた経家は、二月二十六日に出発し、出雲郷《あだかえ》（松江市）で元春に面談した後、八橋《やばせ》（鳥取県東伯郡琴浦町）を経て、三月十八日に千代川《せんだいがわ》河口の港町である賀露《かろ》（鳥取県鳥取市）に上陸した。賀露では、先に安芸国から鳥取城に派遣されていた武将や、因幡国の国人の使者たちの出迎えをうけ、その後、鳥取城に登城した。

秀吉の軍勢の再襲来が予想される中、「敵ハ手つよく（強）御味方ハ物よハく（弱）はかり候」と、経家は厳しい現状認識であった。それでも派遣に応じた理由を、日本に隠れ無き名山の鳥取城に籠城して毛利家のために戦死を遂げて、名誉を後世に残したいと経家は記しており、死を覚悟していたことがわかる。

（倉恒）

【翻刻文】

小田新六被差上候、

御書致拝上候、

一大殿様被成御下候、雲州あたかい（出雲郷）ニて懸御目候、御暇乞と候て御一つ被下候、

一我等事一昨日十八巳刻至鳥取致登城候、趣如形候由、城内町中取沙汰候、鳥取ニ被置候芸州衆、悉加路（賀露）まてむかひニ被罷越候、当国衆も路次山下まて五人十あて人迎之衆給候て、一入取持にて候、登城候へハ、則使者をめい〳〵給候、翌日者自身預御尋候、一とおり外聞如形之仕合候間、可御心安候、上之御影とハ申なから、我等面目此事候、

一かろ（賀露）と鳥取との中間ニ丸山と申山御座候、是ニ山縣左京進可被差籠由候、未被罷上候、か様ニ候へハ弥可然候、

一遠国之儀候条、内々者共一入目をかけ可申候、日比ニ手をかへ候ハすハと存当候、万端此気遣入申候、御紙面何も具奉得其心候、

一去月廿二日、岩倉表行被仰付候、ふてき（由脱）に候て、粟藤右・同与三太郎討死候、今中（今中中務少輔経忠）薄手かうむるニて候、

一我等事今度因州罷上候儀、安様（吉川経安）御気遣不浅奉察候、雖然、内々如申上候、因州不罷上候共、何之所ニてか可立御用候、粟藤右岩蔵表ニてか様之儀も候、因州上国之御請を不申候ハヽ、のかるへき事にも更に不被遁候、是を以御気遣も大かたニさせらるへく候、因州罷上候事ハ、外聞と申、所からと申、山からと申、暦（歴）々中をゑらひ被出儀と申、希候共此上有間敷候、御弓矢目出度候へハ、勿論覚ニ罷成候、因伯御勝利をこわされ候ハヽ、芸州之御弓矢丸ニ御まけたるへく候、さやうの躰ニ成行候ハん時者、何之所ニてか可相果ニて候、爰を存当候へハ、京家御弓矢之堺と申、日本ニかくれなき名山鳥取ニ罷籠、当家之御用に罷立、名誉を留後代候ハん事、古今未来之大望不可過之候、是又善悪之極不久候、当夏秋中実否可有落着候、其内右之御やりはを以せわ〳〵敷御心遣を大かたにさせられ候ハヽ、我等茂又一方之気遣のたるミニて候、不及被仰越、御気遣之程淵底奉察候上に、御書中御気遣之通、不尽御策候へハ、敵表之気遣打副、跡先不一方、我等か気遣ニて候、御身ニ不被引請儀をさへつね〳〵御くやミ候、今度之御心遣不浅儀尤ニ候、さりなから先ニ申候御やりは以させられ候ハヽ、はたと御あきらめたるへく候、明暮子共ニ被御心付、又ハ諸村諸納堅固被仰付、折々御仕上を預御短息候ハヽ、何より以可目出度候、

一因伯諸堺付城等、頃之様躰御推察之ほと被　仰聞之候、敵ハ手つよく御味方ハ物よハくはかり候ハヽ、身を可置所御座有間敷候、当時御弓矢之儀被任天当（道）候て相見え候、あなかち御行はかりの頼も不入候、御行之儀も勿論肝要ニ候へとも、芸州御弓矢御天当（道）さへつゝき候ハヽ、御いくわうを以我等ことき迄、人ニ被知覚をも取可申候、因州ニ暫時在国仕候共、長久ゐ候共、非分横道之たしなミ、京勢可罷下時之一覚悟二三ヶ条之耆（嗜）ニ相極候、御分別肝要候〳〵、物茂一大事之気遣仕候ニ、万御気遣之通、細碎被示下候へハ、我等か心遣跡先一かたならす候、天もくらミ地もくらむやうにハ御座有間敷候、

一塩兵粮之儀、来年中之儀ハ只今より支度申候条、我等於手前可御心安候、

一山筑（山縣就慶）事、八橋にて待着申同道仕候、鳥取入城之趣、筑内談申、おもしろおかしく仕合候、取さたも如形候条、案（安）堵申候、伝々可被及聞召候、

一野左（野田春実）事外（殊脱）被入精入魂ニて候、来便之時可被加御筆候、

一御親類中へ、八橋ニて節々申承候、今度我等因州被差上趣、上より被仰聞又申上候旨趣、皆々へたかり申候、世上之やわき事ハめつきはけ候人びと申くるハかし之由、皆々御物かたり候て、御わらいニて候、我等へ少も無等閑之由、各承候、か様候て、聊油断ハ不申候、是又可御心安候、以神無等閑由申判捻共給候、此一とおり御気遣有間敷候、於趣者追々可申上候、此由可預御披露候、恐惶謹言、

（天正九年）二月廿日　式少経家（花押）

新五御申

[50] 吉川元春書状《きっかわもとはるしょじょう》［山縣家文書《やまがたけもんじょ》］　一通

紙本墨書／折紙
安土桃山時代・［天正九年（一五八一）］七月十一日
（本紙縦）二七・〇×（横）四四・八センチ
鳥取市歴史博物館

[51] 吉川元春書状《きっかわもとはるしょじょう》［山縣家文書《やまがたけもんじょ》］　一通

紙本墨書／折紙
安土桃山時代・［天正九年（一五八一）］七月十二日
（本紙縦）二六・九×（横）四四・八センチ
鳥取市歴史博物館

天正九年六月末から但馬国・因幡国方面に羽柴秀吉《はしばひでよし》の軍勢が侵攻してきた状況は、鳥取城を守る吉川経家《きっかわつねいえ》から、本書状二通を出した吉川元春へ知らされた。六月二十九日に羽柴軍先鋒隊は因幡国私部《きさいち》城（鳥取県八頭郡八頭町）へ入った。七月七日、羽柴秀長《はしばひでなが》の隊は鳥取城から一里（約四キロ）と至近の湯山（鳥取県鳥取市）に陣を構えた後、日本海沿いの賀露《かろ》港と鳥取城との中間に位置する、毛利氏方の丸山城（同）を包囲している。

この事態に対して元春は、所領の浜田（浜田市）にいた家臣山縣善右衛門尉《やまがたぜんえもんのじょう》へ、鳥取城救援のため十六日に出発する旨を告げたうえで、おそらく兵糧を届ける目的で準備していたであろう船「大黒丸」や、兵員を送るためと考えられる「警固船（軍船）」の一刻も早い進発を厳しく命じている。さらに、毛利氏直轄港温泉津《ゆのつ》の奉行武安就安《たけやすなりやす》にも連絡のうえ、船を出させるよう、重ねて指示している。

既に伯耆国東部では、天正七年（一五七九）に羽衣石《うえし》城（湯梨浜町）の南条元続《なんじょうもとつぐ》が織田《おだ》方となり、陸路移動を遮断していた。元春が軍船派遣を強く促したのは、鳥取救援の軍勢をよ

り早く到着させるには海路が有効な選択肢だったため、と推測される。が、結局十分な船・水夫《かこ》は調達できず、七月二十一日に「あり合わせ」の約二〇艘が送られたのであった。

（目次）


【翻刻文】

［50］
呉々、温泉津《（石見国）》武安所へも、早々人を遣、出船之儀可申催
候、油断候てハ、其方可為曲事候〳〵、
急度申候、上勢《（羽柴軍）》之儀、去七日至因州打入、湯山《（巨濃郡）》陣取候、鳥執
へ中間一里、有之由候、爰許之儀も不及沙汰、十六日ニ打立
候、然者、以前茂重々申聞候大黒丸之儀、早々可差上候、一
剋茂延引候てハ、可為曲事候、為其急申遣候、謹言、
七月十一日《（天正九年）》　もと春《（吉川）》（花押）
山縣善右衛門尉殿

［51］
上勢《（羽柴軍）》之儀、小代《（但馬国）》之隙明ニ付而、去七日至因州罷下、丸山《（邑美郡）》取詰
之由、到来候之条、爰元出張之儀、弥十六日ニ議定候、然間
当浦警固船之儀、仕立候て、頓可差上事肝要候、油断候てハ、
不可有曲候、委細任口上候、謹言、
七月十二日《（天正九年）》　元春《（吉川）》（花押）
山縣善右衛門尉殿

トピック

［52］口羽通良坐像《くちばみちよしざぞう》　一軀
木造彩色　玉眼
安土桃山時代（十六世紀）
（像高）五五・〇センチ
邑南町・宗林寺

コラム2（六一頁）参照

［53］小笠原長徳感状《おがさわらながのりかんじょう》**［庵原家文書］**《いばらけもんじょ》　一通
紙本墨書／竪紙
戦国時代・大永五年（一五二五）十一月十日
（本紙縦）二五・七×（横）三八・五センチ
島根県立図書館

伯耆国（鳥取県西部）の淀《よど》要害（鳥取県米子市淀江ヵ）が陥落した際に、鑓で敵を討ち取ったほか、中間が負傷する戦功を挙げた井原氏を、主人である小笠原長徳が称賛した文書。

当時の伯耆国では、守護山名尚之《ひさゆき》と、尼子経久から支援を得て尚之に対抗する山名澄之《すみゆき》との間で内紛が生じていた。本史料に見える淀要害での戦闘も、澄之・経久方と尚之方の間で交わされたものであり、小笠原氏は尼子氏方としてこの戦闘に参加したのだろう。本史料は、尼子氏方として活動する小笠原氏の初見史料である。

この頃、尼子氏は盛んに周辺諸国に出兵しており、大永三年には安芸国東西条《とうざいじょう》（広島県東広島市）・石見国那賀郡（浜田市）に、同七年には備後国和智《わち》郷（広島県三次市）を攻めている。これらの地域を尼子氏は支配領域に組み込むにはいたらなかったが、尼子氏の威勢を目の当たりにして大内氏から離れて尼子氏を頼る諸勢力が出現し、中国地方の政治・軍事情勢に影響を与えた。小笠原氏もそうした大内・尼子両陣営の間を揺れ動いた国人の一つである。

（倉恒）

【翻刻文】
今度伯州淀要害落居之□□□□ニ鑓所々請候、殊分執高名、中
間蒙疵候、□□□《（忠義）》之至候、謹言、
大永五年
十一月十日　長徳（花押）
井原豊後守殿

［54］小笠原長隆《おがさわらながたか》**・長徳連署感状**《ながのりれんしょかんじょう》**［庵原家文書］**《いばらけもんじょ》　一通
紙本墨書／竪紙
戦国時代・享禄四年（一五三一）四月七日
二五・〇×三八・〇センチ
島根県立図書館

大《（太）》田高城が陥落した時の戦闘で、長田若狭守を討ち取った井原十郎の戦功を称え、「右衛門」の官職名（官途）を名乗ることを小笠原長徳とその父長隆が許した文書。

石見銀山発見の経緯を記す『銀山旧記』は、銀山守備のために大内氏が築いた矢滝《やたき》城（大田市）を、享禄四年に小笠原氏が攻め落としたと伝えており、この記事と本史料の関連が注目される。なお、『銀山旧記』は享禄四年から永禄三年（一五六〇）までの「二十四年の間」（原文ママ）、尼子氏に従属する小笠原氏が石見銀山を支配したと記すが、最近の研究ではこの記述には疑問が呈されている。大永七年（一五二七）の銀山発見以降、尼子氏からの攻撃に度々さらされつつも、大内氏がその滅亡まで石見銀山を支配していたとの見解が有力である。

（倉恒）

【翻刻文】
今度太田高城落居之時致合戦、長田若狭守打取候、高名之至
候、仍官途申付候、為後日以一行申候、謹言、
享禄四年
卯月七日　長徳（花押）
長隆（花押）
井原十郎右衛門とのへ

［55］小笠原長徳感状《おがさわらながのりかんじょう》**［庵原家文書］**《いばらけもんじょ》　一通
紙本墨書／竪紙
戦国時代・天文九年（一五四〇）九月九日
二四・〇×四〇・五センチ
島根県立図書館

飯《（井）》田（大田市）の要害に対する敵の攻撃に耐えた井原十郎衛門を小笠原長徳が称賛した文書。天文九年八月から九月にかけて、大内氏の勢力下にあった温泉津《ゆのつ》（大田市）など邇摩郡各所と那賀郡の都治《つじ》（江津市）を尼子氏方の勢力が襲っており、本史料に見える飯田要害の戦闘もその一部だろう。

天文九年当時の小笠原氏が大内氏・尼子氏いずれの陣営に属していたのか判断が難しい。ただ、井田が大内氏の直轄領であったことや、天文二十三年（一五五四）に大内氏が石見国守護代に任命した問田《といだ》氏の家臣が井田城に籠城しているので、飯《（井）》田要害は大内氏の城であった可能性が高い。とすれば、その城の守備に協力した小笠原氏は、この時点では大内氏に味方していたと思われる。

（倉恒）

【翻刻文】

今月二日至飯田要害敵動時、成覚悟相踏候、高名神妙候、弥粉骨肝要候也、

天文九年

九月九日　長徳（花押）

井原十郎衛門とのへ

［56］毛利《もうり》元就《もとなり》・輝元《てるもと》連署《れんしょ》起請文《きしょうもん》［三澤家文書《みざわけもんじょ》］　一通

紙本墨書／継紙

戦国時代・永禄十二年（一五六九）九月八日

（本紙縦）二二・八×（横）六二・〇センチ

個人蔵（下関市立歴史博物館寄託）

［57］吉川元春《きっかわもとはる》起請文《きしょうもん》［三澤家文書《みざわけもんじょ》］　一通

紙本墨書／継紙

戦国時代・元亀二年（一五七一）四月五日

（本紙縦）二二・五×（横）八〇・〇センチ

個人蔵（下関市立歴史博物館寄託）

毛利元就《もうりもとなり》・輝元《てるもと》と吉川元春《きっかわもとはる》が、それぞれ三沢為清《みざわためきよ》と交わした起請文。［56］は、尼子勝久《あまごかつひさ》らの軍勢が出雲国内に侵攻し毛利軍と対峙しはじめた永禄《えいろく》十二年（一五六九）の起請文であり、高瀬《たかせ》城の米原綱寛《よねはらつなひろ》が毛利方を離反（逆心）したことが強調されている。為清は出雲国三沢《みざわ》（奥出雲町）に拠点を有した有力領主三沢氏の当主であるが、この直前毛利氏に動員されて九州に出陣しており、綱寛とともに急遽帰国していた。綱寛をはじめとして毛利方を離反する領主が出てくる中で、三沢氏を引きとどめるべく交わされた起請文が本史料である。

［57］も、同じく毛利軍と尼子再興軍との戦いの最中に、山陰における毛利方の指揮官であった吉川元春と為清が交わした起請文であるが、九州での戦陣や出雲国での尼子再興軍との戦い、特に富田城の救援から布部《ふべ》合戦での勝利に至った経緯が強調される。元亀《げんき》二年（一五七一）四月段階は、牛尾《うしお》要害（雲南市）での両軍の激しい衝突が起こる直前であり、新山《しんやま》城（松江市）にあった再興軍を追い詰めるための重要な局面に至っていた。この段階で元春は三沢氏を毛利方に引きとどめるべく入念に起請文を交わしている。

（田村）

【翻刻文】

［56］

如仰、今度其御国諸牢天令蜂起候之条、奉頼通申候之処、依米原逆心、弥所々無正躰令乱入候処、猶以為清無御別儀預御届候事、更無可申様候、難謝次第候、此時者別而一段可致褒美候、不可有忘却候、若此旨偽候者、可罷蒙

○以下、牛王宝印の裏に書す。

梵天・帝尺・四大天玉、想而日本国中大小神祇、殊者杵築大明神・厳嶋両社大明神・八幡大菩薩・天満大自在天神神罰・冥罰者也、仍起請如件、

毛利

永禄拾貳年九月八日　輝元（花押）

同右馬頭

元就（花押）

三澤左京亮（為清）殿

［57］

如仰貴家御事、最前以来対芸州被仰合、以御馳走当国之儀、被任存分候、然処依九州干戈、雲・伯衆悉御下向候、就其諸牢人窺此方隙、乱入候而、既国中無残雖相随候、以為清御入魂、富田月山之儀、被差救持抜、九州各上国待付、布部合戦以来於所々得勝利、於于今者、相極新山一城候、如此被仕返候事、御方偏対芸州重畳御届之故候、因茲自吉田茂対御家、別而領地等被進置候之段、永不可有御忘却之由、蒙仰候、元就・輝元之儀者不能申、於吾等茂本望存計候、左候間、拙者事、御兄弟一分ニ被思召、於気遣之儀者、可被副御心之由、示預候、誠難謝存候、然上者勿論吾等事、存御兄弟之筋目、対貴家無二申談、可致奉公候、於此上者、自然和讒之儀候者、無御腹蔵可預御尋候、又承之儀候者、可申入候、若此旨於偽者、

○以下、牛王宝印の裏に書す。

梵天・帝尺・四大天玉、惣而日本国中大小神祇、殊当国杵築大明神、別而芸州厳嶋大明神・八幡大菩薩・天満大自在天神御罰可罷蒙者也、仍神文如件、

吉川駿河守

元亀貳年卯月五日　元春（花押）

三澤左京亮（為清）殿

［58］毛利元就書状《もうりもとなりしょじょう》［三澤家文書《みざわけもんじょ》］　一通

紙本墨書／切紙

戦国時代（十六世紀）・年未詳三月二十八日

（本紙縦）一八・八×（横）四二・〇センチ

個人蔵（下関市立歴史博物館寄託）

毛利《もうり》方としての三沢為清《みざわためきよ》の働きに謝意を示し、太刀や馬・銀子を送ったことを伝える毛利元就《もとなり》の書状。出雲国三沢（奥出雲町）に拠点を有した三沢氏は、永禄《えいろく》五年（一五六二）に毛利軍が出雲国内に侵攻して以降、同じ出雲国衆の赤穴《あかな》氏・三刀屋《みとや》氏らとともに毛利方に帰属した。出雲国内が毛利氏の統治下に入った後、永禄十一年から翌十二年にかけて、吉川《きっかわ》元春《もとはる》・小早川隆景《おがさわらたかかげ》率いる毛利軍が大友《おおとも》氏方の軍勢と対峙すべく北九州に渡海する。この時為清は、九州の戦陣へと動員されていくのであるが、永禄十二年には尼子勝久《あまごかつひさ》率いる軍勢が毛利方の富田城を包囲するにいたり、急ぎ帰国して対応することとなった。本史料は、こうした九州や出雲国での戦いについて、三沢氏の働きを賞するものである

（田村）

【翻刻文】

（端裏）「（切封・墨引）」

去歳其国不慮ニ翻候之処、従九州罷上、今度仕返候事、誠御方様御一人之以御入魂如此成立候、本望此事候、於忰家長久存忘申間敷候、仍太刀一腰実永黒作・馬一疋青黒并銀子廿枚進入候、表御祝儀之験計候、連々可申述候、猶委曲麻原藤右衛門尉可申入候、恐々謹言、

三月廿八日　元就（花押）

三澤左京亮（為清）殿

御宿所

［59］大館晴忠書状《おおだちはるただしょじょう》［三澤家文書《みざわけもんじょ》］　一通

紙本墨書／切紙

戦国時代（十六世紀）・年未詳九月十八日

（本紙縦）一七・二×（横）四七・二センチ

個人蔵（下関市立歴史博物館寄託）

足利《あしかが》将軍家の御供衆《おともしゅう》であった大館晴忠《おおだちはるただ》が三沢為清《みざわためきよ》に宛てて送った書状。将軍家から「毛氈鞍覆《もうせんくらおおい》・白傘袋《しろかさぶくろ》」の使用を免許された御礼として、為清が太刀と馬、鵝眼《ががん》（銭）を進上した

こと、また、これを取り次いだ晴忠に対しても太刀と馬を進上したことが記されている。

鞍覆とは、外出時に馬を下りた後や行列の替え馬にかぶせて鞍を保護するための覆いである。毛氈とは本来は羊毛を用いた不織布だが、実際にはヨーロッパ由来の羅紗などでも作られた。また、貴人の後から差しかざす絹製の傘の白い袋を白傘袋という。毛氈鞍覆と白傘袋は、本来室町幕府が守護等の地位にある者に使用を認めていたが、戦国時代になると、守護職以外でも使用が許可されることがあった。三沢氏は出雲国内の国衆ではあったが、足利将軍家から守護に準じる扱いを認められるほどの実力を有していたことがうかがい知れる。（田村）

【翻刻文】

(端裏)「(切封・墨引)」

毛氈鞍覆・白傘袋為御礼、御太刀一腰・御馬一疋・鵝眼万五千疋御進上之旨、致披露候、仍被成　御内書候、尤御面目候、次私へ太刀一腰・馬一疋給之候、目出祝着候、将又今度如此儀、諸侯筋目無相違候之条、向後者如先々御礼等御申肝要候、近年御無沙汰無勿躰候、委曲期後音候之間、閣筆候、恐々謹言、

九月十八日　　晴忠（花押）

三澤(為清)左京亮殿

［60］尼子《あまご》晴久《はるひさ》書状《しょじょう》［上田家文書《うえたけもんじょ》］　一通

鳥取県指定保護文化財

紙本墨書／切紙

戦国時代・天文十一年（一五四二）八月二十八日

（本紙縦）一六・五×（横）三九・〇センチ

個人蔵（鳥取市歴史博物館寄託）

赤穴《あかな》氏は出雲国赤穴荘（飯南町）を本領とした領主である。同荘は石見国・備後国への交通路が通う、古くからの交通の要衝だったとみられる。保元三年（一一五八）には石清水八幡《いわしみずはちまん》宮《ぐう》領であって、紀氏が鎌倉末期まで現地を支配していた。

南北朝期を経て、赤穴荘および隣接する来島《きじま》荘（飯南町）には佐波《さわ》氏が進出し、その庶子家（後の赤穴氏）が現地支配を進めた。石見国佐波郷（美郷町）を本拠地とした佐波氏は、室町幕府奉公衆に連なる領主でありつつ、赤穴氏とともに出雲国守護京極《きょうごく》氏と密接な関係を取り結んでいた。戦国期に、京極氏にかわって尼子氏が台頭すると、永正十五年（一五一八）に赤穴氏は尼子経久《あまごつねひさ》から本領の相続安堵を受けている。

天文十一年（一五四二）五月、尼子氏を攻める大内《おおうち》氏の大軍が赤穴氏の本拠「瀬戸要害」（瀬戸山《せとやま》城・飯南町）を包囲した。当主光清《みつきよ》は二か月にわたり善戦したが、その戦死を機に赤穴氏は大内氏に降った。光清の三男孫五郎（のち久清《ひさきよ》）は尼子氏のもとに逃れ、その際に本書状が出されたと考えられる。尼子晴久は赤穴光清の忠節と戦いぶりを賞賛したうえで、本拠富田《とだ》城を除いて出雲一国がみな大内氏に味方した、という現状認識を示している。瀬戸山城の戦いから富田城籠城戦への展開を、尼子氏当主の認識から読み取れよう。（目次）

【翻刻文】

(端裏切封)「(墨引)」

就今度大内方取相、親父備中守(赤穴)光清、去年五月以来、至今年七月(出雲国)瀬戸要害被楯籠、防戦之次第、更以無比類候、殊七月廿七日惣責候処、数百人討捕、高名無其隠候、然処、光清被銃〔鏃〕不慮之討死無是非候、依其国中悉敵同意、(同国)富田一城ニ成行候、対佐々木家光清勲功可令感悦也、猶委細河副(久盛)右京亮申与候、恐々謹言、

天文十一

八月廿八日　　(尼子)晴久（花押）

赤穴(久清)孫五郎殿

［61］毛利《もうり》輝元《てるもと》・元就《もとなり》連署書状《れんしょしょじょう》［上田家文書《うえたけもんじょ》］　一通

鳥取県指定保護文化財

紙本墨書／切紙

戦国時代・［永禄十二年（一五六九）］七月二十三日

（本紙縦）一七・〇×（横）四三・〇センチ

個人蔵（鳥取市歴史博物館寄託）

永禄五年（一五六二）、出雲国へ侵攻した大名毛利氏から、赤穴久清《あかなひさきよ》は赤穴荘を含む本領を安堵された。以後、赤穴氏は尼子氏のもとを離れ、毛利氏領国内の国衆として活動していったのである。永禄年間末、豊後国の大名大友《おおとも》氏と毛利氏が激しく争う中、赤穴氏は毛利氏による動員に従った。永禄十一年（一五六八）八月の豊前国安達《あだち》山（足立城・福岡県北九州市）着陣以降、同氏は九州北部各地を転戦していた。遠隔地での長期在陣を続ける赤穴氏に対し、本書状で毛利元就と孫輝元は連名でその苦労をねぎらい、忠誠を賞賛している。さらに、吉川元春《きっかわもとはる》・小早川隆景《こばやかわたかかげ》という毛利両川《りょうせん》らの軍勢が現地に到着する旨を記し、両名との相談を促している。

これに先立つ永禄十二年（一五六九）六月、尼子勝久《あまごかつひさ》らの軍勢が出雲国への侵攻を開始していた。その情勢について、赤穴氏は本書状の時点で既に知っていた可能性を想定できよう。同年末までに赤穴氏は出雲へ戻ったとみられ、翌年二月の布部《ふべ》合戦後、毛利氏からその戦功を賞されている。

赤穴氏関連文書二通を伝えた上田家は、赤穴氏一族が建立に関わったとされる因幡国の浄土真宗三か寺（真宗寺・教蓮寺・心了寺）にゆかりの深い家であった。そうした関係から、これらの文書が同家に伝来したと推測される。（目次）

【翻刻文】

(端裏切封)「(墨引)」

態令申候、其表長々御在陣、御辛労無申計候、殊今度肝要之時節、御馳走之段、更難申尽候、於于今者、(小早川)隆景・(吉川)元春・其外海陸之諸勢、可為下着候条、弥行等之儀可被仰談事肝要候、猶此者可申候、恐々謹言、

(永禄十二年)七月廿三日　　(毛利)輝元（花押）

(同)元就（花押）

赤穴(久清)右京亮殿

御陣所

第3章

［62］関ケ原合戦図屏風《せきがはらかっせんずびょうぶ》　六曲一双

紙本著色

江戸時代（十七〜十九世紀）

（縦）一七二・〇×（横）三七八・〇センチ

鳥取県・渡辺美術館

慶長《けいちょう》五年（一六〇〇）九月、徳川家康《とくがわいえやす》方の東軍と石田三成《いしだみつなり》方の西軍が衝突した関ヶ原合戦《せきがはらかっせん》の様子を描いた作品。関ヶ原合戦図屏風はいくつかの系統に分類されるが、本品は大阪城天守閣所蔵品と同じ構図を持つ。

右隻では、第一扇に「三つ葉葵」の紋が入った陣幕が描か

れており、諸将とともに着座する人物が徳川家康と考えられる。中央には東軍方で先陣を切った井伊直政《いいなおまさ》などの部隊によ る戦闘が描かれており、合戦序盤を主題としているものと考えられる。

対する左隻では、第五扇の上段に石田三成隊が配されているが、「大一大万大吉」紋の陣幕の描写にとどまる。東軍の勝利が決定的となった合戦最終盤、西軍の島津義弘《しまづよしひろ》隊が敵中突破による離脱を試み、これを井伊直政隊が追撃している様子が特に印象的に取り上げられている。

本品と同系統の大阪城天守閣所蔵本は、主題となった戦いと関わって赤い旗指物の井伊直政隊が特に強調して描かれており、制作に彦根藩井伊家が関与した可能性がある。本品も基本的に構図・主題は同じであるが、必ずしも井伊家が強調されるわけではなく、さまざまな旗・馬印の諸隊が乱立する。ただし、島津勢退却時にはすでに壊滅したはずの三成本陣が同時に描かれるなど、参陣した各部隊の配置は実態に即したものではない。また、同系統を含む他の関ヶ原合戦図屏風と比較しても、画面周辺に描かれた家屋や寺社仏閣は特徴的である。絵画としての華やかさを重視した画風といえよう。

（田村）

［63］ 石田主税助合戦注文《いしだちからのすけかっせんちゅうもん》 ［石見石田家文書《いわみいしだけもんじょ》］ 一通

紙本墨書／折紙
戦国時代・永禄十三年（一五七〇）四月十四日
（本紙縦）二八・七×（横）四四・六センチ
当館

永禄十三年（一五七〇）二月の布部《ふべ》合戦に続き、四月十七日の牛尾《うしお》要害（雲南市）の戦いでも、毛利《もうり》氏が尼子《あまご》氏（勝久《かつひさ》軍）に勝利した。本史料はその直前のもので、「注文」とは、人名や物品の数・種類を列挙し申請する文書形式である。出雲国高瀬《たかせ》（出雲市）から杵築《きづき》（同）へ「夜動」した九名を石田主税助が書き上げたものに、毛利元就《もうりもとなり》が証判をすえた後、石田氏へ返却されたと推測される。

石見石田家文書内の別の年未詳書状では、元就が「押上り候て、舟かけ共見せ候する事」すなわち軍事的示威行為を温泉津奉行である武安就安《たけやすなりやす》と児玉就久《こだまなりひさ》に命じている。この史料が石見石田家に含まれているのは、実際に示威行為を行った石田氏へ、その証左として武安・児玉両名より与えられたからであろう。それを考慮すると、石田氏は船を駆使して軍事行動を行っていた可能性が高い。

元亀四年（一五七三）五月には、石田氏の「数年御警固」「馳《ち》走《そう》」に対して、毛利氏から領国内諸関の自由通行権が船二艘に限り認められている。石田氏が広範囲で経済活動を行っていたことが明らかだろう。以上のような、石田氏の船による軍事行動と広域の経済活動を前提として、本史料にみえる出雲国杵築・高瀬での軍事行動がなされたと考えられる。

（目次）

【翻刻文】
（出雲国）
杵築江従高瀬夜動之事
（花押）（毛利元就）
永禄十三年卯月十四日夜
一人　吉田伯耆守
一人　高石右衛門尉
一人　新屋右京進
一人　寺田源次郎
一人　父若源三郎
一人　竹下市介
一人　津野原小三郎
一人　志計伊賀守
一人　長見孫十郎
以上
石田主税助（春俊）

［64］ 吉川元春軍忠状《きっかわもとはるぐんちゅうじょう》 ［吉川家文書《きっかわけもんじょ》］ 一通

重要文化財
紙本墨書／継紙
戦国時代・永禄六年（一五六三）十一月十三日
（本紙縦）二八・八×（横）二八四・五センチ
山口県・吉川史料館

永禄六年八月中旬から同年十月下旬にかけての白鹿《しらが》城や熊野（ともに松江市）での尼子氏との戦闘における吉川元春配下の武将の功績を、元春が毛利元就に報告した文書（冒頭に毛利元就が内容を了解したことを意味する花押が見える）。戦死・負傷した武将の氏名、負傷原因などが記されている。

永禄五年六月頃に石見銀山を尼子氏から奪い、三沢氏などの出雲国内の有力者を従えた毛利氏は、瞬く間に出雲国南部・西部を抑え、富田城に迫った。これを迎え撃った尼子氏方の城郭の一つが白鹿城であった。

本史料によると、白鹿城攻防戦での吉川氏家臣の負傷者四十四名の負傷原因の七割以上が鉄砲となっている。鉄砲を装備した尼子氏方の兵士が、毛利氏の軍勢に標準をあわせて山上から射撃していたのであろう。種子島への鉄砲伝来から二十年が経過し、山陰地方の戦場でも主要な武器として鉄砲が使用されていたことが判明する。

また、堀口衆の戦功にも言及しているが、これは白鹿城の地下を掘削する作戦に従事した集団を指すようだ。城の水源を断つために石見銀山の鉱山労働者が動員されたとも、城を守る尼子氏も地下を掘り進めて毛利氏の堀口衆とトンネル内で鉢合わせになり戦闘になったとも伝わるが、掘削した場所など詳細は未解明である。

（倉恒）

【翻刻文】
（証判）
「令合点候訖（花押）（毛利元就）」
於雲州嶋根郡白鹿要害詰口并熊野表、分捕高名被疵人数事、
一八月十九日夜、白鹿麓至船本富田衆相動候時、我等警固之者、数尅相戦勝利之事、
頸一　松浦宗十郎　小河内源兵衛尉討捕之
一九月十日、従要害我等詰口江仕懸候之処、則懸合城内江追込、於塀際敵討捕勝利事、
頸一　細迫源右衛門尉討捕之
頸一　長和与五郎討捕之
一同十一日、於白鹿、堀口衆合戦事、吉川彦次郎、小谷源五郎、三須孫三郎無比類仕候事、
一同十日、至熊野被相動之、退口之時、及合戦勝利之事、
頸一　堺孫六討捕之
頸一　森脇弥四郎討捕之
頸一　熊野和泉守　山縣小五郎討捕之
於白鹿詰口
江田孫三郎　鉄炮 左之手
朝枝市佑　鉄炮 胸
森脇大蔵左衛門尉　鉄炮 左之手
小谷源五郎　礫 首
山縣小次郎　鉄炮 左之股

長和余五郎　切疵左之手　礫首
安本五郎左衛門尉　鉄炮首
稲光内蔵大夫　鉄炮左之足
山中与四郎　矢疵右之手
山縣余十郎　鉄炮左之手
寺本玄(蕃)允　鉄炮左之足
田岡勘兵衛尉　矢疵腰
大草甚左衛門尉　鉄炮腰
佐伯弥四郎　礫首
須子孫右衛門尉　矢疵左之股
宮原弥次郎　鉄炮右之足
江木雅楽允　鉄炮右之肩
大林孫左衛門尉　鉄炮右之足
奥野市佑　礫腰
東条与三左衛門尉　礫右之脇
佐々木次郎四郎　鉄炮左之肩
鷹巣四郎兵衛尉　鉄炮右之腰
静間内蔵丞　鉄炮右之足
奈良井太郎左衛門尉　鉄炮左之足
井藤与四郎　討死
中間孫兵衛　討死
中間弥五郎　討死

吉川式部大夫内
中間与三左衛門　矢疵左之足
中間弥次郎　鉄炮左之股

吉川彦次郎内
矢賀崎助六　鉄炮左之足
中間与三郎　鉄炮右之肩
中間新次郎　鉄炮左之足

吉川左近大夫内
中間小次郎　鉄炮右之足

吉川与次郎内
沓内彦次郎　鉄炮右之腰
中間弥三郎　鉄炮右之手
中間大郎次郎　鉄炮左之足

小坂四郎五郎内
小坂源十郎　鉄炮首
小坂弥七郎　鉄炮左之手

山縣木工助
中間左衛門五郎　鉄炮右之股
中間三郎衛門　矢疵右之足
中間五郎三郎　鉄炮首

山縣左京亮
十川四郎次郎　討死
中間三郎次郎　矢疵左之足
中間左衛門五郎　鉄炮右之股

朝枝市佑
中間与三郎　討死

山縣又三郎
中間太郎左衛門　鉄炮右之手

井下平三
中間左衛門五郎　鉄炮腰

佐々木左衛門尉
中間与次郎　鉄炮右之手

桑原善七郎
中間小六　鉄炮右之手

以上

永禄六年十一月十三日　元春（花押）

［65］伊勢国津城合戦頸注文《いせのくにつじょうかっせんくびちゅうもん》［毛利家文書《もうりけもんじょ》］一通

重要文化財
紙本墨書／切紙
安土桃山時代・［慶長五年（一六〇〇）］八月二十五日
（本紙縦）一七・四×（横）九四・二センチ
山口県・毛利博物館

慶長《けいちょう》五年（一六〇〇）、伊勢国津城《つ》（三重県津市）で徳川家《とくがわいえ》康《やす》方（東軍）と石田三成《いしだみつなり》方（西軍）が戦った際の頸注文《くびちゅうもん》。頸注文とは、合戦で討ち取った敵の首の個数と、その首を討ち取った家臣名が列挙されたものであるが、本史料は西軍に属した毛利軍の獲得した首に関わる注文である。

毛利家文書の中には津城合戦に関わる複数の頸注文が残されているが、毛利軍がいくつかに組分けされ、それぞれ毛利家家臣がとりまとめる形をとっており、本史料では、福原広《ふくばらひろ》俊《とし》がその役割をつとめている。

注文のうち、特に注記のない人物は毛利家直臣、「福式もの（者）」（福原広俊の家臣）などの注記がある人物は又家来（陪臣）にあたると考えられる。広俊の組には、口羽《くちば》氏の七郎左衛門尉や六兵衛・刑部大輔、祖式《そしき》氏の二郎右衛門尉（元安）・三次郎など、石見国（特に邑智郡）の毛利家直臣が複数の家来を率いて戦いに参加していたことがわかる。また、中には「中間《ちゅうげん》」のような武家奉公人も含まれている。

毛利家・吉川家に残された他の頸注文・手負討死注文（負傷者・戦死者リスト）をみると、多くの山陰の人びとがこの戦いに動員されていたことが確認できる。（田村）

【翻刻文】

於八月廿四日津城討捕頸之注文
頸一　口羽七郎左衛門尉
同一　同　六兵衛
同一　祖式二郎右衛門尉
同一　同　三次郎
同一　福式もの　中村孫右衛門尉
同一　定近助兵衛
同一　同　浅海清左衛門尉
同一　同　山田勝右衛門尉
同一　同　萩田小左衛門尉
同一　同　中間彦八
同一　乃美三郎兵衛もの　草井源介
同一　口羽刑部太輔もの　屋葺清左衛門尉
同一　同　同　久次
同一　同　高六右衛門尉
頸一　口刑太もの　綿貫少介
同一　口羽七郎左衛門もの　飯田與左衛門尉
同一　同　東郷新右衛門尉
同一　同
（慶長五年）八月廿五日　（福原広俊）福式（花押）

［66］安国寺《あんこくじ》恵瓊《えけい》・福原《ふくばら》広俊《ひろとし》連署書状《れんしょしょじょう》 ［宮本《みやもと》家《け》文書《もんじょ》］ 一通

鳥取県指定保護文化財
紙本墨書／折紙
安土桃山時代・［慶長三年（一五九八）］一月七日
（本紙縦）三一・〇×（横）四六・一センチ
鳥取県立博物館

慶長の役で軍役を務めた毛利《もうり》氏の軍勢には、九州各地の大名が駐屯する城郭の普請（土木工事）が求められていたため、当主輝元《てるもと》は従軍する家臣達に普請道具の携行を命じている。慶長二年（一五九七）十月から朝鮮半島南端沿岸部の諸城で普請が始まり、十二月二十三日には毛利氏家臣の宍戸元続《ししどもとつぐ》らから、肥後半国の大名加藤清正《かとうきよまさ》へ蔚山《うるさん》城が引き渡された。その直後から明・朝鮮軍による蔚山城への攻撃が始まり、毛利氏の軍勢は籠城戦へ突入した。年が明けた正月五日付で、敵勢撃退の旨が豊臣秀吉《とよとみひでよし》宛に報告されている。

本書状は、この籠城戦の一端を物語るものである。宍戸元続の率いる軍勢に属していたと考えられる福頼《ふくより》氏のもとでは、籠城戦を通じて部下七人が死亡したうえ、「道具」が全て破損してしまい、普請の継続が困難なほどの被害が生じていた。これにより福頼氏を帰国させたいということについて、書状差し出し人である安国寺恵瓊・福原広俊の両名が、当主輝元への披露を側近かつ宛先の榎本元吉《えのもともとよし》に求めている。

後方での活動と考えがちな城郭の普請でも、戦闘に巻き込まれたのが本書状の事例といえる。同様の史料は複数残っており、蔚山城籠城戦の苛烈さをうかがわせている。（目次）

【翻刻文】
福頼吉蔵事、今度蔚山（朝鮮国）籠城仕、夜白粉骨之儀候、殊家中七人
討死仕、其上道具以下悉相損、当座御公役難相成仕合候条、
先々被差戻候て、可被加　御意趣、尤奉存候、此由可預御披
露候、恐惶謹言、
安国寺
（慶長三年）正月七日　恵瓊（花押）
福（福原）式少
広俊（花押）
榎中太（榎本元吉）御中

［67］豊臣秀吉朱印状《とよとみひでよししゅいんじょう》 ［毛利《もうり》家《け》文書《もんじょ》］ 一通

重要文化財
紙本墨書／折紙
安土桃山時代・［慶長三年（一五九八）］一月二十五日
（本紙縦）四五・二×（横）六五・五センチ
山口県・毛利博物館

慶長《けいちょう》三年（一五九八）一月、前年から続いた蔚山《ウルサン》城（大韓民国蔚山広域市）での籠城戦について、日本軍が明・朝鮮軍を撃退したことを賞した豊臣秀吉《とよとみひでよし》の朱印状《しゅいんじょう》。

豊臣軍の朝鮮半島侵攻は、文禄《ぶんろく》四年（一五九五）五月に大坂城で行われた明・日本間の講和交渉の破談によって第二段階に突入する（慶長の役、丁酉再戦）。慶長二年秋、日本軍は沿岸地域で越冬の駐留拠点となる城塞の普請に着手。蔚山城は加藤清正《かとうきよまさ》を守将とし、浅野長慶《あさのながよし》や太田一吉《おおたかずよし》、さらに宍戸元《ししどもと》続《つぐ》指揮下の毛利勢が普請に加わった。同年十二月には、明・朝鮮軍が蔚山城への攻撃を開始、籠城軍は兵糧欠乏などの危機に陥るが、救援軍の到着によって持ち直し、壮絶な攻防戦の末に明・朝鮮軍の退却にいたる。

本史料は、安国寺恵瓊《あんこくじえけい》からの戦況報告を受けて秀吉が発給したもので、宛所は宍戸元続の下で蔚山城の構築に従事した面々であると考えられる。毛利軍は一門・重臣を頭とする「組」に分けて編成されていたが、ここでの対象は元続の組だけでなく、毛利（末次《すえつぐ》）元康《もとやす》・毛利（天野《あまの》）元政《もとまさ》・安国寺恵瓊・福原広俊《ふくはらひろとし》・椙森元縁《すぎのもりもとより》の組など、ほぼすべての組にわたっている。（田村）

【翻刻文】
今度蔚山面敵取詰候之処、尽粉骨之由、従安国寺具申越、被
聞召届、神妙被思食候、猶増田右衛門尉、石田治部少輔可申
候也、
（慶長三年）正月廿五日（秀吉朱印）
宍戸備前守（元続）とのへ
浅口少輔九郎とのへ
吉見長二郎（広長）とのへ
三澤摂津守（為虎）とのへ
三吉大郎左衛門（元高）とのへ
天野五郎右衛門（元信）とのへ
日野新次郎（元重）とのへ
内藤修理亮（元盛）とのへ
三田五郎右衛門とのへ
和智勝兵衛（元盛）とのへ
平賀木工頭（元和）とのへ
三尾四郎兵衛（元尚）とのへ
三刀屋四兵衛とのへ
口羽十郎兵衛（元良）とのへ
成羽紀伊守とのへ
桂孫六（元武）とのへ
野山清衛門尉とのへ
石蟹市郎とのへ
伊達三左衛門尉とのへ
赤木丹後守（元重）とのへ
周布吉兵衛（長次）とのへ
市川孫衛門尉（元好）とのへ
吉田孫衛門尉（元重）とのへ
馬屋原弥衛門とのへ
楢崎清吉（政友）とのへ
福頼左衛門尉とのへ
有地民部少輔（元盛）とのへ

［68］軍幟《ぐんし》 一旒

山口県指定文化財
［戦国時代（十六世紀）］
（縦）八二・五×（横）四一・二センチ
山口県・毛利博物館

毛利元就《もうりもとなり》の所用と伝えられる軍旗で、三旒《りゅう》伝来する内の一旒。本来縦長の幟であったものが、下部が千切れて無くなったと考えられる。綸子《りんず》地《ち》の帛布《はくふ》には亀甲繋《きっこうつなぎ》文が入っており、厳島《いつくしま》神社の神衣と伝わる。毛利家の一ニ三ツ星紋を大きく入れ、上部に「頂礼《ちょうらい》正八幡大菩薩、南無九万八千軍神二千八百四天童子十、皈命《きみょう》摩利支尊天王」と墨書がある。（田村）

［69］**紅地《べにじ》一《いち》に三《み》つ星文旗《ぼしもんき》**　一旒

［江戸時代（十七世紀）］
二〇八・〇×三九・七センチ
山口県立山口博物館

毛利家伝来の軍幟。茜染めに絞りで白く毛利家の家紋「一に三ツ星」が浮かぶ。毛利家の祖である大江《おおえ》氏は、平城《へいぜい》天皇の第一皇子であった阿保《あぼ》親王の子孫にあたり、親王が「一品《いっぽん》」の位にあったことからこれを図案化したとされる。（田村）

［70］**大山寺縁起絵巻《だいせんじえんぎえまき》（模本）　上巻**　一巻

紙本著色
江戸時代（十九世紀）
（本紙縦）四三・六×（横）一五八一・八センチ
東京国立博物館
（展示は複製品〈当館蔵〉）

伯耆国大山寺《だいせんじ》（鳥取県西伯郡大山町）の縁起を絵と詞書で記した巻物。原本は了阿《りょうあ》という人物によって応永《おうえい》五年（一三九八）に作成されたもので、本来は十巻伝来していたが、昭和三年（一九二八）に焼失した。この内、巻一と巻二については江戸幕府御用をつとめた狩野晴川院養信《かのうせいせんいんおさのぶ》一門の絵師十三名による模写が現存している。

北側を下にして島根半島の東端が描かれており、南北にのびる弓ヶ浜を境にして日本海と中海が区切られた地形が印象的に描かれている。日本海・中海、さらに大橋川を挟んで右側に描かれた宍道湖まで多くの船が行き交う様子が描かれており、外海と内海をつなぐ中世の水上交通の様子をうかがい知ることができる。（田村）

［71］**小早川隆景書状《こばやかわたかかげしょじょう》［野村家文書《のむらけもんじょ》］**　一通

紙本墨書／折紙
戦国時代（十六世紀）・年未詳五月二十五日
（本紙縦）二七・二×（横）四四・〇センチ
当館

［72］**小早川隆景書状《こばやかわたかかげしょじょう》［野村家文書《のむらけもんじょ》］**　一通

紙本墨書／折紙
戦国時代（十六世紀）・年未詳五月二十九日
（本紙縦）二八・五×（横）四三・〇センチ
当館

本書状は、大橋川南岸の領主野村士悦《のむらしえつ》に向けて、小早川隆景が羽倉《わくら》城（松江市）の防衛などその働きに謝し、敵対する尼《あま》子《ご》氏方の動向を伝えた、元亀元年（一五七〇）と推定されるものである。同年二月の布部《ふべ》、四月の牛尾《うしお》要害と毛利《もうり》氏方が勝利を重ねたものの、尼子氏方は新山《しんやま》を拠点として出雲国内各地で依然活動中であった。

五月二十五日の書状では、羽倉城防衛人員の追加遅延と鉄砲衆の配置が述べられている。「渡海舟」が揃わなかったために人員が派遣できなかったとあることから、物資に加えて兵員輸送にも水運が活用されていたことが明らかである。

もう一通では、尼子氏方の水上軍事力の動向に対して、馬《ま》潟《かた》（松江市）と羽倉城近辺、美保関《みほのせき》（同）と島根半島北側・日本海沿岸諸浦の防衛や注意が促されている。美保関が中世を通じて日本海側の主要港湾だったことは、広く知られていよう。馬潟は、大橋川に橋が架けられていた数少ない地点であり、近隣に「八幡津」・「ウマカタノ津」などの港湾が存在する、水陸の交通の要衝であった。兵員や物資の輸送手段としての水運の重要性を考慮すれば、馬潟や美保関という港湾かつ流通拠点を確保することは、経済面だけでなく軍事面でも大きな意味を持ったと考えられるだろう。（目次）

【翻刻文】

［71］

追々申候、賊舟遶下付而、御方短息無比類存候、不始于今候、渡海舟依不輙、其元加勢本陣之人数延引、無申計候、於于今者追々可為着候、羽倉（島根郡）之儀、何と様にも堅固之儀専一候、佐陀江江一廉人数被差出候間、新山衆羽倉責ハ難成候、此方鉄炮衆はや可為着候之条、入城たに候へハ、不可有異儀侯、追々可被申越候、恐々謹言、

（元亀元年）五月廿五日　　左衛門佐隆景（花押）

野村信濃入道殿（士悦）まいる

［72］

今度賊船遶下、新山衆出相、森山取詰之処、馬潟（意宇郡）表早々被懸付、以短息、羽倉其外近辺之儀、堅固被抱之条、肝要ニ候、何茂従御本陣可被成御褒美候、次賊船今朝外浦遶上候と相見之由申候、定而美保関（島根郡）ニ可相懸候間、諸浦用心等専一候、弥可被付心候、猶重畳可申候、恐々謹言、

（元亀元年）五月廿九日　　左衛門佐隆景（花押）

野村信濃入道殿（士悦）進之候

［73］**尼子氏奉行人連署米留印判状《あまごしぶぎょうにんれんしょこめどめいんぱんじょう》［坪内家文書《つぼうちけもんじょ》］**　一通

紙本墨書／折紙
戦国時代（十六世紀）・年未詳二月五日
（本紙縦）二六・五×（横）四〇・七センチ
個人蔵

尼子《あまご》氏の奉行人であった真鍋豊信《まなべとよのぶ》・立原幸隆《たちはらゆきたか》が彦六という人物に宛てて発給した黒印状《こくいんじょう》。馬一頭分の荷駄について、石見国内への運送を許可する内容であるが、この時尼子氏は米・酒・塩・噌・鉄の移出を禁止しており、肴・絹などについては運送を認めている。

坪内《つぼうち》家文書に残る永禄《えいろく》四年（一五六一）十月五日付の牛尾《うしお》久清《ひさきよ》書状によれば、この時出雲・石見国境の島津屋《しまづや》関所を守備する久清が、杵築の商人である坪内孫次郎に馬三頭分の通行を許可している。彦六宛の文書と同内容の黒印状が、ほかに次郎五郎・助次郎宛に残されているから、馬三頭分の通行許可が三人に分散して許可されたのであろう。

永禄四年から五年にかけて、毛利軍は石見国内に進軍し尼子方の勢力と衝突している。本文書は、尼子・毛利間の軍事的緊張が高まった石見・出雲両国において、毛利軍へ軍需物資が渡らないように尼子方が「米留《こめどめ》」（兵糧留《ひょうろうどめ》）という流通統制を行ったことを示す貴重な史料である。（田村）

【翻刻文】

（黒印）

此馬一疋石州罷通候、如御法度、米・酒・塩・噌・鉄被作留候、其外肴・絹布已下者、不苦候、自然寄事左右、押妨之族、堅可有停止者也、為其被成袖　御判候、恐々謹言、

二月五日　　真鍋豊信（花押）
立原幸隆（花押）

（坪内）次郎五郎殿

［74］平佐就之書状《ひらさなりゆきしょじょう》［宮本家文書《みやもとけもんじょ》］　一通

鳥取県指定保護文化財
紙本墨書／切紙
戦国時代・［永禄七年（一五六四）］二月十日
二五・〇×七六・八センチ
鳥取県立博物館

毛利元就《もうりもとなり》側近の平佐就之が、伯耆国淀江《よどえ》（鳥取県米子市）の村上太郎左衛門へ宛てた、推定永禄七年（一五六四）の書状である。

村上氏は、淀江を拠点として水運に関わり、商人的性格の強い一族だったと推測されている。前年七月の尼子《あまご》氏・毛利氏間の戦いの際に、出雲国杵築《きづき》から運ばれた兵糧米三〇〇俵を淀江で受け取った。本書状二か条目では、五〇俵ずつに分けた一〇〇俵を毛利氏から受け取る約束を確認できる。これらは、戦略物資でもある米を大量に輸送・保管する村上氏の能力や、その商人的性格を裏付けるものと考えられよう。

「兵粮留《ひょうろうどめ》」を述べた三か条目では、平佐就之が送る制札に署判している毛利氏家臣の「一通」を持たない者には、村上氏から兵粮を渡してはならないと述べられている。毛利氏奉行人らの「一通」を所持しない者が同氏家臣などと称して、村上氏と米を売買している状況をふまえた要請であろう。富田《とだ》城籠城中の尼子氏方へ兵粮が渡ることを阻止するため、このような厳しい措置「兵粮留」が徹底されたことは注目される。

四か条目で毛利氏に降伏している安木《やすぎ》（安来市）の湯原氏は、中海・宍道湖沿岸に複数の拠点を有し、内海水運に基盤を持っていた。湯原氏降伏は、「兵粮留」の多大な影響がその基盤を脅かしたことも一因とする見解が示されている。軍需物資だった兵粮の重要性を本書状からは読み取れよう。（目次）

【翻刻文】

（包紙）（後筆）
「平佐源十郎（ママ）
　村上太郎左右衛殿　　就之」

御状拜見具遂披露候、
一御方御内衆南条（宗勝）方許容之儀、雖御堪忍候、弥被呼取被相抱候上者、於于今者難有御堪忍之由候、尤被存候、雖然此節之儀候之条、何と様にも御分別可為祝着之由被申候、就其南条方へ以坪井若狭守被申遣候、聊無油断候、
一御兵粮米之儀、百俵約束被申候、然者五十俵御請取候哉、相残今五十俵之儀心得申候、軈而申付可被進之候、
一其表兵粮留之儀、堅固被仰付之由、尤肝要候、雖然爰許号家人奉行衆無一通等候へ共、米売買候哉、不可然儀候、就其制札被進之候、此加判之衆一通無之候者、兵粮之儀御出し有間敷候、為其制札調進之候、以此旨可被仰付候、
一安木（米）湯原方昨日人数百程にて爰許被取退候、大東口へも数人罷退候、猶以可罷退之由申衆中数多之由候、可御心安候、猶坪井若狭守可被申候、恐々謹言、
（永禄七年）二月十日　　（平佐）就之（花押）
（切封ウワ書）
「（墨引）　平佐源七郎
村上太（郎）左衛門尉殿　御返報　就之」

［75］吉川元春書状《きっかわもとはるしょじょう》［富家文書《とびけもんじょ》］　一通

紙本墨書／切紙
戦国時代（十六世紀）・年未詳四月十八日
（本紙縦）一四・七×（横）四四・一センチ
山口県・毛利博物館

出雲国内から伯耆国内への物資輸送に関わる吉川元春《きっかわもとはる》の書状。まず「伯州普請」（伯耆国内での土木工事）のために、「原手惣郡」（意宇《おう》・出東《しゅっとう》・神門《かんど》三郡に相当する地域の総称）の竹の調達を命じており、加えて美保関・安来で輸送船を準備するよう指示している。

また、伯耆国の羽衣石《うえし》城（鳥取県東伯郡湯梨浜町）に「置塩」（塩の備蓄）をするために、杵築七浦《きづきしちうら》（島根半島西部の猪目・宇道・佐木・宇龍・黒田・目井・杵築の諸浦）や杵築の「地下中」で輸送船を準備することも重ねて指示している。

羽衣石城の南条《なんじょう》氏は天正《てんしょう》七年（一五七九）に毛利方を離反するため、それ以前の書状であることがわかる。竹や塩といった軍需物資の重要性と、物資輸送にあたっての各流通拠点の重要性をうかがい知ることができる史料である。（田村）

【翻刻文】

今度伯州普請付而、原手惣郡竹之儀、申付候、三保（美保）・安木（安来）へハ舟之儀申付候而、彼竹差上事候、然者羽衣石（伯耆国河村郡）置塩申付候之間、七浦并杵築地下中船之儀、雇可申候、此由能々被申理、相調候様ニ気遣肝要候、恐々謹言、
卯月十八日　　駿河元春（花押）

［76］毛利元秋書状《もうりもとあきしょじょう》［富家文書《とびけもんじょ》］　一通

紙本墨書／折紙
戦国時代（十六世紀）・年未詳八月二十一日
（本紙縦）二五・〇×（横）三五・六センチ
山口県・毛利博物館

毛利元秋《もうりもとあき》が富又七に送った書状。富《とび》氏は杵築《きづき》大社（出雲大社）の上官《しょうかん》（神官）をつとめた一族であるが、この時元秋は、富氏に対して大社社内での旗棹の調達を依頼している。大社近辺の竹を集めて旗棹として利用したのであろう。「赤木工」は赤川就武《あかがわなりたけ》を指す。（田村）

【翻刻文】

態令申候、大社於社内、旗棹引せ申度候、被成御祈念、御調頼申候、委細従赤木工（赤川就武）所可申候、恐々謹言、
八月廿一日　　少輔十郎元秋（花押）
冨又七殿　御宿所

［77］粟屋元真《あわやもとざね》・粟屋元勝《あわやもとかつ》・粟屋就秀連署書状《あわやなりひでれんしょしょじょう》［野村家文書《のむらけもんじょ》］　一通

紙本墨書／折紙
戦国時代（十六世紀）・年未詳九月二十四日
（本紙縦）二六・〇×（横）四一・五センチ
当館

本書状は天正元年（一五七三）のものと推定される。因幡国の毛利《もうり》氏方だった武田高信《たけだたかのぶ》が同年春に死去したため、尼子《あまご》勝久《かつひさ》を擁する山中鹿介《やまなかしかのすけ》らが勢力を盛り返し、九月下旬に鳥取城を奪取した。緊迫した状況下、本書状で毛利氏家臣の粟屋元貞らは、鹿野《しかの》城（鳥取県鳥取市）を守る野村士悦《のむらしえつ》（信濃入道）へ、かつて山名《やまな》氏の守護所であった天神山《てんじんやま》城（鳥取県鳥取市）の普請について書き送っている。同城は重要拠点としてその普請が命じられたが、必要な帆筵《ほむしろ》がすぐには調達できないため、鹿野城保管中の分をまず天神山城へ送り、鹿野城では徐々に再調達して保管してほしい、というのが主旨である。

帆筵とは、船の帆に用いる、稲藁を編んだ筵を指す。近世

以降に木綿帆が普及する以前は、筵が船の帆に使用されていた。天神山城は湖山池《こやまいけ》（鳥取県鳥取市）に面しており、軍船目的での帆筵が求められたとも想起されるが、ここでは城郭の普請で帆筵が必要になったと理解すべきだろう。普請のさまざまな場面・用途で帆筵が用いられた可能性は高い。軍需物資の帆筵が城に保管され、時に輸送し融通されたことが明らかである。

（目次）

【翻刻文】

天神山之儀、於于今者肝要之儀候条、普請被仰付候、帆莚之儀、俄其調難成候条、当城ニ被置候帆莚之事、先以天神山へ可被差遣候、追々相調当城へ者可被差籠候、恐々謹言、

粟掃
九月廿四日　元真（花押）
同弥二
元勝（花押）
同宗兵
就秀（花押）
野村信濃入道殿

［78］不動明王立像《ふどうみょうおうりゅうぞう》　一軀

出雲市指定文化財
木造彩色
戦国時代・天文十五年（一五四六）
（像高）八二・一センチ
出雲市・松林寺（当館寄託）

出雲大社近隣に所在する松林寺の所蔵。両足枘および左腕材の矧面に墨書があり、富田神宮寺の明英という人物が作者であることを示す天文十五年（一五四六）の紀年銘と、本像がもとは杵築大社（出雲大社の旧称）護摩堂本尊であり願主は「尼子民部少輔」（当時は尼子晴久）だとする弘治元年（一五五五）の紀年銘がある。両者は同筆のようにみえ、文意については検討を要する箇所があるが、いずれにせよ本像は、尼子氏の関与により杵築大社境内の仏教色が色濃くなった一時期のことを明瞭に伝えている。なお、銘文の詳細については後掲参考文献の的野氏報告も参照されたい。

像の姿はいわゆる不動十九観に基づく。構造は内刳りのない一木造り。表面は後補の彩色で覆われているが、ところどころに露出した彫刻面には鑿痕を残したままの箇所が散見される。顔立ちや上半身の量感は力強いが、下半身はいささか華奢で、側面観は抑揚が少ない。このように本像は構造や作風にやや素朴な点が多く、これは明英という作者に帰する特徴なのかもしれない。彼の事跡は未詳だが、富田周辺で活動した在地の仏師だったか、専門仏師ではなく仏像制作も能くした僧だった可能性などがあるだろう。杵築大社における神仏習合の様相を伝えるのみならず、室町末期の当地の基準作としても本像は重要な位置を占める。

なお杵築大社では、寛文の造営において境内の仏教色が払拭されることとなり、本像はこの折りに松林寺へ移された。

（濱田）

【墨書銘翻刻文】

（左足枘外側面）
杵築太（ママ）社之内
護广堂本尊一軀
大願主尼子民部少輔
□上巳卯御歳正月
□治元二月十五日作呉（早）

（左足枘正面）
為庚（ママ）子同御妹□
甲伐（ママ）御祈祷

（左足枘内側面）
□□□（剛カ）□□□
□子己巳吏部
壬申丁丑辛□
壬午

（右足枘内側面）
此尊躰造立之間
□七日護摩被修之
鰐渕寺護摩堂之
移本尊御衣水加持
大蓮坊法印御沙汰□

（右足枘正面）
天文十五年二月廿三日
開眼供養畢導師
大蓮坊法印栄□

（右足枘外側面）
神宮寺明英五十二歳
□岩淳鏡小障刀松
□□倉橋又次郎
□行櫻本坊尊澄
□弟子井上坊同三位公

（左腕材矧面）
大社護摩堂□尊
作者　天文十五年
明英　二月廿三日
富田神宮寺

［79］尼子版妙法蓮華経《あまごばんみょうほうれんげきょう》　八巻

紙本墨刷
戦国時代・永正十二年（一五一五）一月
当館

永正十二年（一五一五）、出雲国の戦国大名・尼子経久が開板した妙法蓮華経。各巻の冒頭に「二千部内佐々木伊予守源経久」と刷られている通り、経久の命で二千部が印刷されたようだが、現在まで伝わる経巻は本品のみである。巻首の上部には、「長谷寺三十部寄進」とあり、長谷寺に施入された三十部のうちの一部であることがわかる。

尼子経久は、永正六年に着手され同十六年に完了した杵築大社（出雲大社）の造営遷宮以降、護摩堂形式の拝殿や鐘楼、大日堂、三重塔といった大社建築の寺院様式化を進めた。さらに、大永二年（一五二二）から享禄三年（一五三〇）にかけて、鰐淵寺など出雲国内の主要な寺院から僧侶を召集して、大社神前での法華経三万部読誦を実施している。法華経開板は、以上のように特徴的な尼子経久による仏教政策の一環として位置づけられるものであろう。

（田村）

［80］毛利《もうり》輝元《てるもと》書状《しょじょう》　一通

紙本墨書／竪紙
戦国時代（十六世紀）・年未詳十月六日
（本紙縦）二五・七×（横）四〇・〇センチ
当館

毛利輝元《もうりてるもと》が鰐淵寺《がくえんじ》の和多坊《わだぼう》に宛てた書状。和多坊が愛宕山《あたごさん》（出雲市平田町）で毛利軍の在陣（戦勝）祈願を行った守り札が送られてきたことに対して、輝元が謝意を表している。尼子氏と対立した毛利氏が出雲国内に進軍した永禄《えいろく》五年（一五六二）以降、鰐淵寺の和多坊栄芸は真っ先に毛利方に加わり、毛利軍のために度々祈願を行っている。本史料は年未詳であるため具体的にどの段階の祈願かは不明であるが、輝元が洗合《あらわい》（松江市国屋町）に布陣した永禄五年の尼子攻め前後か、尼子再興軍の蜂起に対して輝元が出雲国内に出陣した元《げん》亀《き》元年（一五七〇）以降の戦いに関わるものであろう。
（田村）

【翻刻文】
為今度在陣祈念、被遂精誠、守札歴々送給候、大悦之至候、殊於愛宕山別而懇祈之札、是又頂戴満足候、次就一宇造立、棟札持給之候、寔末代迄之名誉珍重候、随而樽肴到来候、欽然候、猶大蓮坊可有演説候、恐々謹言、
十月六日　輝元（毛利）（花押）
和多坊　廻報

［81］尼子《あまご》晴久《はるひさ》書状《しょじょう》［富家《とびけ》文書《もんじょ》］　一通

紙本墨書／切紙
戦国時代（十六世紀）・年未詳六月十五日
（本紙縦）一七・五×（横）三八・五センチ
島根県立図書館

［82］尼子《あまご》義久《よしひさ》書状《しょじょう》［富家《とびけ》文書《もんじょ》］　一通

紙本墨書／切紙
戦国時代（十六世紀）・年未詳六月十五日
（本紙縦）一六・三×（横）三七・〇センチ
島根県立図書館

尼子晴久《あまごはるひさ》とその子義久《よしひさ》が、それぞれ杵築《きづき》大社（出雲大社）の上官《しょうかん》（上級の神職）であった富兵部大輔《とびひょうぶだいふ》にあてて出した書状。内容は類似しており、いずれも富氏から送られてきた連《れん》歌懐紙《がかいし》に対して礼を述べたものである。

冒頭に「出張《でばり》につき」とある通り、尼子軍の遠征にあたり、大社神前で戦勝祈願の連歌会が行われていたことがわかる。両通が同年のものであるとすれば、石見国方面か美作国・備前国方面への進軍に関わるものである可能性が高い。（田村）

【翻刻文】
［81］
（端裏切封）「（墨引）」
就出張、於　大社前連哥被執行、懐紙到来候、祝着候、猶津森（幸俊）可申候、恐々謹言、
六月十五日　晴久（尼子）（花押）
富兵部太輔殿

［82］
就出張、於大社前被抽懇祈、連歌等執行之由、并樽代到来喜悦候、尚横道石見守（久宗）可申候、恐々謹言、
六月十五日　義久（花押）
富兵部太輔殿

［83］聖香書状《しょじょう》［坪内《つぼうち》家《け》文書《もんしょ》］　一通

紙本墨書／竪紙
戦国時代・永禄七年（一五六四）二月二十八日
（本紙縦）二五・五×（横）三九・三センチ
個人蔵

［84］牛尾《うしお》久清《ひさきよ》書状《しょじょう》［坪内《つぼうち》家《け》文書《もんじょ》］　一通

紙本墨書／折紙
戦国時代・永禄八年（一五六五）五月十九日
（本紙縦）二七・〇×（横）三九・五センチ
個人蔵

杵築《きづき》大社（出雲大社）の御師《おし》であった坪内氏の室《むろ》（参詣宿）経営に関係する史料。

［84］は聖香という僧侶が坪内次郎右衛門尉に宛てた書状。聖香は、この時（永禄《えいろく》八年〈一五六五〉）毛利《もうり》軍の攻撃を受けて富田城に籠城していた尼子義久《あまごよしひさ》の立願による、杵築大社神前の法華経十万部読経の本願《ほんがん》となっていた。聖香はこの勤めに際して宿の提供を坪内氏に要請している。

［85］は尼子氏の家臣である牛尾久清《うしおひさきよ》が坪内氏に宛てた書状。坪内氏の富田城籠城の見返りとして、坪内次郎右衛門の宿を今後の杵築大社参詣時の宿として契約したものである。さらに久清は自らの「領分」からの参詣者を含め、「末代」までの壇所契約としている。

大社の室の実態に関わる重要史料であるとともに、参詣宿の契約が富田城籠城戦と密接に関わって登場する点も非常に興味深い史料である。
（田村）

【翻刻文】
［83］
義久御立願、於御神前法花経十万部、可被仰付儀候、本願之儀、愚僧承候、猶決定者、宿之儀貴所へ可得御扶持候、多年申承儀候間、可為御造作候へ共、如此申事候、弥御祈念可然存候、恐々謹言、
永禄七年
二月廿八日　聖香（花押）
坪内次郎右衛門尉殿
参

［84］
尚々、末代可申談候、弥御祈念頼存候、かしく、
今度爰元御籠城無比類候、其付而杵築参宮之時宿之儀、可申合候、勿論我等領分之事、何れ茂不可有相違候、尚仁田弥三左衛門尉可申候、恐々謹言、
（永八）五月十九日　牛尾太郎左衛門尉
久清（花押）
坪内次郎衛門尉殿
参

［85］岩屋寺《いわやじ》快円《かいえん》日記《にっき》　一冊

紙本墨書
戦国時代（十六世紀）
（表紙縦）三三・〇×（横）二四・二センチ
鳥取県立博物館

出雲国仁多郡横田《よこた》荘（奥出雲町）の岩屋寺《いわやじ》で院主をつとめ

た快円《かいえん》による記録。本史料中に載る快円の経歴によれば、但馬山名《やまな》氏の家臣であった家喜氏の出身で、先祖の家喜九郎は明徳《めいとく》の乱に際して戦死、子孫は流浪の末、馬木《まき》氏のもとに身を寄せたという。本史料は天保十四年（一八四三年）に岩屋寺の光禅が綴じ直したもので、一部年代順が錯綜し、快円以外の記録も混在する。快円の記録としては、他に「大永年中古記録」（島根県立図書館所蔵謄写本）や岩屋寺文書中の「快円覚書」（『新修島根県史』所収）が知られている。

本史料は横田荘の領主であった三沢《みざわ》氏や尼子《あまご》氏に関する記事を多く含む。例えば第三紙目［85－1］には、永正《えいしょう》十一年（一五一四）に尼子経久が横田荘に発向し、藤ケ瀬《ふじがせ》城に籠城する三沢氏と岩屋衆を攻めたという記録が残る。この時、岩屋寺の堂舎の多くが焼失し、当時の院主であった岩本坊真海は戦死した。

永正十七年に院主となった快円は岩屋寺の復興に着手する。本史料にはこの復興事業に関する記録も多く書き残されており、第十一～十二紙目［85－2］には、復興に関わった多くの人びとの存在が垣間見える。例えば本堂の上葺に際しては、杵築《きづき》から「榑《くれ》」を買い取っており、横田荘内の村々や八代《やしろ》・馬馳《まばせ》などから運搬の人夫が動員されている。番匠については、横田荘のほか、杵築や日御碕《ひのみさき》・多久和《たくわ》・大東《だいとう》・三沢といった出雲国内各所から集められている。他にも大鋸引《おがびき》が杵築や馬潟《まかた》、横田荘内六ヶ村の寺庵・被官衆が竹釘の削りを行うなど、復興事業に出雲国内全体にわたる人びとが関わっていることがわかる。さらに、番匠の棟梁が若狭国の与三郎、脇大工が京都の新四郎という人物であったように、出雲国外からも人が集められていた。快円日記は十六世紀における地域社会のあり方を知る重要な手がかりとなる史料である。

（田村）

【翻刻文（抜粋）】

［85－1］（第三紙抜粋）

一永正拾一年甲戌十月十四日、富田尼子伊与守経久、横田庄并岩屋寺発向、下中村藤瀬ノ城ニ岩屋衆籠畢、当庄地頭ハ三沢遠江守殿、当所隠居ノ時也、名乗為忠、同息次郎左衛門殿為国、岩屋院主岩本坊之真海、此時死去ニテ中絶畢、御陣ハ竹崎ノ王子ノ山也、

［85－2］（第十一～十二紙抜粋）

（前文略）

一垂木数五百八十本ハ上葺三年マエニ社山ニテ杣取、大鋸悉ク ケツリタテ立候、又肱木・々舞・升形同社山ノ松也、信濃殿御地頭也、

一ハね木廿八本、誰カ抱分ハ不入、見相次第ニ切候、

一榑従杵築買取ヨセ候、垂木・クレ・肱木・升形取ヨセ候、人足ハ当庄六ヶ村并社・（八代）馬馳三ヶ村ノ人足、入次第ニ遣候、

一番匠ノ頭領、若狭ノ与三郎、脇大工京ノ新四郎、其外杵築・御崎ノ番匠、多久和・大東ノ番匠、三沢・当庄引合四十二人也、

一大鋸引従杵築八チヤウハウ、馬潟ノ大か引引合十チヤウハウ、同杣ヲモ仕候、

一鍛冶二チヤウハウ、吉川并テテイ鍛冶ノ子源二郎也、

一榑ヘキ杵築ヨリ四人ヤトイ候、

一三沢信濃殿御勧進、籾三拾俵・鳥目弐拾貫文御入候、作事中ニサツシヤウ三度也、番匠・大鋸引・杣士・鍛冶無残所尋付候、又其間ニケンスイトシテ酒ナワアテ三度御モタセ候、

一溝尻清兵衛勧進、釘カネ二駄・塩三俵、其外下行カタ料足引合拾貫文ナリ、

一竹釘六ヶ村ノ寺庵并被官衆入次第ニ御ケツリ候、

一惣奉行妙乗坊・妙音院二人、

一納所奉行山本坊・賢光坊、院主ノ小者・宮仕弥二郎、

一鍛冶奉行教蔵坊・正乗坊、

一小奉行并馳ツカトシテ大宝坊・宝泉坊・池本坊・養門坊・岩本坊・枚本坊、以上六人、

一十五坊ヨリ人足一人アテ、是ハ木コリ小炭ヤキ・鍛冶ノツチウチ・番匠ノヲクリ迎ヘ也、

一十五坊ヨリ又一人アテ、ウス引・コメツキ并サウシ、

一霜月二日ヨリ十二月ノ十三日ノ間、如此十五坊ヨリ二人アテ出候、

一霜月二日ヨリ十二月十三日マテニ四十二日ノ間ニ、番匠一千四百五十三人役、番匠ノ出テ入リアルニヨツテ也、

（後文略）

［86］羽柴秀吉禁制《はしばひでよしきんぜい》　一点

板地墨書

安土桃山時代・天正八年（一五八〇）五月十二日

（縦）四四・〇×（横）三二・〇×（厚）一・七センチ

鳥取市歴史博物館

木札に書かれているこの文書は、「禁制」と呼ばれる。駒形の板札に柄を付けて高く掲げ、多くの人びとに文書内容を知らせるために用いられた。内容は簡潔な傾向にあって、禁止事項を命じる数か条で構成されたものが多い。

この禁制は羽柴秀吉（藤吉郎《とうきちろう》）が出しており、田恵《たえ》村（兵庫県宍粟市）の人びとに保護を加えるものである。戦国時代には、戦時の軍勢が乱妨狼藉・陣取・放火・竹木伐採・兵粮米などの徴収・陣僧飛脚の徴発などをしばしば行っていた。これら軍勢による戦禍から地域の人びとを守る効力が、禁制には期待されていたのである。

天正八年（一五八〇）四月一日に姫路《ひめじ》城（兵庫県姫路市）を出発した秀吉は、因幡国へ向かう前に、西播磨の一向宗勢力を攻撃している。同二十四日には、宇野祐清《うのすけきよ》が立て籠もる長《ちょう》水《ずい》城（兵庫県宍粟市）の麓の村を焼き払って、攻略を開始した。同城が落城した五月十日のわずか二日後に、この禁制が出されている。

田恵村は長水城の北に位置し、一向宗の拠点の一つであった。この年閏三月五日には、本願寺顕如《ほんがんじけんにょ》と織田信長《おだのぶなが》との間で和議が成立している。中世の村々や寺社は、軍勢へ資金等を提供する見返りに禁制を獲得していた。この禁制も、田恵村の人びとがそのようにして秀吉から獲得した可能性があろう。秀吉にとっても、禁制は地域の安定に有益だったと考えられる。

（目次）

【翻刻文】

禁制　（播磨国）田恵村

一下々乱妨狼藉事、

一田畠取荒事、

一諸事対百（姓）性、不謂族申懸事、

右条々、堅令停止訖、若違犯輩在之者、速可処罪科者也、

仍如件、

天正八年五月十二日　（羽柴秀吉）藤吉郎（花押）

「政所□□□」(異筆)

[87] 羽柴秀吉掟書《はしばひでよしおきてがき》　一通

紙本墨書／竪紙
安土桃山時代・天正九年（一五八一）六月二十五日
（本紙縦）二九・五×（横）四二・〇センチ
鳥取市歴史博物館

天正九年（一五八一）、前年に続き鳥取城攻めを企図した羽柴秀吉は、六月二日に出陣日を本史料と同日の二十五日と定めている。宛所の野口孫五郎《のぐちまごごろう》は定かでないが、従軍した複数人宛に本史料と同日・同内容の掟書が確認されているから、同様に軍勢を率いていた者と推測してよいだろう。

掟書とは、「掟」「定」「定申」などの語で始まり、法を定めたものである。本史料の時期には大名や在地領主が多く用いており、禁制と同様に簡潔な箇条書きのものが見られる。

各か条の内容は行軍中の状況を念頭に置いたものであろう。一か条目は、軍勢が陣を敷く際や移動時に、地域の人びとへ乱暴狼藉を働くことを厳しく禁じたものである。二か条目では羽柴方に与した地域での強制的な買い取りや放火に対する厳重な処罰を示し、三か条目においては軍需品調達時に所有者の了解を得ることを命じている。

この掟書を出した秀吉の意図は、各軍勢が進んでいく地域の安定にあったと推測され、それはまた経路周辺の村落が期待するところに応えるものだっただろう。裏を返せば、軍勢の出現とは、本史料が禁じた行為、すなわち暴力や略奪の襲来を多分に意味したと考えられる。戦争の災厄は、地域と民衆を脅かすものに他ならなかったのだ。　（目次）

【翻刻文】

　　掟
一陣とり并路次すからにおゐて乱妨らうせき、地下人ニたいし不謂族申懸儀、一銭きりたるへき事、
一味方地之内、おし買・放火等堅可成敗事、
一ぬか・薪・さうし以下ハ、ていしゅニ相ことハり、もらふへき事、
　　以上、
天正九年六月廿五日　　秀吉（花押）
　　野口孫五郎殿

[88] 羽柴秀吉書状《はしばひでよししょじょう》［秋田政蔵文庫《あきたせいぞうぶんこ》］　一通

紙本墨書／折紙
安土桃山時代・天正九年（一五八一）九月
二八・四×四四・〇センチ
鳥取県立博物館

天正九年（一五八一）、毛利《もうり》氏方の吉川経家《きっかわつねいえ》が守将として立て籠もる鳥取城を、羽柴秀吉率いる軍勢は厳重に取り囲んだ。羽柴秀吉が部下の前野長泰《まえのながやす》らにあてた本書状は、「新十郎」こと亀井茲矩《かめいこれのり》の活動から、その際のものと推定される。文面から、秀吉が包囲網を維持するために「苅田・普請」を重視したことが読み取れる。苅田《かりた》とは稲を刈り取って敵に与えないこと、普請は軍事拠点の土木工事を指す。

本書状中で秀吉は、「苅田・普請」の両方について事細かく述べている。ことに苅田の漏れがあってはならないとし、現地での滞在日数を増やしてでも徹底することや、その帰路で少量からでも苅田を行うよう、具体的に求めている。旧暦九月が稲刈りの時期ということをふまえた指示といえよう。

前年にも秀吉は因幡国内へ攻め寄せており、苅田を行っていた。そのため、鳥取城周辺のみならず因幡国内では、吉川経家が入城する天正九年三月から既に兵糧不足が深刻だったのである。戦乱に加えて苅田によっても田地が荒廃し、民衆の暮らしに大きな影響を与えたであろうことは、想像に難くないだろう。　（目次）

【翻刻文】

尚以、さしあたり用無候共、毎日其方之儀、可被申越候、
自此方も可申遣候、昨日従此方飛札遣候つる、かり田一ヶツヽニねんを入、新十郎（亀井茲矩カ）請取とられ、もち候て可被帰候、
御状令披見候、誠長々普請くたひれたるへく候条、其元へ差遣事、一入笑止ニ候つれ共、既其方手前儀候条、遣候也、打続辛労無是非候、然ニ苅田并普請、被申付之由尤候、最前ハ中二日□□（逗留）候て、両条堅被申付被帰候へと、申候へ共、苅田も取逃□□□□□□又普請なとも不出来候者、中三日程も逗留候て、近辺苅田不残申付、普請等儀、丈夫ニ念を入、被申付可被帰候、次被帰候刻、さして用心も入間敷候条、自身馬之上ニ道具を□□、中間小者ニハ、苅田をさせ候てもたせ、細々こし（腰）兵粮ニもさせらるへく候、又其元近辺敵之陣取候ハんする山々在所、并従此方人数いたし候はん所々、道すからとも□（大カ）□□（事ニカ）□可被帰候、恐々謹言、
　　（天正九年）九月□日　　（羽柴）筑前守
　　　　　　　　　　　　　　秀吉（花押）
　　前（前野長泰）将右
　　□□□□□
　　□□□□
　　□□□□

[89] 陰徳太平記《いんとくたいへいき》　一冊

紙本墨刷
江戸時代・正徳二年（一七一二）
（表紙縦）二六・〇×（横）一八・五センチ
当館

十六世紀の毛利《もうり》氏の中国地方制覇を主軸に叙述された近世の軍記（軍書）。著者は吉川《きっかわ》氏の家臣であった香川景継《かがわかげつぐ》（梅月堂宣阿《ばいげつどうせんあ》）。景継の自序では元禄《げんろく》八年（一六九五）成立、正徳《しょうとく》二年（一七一二）刊行とあるが、実際には元禄八年以降も草稿の検討が行われており、正徳二年も版木の完成年と考えられ、享保《きょうほう》二年（一七一七）頃が実際の刊行と考えられている。『関原記』や『南海治乱記』などとともに、岩国吉川家の家格宣伝を大きな目的として刊行された軍記であり、内容的にも吉川家の立場が強調され、脚色が多く含まれる。

「松山城落去事」とする部分には、天正《てんしょう》三年（一五七五）に小早川隆景《こばやかわたかかげ》が指揮する毛利軍が三村元親《みむらもとちか》の居城備中松山《まつやま》城（岡山県高梁市）を攻撃した際の内容を記す。この時毛利軍が、松山城下や周辺の村に対して放火や麦薙を行ったことが一次史料からわかる（『萩藩閥閲録』巻八十八、山本源右衛門／荘家文書）。本史料では、毛利軍による麦薙に対して、「近郷の百姓共迷惑」という状況になり、百姓たちが三村方に同心して夜討などを行うようになったため、隆景は彼らを捕縛して晒し首にしたと記す。江戸時代の軍記物の記述ではあるが、麦薙に対する百姓の反応を示すものとして珍しい史料である。　（田村）

第4章

［90］**狗戸那城跡《くしなじょうあと》　復元模型《ふくげんもけい》**　一台

六〇・〇×六〇・〇×三一・〇センチ
鳥取県埋蔵文化財センター

［91］**狗戸那城跡《くしなじょうあと》　陶磁器《とうじき》ほか**　一五点

戦国～安土桃山時代（十六世紀）
備前擂鉢　二点／白磁碗　一点／
美濃天目碗　一点／土師質土器皿　二点／
青磁碗　二点／碁石　七点
鳥取県埋蔵文化財センター

狗戸那《くしな》城は因幡国の西端、鳥取県鳥取市鹿野町にある標高三四九メートルの丘陵尾根上に立地する。発掘調査により曲輪十三と総柱の礎石建物跡が確認されている。十六世紀後半には、尼子氏、毛利氏、織田氏の勢力争いの場となっていた。中国製陶磁器は白磁碗、青磁龍泉窯線描蓮弁文碗がある。国産陶器では、瀬戸美濃産の天目茶碗、備前焼擂鉢がある。土師質土器の皿には、京都系と在地のものが混在している。また、碁石もみられる。（廣江）

［92］**狗屍那古城跡絵図《くしなこじょうせきえず》**
［因伯古城跡図志《いんぱくこじょうせきずし》　因幡国《いなばのくに》］　一舗

紙本著色
江戸時代・文政元年（一八一八）
（縦）二八・三×（横）四二・八センチ
鳥取県立博物館

［93］**羽衣石城跡絵図《うえしじょうせきえず》**
［因伯古城跡図志《いんぱくこじょうせきずし》　伯耆国《ほうきのくに》］　一舗

紙本著色
江戸時代・文政元年（一八一八）
（縦）二八・八×（横）四三・六センチ
鳥取県立博物館

［94］**私部城跡絵図《きさいちじょうせきえず》**
［因伯古城跡図志《いんぱくこじょうせきずし》　因幡国《いなばのくに》］　一舗

紙本著色
江戸時代・文政元年（一八一八）
（縦）二八・三×（横）四二・六センチ
鳥取県立博物館

文政元年（一八一八）に鳥取藩が作成した戦国時代以前の城（古城）の絵図。因幡国は郡図八枚と城図六八枚、伯耆国は郡図八枚と城図三三枚が収録されている。

［92］は因幡国西端の鷲峯《わしみね》村にあった狗戸那《くしな》城（鳥取県鳥取市）の絵図。狗戸那城は鷲峯山《じゅうぼうやま》の北麓先端にあって鹿野町域から日本海まで見下ろす。絵図では最上段の主郭を中心に七つの曲輪が表現されている。尾根つづきに「志加奴」（鹿野《しかの》城）があること、平地へは細道がつながっていること、近くに伯耆へ通じる往来があることなど、立地上の特徴も書き込まれている。

［93］は伯耆国東端、東郷池《とうごういけ》の南の山上に築かれた羽衣石《うえし》城（鳥取県東伯郡湯梨浜町）の絵図。羽衣石城は南条《なんじょう》氏の拠点であり、毛利《もうり》・織田《おだ》戦争では南条氏の毛利方離反により戦いの大きな争点となった。絵図では中心部となる山頂部の曲輪に帯曲輪が描かれ、尾根上の階段上の遺構、八幡宮がある中腹の広い平坦地や井戸、天女伝説に由来する「羽衣石」などの情報が書き込まれている。

［94］は因幡国東部にある私部城《きさいち》（鳥取県八頭郡八頭町）の絵図。「市場村市場之古城」とある通り、市場《いちば》城とも呼称される。現地の有力領主である私部毛利《きさいちもうり》氏の拠点であったが、長くこの地域を押さえようとする諸勢力の攻防が繰り広げられ、但馬山名《やまな》氏や尼子《あまご》再興軍、織田方の羽柴秀吉《はしばひでよし》軍などに入城・攻略された。絵図では山頂部の主郭とそこから連なる二つの曲輪が描かれており、岩肌が露出した状況も表現されている。北西側の尾根には小規模な郭が長く連なっている。（田村）

［95］**南山城跡《みなみやまじょうあと》　復元模型《ふくげんもけい》**　一台

一八一・三×九〇・五×四五・〇センチ
岡山県古代吉備文化財センター

［96］～［100］**南山城跡《みなみやまじょうあと》　出土資料**

戦国～安土桃山時代（十六世紀）
岡山県古代吉備文化財センター

［96］**南山城跡《みなみやまじょうあと》　金属製品《きんぞくせいひん》**　八点

鉄鏃　二点／鉄砲玉　一点／鍋蓋　一点／切羽　一点／
火打石　一点／火打金　一点／火箸　一点

［97］**南山城跡《みなみやまじょうあと》　陶磁器《とうじき》・石製品《せきせいひん》ほか**　一二点

赤間硯　一点／硯　一点／鳴滝砥石　一点／青花皿　一点／
土鈴　一点／アカニシ貝　一点／備前擂鉢　一点／
土錘　四点／美濃天目碗　一点

［98］**南山城跡《みなみやまじょうあと》　青磁椀《せいじわん》**　一点

磁器
（口径）一三・三×（器高）七・〇センチ

［99］**南山城跡《みなみやまじょうあと》　内耳鍋《ないじなべ》**　一点

瓦質土器
（口径）三八・五×（器高）一四・〇センチ

［100］**南山城跡《みなみやまじょうあと》　羽釜《はがま》**　一点

瓦質土器
（口径）一四・五×（器高）一六・三センチ

南山《みなみやま》城は、岡山県倉敷市真備町と船穂町の境界にある標高七〇メートルの丘陵上にあり、高梁川と支流の小田川が合流する場所である。丘陵の背後に三重の堀切《ほりきり》と土塁《どるい》があり、櫓《やぐら》台が設けられている。曲輪と腰曲輪があり斜面には二十一条の竪堀が配置され、畝状竪堀群が見られる堅牢な作りの山城である。山城にしては出土品が一〇〇〇点と多く、鉄鏃、鉄砲玉などの武器と擂鉢、羽釜、火鉢、土師器皿などの生活用具もみられる。時期は十六世紀後半である。土器、陶磁器の点数は、土師器が八十％、瓦質土器が十八％、備前焼、瀬戸美濃が一％、中国製陶磁器が一・八％である。これらの組成から城の廃城の際に威信財などの高級品は持ち出され、欠損品などが意図的に廃棄されていたと考えられている。（廣江）

［101］静間《しずま》城跡《じょうあと》 陶磁器《とうじき》 八点

室町～戦国時代（十五～十六世紀）
青磁碗　一点／備前輪花鉢　一点／青磁皿　一点／
青磁盤　一点／青花皿　一点／備前擂鉢　一点／
瓦質火鉢　一点／備前筒形鉢　一点
島根県埋蔵文化財調査センター

大田市静間町の低丘陵上にある静間城跡からは貿易陶磁を含む多量の供膳具、茶道具が出土し、見張り、軍事機能だけでなく、生活や儀礼の場という性格をもっていたと想定されている。青磁碗、備前輪花鉢、筒形鉢が出土した主郭二は、茶道具が集中的に出土する場である。それ以外が出土した主郭一は居住空間と推定される。

青磁の碗は、外面に細蓮弁文がほどこされる。青磁皿は、口縁に花びらのような凹凸を作る。内面見込みには、印花（スタンプ）の花文を捺す。青磁盤の口縁部は、内面に放射状の鎬を入れる。青花皿は、外面に唐草文を崩した渦を、内面見込み部には十字形の花文を描く。備前輪花鉢は、手びねりで大きく外へ引き出した口縁に複数箇所凹みを作り、凹みにはヘラ状の工具で筋を入れている。備前擂鉢は、内面に八条一単位の擂目が入る。口縁は大きく内側へ折れ、広い口縁外面には凹線がめぐる。表面をいぶして黒くした瓦質土器の浅い火鉢は、体部は大きく内湾し、口縁端は内側へのびる。備前系の筒形鉢は、断面に粘土ひもの積み上げ痕跡が良く残る。二次的に火を受けている。城の火災によるものと考えられている。
（久保田）

［102］普源田《ふげんだ》砦跡《とりであと》 陶磁器《とうじき》・石製品《せきせいひん》 八点

戦国時代（十六世紀）
青花碗　三点／白磁皿　一点／瓦質擂鉢　一点／
瓦質鉢　一点／硯　一点／茶臼　一点
島根県埋蔵文化財調査センター

普源田砦跡（浜田市三隅町）から出土した遺物群である。景徳鎮系の青花碗は、見込み部がわずかに盛り上がり、高台底面には、吉祥句「長命富貴」を記し、二重圏線をめぐらす。高台外側の付け根にも圏線がめぐる。内面見込み部には牡丹文を描き、二重圏線をめぐらす。年代観は十六世紀後半である。漳州窯（福建省）系の青花碗は、胎土は濁った白色であり、文様は緑色に近い発色をしている。内外面とも圏線をめぐらす。反りのついた口縁が特徴的な白磁皿は、高台は先端が細く、三角に近い断面形である。年代観は十六世紀である。漳州窯系の碗は、破断面に補修（漆継ぎ）のための漆が残存する。外面の口縁近くに圏線、体部に草文を描く。瓦質擂鉢は、内面に八条一単位の擂目が入る。表面に吸着させた炭素は風化して一部しか残らない。産地は防長系と推定されている。瓦質鉢は、外面の口縁部と胴中央部にそれぞれ二重突帯を貼り付ける。口縁部の突帯間には雷文スタンプを連続して押捺する。内面の胴中央部に縦方向の刷毛目が少し残る。整形に伴うものか。石製の硯は、陸部の縁辺と磨り面の一部が残存する。石材は赤色頁岩（通称「赤間石」）を用いる。茶臼の下臼は、上面に放射状の磨目がうっすらと残る。普源田砦跡からは上臼も出土しており、上臼と下臼を組み合わせて使う。磨って出てきた茶の粉末は外側の受け部にたまっていく構造である。
（久保田）

［103］毛利《もうり》元就《もとなり》書状《しょじょう》［富家文書《とびけもんじょ》］ 一通

紙本墨書／切紙
戦国時代（十六世紀）・［永禄六年（一五六三）］八月十四日
（本紙縦）一七・二×（横）三九・二センチ
山口県・毛利博物館

毛利《もうり》元就《もとなり》が杵築《きづき》大社（出雲大社）の上官《しょうかん》（神官）であった富《とび》兵部太輔に宛てた書状。前半は毛利軍が洗合《あらわい》城に陣替した際に神前での祈念を行ったことへの礼を述べる内容であり、後半は白鹿《しらが》城（松江市）における毛利・尼子《あまご》両軍の戦闘について伝える内容である。

後半の内容によれば、毛利軍は永禄《えいろく》六年（一五六三）八月十三日に白鹿城への本格的な攻撃を開始し、この日の夜には「小白鹿」と呼ばれる白鹿城南西部尾根上の曲輪のほか、「本丸」をのぞく「諸丸」を攻略したという。本丸以外をことごとく攻略したという認識は、翌日付福井景吉宛ての毛利元就書状（『萩藩閥閲録』巻一一九、福井十郎兵衛）でも確認できる。

尼子・毛利戦争の中でも最も激しい戦闘が行われた白鹿城については、本史料や［64］をはじめとして比較的多くの文献史料が残り、小白鹿や「多賀丸」、「小高丸」など城郭の構造そのものにかかわる記述が残ることも特徴である。
（田村）

【翻刻文】
（端裏切封）
「（墨引）」
就此表陣替之儀、被遂於御神前御祈念、御巻数□（送）給候、頂戴
大慶候、此表之儀、昨日至白鹿寄近陳候、則夜前小白鹿其外
（諸）□丸悉仕取候、本丸計相残趣候、是又今日中可落去事眼前候、
如此仕存分候条、可御心安候、恐々謹言、
八月十四日（永禄六年）　　元就（花押）
冨兵部太輔殿　御返報

［104］毛利《もうり》輝元《てるもと》書状《しょじょう》 一通

紙本墨書／折紙
戦国時代（十六世紀）・年未詳三月十一日
（本紙縦）二八・四×（横）四二・三センチ
安芸高田市歴史民俗博物館

毛利氏が直轄支配した港温泉津《ゆのつ》は、湾の入り口に築かれた鵜丸《うのまる》城及びその南北に位置する櫛島《くしじま》・笹島《ささじま》の城によって防備されていた。鵜丸城の北側には雛壇状に三段の帯郭があり、鉄砲衆を配置して銃陣を敷くためのものという見解がある。鵜丸城は、鉄砲が合戦で使用されるようになって以降の、典型的な海城と評価されている。

鵜丸城は、その普請（築城工事）過程を物語る史料が残る稀有な事例といえる。元亀二年（一五七一）と推定される「二月二十日付毛利氏奉行衆連署普請賦」では、石見国邇摩《にま》郡（大田市・江津市）内の諸郷村に負担が割り当てられ、一か月間での普請完了が毛利氏当主の奉行達から温泉津奉行に命じられている。鵜丸城は、このごく短い期間内に完成したのだろうか。

実は、元亀二年三月以降も鵜丸城の普請は続けられていたことが、他の史料から判明している。その一つが元亀四年（一五七三）以降に位置づけられる本書状であり、毛利輝元が鵜丸城普請の進捗を温泉津奉行に尋ねている。普請賦が「元亀二年三月二十日」までと記す期間以後も、輝元は近隣の国衆祖式《そじき》氏や久利《くり》氏へ書状を送り、その所領内への賦課と城普請に対する協力を求めていた。現在の鵜丸城跡は、複数年に及ぶ普請を経た後に、今の姿になったのであろう。
（目次）

【翻刻文】
鵜丸（邇摩郡）普請多分相調候哉、最可然候、就夫申越之通承知候、委
細従二太（二宮就辰）右所可申聞候、弥無緩可遂其節候、謹言、
三月十一日（元亀四年カ）　輝元（毛利）（花押）
児玉左衛門尉（元信カ）殿
内藤内蔵丞殿
□□□左衛門尉殿
□□□□□□殿

［105］吉川元春《きっかわもとはる》・小早川隆景《こばやかわたかかげれんしょしょじょう》連署書状
［石見《いわみ》小笠原《おがさわら》家文書《けもんじょ》］　一通

紙本墨書／折紙
戦国時代（十六世紀）・年未詳七月二十七日
（本紙縦）二八・二×（横）四五・七センチ
島根大学附属図書館

嘉摩穂岐の城に駐屯する小笠原氏と富永氏に対して、城を完成させ、鉄炮・弾薬などを補給しておくように吉川元春と小早川隆景が連名で伝える書状。宛先の小笠原殿は現在の川本町周辺を本拠とした国人で、永禄二年夏に毛利氏に帰順している。もう一人の富永殿は、現在の大田市富山町周辺を本拠とした国人で、永禄五年夏に毛利氏に降っている。

嘉摩穂岐城の所在地は不明だが、戦闘の最前線に近いようで、本史料の前日に同地が敵襲に遭ったとの報に接した元春・隆景は、結果を報告するよう求めるとともに、元春が部隊を派遣するから一両日中に二重矢倉（櫓）を完成させるようにと工事を急がせている。また、元春が派遣する部隊と駐屯の役目を交代し、小笠原・富永の両部隊が帰宅することを認めているが、鉄砲・弾丸・火薬・掻楯板《かいだていた》（敵の矢を防ぐための板）といった武器等のほか、追加の部隊を早急に城に補充するよう、きつく申し渡してもいる。

時期や舞台となった嘉摩穂岐城の場所が特定できないのが残念だが、戦国時代の戦場となった城の様子を伝える貴重な史料である。（倉恒）

【翻刻文】
（封紙ウワ書）
「　駿河守
　　左衛門佐
小笠原殿　元春
富永殿　隆景
御返報　」

御折紙拝見候、昨日者、至嘉广（摩）穂岐敵相動之由、従口少十（口羽元良）被申越候之間、無御心許存存（衍カ）候之処、其已後従何方茂珍敷之無到来候哉、扨者不甲斐之趣候哉、先以可然候、弥被聞召合、可被仰越候、仍而当城普請之儀、漸相調之由肝要候、二重矢倉之儀、従元春人数差出被申付候間、一両日中ニ可相調候、左候者其許御隙明、可有御帰之由得其心候、将又鉄炮・玉薬・掻楯板・加番衆之儀、早々差籠可申由心得申候、聊不可有油断候、急度可申付候、相替之儀候者、弥蒙仰可申談候、恐々謹言、

七月廿七日　駿河守
　元春（花押）
　左衛門佐
　隆景（花押）
小笠原殿
富永殿
御返報

［106］吉見頼盛書状《よしみよりもりしょじょう》　一通

紙本墨書／竪紙
戦国時代・永禄十二年（一五六九）十月二十一日
（本紙縦）三二・〇×（横）四四・〇センチ
当館

永禄十二年（一五六九）十月十一日、毛利《もうり》氏と争っていた豊後国の大名・大友宗麟《おおともそうりん》の支援を受けた大内輝弘《おおうちてるひろ》は、豊後国を発って周防国秋穂《あいお》（山口県山口市）に上陸し、翌日には同国山口へ侵攻した。この時、かつて大内義隆《おおうちよしたか》の奉行人だった吉田興種《よしだおきたね》も協力したとされ、近隣には大きな衝撃が広がった。石見国津和野（津和野町）の国衆吉見氏の軍勢は、毛利氏の拠点高嶺城《こうのみね》（山口県山口市）救援に向い、山口の北に位置する宮野《みやの》（同）付近で輝弘方の軍勢と戦っている。

本書状は、山口侵攻の直後に、吉見氏一族である吉見兵庫助《ひょうごのすけ》頼盛が毛利氏家臣の兼重左衛門尉《かねしげさえもんのじょう》（元宣《もとのぶ》）に向けて表したものである。頼盛は「宮野めうせんし河内固屋」の防備を固めるよう伝え、違反する者は処罰するとしている。「めうせんし河内」は、宮野地域内の地名ないし人名であろうか。「固屋」は「小屋」とも記される、簡素で臨時的な建物とみてよい。輝弘の侵攻に対し、急造の防衛拠点を設けて慌ただしく対応している状況を示しているように考えられる。

宮野は、山口から長門国阿武《あぶ》郡へ向かう街道沿いに位置している。そのため、吉見氏にとっては、毛利氏の支配拠点・山口の防衛とともに、輝弘の侵攻が自領のある阿武郡内へ波及するのを防ぐことも重要であったと推測される。（目次）

【翻刻文】
宮野（周防国）めうせんし河内固屋事、諸軍勢打入不可有油断候、聊打破之仁候は可被罪科者也、
永禄十弐十月廿一日　頼盛（花押）
吉見兵庫助
兼重左衛門尉殿御内衆へ

［107］毛利元就郡山籠城日記《もうりもとなりこおりやまろうじょうにっき》［毛利家文書《もうりけもんじょ》］　一通

重要文化財
紙本墨書／継紙
戦国時代・天文十年（一五四一）二月十六日
（本紙縦）二七・六×（横）一三四・四センチ
山口県・毛利博物館

天文《てんぶん》九年（一五四〇）から翌年にかけて、安芸国の郡山《こおりやま》城（広島県安芸高田市）周辺で勃発した郡山合戦について記した史料。郡山城は安芸毛利《もうり》氏の拠点であり、この近辺で大内《おおうち》氏と大内方の安芸国衆の軍勢が尼子《あまご》氏の遠征軍を迎え撃った。「毛利元就郡山籠城日記」という名前は江戸時代につけられたようだが、郡山城で籠城戦が行われたわけではなく、あくまで周辺での戦闘であった。当該史料は、合戦の経緯を京都の細川晴元《ほそかわはるもと》に報告するために作成されており、日付は合戦が終わった一ヶ月後の日付である。

天文九年の九月以降、尼子詮久《あきひさ》（晴久《はるひさ》）の進軍経路と各所での戦闘が日にちを追って記されており、尼子方の「青山・三塚山」「風越山」や大内方の「山田中山」（高塚山・会下山一帯）など両軍が布陣した場所や合戦場所の情報も豊富である。軍勢や被害者の数など、やや毛利方による誇張が含まれていると考えられるが、合戦の当事者であった元就本人による記録として非常に重要な史料である。（田村）

【翻刻文】
天文九年秋至芸州吉田尼子民部少輔（晴久）発向之次第
一九月四日、至多治比取出罷立国々之事、出雲、伯耆、因幡、備前、美作、備中、備後、石見、安芸半国、此勢打入之時三万也、
一同五日、吉田上村江打出、家少々放火、此日者不及合戦候、
一同六日、太郎丸其外町屋等放火、此時尼子衆先懸之足軽数十人討捕候、
一同十二日、後小路放火、此時大田口にて大合戦候、敵には高橋（元綱カ）本城を始として数十人討捕候、味方ニハ井原之樋爪、渡邊源十郎二人討死、広修寺縄手、祇薗縄手両口合戦、互死人なく候、
一同廿三日、青山三塚山江尼子陣替、此時敵本陣風越山を一陣此方ヨリ焼崩候、
一同廿六日、至坂豊島敵動候之処、杉次郎（元相）左衛門尉、小早川《竹原事也》中務少輔（興景）依為坂在陣、取向候、左候処、元就手衆馳合、路二里之間送り付候而、湯原弥次郎（宗綱）其外数十人討捕候、
一十月十一日、敵いつものことく、郷内打おろし候処、元就仕懸追崩、既敵陣青山構際追込、三澤三郎（為幸）左衛門尉、福頼、中西以下数十人討捕候、味方ニハ福原親類一人討死、
一大内勢陶五郎（晴賢）、十二月三日為後巻、山田中山江山陣、勢数一万也、
一同十一日、両陣手合、此日於宮崎長尾、敵者伯耆南条、小鴨、雲州高橋、芸州吉川、味方ニハ毛利完戸衆合戦、敵一両人討捕候、味方無死人候、
一翌年正月三日、於相合口合戦、敵十余人討捕候、味方一人茂無越度候、
一同十一日、陶五郎、郡山尾つゝき天神尾江陣替、
一同十三日、敵陣宮崎長尾江元就仕懸、則切崩、三澤（蔵人）、高尾（豊前守）始として、宗徒者二百余人討捕、其侭敵陣焼跡ニ切居候、此日陶衆と三塚陣衆合戦候而、陶被官深野平左衛門尉（興房）、宮川以下十余人討死、敵には尼子下野守（久幸）討死、
一同十三日夜、其まゝ尼子陣退散、敵却口を送り候、犬ふし山の雪ニ漕草臥、石州江乃川にて、或船を乗り沈メ、或渡リへ追ひたされ、死候者、更不知其数候、先年道永（細川高国）天王寺御崩之時、於渡邊川死候趣之由申候、
一因茲、備中、備後、安芸、石見、多分、防州一味候、
一近日大内義隆有渡海、雲州可有乱入催半候、
一上口之儀、此時可被押下事肝要候、
一去年九月四日ヨリ今年正月十三日之間、於通路討捕、日々於野伏射致候不知数候、定而可有其聞候条、不能申候也、
天文十年二月十六日

[108] **芸州吉田郡山城図**《げいしゅうよしだこおりやまじょうず》　一舗
紙本著色
江戸時代（十七～十九世紀）
（縦）七八・八×（横）八六・九センチ
山口県・毛利博物館

[109] **吉田郡山城図**《よしだこおりやまじょうず》　一舗
紙本著色
江戸時代（十七～十九世紀）
（縦）五一・六×（横）六九・三センチ
安芸高田市歴史民俗博物館

[110] **安芸吉田郡山城古図**《あきよしだこおりやまじょうこず》　一舗
紙本著色
江戸時代（十七～十九世紀）
（縦）一五四・〇×（横）七八・五センチ
山口県立山口博物館

[111] **郡山城中心一円図**《こおりやまじょうちゅうしんいちえんず》　一舗
紙本著色
江戸時代（十七～十九世紀）
（縦）一三〇・五×（横）五八・五センチ
安芸高田市歴史民俗博物館

毛利《もうり》氏の本拠地であった安芸国吉田郡山城《よしだこおりやま》（広島県安芸高田市）とその周辺を描いた絵図。郡山城に関する絵図は現在五〇点あまり確認されており、いずれも江戸時代以降に描かれたものである。

まず[108][109]は、横長の形状の絵図。[108]は上下で郡山城と向かいの山が対置される。尼子《あまご》氏が本陣を置いた青山・光井山を「青光井」と記し、陣城の曲輪らしき表現があるのが特徴である。[109]は、東西南北の四面を対置させた描法で描かれ、城下の道筋を朱書きで明示している。こちらは青山と光井山を分けて記載しており、[108]や[110][111]との大きな違いである。

[110][111]はほぼ同内容で、縦長の構図が特徴である。城下の書き込みは[108][109]より詳細で、特に家臣屋敷地が書き込まれた黄色い四角囲みの表示が目立つ。毛利輝元《てるもと》の直属家臣団である「吉田衆」の配置を表記する点に主眼があると考えられる。そのため、本来石見国口羽《くちば》（邑南町）に拠点を移したはずの口羽通良《みちよし》が、出自である志道《しじ》氏の城（志道城）に「口羽在所」として入れ込まれ、かつ南端の入江村より南にあるはずの志道城が入江村の東側に配置されるなど、親類衆の名前を脱落させないための工夫も垣間見える。郡山合戦に関する史跡も周囲に記録されているが、尼子氏の本陣である青山・光井山は「青光井山」と記されている。（田村）

[112] **辺春・和仁仕寄陣取図**《へばる・わにしよりじんどりず》　一舗
紙本墨書
江戸時代（十七～十九世紀）
（縦）四六・三×（横）八〇・〇センチ
山口県文書館

天正《てんしょう》十五年（一五八七）の肥後国田中城《たなか》（熊本県玉名郡和水町）包囲戦の様子を描いた絵図。九州統一を進める豊臣秀吉《とよとみひでよし》の軍勢は同年の五月に島津《しまづ》氏を降伏させるが、肥後においては豊臣軍に対する反発が生じた。田中城では、和仁親実《わにちかざね》・辺春親行《へばるちかひろ》など肥後国衆一揆《いっき》が籠城し、小早川秀包《こばやかわひでかね》ら毛利勢を含む豊臣軍がこれを囲んだ。絵図の中には、包囲する豊臣軍の中に「古志《こし》」（古志重信《しげのぶ》）もみえる。

田中城は土塁が築かれず、空堀と、小規模な平坦地が段状に重なる形で形成される無数の切岸によって防御される縄張りをもつ。頂上部の三つの曲輪は特に強調されて「辺春」と「和仁」（和仁は二箇所）の名前が記される他、柵と櫓らしきものが描かれる。周囲には堀のような表現もある他、柵に囲まれた小屋と考えられる建物が多数描かれており、小規模な複数の平坦地に籠城軍が駐屯したものと考えられる。南側と東側には「仕寄《しより》」（井楼や大楯・竹束などを用いて城に接近する軍事行動）に記載もある。（田村）

［113］二宮佐渡覚書《にのみやさどおぼえがき》［吉川家文書《きっかわけもんじょ》］一巻

重要文化財
紙本墨書
安土桃山〜江戸時代（十六〜十七世紀）
（本紙縦）二六・七センチ
山口県・吉川史料館

［114］二宮佐渡覚書《にのみやさどおぼえがき》［三卿伝史料《さんきょうでんしりょう》］一冊

紙本墨書
大正〜昭和時代（二十世紀）
（表紙縦）二四・五×（横）一六・五センチ
山口県文書館

吉川《きっかわ》氏の家臣であった二宮俊実《にのみやとしざね》（木工助《もくのすけ》・佐渡守《さどのかみ》）による覚書。俊実は慶長《けいちょう》八年（一六〇三）に死没しているため、これ以前の成立であり、中国地方では比較的早い時期の軍記である。［113］は吉川家文書の一巻として残された原本。［114］は大正三年（一九一四）から昭和十八年（一九四三）にかけて、毛利元就《もうりもとなり》・吉川元春《きっかわもとはる》・小早川隆景《こばやかわたかかげ》の伝記編纂を目的に東京高輪の毛利邸内に開設された三卿伝《さんきょうでん》編纂所による写本であり、原本は［113］である。

天文《てんぶん》九〜十年（一五四〇〜一五四一）の尼子《あまご》軍安芸国遠征（郡山《こおりやま》合戦）にはじまり、続く大内《おおうち》軍の出雲国遠征、そして永禄《えいろく》九年（一五六六）に終結する尼子氏・毛利氏の攻防戦までが記述される。特に二度の富田城籠城戦に関しては、「けふらき（京羅木）」や「富田之八幡」、「富田向之たつ（滝）山」など大内軍や毛利軍の布陣地や、「すか（菅）谷蓮池なわて（縄手）」・「すか谷口」など山麓での合戦場所に関する貴重な情報が書き残されている。（田村）

【翻刻文（展示部分抜粋）】

［113］

（前文略）左候而、明二月（天文十二年）中旬（出雲）けうらき（京羅木山）御山見候而、翌日御山陣候、其以後陶殿ハ経塚（出雲）へ御陣取候、其外御一手之衆御配にて、御近陣にて候、左候而、御屋形様けうらきへ御山陣にて候つ、三四月之間方々ニて合戦取合計にて候御座候、三月中旬之比、すか（菅）谷蓮池なわてニて、吉田衆其外鑓御座候、彼口者内藤殿御うけ取之口にて候処ニ、頸一ッ内藤殿内勝馬田孫七被打捕候、御請取之口ニてかやう成事ハ、内藤との御ミやうかと、惣陣御取沙汰ニて御座候つ、かの合戦已後、平賀隆宗金尾寺（洞光寺）中ニて鑓御座候、益田殿（藤兼）衆二人落度御座候、左候而、一大事ニ候之処ニ、興経横合ニ御懸候而、〇《敵被》退払、各も御助候、無比類との御本陣ヨリも御使者御座候、

一多賀殿《兵庫助》雲州国衆ヲ同心候而、富田（出雲）之八幡へ被陣取候、城衆罷出さゝへ候てハと候て、御本陣ゟ毛利殿ヲ要害之御請手ニ御座候へとの儀候、御打下河本屋識（敷）ニ御座候処ニ、要害ゟも無残打下、■之矢合鑓ニ成候、吉田之御老従南方出羽守（親定）、秋山（親吉）信野守《濃守》其外若党衆手らか（柄）を御尽候、元就様も川を御馬ヲ御渡候而、数刻之合戦にて候へハ、諸陣心懸之衆中ハ被懸着、二番三番鑓までも御座候、敵未（味）方塩谷之大鑓と御沙汰候、鑓二百本ハ相候ハんとの御取沙汰にて候、

一中郡（出雲）拾三人之国衆、多賀殿一所ニ八幡ニ在陣候、彼衆ヲ従要害くりわられ、四月卅日（天文十二年）、城へ罷退候、左候而、跡ニ被残候人ハ、牛尾民部左衛門多賀一所にて候、左候而、五月朔日《ヨリ》御陣ヲ《之》さはき無申計候、さて二日ヨリハ、御ふミ静候て、■之矢戦共《軍》御座候、同七日七ツ時分御退候、湯屋（出雲）ヨリ御舟ニめされ候、然処ニ若君様（大内義房）《御舟ニ》人数多取付候而御果候、屋刑（形）様之御舟へも人数取付候へ共、冷泉（隆豊）との長刀ニて御切はらひ、無何事御舟出申之由候、隆房ヲ者御舟ニ被召候へと候つれ共、重而之御弓箭之ためニ候之間と候而、かち地を御下候、左候而、乃木（出雲）にて毛利殿様と御打合、無何事御下（敗軍）にて候、尼子殿吉田へ御打出（天文九年）者きのし（え）ね歳にて候、同はいくんハ丑歳にて候、陶殿赤穴御出者とらのとし（天文十一年）にて候、又大内殿富田御取退ハ卯のとし（天文十二年）にて候つるかと存候、

［114］

（前文略）左候而、明四月ニ富田麦なきと候て、けふらきニ御陣被成候、然処ニ、塩谷表へ刑部少輔殿ヲ為始、若衆中、御下知被背御懸候而、互落度御座候、同日、金尾面ニても合戦候、是も吉田衆にて候、すか谷口へ米原方働候而、罷退候処ニ、本田豊前父子見切候而、半上源介と申者ヲつきふせ、頸ハ子ノ与次郎打取之由申候、塩谷之儀ハ手前之儀と候而、爰元御逗留之、足庵森脇孫三郎ニ而、一番鑓被作せ候之由申候、其外、かの表之衆、横道殿なと、為被作せ之由申候、左候而、五年目ニ富田向之たつ山と申ヲ相城に被作せ、人数差籠、番替ニ被作せ候而、諸口ヲ被相搦候、無通路やうにて、其内度々にて、セゝり事之戦ハ、互御座候、吉田小城ニハ久代殿御座候、きれ川之小城ニは米原方被罷居候、其已後、御両殿御拵ニて、至杵築被成御下候、御越年ハ杵築と申候つるか、是も春ハ早々芸州御打入候するニ、御造作ニ候するとの儀にて、あらわいへ両人被召寄、年内御下候へとの儀にて、極月九日杵築御立候而、たぎまて御下候、同十日河井まて御着候、同十一日ニ河本へ御着候、十二日ニ出羽迄御着、十三日横田まて御着候、十四日長田円命寺へ御着候、御老者中も、杵築まて御供候而、是にて御暇御申候、源太兵衛殿にハ、原手ニて二千貫可被進之との儀ニて候、是ハ今度之御拵之仁候間、鹿介方ハ、品川との合戦ニ手ヲ被蒙、其比まて痛候ニ付、杵築ニ越年候へとの御事ニ御座候、然処ニ、義久様御下以後、一人も罷下られ間敷との御下知にて、上へ被罷上候哉、源太兵へとのも、鹿介被罷上候ニ付而か、上へ御上之由と申候、

右いつれも前後可仕候へ共、覚之まゝあらかた如此仕候、

以上、

［115］森脇飛騨覚書《もりわきひだおぼえがき》［毛利家文庫《もうりけぶんこ》］一冊

紙本墨書
江戸時代（十七世紀）
（表紙縦）二九・〇×（横）二二・〇センチ
山口県文書館

吉川《きっかわ》氏の家臣であった森脇春方《もりわきはるかた》（飛騨守）による覚書。春方は元和《げんな》七年（一六二一）に没しているため、それ以前の成立である。なお、「御家中系図」（岩国徴古館）所収の「森脇系図」春方の項には、吉川広家の命令によって元和四年に「御軍記」が二宮俊実のものとともに提出されたとあり、「老翁日記」（小田木工允筆）によれば元和七年にはさらに毛利輝元へと進献されたという。本史料は、明治期から昭和二十二年（一九四七）にかけて毛利家で行われた修史事業に伴って収集された毛利家文庫中の写本である。毛利家文庫には同じ装丁の軍記が他に四点あり（桂岌円覚書、長屋太郎左衛門覚書、老翁日記、深瀬次郎兵衛覚書）、制作時期はいずれも萩藩初代藩主毛利秀就《ひでなり》の時代とされる。

内容は天文《てんぶん》十八年（一五四九）の毛利元就による大内義隆訪問からはじまり、備後国・安芸国での戦い、厳島合戦と防長・石見国攻略を経て、永禄《えいろく》九年（一五六六）の富田城開城、九州での戦陣や尼子再興軍との戦いにまでいたる。

展示箇所は、永禄八年（一五六五）からはじまる毛利軍の

富田城攻めに関わる記載である。富田城下で麦薙が実施されたことが記される他、毛利軍が「ほしかミ（星上）山」を本陣としていた「八幡浄安寺」「石原」「うへ田（植田）」などにも軍勢を展開していたことがわかる。また、「三口にて鑓御座候」などの記述があるとおり、戦闘が虎口（御子守口、菅谷口、塩谷口）周辺で激しく行われた様子もうかがえる。（田村）

【翻刻文（展示部分抜粋）】

一翌年四月十七日ニ富田へ麦なきの御はたらきさせられ、此時輝元様・元長様御陣初にて、被成御出候、ほしかミ山を御陣にて、八幡・浄安寺山・石原・うへ田の山まで御陣取候、麦なき有之、富田山下被寄、三口にて鑓御座候、上塩谷口吉川衆、吉川刑部少輔・二宮孫十郎・細迫源右衛門・森脇采女・朝枝市允・阿曾沼内山本鑓仕候、深入不可然之由御下知にて、二宮杢助・森脇市郎右衛門ニ被仰付候間、先へ人出候ハぬ様ニ下知仕候処に、此衆ハぬけ懸候て、河を渡り鑓被仕候、左候て此方ハ小人数にて候間、城衆付送、河はたまて打出、此方衆難儀に見候、二宮杢助・森脇市郎右衛門・山縣筑後・吉川与次郎、此衆ハ河より向ニ居候得共、はや此方衆退かねられたる躰を見切、川を渡シ、敵追込候事而、山の上迄追上ヶ申、左候間、細迫源右衛門を敵討取候事不相成、此方へつれ帰り候、細迫源右衛門深手にて、少退候て越度候、中ハ籠り口、御本手衆、三須兵部少輔・香川左衛門尉・南方宮内・桜井与次郎・井上惣右衛門・木原兵部・粟屋源二郎・横見なとにて候、桜井・井上源二郎・横見手負越度候、三澤兵部被官三人・香川左衛門尉内者四人当座ニ討死仕候、下ハすが谷口、小早川衆・米原平内・伯州衆なと合戦被仕候由候、米原平内内半上源介と申者討死候、城の者池田惣六と申す者討取候、左候て、御陣山へ御打上候て、五・三日候て洗合へ御打入候、御退口の時、隆景様衆へ、敵付おくり候、井上又右衛門返合、敵二人犬塚と申者被討捕候、

［116］**尾高城跡《おだかじょうあと》　陶磁器《とうじき》**　一二点

室町～江戸時代（十五～十七世紀）

白磁皿　四点／青磁碗　三点／青磁盤　一点／

青磁菊花皿　一点／青花罐〈酒海壺〉　一点／

青花小壺　一点／青花碗　三点／

青花皿　一点／灰青沙器皿　一点／美濃天目碗　一点／

陶器皿　一点／備前花生　一点／備前水屋甕　二点／

備前甕　一点

米子市

尾高城（鳥取県米子市）は別名を「泉山城」と呼ばれ、標高四〇メートルの丘陵部に築かれている。城下に東西方向に山陰道、南方は山陽地方へと通じる交通の要所である。戦国時代には、軍事的な拠点として尼子・毛利氏による攻防が繰り広げられた。城が立地する丘陵の北、西側が二〇メートルの崖となり、東側は堀と土塁により防御が行われている。城の北側から二の丸、本丸、中の丸、天神丸など八つの郭があり、現状では各郭間の空堀や土塁がみられる。近年実施された発掘調査では、本丸・二の丸から二八〇〇点の土器が出土している。中国製陶磁器では、白磁皿が端反りと釉がくすんだ灰白色の製品である。青磁は龍泉窯の碗、盤、景徳鎮窯の菊花皿、元の壺が1点出土している。備前焼は、大甕、水屋甕、花生がみられる。土師器は、在地系がわずかで京都系土師器皿が多くみられる。時期は十六世紀中頃から後半である。（廣江）

［117］**芸州吉田郡山之図《げいしゅうよしだこおりやまのず》**　一舗

紙本墨書

江戸時代（十七～十九世紀）

（縦）五二・五×（横）一〇五・〇センチ

安芸高田市歴史民俗博物館

毛利《もうり》氏の拠点である安芸国郡山《こおりやま》城（広島県安芸高田市）を描いた絵図。郡山城の曲輪《くるわ》を中心に描く。江戸時代に萩藩《はぎはん》が作成した立体模型（山口県山口市・豊栄《とよさか》神社蔵）や絵図の内容と情報が一致するため、これらの資料か、あるいはその原図の写しと考えられている。山頂部三の丸下の「勢溜《せいだまり》」・「蔵屋敷《くらやしき》」の配置や、尾崎丸《おざきまる》の位置など、一部現在伝わる名称と異なる箇所がある。（田村）

［118］～［119］**郡山城跡《こおりやまじょうあと》　出土資料**

鎌倉～戦国時代（十三～十六世紀）

安芸高田市歴史民俗博物館

［118］**郡山城跡《こおりやまじょうあと》　陶磁器《とうじき》**　一一点

青磁皿　二点／青磁香炉　一点／青磁琮形瓶　一点／

青磁盤　一点／白磁皿　一点／青花皿（粗製）　二点／

青花椀（粗製）　一点／青花椀（精製）　三点

［119］**郡山城跡《こおりやまじょうあと》　堆黒盆《ついこくぼん》**　一点

漆

（縦）二・五×（横）二・五センチ

郡山城（広島県安芸高田市）は、毛利氏の本拠地として、国人領主から戦国大名、織豊政権時の権力を示す城へと変遷がみられる。城の規模は大きく尾根上に三〇〇段を超える郭があり、山頂部に本丸・二の丸、三の丸、お蔵屋敷などがある。城跡からは中国製陶磁器を中心とした採集品が五〇〇点以上採集されている。青磁は龍泉窯《りゅうせんよう》の琮形瓶《そうけいびん》、香炉、酒会壺、盤など十三世紀以降の威信財がみられる。白磁は、景徳鎮系の白磁と一部灰色の白磁がみられ十六世紀代のものである。青花は、景徳鎮系と漳州窯系の粗製品がみられる。

堆黒は黒漆を複数回重ね塗りし花弁などの文様を彫刻している。この破片は盆の一部で鎌倉時代から室町時代に中国から輸入されたものである。（廣江）

［120］～［122］**富田城跡《とだじょうあと》　出土資料**

安土桃山～江戸時代（十六～十七世紀）

安来市教育委員会

［120］**富田城跡《とだじょうあと》　瓦《かわら》**

［120-1］ **軒丸瓦**《のきまるがわら》　三点

瓦

【三巴紋】（瓦当面径）一七・〇センチ
【「巴」字】（瓦当面径）一九・〇センチ
【矢印状】（瓦当面径）一六・〇センチ

［120-2］ **鯱瓦**《しゃちがわら》　三点

瓦

【胴】（縦）一四・〇センチ
【左胸鰭】（縦）一〇・〇センチ
【右胸鰭】（縦）二〇・〇センチ

［120-3］ **李朝系瓦**《りちょうけいがわら》　二点

瓦

【軒丸瓦】（瓦当面径）一六・〇センチ
【滴水瓦】（縦）一一・〇センチ

［121］ **富田城跡**《とだじょうあと》　**バンドコ**　一点

石製

（高）一八・七×（横幅）二三・一×（奥行）一五・〇センチ

［122］ **富田城跡**《とだじょうあと》　**軒平瓦**《のきひらがわら》
（米子城《よなごじょう》**・松江城同笵瓦**《まつえじょうどうはんがわら》**）**　二点

瓦

【米子城同笵】（瓦当幅）二〇・〇センチ
【松江城同笵】（瓦当幅）二五・〇センチ

富田城跡（安来市広瀬町）は、戦国大名の尼子氏が居城とした城郭跡であり、その後、毛利氏、吉川氏、堀尾氏が入城し、慶長十六年（一六一一）に堀尾氏が松江に拠点を移すまで出雲地方支配の中心地であった。元和元年（一六一五）の一国一城令により廃城になったとみられ、昭和九年には城跡が国の史跡に指定されている。

［120-1］ 軒丸瓦と［120-2］ 鯱瓦は、城下に面した千畳平《せんじょうひら》と呼ばれる広大な曲輪から出土したもので、周囲には大規模な石垣が構築されており、石垣上には鯱瓦をもつ瓦葺きの櫓が存在したことが推測される。

［120-3］ は朝鮮半島の李朝系瓦である。蓮華紋の軒丸瓦と滴水瓦《てきすいがわら》（軒平瓦）があり、富田城山麓の大手入口と考えられる菅谷地区から出土した。滴水瓦は長崎県対馬市の金石《かねいし》城跡と同じ瓦笵《がはん》（文様を刻んだ木型）でつくられており、朝鮮半島から直接持ち込まれたか、或いは技術的影響を受けて国内で作られたかは明らかでないが、どのような建物に葺かれていたか興味深い資料といえる。

［121］ は、月山山頂部の三ノ丸から出土したバンドコ（行《あん》火《か》：暖房器具）で、越前国で算出する笏谷《しゃくだに》石製のものである。同様のものは一乗谷朝倉氏遺跡からも出土しており、国替えの際に越前府中を治めていた堀尾氏によって持ち込まれたものである可能性を示唆する。

［122］ 軒丸瓦は、松江城出土品と同じ瓦笵《がはん》でつくられた宝珠紋瓦と、米子城出土瓦と同笵の小槌宝珠紋瓦である。

（深田）

［123］ **米子城跡**《よなごじょうあと》　**軒平瓦**《のきひらがわら》**（富田城同笵瓦**《とだじょうどうはんがわら》**）**　一点

瓦

安土桃山～江戸時代（十六～十七世紀）
（瓦当高）四・五センチ
米子市

米子城（鳥取県米子市）は、天正十九年（一五九一）頃、吉川広家が築城を開始し、慶長七年（一六〇二）頃、中村一忠により完成したといわれる。当時の建造物は現存しないが、城跡は平成十八年、国の史跡に指定されている。

本資料は本丸下の竪堀から出土した小槌宝珠文の軒平瓦で、吉川期の瓦と考えられている。また紋様が富田城跡や岡山城跡で出土する瓦と同紋様であり、当時、富田城と米子城の城主であった吉川広家と、岡山城主の宇喜多秀家が同系統の瓦工人集団を抱えていたか、中国山地を挟んだ山陰～山陽間で瓦笵の移動があったことを示す貴重な資料である。

（深田）

［124］～［125］ **松江城**《まつえじょう》　**出土資料**

安土桃山～江戸時代（十六～十七世紀）
松江市

［124］ **松江城**《まつえじょう》　**軒平瓦**《のきひらがわら》**（富田城同笵瓦**《とだじょうどうはんがわら》**）**　一点

瓦

（瓦当幅）一七・〇センチ

［125］ **松江城**《まつえじょう》　**軒丸瓦**《のきまるがわら》**・軒平瓦**《のきひらがわら》**（分銅紋**《ふんどうもん》**）**　二点

瓦

【軒丸瓦】（瓦当面径）十六・〇センチ
【軒平瓦】（瓦当幅）二十九・五センチ

松江城（松江市殿町）は慶長十六年（一六一一）、堀尾氏によって築城された城郭で、城跡は国の史跡に指定されており、現存天守は平成二十七年、国宝に指定された。

松江城築城期の瓦は、堀尾氏が最初に入った富田城跡の瓦文様が踏襲されているとみられ、発掘調査で同じ瓦笵（文様を刻んだ木型）で製作された軒平瓦や、堀尾氏の家紋である分銅紋が刻印された軒丸瓦・軒平瓦が確認されている。

［124］ の軒平瓦は本丸から出土した富田城跡出土品と同笵瓦で、富田城で使用された瓦、もしくは富田城の瓦を焼成した窯から瓦が松江城に運ばれたか、松江城瓦の製作にあたり富田城の瓦笵が持ち込まれたとみられる。

分銅紋瓦は現在の天守には使用されていないが、［125］ の軒丸・軒平瓦はいずれも二ノ丸の櫓跡から出土したもので、堀尾氏による松江城築城を物語る資料である。

（深田）

［126］ **出雲国図**《いずものくにず》　一舗

紙本著色
江戸時代末（十九世紀）
一一五・〇×一五九・〇センチ
当館

江戸時代末に写されたとされる出雲国絵図。原本は、寛永十年（一六三三）に作成された国絵図と考えられる。内容や表現方法は特に岡山大学附属図書館（池田家文庫）所蔵の出雲国絵図に類似しており、松江城を四角と丸を組み合わせた囲みで「末次《すえつぐ》」と表現する他、「冨田庄《とだのしょう》」・「三刀屋《みとや》」・「亀嵩《かめだけ》」・「赤穴《あかな》」に四角囲みで「古城」と記す点に大きな特徴がある。

寛永十年は、江戸幕府が初めて全国に巡検使《じゅんけんし》（国廻り上使）を派遣して各国の情勢を調査した年にあたる。この時幕府に収納された国絵図は、支城の大半を廃城とする「一国一城令《いっこくいちじょうれい》」の遵守を見届ける意味を持ったとされており、松江城の支城として利用されていた富田城・三刀屋城・亀嵩城・赤名瀬戸山城を古城として把握したものと考えられる。（田村）

第5章

[127] 広瀬城下絵図《ひろせじょうかえず》 一舗

紙本著色
江戸時代（十七～十九世紀）
（縦）九六・五×（横）三〇〇・〇センチ
出雲市・須佐神社

寛文《かんぶん》六年（一六六六）の大洪水によって富田川（飯梨川《いいなし》）の流路が変わる以前の富田城下を描いた絵図。富田城下を描いた地図には、富田城の近辺のみを描くものと、布部《ふべ》川・山佐《やまさ》川の合流地点から中海まで富田川流域を広く描くものが現存するが、本絵図は後者にあたる。

中央は富田城中心部のみが飛び出す形で描かれており、天守や石垣などは誇張されながら強調して描かれている。「吐月山」は月山の別称である。富田城南側（絵図右側）の塩谷には「御家中」、北側（絵図左側）の新宮谷には「侍」「殿町」などの記載がある。一方、富田城の西側山麓（絵図下側）の現在河床となる部分には町屋や寺院が描かれる。また、川を挟んで富田城の対岸（絵図下端）には「椋（京）羅木山」や「勝山」「天場」といった記載がある。

十八世紀の広瀬藩の史家・森山定志の注釈による『雲陽軍実記』掲載図などとも共通するところも多く、これらの絵図は江戸時代中期頃の作成である可能性が高い。広瀬藩時代の作成ではあるが、富田城下について考える上で一つの重要な検討素材となり得る絵図である。（田村）

[128] 富田川《とだがわ》河床遺跡　陶磁器《とうじき》

戦国～江戸時代（十六～十七世紀）
島根県埋蔵文化財調査センター

[128－1] 青磁《せいじ》 四点
青磁碗　二点／青磁菊花皿　一点／青磁蓋　一点

[128－2] 白磁《はくじ》 六点
白磁菊花皿　一点／白磁輪花皿　一点／白磁八角坏　一点／白磁木瓜皿　二点／白磁皿　一点

[128－3] 青花《せいか》皿・小坏《こづき》 六点
青花皿　四点／青花小坏　二点

[128－4] 朝鮮青灰沙器碗《ちょうせんせいかいさきわん》 一点
陶器
（口径）一七・五×（器高）六・五センチ

[128－5] 黒釉小壺《こくゆうこつぼ》 一点
陶器
（口径）五・〇×（器高）七・四センチ

[128－6] 朝鮮褐釉甕《ちょうせんかつゆうがめ》 一点
陶器
（縦）八・五×（横）一〇・〇センチ

[128－7] 緑釉小皿《りょくゆうこざら》 二点
陶器
（口径）六・二×（器高）一・一センチ

[128－8] 黒釉壺《こくゆうつぼ》 一点
陶器
（口径）一一・四×（器高）三七・〇センチ

[128－9] タイ壺《つぼ》 一点
陶器
（口径）一六・四×（器高）四〇・〇センチ

[128－10] 越前擂鉢《えちぜんすりばち》 一点
陶器
（縦）一七・〇×（横）一五・〇センチ

[128－11] 焼塩壺《やきしおつぼ》 一点
陶器
（高）一一・〇×（幅）七・〇センチ

[128－12] 軒丸瓦《のきまるがわら》 一点
瓦
（瓦当面）一五・〇センチ

[128－13] 肥前陶器《ひぜんとうき》 五点
皿　二点／片口　一点／浅鉢　一点／
碗　一点

[128－14] 中国天目碗《ちゅうごくてんもくわん》 四点
陶器

富田川河床遺跡は島根県安来市広瀬町富田に所在する遺跡で、月山富田城の西側麓にあり、寛文六年（一六六六）に洪水により街並みが埋没したといわれている。水害で富田の町並みは五町ほど（約五四メートル）しか残らなかったという。翌年には広瀬藩により川の対岸に町が新たに築かれ始め、現在の広瀬の町並みと続いている。一方、戦国時代の様相は一部を除いて不明な点が多い。尼子氏滅亡期といわれている出土品が土坑〇一五からまとまって確認されている。陶磁器は、同一形態・同一文様の個体が複数あり、大人数で使用されていたと考えられている。

土坑〇一五からは中国製青磁や白磁、青花《せいか》などの碗や皿が多く信楽焼や備前焼も出土している。白磁皿や青花皿は口径一一～一五センチ、高さ三～四センチ程度の大きさが多い。白磁には、高台内に日本の年号である「天文」銘を記した皿がある。その他の器種としては口径六センチ、高さ四センチ程度の青花小坏、緑釉小皿（火を受け赤色に変色しているものもある）、朝鮮半島産の甕などがある。また、茶入の可能性もある黒釉小壺や朝鮮半島産の灰青沙器《かいせいさき》碗、中国南部広東省石湾窯産の可能性が指摘されている黒釉壺やタイ産の四耳壺なども出土している。大型の壺は何らかの内容物を入れて運ばれてきたと考えられる。

江戸時代初頭の肥前（佐賀県）で焼かれた陶器、いわゆる肥前陶器と瓦は土坑〇一七から出土。陶磁器は、江戸時代初頭と考えられ、堀尾氏が富田城に入ってきてからの製品と考えられる。松江城下町遺跡からも同時期の陶磁器が出土している。

黒釉（天目）碗は内面及び外面上方に黒から暗茶褐色釉がほどこされる碗で、中国製品と瀬戸美濃製品がある。今回展示した中国黒釉天目碗は、十四世紀から十五世紀頃の中国福建省産と十二世紀から十四世紀ごろの中国河北省やその周辺の河南省のいわゆる北方系窯の製品である。福建省周辺の窯製品は高台脇を水平に削り、釉を二重掛けしている。北方系の窯製品は胎土が白く丸みを持つ体部を特徴とする。後者の黒釉碗が遺跡から確認されることは少なく、生産された年代と出土遺構の年代差が大きく、日本への伝来時期や広がりを考える上で重要な資料である。また、黒釉の内面に淡い青色の光を放つ光彩がある資料もある。

富田川河床遺跡には国内の備前焼や越前焼、瀬戸美濃焼の製品を含め海外の中国、朝鮮半島、東南アジアの製品が運び込まれており、当時の陶磁器の流通や使用実態を復元する上で貴重な情報を提供してくれる。また、当時盛んであった「茶の湯」などの文化の、地方への波及や特徴などを知ることができる。

（守岡）

[129] 鳥越山《とりごえやま》　美濃《みの》天目碗《てんもくわん》　二点

陶器
戦国時代（十六世紀）
①（口径）一一・八センチ
②（口径）一二・一センチ
当館

鳥越山は島根県松江市東出雲町出雲郷に所在し、陶磁器は意宇《おう》平野に面した山稜の東に延びる丘陵北向き斜面から、昭和三十年頃、開墾中に発見された。水田面からの比高は約三〇メートルである。白磁皿約二〇点、天目茶碗五点が一括出土したといわれ、現在は天目碗二点のみが残存している。天目碗は、口径一二センチ程度、高台径四・一、四・五センチ、高さ六センチ程度である。口縁部の下は窪む、いわゆる「鼈《すっぽん》口《ぐち》」といわれるものである。体部の下半は露胎で、釉薬が流れ下る。高台内は浅く削られている。十六世紀の美濃焼と考えられる。聞き取りによると白磁は、「淡い白色で、大きさは口径一〇センチ前後を測り、口縁は花弁のごとく凹凸が認められたとされ、文様などはなかった」という。三宅博士氏は中国製菊花皿の可能性を想定されている。県内で数少ない陶磁器が一括出土した事例である。

（守岡）

[130] 三太良《さんたら》遺跡《いせき》　陶磁器《とうじき》　一二点

戦国時代（十六世紀）
青花菊花文小皿　五点／白磁皿　五点／美濃天目碗　一点／
備前壺　一点
当館

三太良遺跡は島根県安来市広瀬町富田に所在し、富田城北側の新宮谷に位置する。大正元年に、新宮谷後谷にある新宮党館跡から約二〇〇メートル上流で、舌状に伸びる低い丘陵が入り組んだ一角を開墾中に、備前壺の中に青花皿と白磁皿が納まり、美濃天目碗が蓋のように逆さに置かれて発見されたという。内訳は、備前壺一点、美濃天目碗一点、青花皿一〇点、白磁皿一三点である。備前壺は口径一七・四センチ、高さ二四・八センチを測り、十六世紀代の双耳壺である。美濃天目碗は、口径一二・一センチ、高さ六・三センチを測り、高台周辺に化粧掛けした大窯期のものである。青花は、見込みに十字花文、外面に唐草文を描いた皿一点と内底に菊花文、外面に簡略化した波涛文帯、芭蕉文を描いた碁笥底の皿九点の計一〇点である。前者は口径九・六センチ、高さ二・五センチ、後者は口径一一センチ前後、高さ三・五センチ前後を測る。白磁は菊花皿三点、高台から体部下半が露胎の端反皿三点、高台端が露胎の端反皿七点の計一三点である。口径一一・五センチ前後、高さ五センチ前後である。

陶磁器の時期は、美濃天目碗や青花、白磁の一部が十五世紀後半から十六世紀前半で、十六世紀代と考えられる。

遺跡の性格は、早急に決められないが、富田城周辺の歴史的環境から一括埋納品の可能性も考えられる。島根県内で陶磁器が一括出土した事例は少なく、貴重な事例である。

（守岡）

[131]～[132] 富田川《とだがわ》河床遺跡　出土資料

戦国～江戸時代（十六～十七世紀）
島根県埋蔵文化財調査センター

[131] 富田川《とだがわ》河床遺跡　鉄釜《てつがま》　一点

（口径）一三・四×（器高）一一・五センチ

[132] 富田川《とだがわ》河床遺跡　金属製品《きんぞくせいひん》　一三点

錘　二点／鏡　一点／錠前　一点／鍵カ　一点／匙　一点／
引手金具　一点／仏花瓶　一点／仏具　二点／鈴　二点／
火箸　一点

富田川河床遺跡（安来市広瀬町）は洪水により町が水没し、突然土砂に埋まったと考えられ、当時使用していた金属製品が数多く残ったと考えられる。金属製品は武具や武器以外に、暮らしに必要な鎌や包丁などの道具や鍋や装飾品などとして使用されている。

鉄釜は、第七次調査の十七世紀中頃の第二遺構面にある道路に面した町屋（SB31）から出土。建物は間口六・三間、奥行き五間以上の建物で、鉄鍋四点や錠前、鎌、鉈など金属製品や砥石や陶磁器など生活用具が数多く確認されている。鉄釜は、口径一三・四センチ、胴の最大径二七センチ、高さ一一・五センチと低い。肩部には、二か所の鐶状の取手があり、片方に円環が残る。蓋にはつまみがあり、円鐶が残る。高さ二センチほどである。「慶長卯年」銘の錘は、第七次調査第一遺構面の建物（SB024）から出土した。重量は八・七五グラムで、表面は金色を呈している。鏡は第八次調査の十七世紀初頭の土層から出土した直径一一・二センチの双鳥鏡。亀形鈕で、外区には菊花亀甲文をあしらう。内外区は二重界圏で区切る。鏡は他の調査区からも複数出土し、簪《かんざし》や毛抜きなど化粧に欠かせない品々も確認されている。建物の扉や箪《たん》笥《す》のような箱物に使用する錠前《じょうまえ》や鍵《かぎ》やサイズが異なりさまざまな用途が考えられる匙《さじ》も複数確認されている。また、建具の引手と考えられる木瓜形金具の確認は、ふすまなどを使用した建物が存在していたことを推定することができる。仏花瓶や鈴は祭祀具の可能性も考えられ、出土した調査区の性格を検討する材料にもなる。

金属製品は錆びて朽ちたり、再利用されたりし、腐らない陶磁器などに比べ遺跡から出土しにくい。しかし、金属製品を検討することにより、当時の生活や文化を復元することが可能で、富田川河床遺跡出土品はその可能性を秘めている。（守岡）

［133］富田川河床遺跡《とだがわかしょういせき》　銭貨《せんか》　一〇点

戦国～江戸時代（十六世～十七世紀）
皇宋通寳　一点／洪武通寳　二点／宋通元寳　一点／
朝鮮通寳　一点／慶長通寳　一点／開元通寳　一点／
永楽通寳　一点／無文銭　二点
島根県埋蔵文化財調査センター

中世の日本列島では貨幣が発行されず、中国大陸等で鋳造された銅製銭貨（銅銭）を交易で入手し使用していた。最も多く流通したのは、「宋通元寳《そうつうげんぽう》」や「皇宋通寳《こうそうつうほう》」など中国・北《ほく》宋《そう》王朝の銭貨（北宋銭）である。ほかに、朝鮮王朝の「朝鮮《ちょうせん》通寳《つうほう》」やベトナムなどアジア各地のものが使われた。

富田川河床遺跡（安来市広瀬町）の戦国時代には既に銅銭が不足しており、複製された低品質（小さい・薄い・文字不明瞭）のもの（模鋳銭《もちゅうせん》）が多く流通していた。出土した明王朝の「洪武通寳《こうぶつうほう》」を並べて比較すると、その違いは明らかだろう。複製がさらに繰り返された結果、文字が消失して表面が平らな「無文銭《むもんせん》」も出現していた。銅銭中央の穴が大きく拡大したものもある。時代は降るが、「慶長通寳《けいちょうつうほう》」は慶長年間（一五九六～一六一五）に「永楽通寳《えいらくつうほう》」の文字を替えて、日本で鋳造されたといわれる。

また、銅銭は死者に供える六道銭《りくどうせん》のように、祭祀行為にも用いられた。正円形の穴六個が左右対称に開けられた「開元《かいげん》通寳《つうほう》」は、そうした行為に使用された可能性が推測される。

富田川河床遺跡では多数の遺構で銅銭が確認され、出土点数は一二〇〇点以上にのぼる。多種多様な銅銭から、城下町での日常的なくらしの一面がうかがえる。（目次）

［134］富田川河床遺跡《とだがわかしょういせき》　切銀《きりぎん》　四点

戦国～江戸時代（十六～十七世紀）
切銀　三点／切遣い銀　一点
島根県埋蔵文化財調査センター

富田川河床遺跡（安来市広瀬町）の第六次調査で古丁銀の切銀①、第七次調査で灰吹き銀の切銀②、第八次調査で灰吹き銀の切銀③、④が出土している。①は十六世紀後半の包含層から出土している。表に槌目《つちめ》があり、古丁銀の石州丁銀に近いものである。蛍光X線の分析から微量のビスマスを含むことから石見銀の可能性が考えられる。②は小形の灰吹き銀の切銀である。③は灰吹き銀の切銀で表に「米判」の刻印が打たれている。②、③は成分中に微量の金を含むことから鳥取県日南町の伯州《はくしゅう》銀山の可能性がある。この銀山は、亀井茲《かめいこれ》矩《のり》により発見され、後に吉川広家が領有していた。③は灰吹き銀の切銀で表に分銅の刻印が残され、中に文字もみられるが鋳で解読できない。②～④の時期は、十六世紀後半から十七世紀前半の可能性がある。（廣江）

エピローグ

［135］阿弥陀如来坐像《あみだにょらいざぞう》　一軀

木造　漆箔　玉眼
室町時代・応永三十五年（一四二八）
（像高）七八・五センチ
安来市・城安寺

新出作例。長らく城安寺山門に安置されており、寺院関係者を除いてほぼ知られることはなかった像だが、令和五年（二〇二三年）に実施された当館と安来市教育委員会との調査により、応永三十五年（一四二八）と天文八年（一五三九）の墨書銘が頭部内側に確認された。前者が造像銘、後者が修理銘とみられる。

前者は応永三十五年に仏師定宗が成安寺（城安寺の旧称）本尊として本像を造像したことを記す。定宗の他の事跡は未詳だが、鎌倉期から室町期にかけての京都の主要仏師の中には名前に「定」の字を冠する一派のあったことが指摘されている。本像の出来栄えの高さからみて、定宗もこの一派に属する仏師とみてよい。後者は天文八年に仏師康秀が（おそらく修理に）携わったという内容。康秀は京都七条を本拠地とした慶派の流れにある仏師で、尼子経久により富田の地に招かれ、岩屋寺（奥出雲町）ほか山陰の各地で造仏や修理に携わったことが『岩屋寺快円日記』［85］などから知られる。本像表面の漆箔などはこの際にほどこされたものだろう。

本像の作風は、切れ長の目と眉、左右対称を意識した着衣、やや角張った体つき、像内に像心束・前後束を残す構造など、室町期に主流を占めた院派の特徴が顕著である。加えて、鎌倉大仏を思わせる精悍な顔立ちや、的確で現実的な量感の体つきからは、鎌倉期の作風を継承した伝統的・保守的な要素も垣間見える。本像は室町期の秀作であるだけでなく、造像当初より当地に伝わったことが確実な基準作であり、かつ、当地における主要仏師の動向を明瞭に示した存在でもある。本像が新たに見出だされた意義は、当地の中世彫刻史研究において極めて大きい。（濱田）

【頭部内側墨書銘翻刻文】

應永三十五年甲□（申）　□（参）月晦日

雲州成安寺本尊

「［　］の仏師
康秀　天文八年□（六）月十五日（花押）」（異筆）

願主友侊
住持祖范
大佛師
定宗

［136］堀尾期松江城下絵図《ほりおきまつえじょうかえず》　一舗

紙本著色
江戸時代（十七世紀）
（縦）一四一・〇×（横）一一七・〇センチ
島根大学附属図書館

近世松江《まつえ》城下を描いたものの中で最も古い絵図。堀尾《ほりお》氏時代の城と城下を描く。松江城については、紺色で描かれた堀川の中に本丸・二の丸を含んだ城郭が描かれており、堀を挟んで南側に三の丸、三の丸の南側に「鷹部屋」（御鷹部屋）、西側に「花はた」（御花畑）がある。石垣は水色で描かれており、本丸・二の丸・三の丸を中心に石垣がめぐらされていたことがわかる一方で、内堀北西部には石垣がない。天守や南総門（大手門）・馬溜《うまだまり》、北惣門（東惣門）など城郭部はかなり正確に描かれているものと考えられている。外堀（京橋《きょうはし》川《がわ》）の内側には上中級家臣の屋敷地を置き、その周囲にある外中原町《そとなかばらちょう》・雑賀町《さいかまち》に下級武士の屋敷を配置している。町人町は外堀の外側にあり、武家町を囲む形で並んでいる。（田村）

［137］松江城下町遺跡《まつえじょうかまちいせき》（殿町）陶磁器《とうじき》

安土桃山～江戸時代（十六～十七世紀）
松江市

［137－1］黒織部沓形茶碗《くろおりべくつがたちゃわん》　一点
陶器
（口径）一二・一×（器高）六・九センチ

［137－2］唐津鉄絵四方向付《からつてつえしほうむこうづけ》　一点
陶器
（口径）一一・三×（器高）四・八センチ

［137－3］志野四方向付《しのしほうむこうづけ》　一点
陶器
（口径）一〇・〇×（器高）六・〇センチ

松江城下町遺跡（松江市殿町）は、松江城の東に隣接して現松江歴史館が建設されるに伴い、発掘調査が行われた。一帯は、城主である堀尾家の上級家臣の屋敷が並ぶエリアである。展示資料が出土した「南屋敷」は、堀尾右近（五〇〇石）の屋敷に比定されている。

［137－1］は南屋敷第四遺構面の土坑ＳＸ０２から出土した、黒織部の沓形茶碗である。くびれを境として胴部と口縁帯を明瞭に区別する。腰は大きく張り出す。黒織部は、焼成の途中に作品を窯から取り出し、急冷させることにより、表面の鉄釉を黒く発色させたものである。胴部側面の一方は、釉を掛け残した白い部分を残す。もう一方の側面は、型紙を当てて鉄釉を掛け残すことにより格子状の白抜き文様を表す。底部外面にはヘラ記号「イ」を刻む。

［137－2］は唐津鉄絵四方向付である。器種の「向付」はおかずを載せる小鉢で、膳の向こう側に置かれることによる呼び名といわれる。丸みをおびた平面形の底部～胴部の上に、四辺が山のように盛り上がり大きく外へ開く口縁部がつく。素焼き段階の作品に鉄釉で下絵を描き、上から透明な釉薬をかけて焼き上げる。肥前では十七世紀初頭、このような「鉄絵」の皿を多く生産した。

［137－3］は志野四方向付である。胴部の平面形は隅丸方形で、腰が大きく張り出し、上方がやや狭くなる。胴中央部に貼り付け突帯をめぐらす胴紐形。粘土紐より上が少し残り、上段は縦縞、下段は唐草文様で、ともに赤く発色する。鉄の顔料で下絵を描き、透明度の高い白ベースの長石釉をかけて表される（下絵付け）。

（久保田）

列品目録

※展示期間
【通期】二〇二四年十月十一日～十二月八日
【Ⅰ】十月十一日～十一月四日
【Ⅱ】十一月六日～十一月十八日
【Ⅲ】十一月二十日～十二月八日

番号	作品名称	枝番作品名称	指定	年代	員数	所蔵者所在地・所有者 ※所在地は県名あるいは島根県の場合は市町村名、国・地方自治体の機関については省略	展示期間
	プロローグ　戦乱の記憶　―月山富田城をめぐって―						
1-1	富田城図　上巻			江戸時代・文久三年（一八六三）	一巻	安来市・城安寺	Ⅰ・Ⅱ
1-2	富田城図　下巻			江戸時代・文久三年（一八六三）	一巻	安来市・城安寺	Ⅲ
2	鉄錆地三十一枚張三十二間筋兜鉢　銘　雲州住明珍紀宗弘真鍛之			江戸時代（十七世紀）	一頭	当館	通期
3	懐橘談　乾			江戸時代（十八世紀）	一冊	当館	通期
	第1章　戦乱の装い　―武具と武器―						
	（1）武具　―甲冑とその細部―						
4	色々威胴丸　兜・大袖付		重要文化財	室町時代（十五世紀）	一領	松江市・佐太神社（当館寄託）	Ⅰ
5	色々威腹巻　兜・大袖付		重要文化財	室町～戦国時代（十五～十六世紀）	一領	松江市・佐太神社（当館寄託）	Ⅱ
6	黒漆三十八間筋兜			戦国時代（十六世紀）	一頭	山口県・吉川史料館	Ⅰ・Ⅱ
7	色々威五十八間筋兜		重要文化財	室町～戦国時代（十五～十六世紀）	一頭	松江市・佐太神社（当館寄託）	Ⅲ
8	櫨匂威鎧残闕		重要文化財	平安時代（十二世紀）	一括	江津市・甘南備寺（当館寄託）	Ⅰ
9	紺糸威腹巻　色々威広袖		出雲市指定文化財	戦国時代（十六世紀）	一括	出雲市・比布智神社（当館寄託）	Ⅱ・Ⅲ
10	益田元祥像（複製）			原品：安土桃山時代（十六世紀）	一幅	当館	Ⅰ
11	大内義興像（模写）			大正時代（二十世紀）	一幅	山口県立山口博物館	Ⅱ・Ⅲ
12	富田川河床遺跡　甲冑部品			戦国～江戸時代（十六～十七世紀）	一六点	島根県埋蔵文化財調査センター	通期
13	富田川河床遺跡　鉄鏃			戦国～江戸時代（十六～十七世紀）	三点	島根県埋蔵文化財調査センター	通期
14	富田川河床遺跡　押付板			戦国時代（十六世紀）	一点	島根県埋蔵文化財調査センター	通期
15	富田川河床遺跡　脇板			安土桃山～江戸時代（十六～十七世紀）	一点	安来市教育委員会	通期
16	広ノ下荒神塚　大袖			戦国時代（十六世紀）	一括	雲南市教育委員会	通期
	（2）刀剣と刀装具						
17	刀　銘　雲州住冬廣作			戦国時代（十六世紀）	一口	当館	通期
18	刀　銘　石州長浜住続弘作			戦国時代・天文三年（一五三四）十一月	一口	当館	通期
19	富田川河床遺跡　刀装具			戦国～江戸時代（十六～十七世紀）	九点	島根県埋蔵文化財調査センター	通期
	（3）火器の登場						
20	鉄砲　清尭作		島根県指定文化財	江戸時代・慶長十七年（一六一二）	一挺	出雲市・日御碕神社（出雲文化伝承館寄託）	通期
21-1	富田川河床遺跡　火縄銃・鉄砲玉	火縄銃		戦国～江戸時代（十六～十七世紀）	一点	島根県埋蔵文化財調査センター	通期
21-2	富田川河床遺跡　火縄銃・鉄砲玉	鉄砲玉		戦国～江戸時代（十六～十七世紀）	二点	島根県埋蔵文化財調査センター	通期
22	尼子勝久書状			戦国時代・［永禄十三年（一五七〇）］四月十九日	一通	当館	通期
23	フランキ砲（仏郎機砲）			安土桃山～江戸時代（十六～十七世紀）	一門	津和野町教育委員会	通期
24	酒井出羽守城鉄炮并武具目録［亀井家文書］			江戸時代・元和三年（一六一七）八月二十二日	一通	当館	通期
25	防長古器考　有図第十四			江戸時代・安永三年（一七七四）	一冊	山口県文書館	Ⅰ
	第2章　戦乱の群像　―武将たちの攻防戦―						
	（1）尼子氏の戦い　―富田城攻防戦―						
26	尼子経久像		山口県指定文化財	戦国時代（十六世紀）	一幅	山口県立山口博物館	Ⅰ
27	尼子経久像		鳥取県指定保護文化財	戦国時代（十六世紀）	一幅	鳥取県・定光寺	Ⅱ・Ⅲ
28	尼子晴久像		山口県指定文化財	戦国時代（十六世紀）	一幅	山口県立山口博物館	Ⅰ
29	尼子晴久像			江戸時代（十七～十九世紀）	一幅	当館	Ⅱ・Ⅲ
30	大内義隆像（模写）			大正三年（一九一四）	一幅	当館	通期

31	毛利元就像	重要文化財	戦国時代(十六世紀)	一幅	出雲市・鰐淵寺(当館寄託)	I
32	毛利元就像	安芸高田市指定重要文化財	江戸時代(十七~十八世紀)	一幅	個人蔵(安芸高田市歴史民俗博物館寄託)	II・III
33	毛利元就・隆元感状案[毛利家文書]	重要文化財	戦国時代・天文十二年(一五四三)四月十二日	一通	山口県・毛利博物館	I
34	大内義隆書状[石見小笠原家文書]		戦国時代・[天文十二年(一五四三)]二月六日	一通	島根大学附属図書館	II・III
35	坪内重吉父子証状[坪内家文書]		戦国時代・永禄五年(一五六二)七月二十七日	一通	個人蔵	II・III
36	尼子義久書状[坪内家文書]		戦国時代(十六世紀)・年未詳十月九日	一通	個人蔵	I
37	尼子倫久書状[坪内家文書]		戦国時代(十六世紀)・年未詳六月二十一日	一通	個人蔵	II・III
38	尼子義久宛行状[笠置家文書]	島根県指定文化財	戦国時代・永禄八年(一五六五)五月六日	一通	当館	通期
(2)	**毛利氏・吉川氏の戦い ―富田城から鳥取城へ―**					
39	吉川元春像	岩国市指定文化財	安土桃山時代(十六世紀)	一幅	山口県・吉川史料館	I
40	吉川元春像	岩国市指定文化財	江戸時代(十七世紀)	一幅	山口県・吉川史料館	II・III
41	天野隆重書状[賀儀家文書]		戦国時代・永禄十二年(一五六九)九月二十七日	一通	当館	通期
42	毛利元就・輝元連署感状[賀儀家文書]		戦国時代・[永禄十二年(一五六九)]十二月二十日	一通	当館	通期
43	毛利元就書状[石見石田家文書]		戦国時代・[永禄十三年(一五七〇)]二月十七日	一通	当館	通期
44	毛利元就・輝元連署書状		戦国時代・[元亀元年(一五七〇)]五月四日	一通	当館	通期
45	羽柴秀吉鳥取城攻布陣図		江戸~明治時代(十九世紀)	一舗	鳥取市歴史博物館	I
46	旧塁鑿覧画図 一(鳥取城図)		江戸~明治時代(十九世紀)	一舗	鳥取県立博物館	II・III
47	山名氏政感状[古志家文書]	出雲市指定文化財	安土桃山時代・[天正六年(一五七八)]五月十九日	一通	出雲市	通期
48	伝・吉川経家采配		[安土桃山時代(十六世紀)]	一点	鳥取市歴史博物館	通期
49	吉川経家自筆書状[石見吉川家文書]	重要文化財	安土桃山時代・[天正九年(一五八一)]三月二十日	一通	山口県・吉川史料館	I
50	吉川元春書状[山縣家文書]		安土桃山時代・[天正九年(一五八一)]七月十一日	一通	鳥取市歴史博物館	II・III
51	吉川元春書状[山縣家文書]		安土桃山時代・[天正九年(一五八一)]七月十二日	一通	鳥取市歴史博物館	II・III
	トピック しまねの武将たち					
52	口羽通良坐像		安土桃山時代(十六世紀)	一軀	邑南町・宗林寺	通期
53	小笠原長徳感状[庵原家文書]		戦国時代・大永五年(一五二五)十一月十日	一通	島根県立図書館	通期
54	小笠原長隆・長徳連署感状[庵原家文書]		戦国時代・享禄四年(一五三一)四月七日	一通	島根県立図書館	通期
55	小笠原長徳感状[庵原家文書]		戦国時代・天文九年(一五四〇)九月九日	一通	島根県立図書館	通期
56	毛利元就・輝元連署起請文[三澤家文書]		戦国時代・永禄十二年(一五六九)九月八日	一通	個人蔵(下関市立歴史博物館寄託)	I
57	吉川元春起請文[三澤家文書]		戦国時代・元亀二年(一五七一)四月五日	一通	個人蔵(下関市立歴史博物館寄託)	II・III
58	毛利元就書状[三澤家文書]		戦国時代(十六世紀)・年未詳三月二十八日	一通	個人蔵(下関市立歴史博物館寄託)	I
59	大館晴忠書状[三澤家文書]		戦国時代(十六世紀)・年未詳九月十八日	一通	個人蔵(下関市立歴史博物館寄託)	II・III
60	尼子晴久書状[上田家文書]	鳥取県指定保護文化財	戦国時代・天文十一年(一五四二)八月二十八日	一通	個人蔵(鳥取市歴史博物館寄託)	I
61	毛利輝元・元就連署書状[上田家文書]	鳥取県指定保護文化財	戦国時代・[永禄十二年(一五六九)]七月二十三日	一通	個人蔵(鳥取市歴史博物館寄託)	II・III
	第3章 戦乱の諸相 ―人びとと地域―					
(1)	**戦う人びと**					
62-1	関ケ原合戦図屏風 右隻		江戸時代(十七~十九世紀)	一隻	鳥取県・渡辺美術館	I
62-2	関ケ原合戦図屏風 左隻		江戸時代(十七~十九世紀)	一隻	鳥取県・渡辺美術館	II・III
63	石田主税助合戦注文[石見石田家文書]		戦国時代・永禄十三年(一五七〇)四月十四日	一通	当館	通期
64	吉川元春軍忠状[吉川家文書]	重要文化財	戦国時代・永禄六年(一五六三)十一月十三日	一通	山口県・吉川史料館	I
65	伊勢国津城合戦頸注文[毛利家文書]	重要文化財	安土桃山時代・[慶長五年(一六〇〇)]八月二十五日	一通	山口県・毛利博物館	II
66	安国寺恵瓊・福原広俊連署書状[宮本家文書]	鳥取県指定保護文化財	安土桃山時代・[慶長三年(一五九八)]一月七日	一通	鳥取県立博物館	II
67	豊臣秀吉朱印状[毛利家文書]	重要文化財	安土桃山時代・[慶長三年(一五九八)]一月二十五日	一通	山口県・毛利博物館	III
68	軍幟	山口県指定文化財	[戦国時代(十六世紀)]	一旒	山口県・毛利博物館	I
69	紅地一に三つ星文旗		[江戸時代(十七世紀)]	一旒	山口県立山口博物館	II・III
(2)	**水運と軍需物資**					
70	大山寺縁起絵巻(模本) 上巻(複製)		原品:江戸時代(十九世紀)	一巻	当館	通期

71	小早川隆景書状［野村家文書］			戦国時代（十六世紀）・年未詳五月二十五日	一通	当館	Ⅰ
72	小早川隆景書状［野村家文書］			戦国時代（十六世紀）・年未詳五月二十九日	一通	当館	Ⅱ・Ⅲ
73	尼子氏奉行人連署米留印判状［坪内家文書］		鳥取県指定保護文化財	戦国時代（十六世紀）・年未詳二月五日	一通	個人蔵	Ⅰ
74	平佐就之書状［宮本家文書］			戦国時代・［永禄七年（一五六四）］二月十日	一通	鳥取県立博物館	Ⅱ・Ⅲ
75	吉川元春書状［富家文書］			戦国時代（十六世紀）・年未詳四月十八日	一通	山口県・毛利博物館	Ⅰ
76	毛利元秋書状［富家文書］			戦国時代（十六世紀）・年未詳八月二十一日	一通	山口県・毛利博物館	Ⅱ・Ⅲ
77	粟屋元真・粟屋元勝・粟屋就秀連署書状［野村家文書］			戦国時代（十六世紀）・年未詳九月二十四日	一通	当館	通期

（3）戦乱と社寺・信仰

78	不動明王立像		出雲市指定文化財	戦国時代・天文十五年（一五四六）	一軀	出雲市・松林寺（当館寄託）	通期
79	尼子版妙法蓮華経			戦国時代・永正十二年（一五一五）一月	八巻	当館	通期
80	毛利輝元書状			戦国時代（十六世紀）・年未詳十月六日	一通	当館	通期
81	尼子晴久書状［富家文書］			戦国時代（十六世紀）・年未詳六月十五日	一通	島根県立図書館	Ⅰ・Ⅱ
82	尼子義久書状［富家文書］			戦国時代（十六世紀）・年未詳六月十五日	一通	島根県立図書館	Ⅲ
83	聖香書状［坪内家文書］			戦国時代・永禄七年（一五六四）二月二十八日	一通	個人蔵	Ⅰ
84	牛尾久清書状［坪内家文書］			戦国時代・永禄八年（一五六五）五月十九日	一通	個人蔵	Ⅱ・Ⅲ
85-1	岩屋寺快円日記	第二～三紙		戦国時代（十六世紀）	一冊	鳥取県立博物館	Ⅰ
85-2	岩屋寺快円日記	第十一～十二紙		戦国時代（十六世紀）		鳥取県立博物館	Ⅱ・Ⅲ

（4）戦禍が襲う　―民衆と地域―

86	羽柴秀吉禁制			安土桃山時代・天正八年（一五八〇）五月十二日	一点	鳥取市歴史博物館	通期
87	羽柴秀吉掟書			安土桃山時代・天正九年（一五八一）六月二十五日	一通	鳥取市歴史博物館	通期
88	羽柴秀吉書状［秋田政蔵文庫］			安土桃山時代・天正九年（一五八一）九月	一通	鳥取県立博物館	通期
89	陰徳太平記			江戸時代・正徳二年（一七一二）	一冊	当館	通期

第4章　戦乱と城　―戦う城、変貌する城―

（1）山城解剖　―発掘された城、古文書が語る城―

90	狗戸那城跡　復元模型			―	一台	鳥取県埋蔵文化財センター	通期
91	狗戸那城跡　陶磁器ほか			戦国～安土桃山時代（十六世紀）	五点	鳥取県埋蔵文化財センター	通期
92	狗屍那古城跡絵図［因伯古城跡図志　因幡国］			江戸時代・文政元年（一八一八）	一舗	鳥取県立博物館	Ⅰ
93	羽衣石城跡絵図［因伯古城跡図志　伯耆国］			江戸時代・文政元年（一八一八）	一舗	鳥取県立博物館	Ⅱ
94	私部城跡絵図［因伯古城跡図志　因幡国］			江戸時代・文政元年（一八一八）	一舗	鳥取県立博物館	Ⅲ
95	南山城跡　復元模型			―	一台	岡山県古代吉備文化財センター	通期
96	南山城跡　金属製品			戦国～安土桃山時代（十六世紀）	八点	岡山県古代吉備文化財センター	通期
97	南山城跡　陶磁器・石製品ほか			戦国～安土桃山時代（十六世紀）	二点	岡山県古代吉備文化財センター	通期
98	南山城跡　青磁椀			戦国～安土桃山時代（十六世紀）	一点	岡山県古代吉備文化財センター	通期
99	南山城跡　内耳鍋			戦国～安土桃山時代（十六世紀）	一点	岡山県古代吉備文化財センター	通期
100	南山城跡　羽釜			戦国～安土桃山時代（十六世紀）	一点	岡山県古代吉備文化財センター	通期
101	静間城跡　陶磁器			室町～戦国時代（十五～十六世紀）	八点	島根県埋蔵文化財調査センター	通期
102	普源田砦跡　陶磁器・石製品			戦国時代（十六世紀）	八点	島根県埋蔵文化財調査センター	通期
103	毛利元就書状［富家文書］			戦国時代（十六世紀）・［永禄六年（一五六三）］八月十四日	一通	山口県・毛利博物館	Ⅰ
104	毛利輝元書状			戦国時代（十六世紀）・年未詳三月十一日	一通	安芸高田市歴史民俗博物館	Ⅱ・Ⅲ
105	吉川元春・小早川隆景連署書状［石見小笠原家文書］			戦国時代（十六世紀）・年未詳七月二十七日	一通	島根大学附属図書館	通期
106	吉見頼盛書状			戦国時代・永禄十二年（一五六九）十月二十一日	一通	当館	通期

（2）城を攻める　―富田城・郡山城と陣城―

107	毛利元就郡山籠城日記［毛利家文書］		重要文化財	戦国時代・天文十年（一五四一）二月十六日	一通	山口県・毛利博物館	Ⅰ
108	芸州吉田郡山城図			江戸時代（十七～十九世紀）	一舗	山口県・毛利博物館	Ⅰ
109	吉田郡山城図			江戸時代（十七～十九世紀）	一舗	安芸高田市歴史民俗博物館	Ⅱ・Ⅲ
110	安芸吉田郡山城古図			江戸時代（十七～十九世紀）	一舗	山口県立山口博物館	Ⅰ
111	郡山城中心一円図			江戸時代（十七～十九世紀）	一舗	安芸高田市歴史民俗博物館	Ⅱ・Ⅲ

112	辺春・和仁仕寄陣取図			江戸時代（十七〜十九世紀）	一舗	山口県文書館	Ⅰ
113	二宮佐渡覚書［吉川家文書］		重要文化財	安土桃山〜江戸時代（十六世紀〜十七世紀）	一巻	山口県・吉川史料館	Ⅰ
114	二宮佐渡覚書［三卿伝史料］			大正〜昭和時代（二十世紀）	一冊	山口県文書館	Ⅱ
115	森脇飛驒覚書［毛利家文庫］			江戸時代（十七世紀）	一冊	山口県文書館	Ⅲ
	（3）変貌する城　―〝土の城〟から〝石の城〟へ―						
116	尾高城跡　陶磁器			室町〜江戸時代（十五〜十七世紀）	二三点	米子市	通期
117	芸州吉田郡山之図			江戸時代（十七〜十九世紀）	一舗	安芸高田市歴史民俗博物館	通期
118	郡山城跡　陶磁器			鎌倉〜戦国時代（十三〜十六世紀）	一三点	安芸高田市歴史民俗博物館	通期
119	郡山城跡　堆黒盆			鎌倉〜戦国時代（十三〜十六世紀）	一点	安芸高田市歴史民俗博物館	通期
120-1	富田城跡　瓦	軒丸瓦		安土桃山〜江戸時代（十六〜十七世紀）	三点	安来市教育委員会	通期
120-2	富田城跡　瓦	鯱瓦		安土桃山〜江戸時代（十六〜十七世紀）	三点	安来市教育委員会	通期
120-3	富田城跡　瓦	李朝系瓦		安土桃山〜江戸時代（十六〜十七世紀）	二点	安来市教育委員会	通期
121	富田城跡　バンドコ			安土桃山〜江戸時代（十六〜十七世紀）	一点	安来市教育委員会	通期
122	富田城跡　軒平瓦（米子城・松江城同笵瓦）			安土桃山〜江戸時代（十六〜十七世紀）	二点	安来市教育委員会	通期
123	米子城跡　軒平瓦（富田城同笵瓦）			安土桃山〜江戸時代（十六〜十七世紀）	一点	米子市	通期
124	松江城　軒平瓦（富田城同笵瓦）			安土桃山〜江戸時代（十六〜十七世紀）	一点	松江市	通期
125	松江城　軒丸瓦・軒平瓦（分銅紋）			安土桃山〜江戸時代（十六〜十七世紀）	二点	松江市	通期
126	出雲国図			江戸時代（十九世紀）	一舗	当館	通期
	第5章　戦乱と城下町　―富田川河床遺跡の世界―						
127	広瀬城下絵図			江戸時代（十七〜十九世紀）	一補	出雲市・須佐神社	通期
128-1	富田川河床遺跡　陶磁器	青磁		戦国〜江戸時代（十六〜十七世紀）	四点	島根県埋蔵文化財調査センター	通期
128-2	富田川河床遺跡　陶磁器	白磁		戦国〜江戸時代（十六〜十七世紀）	六点	島根県埋蔵文化財調査センター	通期
128-3	富田川河床遺跡　陶磁器	青花皿・小坏		戦国〜江戸時代（十六〜十七世紀）	六点	島根県埋蔵文化財調査センター	通期
128-4	富田川河床遺跡　陶磁器	朝鮮青灰沙器碗		戦国〜江戸時代（十六〜十七世紀）	一点	島根県埋蔵文化財調査センター	通期
128-5	富田川河床遺跡　陶磁器	黒釉小壺		戦国〜江戸時代（十六〜十七世紀）	一点	島根県埋蔵文化財調査センター	通期
128-6	富田川河床遺跡　陶磁器	朝鮮褐釉甕		戦国〜江戸時代（十六〜十七世紀）	一点	島根県埋蔵文化財調査センター	通期
128-7	富田川河床遺跡　陶磁器	緑釉小皿		戦国〜江戸時代（十六〜十七世紀）	二点	島根県埋蔵文化財調査センター	通期
128-8	富田川河床遺跡　陶磁器	黒釉壺		戦国〜江戸時代（十六〜十七世紀）	一点	島根県埋蔵文化財調査センター	通期
128-9	富田川河床遺跡　陶磁器	タイ壺		戦国〜江戸時代（十六〜十七世紀）	一点	島根県埋蔵文化財調査センター	通期
128-10	富田川河床遺跡　陶磁器	越前擂鉢		戦国〜江戸時代（十六〜十七世紀）	一点	島根県埋蔵文化財調査センター	通期
128-11	富田川河床遺跡　陶磁器	焼塩壺		戦国〜江戸時代（十六〜十七世紀）	一点	島根県埋蔵文化財調査センター	通期
128-12	富田川河床遺跡　陶磁器	軒丸瓦		戦国〜江戸時代（十六〜十七世紀）	一点	島根県埋蔵文化財調査センター	通期
128-13	富田川河床遺跡　陶磁器	肥前陶器		戦国〜江戸時代（十六〜十七世紀）	五点	島根県埋蔵文化財調査センター	通期
128-14	富田川河床遺跡　陶磁器	中国天目碗		戦国〜江戸時代（十六〜十七世紀）	四点	島根県埋蔵文化財調査センター	通期
129	鳥越山　美濃天目碗			戦国時代（十六世紀）	二点	当館	通期
130	三太良遺跡　陶磁器			戦国時代（十六世紀）	二二点	当館	通期
131	富田川河床遺跡　鉄釜			戦国〜江戸時代（十六〜十七世紀）	一点	島根県埋蔵文化財調査センター	通期
132	富田川河床遺跡　金属製品			戦国〜江戸時代（十六〜十七世紀）	一三点	島根県埋蔵文化財調査センター	通期
133	富田川河床遺跡　銭貨			戦国〜江戸時代（十六〜十七世紀）	一〇点	島根県埋蔵文化財調査センター	通期
134	富田川河床遺跡　切銀			戦国〜江戸時代（十六〜十七世紀）	四点	島根県埋蔵文化財調査センター	通期
	エピローグ　戦乱の終焉　―富田から松江へ―						
135	阿弥陀如来坐像			室町時代・応永三十五年（一四二八）	一軀	安来市・城安寺	通期
136	堀尾期松江城下絵図			江戸時代（十七世紀）	一舗	島根大学附属図書館	Ⅰ・Ⅱ（Ⅱは複製展示）
137-1	松江城下町遺跡（殿町）　陶磁器	黒織部沓形茶碗		安土桃山〜江戸時代（十六〜十七世紀）	一点	松江市	通期
137-2	松江城下町遺跡（殿町）　陶磁器	唐津鉄絵四方向付		安土桃山〜江戸時代（十六〜十七世紀）	一点	松江市	通期
137-3	松江城下町遺跡（殿町）　陶磁器	志野四方向付		安土桃山〜江戸時代（十六〜十七世紀）	一点	松江市	通期

主要参考文献一覧

・安芸高田市観光協会編『吉川元春』（安芸高田市観光協会、二〇一九年）
・秋本哲治「陣城跡から見る安芸郡山合戦」（『中世城郭研究』三四号、二〇二〇年）
・秋山伸隆『戦国大名毛利氏の研究』（吉川弘文館、一九九八年）
・出雲の石神信仰を伝承する会『「懐橘談」〈乾・坤〉写本』（自費出版、二〇一七年）
・池享『毛利領国の拡大と尼子・大友氏』（吉川弘文館、二〇二〇年）
・池田誠一「戦国武将波根氏の出自と富永氏」（『郷土石見』一〇五号、二〇一七年）
・伊藤創「山陰における吉川広家期の城郭瓦」（『織豊城郭』一八号、二〇一八年）
・伊藤大貴「古代出雲歴史博物館所蔵『信濃守為忠請文案』『佐波幸連請文案』について」（『古代文化研究』二六号、二〇一八年）
・伊藤大貴「『石見銀山争奪戦』と戦国大名」（『平成三十年度石見銀山遺跡関連講座記録集』島根県教育委員会、二〇一九年）
・伊藤大貴『石見銀山周辺の浄土宗寺院と毛利氏』（『島根史学会会報』五八号、二〇二〇年）
・稲田信・小山祥子・西尾克己『江戸幕府の絵図からみた初期松江城』（ハーベスト出版、二〇二四年）
・井上寛司「室町・戦国期の隠岐国守護代隠岐氏」（『山陰史談』二〇号、一九八四年）
・上野淳也「大砲伝来」（平尾良光・飯沼賢司・村井章介編『大航海時代の日本と金属交易』思文閣出版、二〇一四年）
・宇田川武久「近世初頭の城付武具の実体と変容」（『国立歴史民俗博物館研究報告』五〇集、一九九三年）
・宇田川武久「近世初頭における石火矢の出現と普及」（『国立歴史民俗博物館研究報告』六六集、一九九六年）
・宇田川武久『鉄砲と戦国合戦』（吉川弘文館、二〇〇二年）
・大森拓土「堀江友聲」（島根県立美術館編『堀江友聲』島根県立美術館、二〇一九年）
・岡寺良『戦国期北部九州の城郭構造』（吉川弘文館、二〇二〇年）
・小笠原長鑑・林以成編『防長古器考』復刻版（マツノ書店、一九九二年）
・岡村吉彦『織田VS毛利』（鳥取県、二〇〇七年）
・岡村吉彦『尼子氏と戦国時代の鳥取』（鳥取県、二〇一〇年）
・岡村吉彦「『宮本文書』の翻刻と紹介」（『鳥取地域史研究』一三号、二〇一一年）
・小都隆『考古学から探る郡山城』（溪水社、二〇二〇年）
・小都隆編『安芸の城館』（ハーベスト出版、二〇二〇年）
・勝部亮之助「島根県下の甲冑と火縄銃について」（島根県教育委員会編『島根県文化財調査報告　第二集』島根県教育委員会、一九六六年）
・勝俣鎮夫「禁制」（『国史大辞典　第四巻』、吉川弘文館、一九八四年）
・河合正治編『毛利元就のすべて』（新人物往来社、一九九六年）
・川岡勉『戦国期守護権力の研究』（思文閣出版、二〇二三年）
・岸田裕之「大名領国下における杵築相物親方坪内氏の性格と動向」（『大社町史研究紀要』四号、一九八九年）
・岸田裕之『大名領国の政治と意識』（吉川弘文館、二〇一一年）
・岸田裕之『毛利元就』（ミネルヴァ書房、二〇一四年）
・岸田裕之「因伯地域の戦国最末期史」（『鳥取地域史研究』二一号、二〇一九年）
・桑田忠親・岡本良一・武田恒夫編『関ヶ原合戦図』（中央公論社、一九八八年）
・桑原英二『まぼろしの戦国城下町』（自費出版、一九七四年）
・江津市教育委員会編『重要文化財　櫨匂威鎧残闕』パンフレット（甘南備寺、二〇二二年）
・笹間良彦『甲冑のすべて』（PHP研究所、一九九七年）
・笹間良彦監修・棟方武城執筆『すぐわかる日本の甲冑・武具　改訂版』（東京美術、二〇一二年、原本二〇〇四年）
・郡山城史跡ガイド協会編・秋本哲治監修『ガイドブック郡山城』（安芸高田市観光協会、二〇二一年）
・酒井元樹『名物刀剣』（吉川弘文館、二〇二四年）
・佐藤寛介『日本の甲冑』（東京国立博物館、二〇二一年）
・重根弘和「中世備前焼に関する考察」（『山口大学考古学論集』近藤喬一先生退官記念事業会、二〇〇三年）
・嶋谷和彦「無文銭の生産と全国分布」（『中近世移行期の無文銭』出土銭貨研究会、二〇〇四年）
・島根県教育委員会編『石見銀山史料解題 銀山旧記』（島根県教育委員会編、二〇〇三年）
・島根県古代文化センター編『富家文書』（島根県古代文化センター、一九九七年）
・島根県古代文化センター編『戦国大名尼子氏の伝えた古文書』（島根県古代文化センター、一九九九年）
・島根県古代文化センター編『尼子氏の特質と興亡史に関する比較研究』（島根県古代文化センター、二〇一三年）
・島根県文化財愛護協会編『しまねの文化財』（ハーベスト出版、二〇一八年）
・白峰旬「『伊勢国津城合戦頸注文』及び『尾張国野間内海合戦頸注文』に関する考察（その一～三）」（『別府大学紀要』五九号／『別府大学大学院紀要』二〇号／『史学論叢』四八号、二〇一八年）
・高木昭作「乱世」（『歴史学研究』五七四号、一九八七年）
・高屋茂男編『出雲の山城』（ハーベスト出版、二〇一三年）
・高屋茂男編『石見の山城』（ハーベスト出版、二〇一七年）
・高屋茂男編『隠岐の山城　続出雲の山城』（ハーベスト出版、二〇二二年）
・高橋成計『毛利・織田戦争と城郭』（ハーベスト出版、二〇二四年）
・高橋明善『高橋一朗と奥出雲の人・歴史・文化』（平安堂、二〇一三年）
・竹井英文・中澤克昭・新谷和之『描かれた中世城郭　城絵図・屏風・絵巻物』（吉川弘文館、二〇二三年）
・谷徹也「『豊臣の平和』と壬辰戦争」（牧原成征・村和明編『列島の平和と統合』吉川弘文館、二〇二二年）
・寺井毅『尼子氏の城郭と合戦』（戎光祥出版、二〇一八年）
・永井久美男編『中世の出土銭』（自費出版、一九九四年）
・中井均『織田・豊臣城郭の構造と展開　上』（戎光祥出版、二〇二一年）
・中井均編『伯耆米子城』（ハーベスト出版、二〇一八年）
・中井均編『松江城』（ハーベスト出版、二〇二〇年）
・中井均編『鳥取城』（ハーベスト出版、二〇二二年）

・中野賢治「尼子家の『御一家再興』戦争と山中幸盛」（『しまねの古代文化』二九号、二〇二二年）
・中野等『文禄・慶長の役』（吉川弘文館、二〇〇八年）
・中野等「文禄・慶長の役と諸大名の動向（三）」（『佐賀県立名護屋城博物館研究紀要』二八号、二〇二二年）
・中野等『関白秀吉の九州一統』（吉川弘文館、二〇一四年）
・西尾克己・舟木聡「富田川河床遺跡の出土銭」（『山陰の出土銭貨』出土銭貨研究会、二〇〇四年）
・西股総生『パーツから考える戦国期城郭論』（ワン・パブリッシング、二〇二一年）
・乗岡実「中世備前焼の水屋甕」（山陰中世土器検討会編『山陰中世土器研究』一号、二〇一三年）
・長谷川博史「出雲国三沢氏の権力編成とその基盤」（『山陰史談』二六号、一九九三年）
・長谷川博史『出雲古志氏の歴史とその性格』（出雲市古志公民館、一九九九年）
・長谷川博史『戦国大名尼子氏の研究』（吉川弘文館、二〇〇〇年）
・長谷川博史「毛利氏の出雲国支配と富田城主」（村井良介編『安芸毛利氏』岩田書院、二〇一五年、初出二〇〇三年）
・長谷川博史「豊臣期山陰吉川領の形成と展開」（光成準治編『吉川広家』戎光祥出版、二〇一六年、初出二〇〇三年）
・長谷川博史「中世奥出雲と三沢氏一族」（『しまねの古代文化』一三号、二〇〇六年）
・長谷川博史「尼子経久論」（岸田裕之編『毛利元就と地域社会』中国新聞社、二〇〇七年）
・長谷川博史『中世水運と松江』（松江市教育委員会、二〇一三年）
・長谷川博史「富田城下町の復元的考察」（平成二十七～二十九年度科学研究費助成事業研究成果報告書『中世西日本海水運と山陰地域の流通構造に関する研究』、二〇一八年）
・長谷川博史『大内氏の興亡と西日本社会』（吉川弘文館、二〇二〇年）
・原慶三「富田城下町の研究」（平成二～三年度科学研究費補助金研究成果報告書『尼子氏の総合的研究　その二』、一九九二年）
・原慶三「赤穴庄と赤穴氏をめぐる雲石政治史」（『古代文化研究』三二号、二〇二四年）
・樋口隆晴・渡辺信吾『図解　武器と甲冑』（ワン・パブリッシング、二〇二〇年）
・浮浪山鰐淵寺『出雲国　浮浪山鰐淵寺』（『出雲国　浮浪山鰐淵寺』刊行事務局、一九九七年）
・藤井崇『大内義隆』（ミネルヴァ書房、二〇一九年）
・藤岡大拙「赤穴氏について」（藤岡大拙『島根地方史論攷』ぎょうせい、一九八七年）
・藤岡大拙監修『島根県の合戦』（いき出版、二〇一八年）
・藤木久志『新版　雑兵たちの戦場』（朝日新聞社、二〇〇五年、原本一九九五年）
・本多博之「毛利元就の温泉津支配と輝元の継承」（『日本歴史』七四三号、二〇一〇年）
・米原正義『出雲尼子一族』（吉川弘文館、二〇一五年、原本一九九六年）
・的野克之「松林寺不動明王立像の墨書銘について」（島根県立博物館編『博物館ニュース』三一号、一九八二年）
・水野椋太「戦国大名毛利氏の出雲国支配」（『島根史学会会報』五八号、二〇二〇年）
・光成準治『毛利輝元』（ミネルヴァ書房、二〇一六年）
・光成準治『天下人の誕生と戦国の終焉』（吉川弘文館、二〇二〇年）
・三宅博士「鳥越山出土の天目茶碗」（本庄考古学研究室編『ふぃーるど・のーと』六号、一九八四年）
・目次謙一「石見吉見氏の一族について」（島根県古代文化センター編『中世石見における在地領主の動向』島根県教育委員会、二〇二二年）
・村上勇「富田三太良遺跡の陶磁」（日本貿易陶磁研究会編『貿易陶磁研究』一号、一九八一年）
・村上隆「島根県所蔵の古丁銀の組成に対する科学調査」（島根県教育委員会・大田市教育委員会編『石見銀山　石見銀山遺跡科学調査報告書（六）』島根県教育委員会、二〇二三年）
・目黒公司編『第三十九回全国城郭研究者セミナー　テーマ山城の階段状削平地群』（第三十九回全国城郭研究者セミナー実行委員会・中世城郭研究会、二〇二三年）
・盛本昌広『軍需物資から見た戦国合戦』（吉川弘文館、二〇二〇年）
・山岸素夫・宮崎眞澄『日本甲冑の基礎知識』（雄山閣、一九九〇年）
・山崎一郎「戦の記憶を集める（一）～（三）」（山口県文書館編『集まる・集める』解説シート二〇～二二号、二〇二一年）
・山田貴司「大内義隆の『雲州敗軍』とその影響」（黒嶋敏編『戦国合戦〈大敗〉の歴史学』山川出版社、二〇一九年）
・山本浩樹「戦国期但馬国をめぐる諸勢力の動向」（市川裕士編『山陰山名氏』戎光祥出版、二〇一八年、初出二〇〇七年）
・山本浩樹『西国の戦国合戦』（吉川弘文館、二〇〇七年）
・山本洋「『陰徳太平記』の成立事情と吉川家の家格宣伝活動」（『山口県地方史研究』九三号、二〇〇五年）
・吉野健志「いわゆる安芸郡山城合戦の再評価」（『芸備地方史研究』二二八号、二〇〇一年）
・米田克彦「倉敷市南山城跡の発掘調査成果」（『岡山の自然と文化』四一号、二〇二二年）
・米原正義『戦国期中国史料撰』（マツノ書店、一九八七年、原本一九六六年）
・米原正義『出雲尼子一族』（吉川弘文館、二〇一五年、原本一九九六年）
・渡辺信吾著・日本甲冑武具研究保存会監修『イラストでわかる日本の甲冑』（マール社、二〇二一年）
・有限会社　平凡社地方資料センター編『日本歴史地名大系三十三　島根県の地名』（平凡社、一九九五年）
・九州近世陶磁学会編『九州陶磁の編年』（九州近世陶磁学会、二〇〇〇年）
・土岐市美濃陶磁歴史館編『美濃桃山陶　意匠と魅力』（土岐市美濃陶磁歴史館、二〇〇二年）
・土岐市美濃陶磁歴史館編『織部様式の成立と展開』（土岐市美濃陶磁歴史館、二〇〇五年）
・愛知県陶磁資料館編『愛知県陶磁資料館コレクション　日本陶磁５０００年の至宝』（愛知県陶磁資料館、二〇〇二年）

○**自治体史**

・大社町史編集委員会編『大社町史　上巻』（大社町、一九九一年）
・大社町史編集委員会編『大社町史　下巻』（大社町、一九九五年）
・松江市史編集委員会編『松江市史　通史編二　中世』（松江市、二〇一六年）
・松江市史編集委員会編『松江市史　別編一　松江城』（松江

市、二〇一八年）
・三重県編『三重県史　通史編近世一』（三重県、二〇一七年）
・山口県編『山口県史　通史編中世』（山口県、二〇一二年）
・温泉津町誌編さん委員会編『温泉津町誌　上巻』（温泉津町、一九九四年）

○発掘調査報告書

・岡山県古代吉備文化財センター編『南山城跡』（岡山県教育委員会、二〇二二年）
・岡山県古代吉備文化財センター編『発掘！南山城跡』（岡山県古代吉備文化財センター、二〇二二年）
・川本町教育委員会編『石見・小笠原氏城郭　丸山城跡』（川本町教育委員会、一九九七年）
・財団法人米子市教育文化事業団編『米子城跡九遺跡』（財団法人米子市教育文化事業団、一九九七年）
・島根県教育委員会編『富田川河床遺跡発掘調査報告書Ⅲ』（島根県教育委員会、一九八一年）
・島根県教育委員会編『富田川』（島根県教育委員会、一九八四年）
・島根県教育委員会編『島根県中近世城館跡分布調査報告書〈第一集〉石見の城館跡』（島根県教育委員会、一九九七年）
・島根県教育委員会編『島根県中近世城館跡分布調査報告書〈第二集〉出雲・隠岐の城館跡』（島根県教育委員会、一九九八年）
・島根県古代文化センター編『富田川河床遺跡の研究』（島根県教育委員会、二〇二四年）
・島根県埋蔵文化財調査センター編『静間城跡』（島根県教育委員会、二〇一八年）
・島根県埋蔵文化財調査センター編『普源田砦跡』（島根県教育委員会、二〇二一年）
・鳥取県埋蔵文化財センター編『狗尸那城跡』（鳥取県埋蔵文化財センター、二〇二二年）
・広瀬町教育委員会編『飯梨川中小河川改修工事に伴う富田川河床遺跡発掘調査概報』（広瀬町教育委員会、一九八八年）
・広瀬町教育委員会編『史跡富田城跡環境整備報告書Ⅱ』（広瀬町教育委員会、二〇〇三年）
・松江市教育委員会編『史跡松江城整備事業報告書　第二分冊　調査編』（松江市教育委員会、二〇〇一年）
・松江市教育委員会・財団法人松江市教育文化振興事業団編『松江城下町遺跡（殿町二八七番地）・（殿町二七九番地外）発掘調査報告書』（松江市教育委員会・財団法人松江市教育文化振興事業団、二〇一一年）
・三刀屋町教育委員会編『三刀屋町の遺跡Ⅱ』（三刀屋町教育委員会、一九八九年）
・安来市編『史跡富田城跡保存管理計画』（安来市、二〇一五年）
・安来市教育委員会編『史跡富田城跡発掘調査報告書 千畳平地区二』（安来市教育委員会、二〇一七年）
・米子市編『国指定史跡米子城跡三』（米子市・米子市教育委員会、二〇二二年）
・米子市経済部文化観光局文化振興課文化財室編『尾高城跡Ⅳ』（米子市・米子市教育委員会、二〇二二年）

○展覧会図録

・安芸高田市歴史民俗博物館編『毛利元就』（安芸高田市歴史民俗博物館、二〇二一年）
・安芸高田市歴史民俗博物館編『毛利氏×郡山城』（安芸高田市歴史民俗博物館、二〇二三年）
・石見銀山展実行委員会編『輝きふたたび　石見銀山展』（石見銀山展実行委員会、二〇〇七年）
・大阪城天守閣編『いくさ場の光景』（大阪城天守閣、二〇〇九年）
・岡山県立博物館編『備前刀』（岡山県立博物館、二〇一七年）
・岡山県立博物館編『サムライアーマー　甲冑』（岡山県立博物館、二〇一八年）
・吉川史料館編『吉川史料館（開館記念図録　改訂版）』（吉川史料館、二〇一九年、初版一九九五年）
・九州国立博物館編『室町将軍』（西日本新聞社・TVQ九州放送・テレビ西日本、二〇一九年）
・京都国立博物館編『日本の甲冑　目録』（京都国立博物館、一九八七年）
・島根県立古代出雲歴史博物館編『戦国大名尼子氏の興亡』（島根県立古代出雲歴史博物館、二〇一二年）
・島根県立古代出雲歴史博物館編『遷宮』（島根県立古代出雲歴史博物館、二〇一六年）
・島根県立博物館編『島根の国宝・重要文化財展』（島根県立博物館、一九七九年）
・島根県立美術館編『堀江友聲』（島根県立美術館、二〇一九年）
・島根県立八雲立つ風土記の丘編『発掘された島根の中世城館』（島根県立八雲立つ風土記の丘、二〇二一年）
・東京国立博物館・島根県・奈良県編『出雲と大和』（島根県・奈良県、二〇二〇年）
・東京都江戸東京博物館・京都府京都文化博物館・福岡市博物館・テレビ朝日編『大関ヶ原展』（テレビ朝日・BS朝日・博報堂DYメディアパートナーズ、二〇一五年）
・鳥取市歴史博物館編『増補版　天正九年鳥取城をめぐる戦い』（鳥取市歴史博物館、二〇〇八年、初版二〇〇五年）
・鳥取市歴史博物館編『館蔵品選集Ⅰ』（財団法人鳥取市文化財団・鳥取市歴史博物館、二〇〇八年）
・鳥取市歴史博物館編『館蔵品選集Ⅱ』（財団法人鳥取市文化財団・鳥取市歴史博物館、二〇一二年）
・鳥取市歴史博物館編『館蔵品選集Ⅲ』（財団法人鳥取市文化財団・鳥取市歴史博物館、二〇一八年）
・鳥取市歴史博物館編『因幡×豊臣』（鳥取市歴史博物館、二〇一九年）
・鳥取市歴史博物館編『館蔵品選集Ⅳ』（財団法人鳥取市文化財団・鳥取市歴史博物館、二〇二四年）
・鳥取県立博物館編『とっとりの乱世』（鳥取県立博物館、二〇二一年）
・福井県立一乗谷朝倉氏遺跡資料館編『金工の技と美』（福井県立一乗谷朝倉氏遺跡資料館、二〇〇九年）
・福岡市博物館編『侍』（特別展「侍～もののふの美の系譜～」実行委員会、二〇一九年）
・松江歴史館編『松江城大解剖』（松江歴史館、二〇二〇年）
・松江歴史館編『堀尾吉晴』（松江歴史館、二〇二一年）
・目次謙一・角野広海編『企画展 石見の戦国武将』（島根県立石見美術館、二〇一七年）
・毛利元就展企画委員会・NHK編『毛利元就展』（NHK・NHKプロモーション、一九九七年）

謝辞

本展の開催ならびに本書の作成にあたり、貴重な作品・文化財を出品いただいた所蔵者をはじめとする皆様に多大な御協力をいただきました。厚く御礼申し上げます。

○機関

安芸高田市歴史民俗博物館
出雲市文化財課
出雲文化伝承館
今井美術館
雲南市教育委員会
邑南町教育委員会
岡山県古代吉備文化財センター
鰐淵寺
甘南備寺
吉川史料館
神戸市立博物館
佐太神社
島根県観光連盟
島根県埋蔵文化財調査センター
島根県立石見美術館
島根県立図書館
島根県立美術館
島根大学附属図書館
下関市立歴史博物館
宗林寺
城安寺
定光寺
松林寺
須佐神社
津和野町教育委員会
東京国立博物館
鳥取県埋蔵文化財センター
鳥取県立博物館
鳥取市歴史博物館
名古屋市秀吉清正記念館
日御碕神社
比布智神社
松江市埋蔵文化財調査室
松江歴史館
妙心寺春光院
毛利博物館
安来市観光協会
安来市教育委員会
山口県文書館
山口県立山口博物館
米子市埋蔵文化財センター
渡辺美術館

○個人

赤木 薫
秋本哲治
吾郷和史
朝山 哲
阿部善也
荒川英里
石井伸宏
石橋淳一
伊藤大貴
伊東哲夫
井上暁美
上田勝利
大野芳典
大川泰広
大塚 充
大森拓士
小笠原美里
岡松 仁
岡寺 良
小椋京子
小野高慶
香川元太郎
角矢永嗣
春日 瞳
加藤一胄
加藤和俊
加藤 威
口羽萬造
桑原弘道
小杉紗友美
小林 仁
小山泰生
佐伯純也
佐藤泰雄
佐藤寛介
志賀 崇
重田香澄
柴原直樹
新庄正典
須佐建央
角野広海
須山麻美
世良剛士
左右田玉歩
高家 徹
高岩俊文
高橋誠二
高屋茂男
田中やよい
田村杏士郎
月森まりえ
續伸一郎
坪内 寛
永井久美男
中井 均
中尾淳一
西尾克己
西村航希
新田涼子
野上雄護
長谷川博史
濱野浩美
原田史子
藤原雄高
舟木 聡
祝部明法
真木大空
益本有紀
三澤道代
三澤泰之
湊 良範
三宅博士
村上 勇
村串まどか
森廣光彦
八峠 興
山田 稔
山根正明
山本浩樹
山本隆一朗
横山展宏
四田寛人
米田克彦
少林浩道
和田 剛
渡部秀明
（以上、敬称略・五十音順）

○写真提供

安芸高田市歴史民俗博物館　32・109・111・117
今井美術館　参考画像1
岡山県古代吉備文化財センター　97（美濃天目碗）・参考画像3
吉川史料館　6・39・40・49・参考画像10
神戸市立博物館　参考画像4
島根県立石見美術館　10
島根県立美術館　1
島根大学附属図書館　34・105・136
下関市立歴史博物館　56・57・58・59
津和野町教育委員会　23
東京国立博物館（Image：TNM Image Archives）　4・5・70・参考画像2・9
東京富士美術館（東京富士美術館収蔵品データベース収録）　参考画像8
鳥取市歴史博物館　45・48・50・51・60・61・86・87
鳥取県埋蔵文化財調査センター　90
鳥取県立博物館　46・66・74・85・88・92・93・94
名古屋市秀吉清正記念館　参考画像5
毛利博物館（108を除き、蔵澄秀昭氏撮影）　33・65・67・68・75・76・103・107・108
山口県文書館　112
山口県立山口博物館　11・26・28・69・110
松江歴史館　122・124・125・137・参考画像11
米子市教育委員会　116・123
渡辺美術館　62

島根県立古代出雲歴史博物館
企画展図録
山陰の戦乱
―月山富田城の時代―

発行日　令和六年（二〇二四）十月十一日

編集・発行　島根県立古代出雲歴史博物館
〒六九九－〇七〇一
島根県出雲市大社町杵築東九九－四
TEL（〇八五三）五三－八六〇〇（代）
FAX（〇八五三）五三－五三五〇
URL　https://www.izm.ed.jp/

発　売　今井出版

印　刷　今井印刷株式会社

製　本　日宝綜合製本株式会社